근대 동아시아 평화사상

질서·저항·공동체와 평화

일러두기
- 이 책은 2020년도 동북아역사재단 기획연구 수행 결과물임(NAHF-2020-기획연구-7).

동북아역사재단
연구총서 134

근대 동아시아 평화사상

질서·저항·공동체와 평화

이경미 편

책머리에

    이 연구는 동북아역사재단에서 수행한 〈3·1운동 및 대한민국 임시정부 수립 100주년 기념사업〉의 일환으로, 2020년부터 〈한중일의 근대 평화사상과 미래공동체 모색연구〉라는 주제로 진행된 공동연구의 결과물이다. 정치사상사 전공자로서 근대 한일 간의 문제를 다루어왔던 필자가 3·1운동과 한중일의 미래를 생각하는 데 천착한 주제가 '평화사상'이었다.

    3·1운동의 정신적 토대가 '평화'(혹은 비폭력)에 있었음은 널리 공유된 인식이다. 그것은 운동의 정당성을 표현하기 위해 채택된 전략적 구호이자 정치적 명분이기도 했지만 그것에 한정된 것만은 아니었다. 19세기 동아시아에 근대가 도래한 이래 축적되어온 사상적 자원이 20세기 서구의 정치지형과 근대의 위상까지 뒤흔든 세계대전, 그리고 그 후의 시대사조를 맞이하여 표출된 관념이었기 때문이다. 따라서 3·1운동의 정신을 안다는 것은 그대로 근대 동아시아의 국제관계와 그에 대한 사상사적 접근이 요구되는 과제라고 할 수 있다.

    한편 동아시아에서 평화의 문제는 종종 동양평화라는 주제 아래 다루어져왔다. 동북아역사재단에서도 지난 몇 년 동안에 안중근 관련 행사들이 있었고 그의 동양평화론을 재조명하는 노력들이 있었다. 이 연구는 이러한 맥락을 계승하면서도 '평화'라는 문제가 갖는 특수한 측면과 보편적인 측면을 함께 고려하여 문제에 접근하고자 하였다.

    평화사상은 근대의 지각변동이 동아시아에 초래한 국제적 현실, 혹은 '질서'에 대한 대응이기도 하고, 그 변경을 의도한 '저항'이 되기도 한다.

그 과정에서 제국주의적 폭력의 본질을 꿰뚫어보기도 하고, 보다 이상적인 '공동체'의 도래를 염원하기도 한다. 근대 동아시아에서 평화사상이란 바로 이러한 지적 삶의 영위로서 존재한다. 동양평화나 3·1운동의 정신도 그 일환으로 자리매김되어야 할 문제로, 한편으로 '특수한' 역사적 상황에서 모색되었지만, 다른 한편으로 인류 '보편적' 가치를 추구한 것이기도 했던 것이다.

이상의 문제의식에서 공동연구진을 구성하고 근대 동아시아에서 펼쳐진 평화사상의 존재 방식을 보여주는 연구 주제들을 설정하여 한 권의 책으로 묶었다. 책의 구성은 크게 세 부분으로 나누어진다. 위에서도 지적했듯이 '평화'와 맞닿는 주제들, 예컨대 '질서'와 '저항'과 '공동체'를 세부 주제로 하여, 동아시아를 교차하면서 때로는 갈등과 연대, 그리고 그 한계와 가능성을 보여준 평화론/사상/담론을 살펴보았다.

먼저 각론에 앞서 근대 동아시아에서 '평화'의 문제가 어떤 성질을 가지며 사상으로서 영위되었는지에 대해서는 장인성의 총론을 길잡이로 봐주시기를 바란다. 여기서는 평화에 대한 원론적인 검토와 이론적 유형화에 이어, 역사적 맥락 속에서 관련된 주제들이 검토되고 있다. 예컨대 '동양평화'에 관한 논의들이 어떻게 '균세'(혹은 세력균형), '대동', '공영'과 같은 구상으로 나타났는지, 또한 강권주의적 무장평화론이 '제국의 평화'를 구성하는 한편, 거기에 어떻게 '민족의 평화'로서의 공동체 사상이 대치했는지를 보여준다. 이와 같은 총론의 논점들이 이어지는 각론의 주제들을 관계 짓고 있다는 점에서 근대 동아시아 평화사상의 조감도가 되어줄 것이다.

이어 '제1부 동아시아 국제질서와 평화'는 세 개의 글로 구성된다. 안중근의 「동양평화론」을 검토한 최덕규의 글은 두 가지 관점에서 기존의 연구 상황에 대한 비판적 문제 제기를 담고 있다. 하나는 사료 비판적 관점에서 원본이 없는「동양평화론」의 내용적 검토가 이루어져야 함을 주장하고, 다른 하나는 국제관계사적인 맥락에서 안중근의 의거와 동양평화의 논의를 이해해야 한다는 관점이다. 이러한 관점에서「동양평화론」의 가필 가능성, 블라디보스토크 한인사회와「동양평화론」간의 어긋남, 그리고 일본적 동양평화론의 파탄지점을 지적한다.

다음으로 차태근은 국제질서 변동의 소용돌이에서 영위된 근대 중국의 평화사상을 '균세, 제물, 대동'이라는 세 가지 유형으로 나누어 각각의 내용과 한계를 검토한다. 균세론적 평화가 힘의 평화론으로 귀착했다면, 강자의 편에 서지 못했던 사상이 장타이옌의 제물론과 캉유웨이의 대동론이다. 특히 동서양의 철학을 토대로 구상된 장타이옌의 이상세계는 근대적 관념에 해체론적 비판을 제기하면서 보다 본질적 제국주의 비판과 자율적 평등·연대를 예기하기도 했지만, 종족적 민족주의가 제물세계를 한민족(漢民族) 중심의 제국질서로 전도시킨 한계를 지적한다.

오노데라 시로 또한 근대 중국에서 영위된 평화사상 내용을 다루고 있지만, 그의 경우 '중국민족은 평화를 매우 사랑한다(中華民族惑愛和平)'는 관용적 담론에 착목하여 그 역사적 전개 과정을 추적하고 있다. 전환기의 국제관계 속에서 현실주의적 평화론을 전개한 량치차오에게 평화를 사랑하는 중국인의 속성은 나약함을 나타내는 부정적 의미로 논의되었다면, 이에 긍정적인 의미를 부여한 것이 쑨원의 국민성 평화론이었다. 이후 제1차 세계대전을 거치면서 담론이 일반화되었고 긍정/부정으로 나뉘면서 민족적 자긍심을 나타내는 형태, 군사행동을 정당화하는 형태, 혹은 일본의 대륙침략(제국주의)을 비판하는 형태 등으로 전개되었다.

다음 '제2부 저항과 평화'는 두 개의 글로 구성된다. 김병진의 글은 아나·볼 논쟁에서 볼셰비키파였던 사카이 도시히코나 야마카와 히토시와 다른 방향을 모색한 오스기 사카에의 사회이론이 동아시아 평화론으로서 어떠한 가능성을 지니고 있었는지를 보여준다. 사카이의 유물사관적 주체론을 베르그송의 생의 철학을 매개로 벗어난 오스기는 '정복사관'을 제시함으로써 혁명을 일으키는 주체의 층위를 '개개인의 내부'로 이동시킨다. 이는 지배권력으로부터의 해방, 즉 '저항'의 문제를 인식론적 차원까지 심화시켰음을 의미하는데 이러한 오스기의 관점은 자본주의-노동의 현장에서 탐지되는 '폭력의 프로세스'에 대한 감수성을 '식민지'까지 확대시켰다. 뿐만 아니라, 마흐노운동에 대한 볼셰비키의 폭력을 탐지하는 등 그 저항, 연대의 가능성은 보다 보편적인 맥락으로 연계되는 것이었다. 그런 점에서 '제국의 평화' 앞에 학살된 오스기의 죽음은 더욱더 상징적인 의미를 띤다.

이어 이경미는 제국의 평화와 '투쟁/공명/균열'했던 여운형의 평화론을 다루고 있다. 1919년 11월에 이루어진 여운형의 도쿄 방문은 제국의 한복판에서 '독립'을 외친 사건으로 알려져 있다. 이 글은 이때의 평화론을 신한청년당 청원서, 고가회담, 제국호텔 연설이라는 단계를 거쳐 분석하고 그 논리체계가 '신-세계-동양-조선'이라는 인식구도를 가지고 있었음을 밝힌다. 이와 같은 여운형의 평화론은 마루야마 쓰루키치와 요시노 사쿠조 사이에 '법과 도덕' 논쟁을 일으키는데, 이 논쟁에 나타난 요시노의 논의가 여운형의 평화론에서 어떤 층위에 '공명/균열'했는지 살펴본다. '신(보편)'의 층위에서 제국주의에 대한 '저항성'을 공유했던 두 사람의 사상도 '국가'의 층위에서 균열을 일으키고 만다. 제국의 구성원리를 헤겔의 법철학을 저본으로 이해했던 요시노에게 여운형의 '독립=자유'는 제국을 지양시켜주는 계기로서 포섭되었기 때문이다.

마지막 '제3부 공동체와 평화'는 폭력에 노출된 제국과 식민지 양쪽에서 '이상적 공동체'를 모색한 두 사람의 논의가 소개된다. 박은영은 태평양전쟁으로 치닫는 상황에서 제출된 난바라 시게루의 『국가와 종교』(1942)를 검토한다. 난바라의 책은 천황제 전체주의에 대한 비판을 담고 있었음에도 불구하고 '유럽정신사의 연구'라는 부제와 가치병행론 등 난해한 철학적 논의, 그리고 나치즘 비판이라는 형식 덕에 세상에 나올 수 있었다. 칸트 철학을 발판으로 헤겔 철학을 비판한 난바라는 천황제 파시즘까지 시야에 넣고 니시다 기타로, 다나베 하지메 등의 '절대변증법'을 비판한다. 이들의 논의는 국가와 종교를 종합시켜 '지상에 신의 나라'를, 그러니까 '천황제 국가의 신격화'를 담보하고 있다는 비판이다. 이에 난바라는 우치무라 간조의 '일본적 그리스도교' 관념을 매개로 '문화적 민족공동체'의 형성을 구상하였다. 하지만 그것은 패전 후 상징천황제를 뒷받침해주는 논의로 전용되게 된다.

이예안은 식민지 조선에서 천도교의 교리 구축에 이론적 역할을 담당했던 이돈화의 『신인철학』(1931)이 '새로운 인간'을 부르는 동시에 사회, 그러니까 '이상적 공동체'의 형성을 모색한 논의였다는 점에 주목한다. 특히 그것이 루소의 『사회계약론』을 저본으로 하면서도 그것과는 미묘하게 어긋나는 지점을 '재전유'라는 관점에서 밝힘으로써 이돈화의 공동체 논의에 한발 더 구체적인 모습으로 다가갈 수 있게 도와준다. 루소의 '자연상태'를 돌아가야 할 '이상적인 사회상태'로 설정하고 '계약'을 그곳을 향해 거듭되는 방법으로 설명한 이돈화의 논의는 분명히 루소와 어긋나 있지만, 수운의 '사람성 자연의 사회'와 연계되면서 다시 루소의 '정신적인 집합적 단체'로 돌아온다. 또한 개체를 아우르는 전체로서의 '한울' 개념은 이를 달리 표현한 '인간격' 개념을 통해 루소의 '공적 인격'과 만나게 된다. 이러한 이돈화의 '이상사회=공동체' 개념이 최종적으로는 '법적' 의미를 결여한 '도덕' 공동체로 정착되었다는 이예안의 지적은 식민지 조선의, 그러니까 '민족의 평화'를 성찰하는 데 중요한 울림을 남긴다.

이 연구가 지금의 모습을 갖추기까지는 실로 많은 분들의 도움이 있었다. 2020년 여름에 개최한 〈한중일 근대 평화사상 워크숍〉은 공동연구진의 문제의식을 공유하고 연구 주제를 심화시키는 자리가 되었다. 연구 기간과 함께 코로나 사태가 심각해지면서 행사에 대한 지침도 인프라도 불안정한 상황이었다. 이러한 어려움을 귀중한 토론으로 극복하게 도와주신 허수 선생님, 홍웅호 선생님, 기유정 선생님, 오병수 선생님, 정혜선 선생님, 최종길 선생님, 김태진 선생님, 김하림 선생님께 이 자리를 빌려 감사의 말씀을 전하고 싶다.

무엇보다도 이 연구를 빛내준 것은 공동연구진이었다. 재단에서 처음으로 기획부터 책임을 맡은 사업이었기에 미흡한 점이 한두 가지가 아니었다. 야심차게 보자기를 펼쳐놨지만, 연구를 진행할수록 무식을 뼈저리게 느끼지 않을 수 없었다. 연구책임자가 갖는 이 모든 부족함을 감싸 채워준 것이 단단한 지식과 학문에 대한 애정을 지닌 공동연구진의 역량이었다고 생각한다. 공동연구진 선생님들과 함께 평화사상에 대한 이해를 심화시킬 수 있었던 것이 평생 잊지 못할 경험이 되었고, 혹여나 이 책에 미흡함이 발견된다면 연구책임자가 평생 가져가야 할 과제라고 생각한다.

2021년 12월
집필진을 대표하여
이경미 씀

차례

책머리에 · 4

총론

1. 근대 동아시아의 '평화'를 생각한다
제국, 민족공동체, 저항과 평화상상 _ 장인성

   I. 평화와 근대 동아시아 · 15
   II. 평화를 어떻게 볼 것인가 · 17
   III. 평화의 구조와 언설 · 24
   IV. '동양평화'의 조건과 양태 · 30
   V. '제국의 평화'와 '민족의 평화' · 37
   VI. '공영'에서 '세력균형'으로 · 49

제1부 동아시아 국제질서와 평화

2. 안중근과 「동양평화론」_ 최덕규

   I. 들어가며 · 55
   II. 한국의 국외항일독립운동과 블라디보스토크 · 61
   III. 「동양평화론」의 러시아 인식 · 74
   IV. 「동양평화론」과 일본의 아시아주의 · 88
   V. 나가며 · 105

3. 중국 근대 평화론에 대한 비판적 담론 분석 _ 차태근

    I. 들어가며 · 113
    II. 균세: 법(法)과 술(術) 사이 · 118
    III. 제물(齊物)세계와 민족주의 · 134
    IV. 동화론(同化論)적 세계국가 · 146
    V. 나가며 · 157

4. '중화민족은 평화를 매우 사랑한다'는 담론의 역사적 전개와 의미
   _ 오노데라 시로

    I. 들어가며 · 165
    II. 량치차오의 '현실주의'적 평화론 · 168
    III. 쑨원의 '국민성'적 평화론 · 175
    IV. 제1차 세계대전과 '평화'를 이야기하는 방식 · 181
    V. 세계대전의 종결과 평화론의 전개 · 190
    VI. '혹애화평(酷愛和平)'의 일반화 · 196
    VII. 나가며 · 202

제2부 저항과 평화

5. 민중 연대를 통한 동아시아적 평화의 실천
   오스기 사카에의 사회이론과 현실과의 교차 _ 김병진

    I. 들어가며: 20세기 초 일본 사회주의의 일면 · 217
    II. 오스기 사카에의 '일본탈출' · 222
    III. 혁명의 주체는 누구인가? · 227
    IV. '폭력적 수탈' 프로세스와 저항의 공간 · 239
    V. 나가며: 글로벌 자본주의에 대항한 민중의 연대 · 249

6. 여운형의 평화론과 제국의 '법과 도덕' 논쟁
공명하는 저항성과 균열하는 국가상 _ 이경미

   I.   들어가며 · 255
   II. 여운형의 평화론: '신-세계-동양-조선' · 259
   III. 제국의 '법과 도덕' 논쟁: 공명과 균열의 정체 · 278
   IV. 나가며: 해방 후 실종된 동양과 신 · 297

제3부 공동체와 평화

7. 『국가와 종교』를 통해 본 난바라 시게루의 전체주의 비판 _ 박은영

   I.   들어가며 · 305
   II. 난바라 시게루의 사상적 배경 · 308
   III. 신정정치 비판과 가치병행론 · 312
   IV. 나치즘과 천황제 파시즘 · 319
   V.   나가며 · 330

8. 이돈화의 민족사회형성론과 이상사회의 행방
『신인철학』의 루소 사회계약론 이해를 바탕으로 _ 이예안

   I.   들어가며: 식민지 조선에서 '새로운 인간=사회'를 요청하다 · 335
   II. 위기의 민족, 그 부활을 위하여 · 340
   III. 사회계약·자연상태·사회상태 개념의 재전유 · 347
   IV. '사회': 개체와 전체의 새로운 존재양태 · 353
   V.   '인간격': 새로운 공동체의 지위 · 360
   VI. 나가며: 도덕공동체와 이상사회의 행방 · 367

찾아보기 · 377

총론

1
근대 동아시아의 '평화'를 생각한다
제국, 민족공동체, 저항과 평화상상

장인성 서울대학교 정치외교학부 교수

I. 평화와 근대 동아시아

개항 이후 동아시아에서는 중화체제의 위계질서에서 주권국가체제의 평등질서로 이행하면서 국제안보 문제가 대두하였다. 또한 봉건적 정치질서와 신분질서가 깨지면서 사회적 평화 문제가 발생하였다. 새로운 형태의 전쟁과 사회 변동을 겪으면서 평화상상의 심리가 생겨났고, 전쟁과 평화에 관한 언설과 사상이 모습을 드러냈다. 한편 주권평등 이념과 제국주의 권력 사이의 간극이 벌어지면서 국제 갈등이 심해졌고 제국의 팽창과 민족적 저항이 교착하는 가운데 평화상상이 깊어졌다.

    평화는 전쟁이나 갈등이 없는 상태를 가리킨다. 전쟁의 부재라는 객관적 상태를 말한다. 그런데 평화는 비평화 상태를 벗어나고 싶어 하는 주체의 염원이나 주관적 심리를 담은 경우가 많다. 평화는 질서가 안정된 평온한 상태에서는 잘 의식하지 못하고 무질서나 전쟁 상태에서 갈구하기 마련이다. 전쟁의 참상이 클수록, 상흔이 깊을수록, 평화를 간절하게 소망한다. 평화는 이것을 염원하는 사상(평화사상)이나 이념(평화주의)의 발현을 통해 자각되며, 전쟁을 부정하고 인간의 생명을 절대가치로 삼는 평화주의에 의탁해서 상상된다. 평화는 언제, 어디서나 공유되는 보편적 현상이다.

평화는 평화 언설을 통해 모습을 드러낸다. 평화론은 이미 실현된 평화에 관한 이야기가 아니라 미실현된 혹은 실현되기 어려운 평화의 도래를 말하는 언설이다. 평화를 말하는 방식은 개인적이지만, 평화가 개인적 상상의 산물인 것만은 아니다. 평화를 말하는 방식과 그 방식에서 파악되는 평화의 양태는 비평화를 배태하는 장소와 무관하지 않다. 평화는 주체가 서 있는, 살아가는 현실의 질서를 발판으로 상상된다. '평화상상'[1]은 시대와 장소의 불평등 구조나 폭력적 현실을 살아가는 주체들에게 얼마간 공유된다. 평화관은 개인의 사상과 의도뿐 아니라 화자가 살아가는 장소와 시대의 공통 감각을 표현한 것일 수 있다. 비평화 상태의 주체는 평화를 말함으로써 주체화한다. 평화론은 화자의 의도를 드러내는 정치적 행위이다. 그렇다면 평화가 무엇인지뿐 아니라 왜 말하는지를 알아야 할 것이다. 화자가 어떠한 수준에서 평화를 생각하는지, 왜 평화를 말하는지를 따져야 할 것이다.

중화제국에서 일본제국으로 대체되는 동아시아 질서 변동 과정에서

---

1   이 글에서는 '평화상상'을 '평화구상'(평화기획)과 구별해서 사용한다. '평화구상'이 평화의 실현에 관한 실천적 기획(프로젝트)을 의미하는 것과 달리, '평화상상'은 평화를 이해하고 평화를 통해 세상을 파악하는 방식, '평화'라는 말을 사용하여 뭔가를 상상하는 방식을 의미한다.

평화는 현상(객관적 사실)이라기보다 사상(주관적 인식)의 표현이었다. '평화'는 공동체의 생존이나 번영과 관련된 말 혹은 개념이었다.[2] 근대적/제국주의적 권력 현상과, 이에 저항하는 정신과 결부된 정치언어였다. 주권 불평등과 지역 패권화의 국제관계 현실을 비판하는 저항의 논리를 함축한 말이었다. 평화론도 단순히 평화구상에 관한 언설이 아니라 제국권력의 자장에 놓인 주체/공동체의 생존과 주체화를 표현하는 언설이었다. 평화사상/평화주의는 비평화를 극복하려는 이념의 단순한 표현이 아니라 제국 팽창과 민족 저항의 현실과 대결하는 의지의 표출이었다.

'동양평화', '세계평화'는 동아시아민족의 생존의지와 규범의식을 담은 말이었다. '동양평화'는 일본의 제국 팽창과 이에 대응하는 약소민족의 저항을 표상하는, 제국과 약소민족의 생존 방식을 드러내는 말이었다. '세계평화'는 세계의 평화 상태를 지칭하는 말이 아니라 제국의 발전과 민족의 자주를 염원하는 의지를 내장한 말이었다.

II. 평화를 어떻게 볼 것인가

1. 평화라는 현상, '평화'라는 말

갈등이나 분쟁, 전쟁 속에 놓인 인간은 분란의 상태를 벗어나 평화로운 상태가 찾아오기를 바란다. 인간이 평화를 염원하는 일은 보편적인 현상

---

[2] 이 글에서 인용부호가 없는 평화는 현상을, 인용부호가 있는 '평화'는 말, 개념, 용어를 가리킨다.

이다. 전쟁, 폭력, 갈등이 없는 상태를 뜻하는 소극적 평화도, 구조적 폭력의 해소를 뜻하는 적극적 평화도 보편적 현상이다. 평화는 개인의 육체적·심적인 평화(평온), 인종·종족·계급 간 평화를 포함한 사회적 평화(국내평화, 사회질서, 치안), 국가 간 평화(국제평화, 국제질서, 국제안정) 등의 층위에서 상정되는데, 평화의 이러한 층위도 보편적인 현상이다. 하지만 개인의 평온, 사회적 평화, 국제평화에서 어느 층위가 더 강하게 표출되는지는 문화권에 따라 다르다. 소극적 평화와 적극적 평화가 드러나는 방식도 시대와 장소에 따라 편차가 있다.[3]

전근대에 '평화'는 마음의 평온이나 질서를 뜻하는 말이었는데, 문화권에 따라 의미가 달랐다. 고대 이집트에서는 파라오가 신적 왕권으로서 사회적, 자연적 코스모스를 포섭하는 질서를 의미하였다. 유태교의 '샬롬(shalōm)'은 신의 의지와 번영을, 고대 그리스의 '에이렌(eirene)'은 번영과 질서를 뜻했다. 로마시대의 '팍스(pax)'는 제국적 질서를, 인도의 '샨띠(śānti)'는 심적 평온을 표현하는 말이었다. 이슬람권의 '살람(Salām)'은 유일신 알라에 대한 완전한 순종을 통해 자아의 평화, 인류와의 평화, 신과의 평화를 이룬다는 의미를 가졌다. '전쟁의 집'(이교도세계)이 '평화의 집'(무슬림세계)에 귀속된 상태를 뜻하기도 했다.[4]

---

[3] '평화' 개념의 개별성은 코젤렉 개념사 연구에서도 드러나 있다(빌헬름 얀센, 한상희 역, 2010, 『코젤렉의 개념사사전 5-평화』, 푸른역사). 이찬수 외, 2020, 『세계평화개념사-인류의 평화, 그 거대담론의 역사』, 인간사랑에서도 확인된다.

[4] 石田雄, 1989, 『日本の政治と言葉』 下, 東京大学出版会, 11쪽; 宮田光雄, 1978, 『平和の思想史的研究』, 創文社, 5-7쪽; 하병주, 1998, 「이슬람 문명권의 국제관계사상」, 권선홍 외, 『비서구 문명권의 국제관계사상』, 부산외국어대학교출판부, 224-225쪽. 평화는 신에의 순응, 자연질서(cosmos)와의 조화, 혹은 지상세계의 위계적 질서(사회질서, 국제질서)의 안정을 뜻했다.

중화세계에서는 치란(治亂)의 역사에서 '치(治)'의 상태, 즉 중화질서의 안정이 평화였다. 천자나 국왕의 덕치가 이루어지는 세상이 평화로운 세계였다. 한자어 '평화(平和)'와 '화평(和平)'은 원래 국왕의 심신의 안정을 뜻하는 말이었다. 이상적인 평화질서는 '태평(성세)', '치평'과 같은 말로 표현되었다. 중화세계의 국제관계에서는 지정학적 위상, 권력 관계의 양태, '사대자소' 이념의 운용 등이 평화의 조건이었다. '사대자주'나 '사대교린'의 안정적 운용이 평화였다. 중화질서가 안정적이었을 때, 중심(중국)과 주변(한국)과 절역(일본)에 저마다 '일통의 평화', '사대의 평화', '고절의 평화'가 성립하였다.

'평화'(혹은 '화평')가 'peace'의 번역어로 채용된 것은 근대 주권국가체제의 작동과 관련된다. 근대어 '평화'는 주권국가체제에서 빈발한 전쟁의 참상에 대한 연민이나 인류애에서 생겨난 평화사상과 연관된다. 중화세계의 안정적 질서와 유학적 도덕관을 체득한 동아시아인들은 유럽세계의 만국 투쟁이 빚어낸 근대 전쟁의 참상을 인지하면서, 또한 일본이 도발한 제국주의 전쟁(청일·러일전쟁)을 목도하면서 인도주의적 평화주의를 드러냈다. 유교의 '인' 사상이 전쟁을 부정하는 평화사상을 매개하기도 하였다. 인민을 수탈하는 전제정부의 부국강병책과 제국주의 정책의 현실에서 평화사상이 유발되기도 하였다. 전통적 유교와 새로 받아들인 기독교는 동아시아의 평화사상을 매개한 사상적 근거였다.

근대어 '평화'의 유통은 평화주의의 소산이라기보다는 안보 상황에서 유래한 바 크다. 동아시아의 질서 원리가 '사대자주'에서 '속국자주'로, 또 '독립자주'로 변모하는 과정은 기존의 평화의 원리가 새로운 평화의 원리로 대체되는, 동아시아 국제안보의 조건이 바뀌었음을 보여준다. '평화'는 국제 안정과 국가 생존을 향한 의지를 담은 말이었다.

흔히 사람들은 전쟁의 참화가 없는 평화로운 세상을 몽상하지만, 정치 세계에서는 평화로운 세상을 위해 전쟁을 수행한다는 논법도 통한다. 근대 일본에서 평화를 위해 전쟁을 수행한다는 주장은 단순한 레토릭이 아니라 부단한 상황 인식의 표현이었다. 한국인과 중국인은 이러한 일본의 '평화=전쟁론'에 저항하면서 생존을 위해 '평화'를 말하였다. '평화'는 대국의 권력 팽창을 내장한 언어로도, 소국의 생존 의지를 함축한 말로도 사용되었다. '동양평화', '세계평화'는 평화주의를 표명하기에 앞서 주체의 삶을 드러낸 말이었다. 특히 주권 침탈의 위기와 식민지 상황에서 '자주(자유)독립'을 모색했던 소국의 주체들에게 '평화'는 삶의 희망을 제공하는 유력한 표상이었다.

전쟁이나 비평화를 부정하거나 비판하는 평화주의는 이념 자체로도 근대적 의미를 지니지만, 비평화의 현실을 드러내고 그것을 수정하려는 의지로 작용했다는 점에서 권력 현상과 결부된다. 반전(비폭력)의 절대평화주의조차 표출되는 방식은 장소적이다. 절대평화주의는 근대 일본에서 강하게 표출되었는데, 인민을 희생시키는 무리한 강병책을 추진하고 제국주의 침략 전쟁을 도발한 메이지 국가의 특수성에서 비롯된 것이었다. 부진한 부국강병으로 전쟁을 도발할 능력이 없었던 근대 한국과 중국의 경우는 달랐다. 절대평화에의 염원은 절대평화주의의 산물이라기보다는 주체적인 전쟁 체험에서 생겨난 것이었다.

2. 평화상상의 층위

평화는 질서의 객관적 상태를 뜻하지만 질서의 주관적 상상인 경우도 많다. 평화는 질서의 상태를 상상하는 방식이다. 인간의 질서는 일차적으로 개체와 우주의 관계에서 상정된다. 사물과 우주의 상관적 질서를 전제하는 주자학적 세계관, 신의 의지가 만들어내는 지상세계의 질서를 상정하는 중세기독교 세계관, 혹은 전체성(wholeness) 속에서 개체를 파악하는 전체론적 질서관은 개체를 전체와의 관련에서, 혹은 우주와의 관계에서 파악한다.[5] 자연/우주의 질서에 순응했을 때, 평화로운 삶을 영위하는 개체를 상정할 수 있다. 개체의 평화상상은 자연/우주와의 조화에 관한 것이 된다.

개체는 우주론적 사유를 통해 조화로운 세상의 질서만을 꿈꾸는 것이 아니다. 개체는 사회/공동체 속의 개인으로서 사고하고 행동한다. 개인은 우주론적 세계가 아닌 지상세계에서 사고하고 행동하는 존재이다. 사회/공동체의 질서를 살아가는 주체로서 사회질서(사회적 평화)를 구성하고 담지한다. 평화로운 공동체 속에서 평화로운 삶을 살아가기를 염원한다. 평화로운 삶을 보장하는 철인정치나 왕도정치의 이상국가를 상상한다. 여기서 평화상상은 공동체 상상으로 이어진다. 공동체가 만들어내는 정치질서의 안정(사회적 평화)은 개인의 평화를 규정하는 유력한 조건으로 상정된다. 정치체제의 성격은 개인의 삶에 영향을 미치는 조건이 된다.

'국가'는 개인의 평화를 규율하는 유력한 제도이면서 폭력과 평화를 유발하는 강력한 주체이다. 국내사회의 질서를 규율할뿐더러 국제사회의 질서를 형성하는 행위자이고 평화(사회평화, 국제평화)와 전쟁을 실천할 능력과 기회를 가진 주체이다. 현실세계를 규율하는 강고한 조직으로서 평화 실현의 유력한 주체이다. 평화는 국가를 매개로 상상되는 경우가 많다.

---

5   개체와 전체의 우주론적 사유는 '이일분수(理一分殊)'의 주자학적 사유나 로렌스(D. H. Lawrence)의 세계관에서 엿볼 수 있다.

개인이나 국가, 기업이 교제하는 장인 국제사회에서 질서 보전은 평화상상의 주된 형태이다. 평화사상가가 영구평화를 꿈꿀 때나 안보전문가들이 국제평화를 모색할 때, 국제규칙의 형성이나 국제사회의 제도화는 평화상상의 유력한 의제가 된다. 국가에 매인 개인은 안보 차원에서 평화를 구상한다. 개인은 국가의 굴레를 벗어던지고 세계와 만나기도 한다. 아나키스트는 국가의 폭력과 전쟁이 없는 평화로운 세상(사회, 세계)의 실현을 꿈꾼다.

의탁할 국가가 부재하거나 취약할 때, 역사적 공동체인 '민족'이나 '국민'이 평화상상을 매개하는 집합적 주체로서 부상한다. '평화를 사랑하는 백의민족'(한국), '평화를 매우 사랑하는 민족'(중국), '화'의 민족, '평화애호의 국민'(일본)이라는 자의식은 국가를 상실하거나 국가폭력을 체험한 주체들이 국가를 대체하거나 국가의 재생에 대비할 때 생겨나는 집합적 상상력의 산물이다. 민족은 제국의 폭력에 저항하여 '평화'를 이야기하는 주체가 된다. '평화를 사랑하는 민족'이라는 자의식은 민족의 본질적 속성에서 도출된 것이 아니다. 국가 체험을 넘어선 민족의 집합적 이상을 표상한 것이다. 전쟁 체험에서 생겨난 반성이나 전쟁 회피의 심리에서 표명된 것일 수도 있다.

어떤 층위에서건 평화상상은 세계상상과 관련된다. '천하'와 '세계'는 각각 전통적 질서와 근대적 질서의 평화상상을 규율하는 조건이다. 평화상상의 양태는 세계가 단원적인지 다원적인지에 따라 다르다. 중화세계에서는 '봉건적 천하', '전국적 천하', '다원적 천하', '일통적 천하'의 역사적 유형마다 평화의 양상이 달랐다.[6] 봉건적 천하와 일통적 천하에서는 천자의 권력과 권위가 제후국을 규율하는 '덕화'의 정치와 '사대자소'의 예법이 '태평', '치평'이 조건이었다. 중원 대륙과 한반도에 3개 이상의 왕조국가가 병존한 다원적 천하와 전국적 천하에서는 상호 견제와 경쟁이 평화의 조건이었다. 전근대의 일본은 중화적 천하의 외연(절역)에서 독자의 천하를 영위하면서 도쿠가와 평화(Pax Tokugawa)를 구가하였다.

근대 동아시아의 세계상상은 주권국가체제의 다원적 세계에 대한 상상으로, 또 제국 중심의 단원적 세계에 대한 상상으로 재편되었다. 평화상상의 층위는 비평화를 초래하는 위기의 시대를 맞아 '국가'로 수렴되었다. 평화상상은 국민국가세계를 지향하는 의지와 제국세계를 지향하는 의지에 구속받게 된다. 아편전쟁과 베이징 함락, 청불전쟁 등으로 '대일통'의 '천하'가 무너진 이후, 국제법, 주권, 세력균형을 원리로 삼는 주권국가들의 경쟁체제가 성립하고 만국투쟁의 다원적 세계가 펼쳐지면서, 주권평등의 질서를 지향하는 평화상상이 강해졌다. 하지만 청일전쟁, 러일전쟁과 제국주의 전쟁을 거치면서 국민제국 일본의 '일통'에 의거한 '제국의 평화'('동화', '공영')를 상상하게 되었다. 세력경쟁이 보편화된 주권국가의 다원적 세계관과 일통을 추구하는 단원적 세계관이 공존/길항하는 가운데 비평화의 현실과 평화의 이상이 교착하였다. 이념적 평화상상에서도 다원적 세계의 근대전쟁의 참상에 대한 반성적 성찰에 의한 인도적 평화주의와 제국적 일통을 정당화하는 왕도적 평화주의가 교착하였다.

---

6   '천하'의 역사적 유형에 관해서는 장인성, 2014, 「중화체제와 '사대'-한중 사대관계에 관한 정치학적 해석」, 『한국동양정치사상사연구』 제13권 2호, 한국동양정치사상사학회를 볼 것.

III. 평화의 구조와 언설

1. 평화의 이념, 권력, 제도

평화상상은 이념에 의탁해서 평화를 상상할 것인가, 현실의 질서에서 평화를 구상할 것인가, 실천적 관점에서 평화를 구성할 것인가라는 문제로 귀착된다. 평화는 권력 관계의 현실과 평화주의의 이념과 국제규범의 제도의 상관적 작용을 통해 특정한 장소에서 모습을 드러낸다. 평화는 권력, 이념, 제도의 상관적 작용의 안정성을 의미한다. 국제체제(international regime)는 갈등과 협력, 전쟁과 평화의 양태를 규정하는 권력, 이념, 제도의 상관적 작용을 조건으로 한다. 국제체제는 국가 간 배열 방식과 관계성, 권력행사의 방식을 통해 구성 국가/민족을 규율하는 규칙과 관행의 집합을 말한다. 중화체제에서 평화는 중심-주변 관계와 주변 간 관계에서 예법에 기초한 사대교린 질서의 안정적 운용을 뜻했다.[7] 명청시대 동아시아세계는 예법(제도)에 규율되지 않는 북방민족(거란, 여진)과 일본(왜)의 위협(임진왜란, 병자호란)이 중화체제의 평화를 해치기도 했지만 중심-주변의 평화 상태는 오래 지속되었다. 사대교린의 권력, 이념, 제도가 안정된 상관작용을 하면서 천하질서는 평화를 보전하였다. 주권국가체제에서는 명분상의 주권평등(이념)과 실제상의 권력 관계(권력)와 외교(제도)의 상관적 작용이 안정적일 때 평화가 유지된다. 개항 이후 주권국가체제의 질서 원리와 열강의 제국주의 경쟁이 작용하면서 천하질서의 안정

---

7   사대교린체제에 관해서는 이용희의 정치학적 해석이 탁월하다. 이용희 저, 노재봉 편, 1979, 『한국민족주의』, 서문당.

⟨표⟩ 평화의 유형[8]

속성	불안 요소	안보 방식	평화의 조건	평화의 형태	성격
권력	세력불균형/물리적 전쟁	균세(중립/동맹) 일통(대동) 공영(협화)	안정(stability)	관계적 평화	상황적
이념	생명 상실/심리적 위협	절대평화(非戰)	평화주의 (pacifism)	이념적 평화	원리적
제도	국제폭력/구조적 폭력	국제기구(평화회의)	제도(institution)	제도적 평화	구성적

과 평화는 깨졌고, 천하질서와 다른 새로운 제국질서로 이행하게 되었다.

평화는 평화상상을 촉발하는 불안 요소가 무엇인지, 어떠한 안보 방식으로 평화를 추구하는지, 평화를 어떤 의미에서 파악하는지에 따라 관계적 평화, 이념적 평화, 제도적 평화로 구별할 수 있다. 권력, 이념, 제도는 관계적 평화(협조주의), 이념적 평화(평화주의), 제도적 평화(제도주의)를 매개한다.

국제질서의 구조적 변동이나 국제적 위협을 전략적 관점에서 포착할 때나 권력 관계에 주목했을 때, 평화는 국제질서의 안정(stability)을 추구하는 것이 된다. 전쟁 예방은 대외정책의 요체가 된다(관계적 평화). 관계적 평화는 권력 관계의 실제(reality)를 파악하고 세력균형을 모색하는 노력(리얼리즘)을 통해 얻어지는 평화를 말한다. 여기서는 주권국가 체제에서의 질서 유지, 세력균형에 의탁한 안보(주권 보전)가 평화의 핵심이다. 한편, 심각한 세력불균형으로 인해 전쟁 발발이 우려될 때, 주

---

[8] 장인성, 2017, 『동아시아 국제사회와 동아시아 상상-한국국제정치사상 연구』, 서울대학교출판문화원, 268쪽에 실린 ⟨표⟩를 수정 보완한 것이다. 관계적 평화, 이념적 평화, 제도적 평화에 관한 서술도 이 책의 제7장 '동양과 평화: 근대한국의 평화관념'에 의거하였다.

권 상실의 우려가 클 때, 전쟁의 참혹함이 인지될 때, 전쟁을 부정하고 군사력 폐기를 외쳐대는 인도주의 평화사상(자유주의)이 작동한다(이념적 평화). 인간의 생명을 말살하는 폭력적 권력의 현실 자체를 부정함으로써 인류애와 사해동포주의를 표방하는 평화주의(pacifism)는 절대평화를 상정하는 이념이다. 또한, 국제규칙의 제정이나 민주제도의 구축 혹은 평화제도 창설을 통해 국제사회의 구조적 폭력을 없앰으로써 전쟁을 예방하려는 노력(제도주의)에서 평화가 구상되기도 한다(제도적 평화).

관계적 평화, 이념적 평화, 제도적 평화는 각각 홉스적 국제질서관, 칸트적 국제질서관, 그로티우스적 국제질서관과 대응한다. 소극적 평화와 적극적 평화의 틀에서 본다면, 관계적 평화가 전쟁이 없는 상태를 지향하는 소극적 평화라면, 이념적 평화와 제도적 평화는 전쟁 요인을 없애려는 적극적 평화라 할 수 있다. 제도적 평화는 이념적 평화를 관계적 평화에 투사하는, 관계적 평화의 규범적 규율을 모색하는 노력에서 찾을 수 있다. 평화사상가들의 영구평화 기획은 이러한 제도적 평화에 관한 구상이다. 평화상상의 양태는 이들 유형 중 어느 것에 어떻게 깊이 관여하느냐에 따라 달라진다. 평화상상은 현실주의 안보론의 차원에서도, 전쟁을 부정하는 절대평화론의 차원에서도, 그리고 평화제도를 구상하는 제도론의 차원에서도 성립할 수 있다. 어느 차원으로 기울지는 주체의 지향성과 국가/민족의 생존 양태와 천하/세계의 양태 혹은 국제체제의 성질에 의존할 터이다. 근대 동아시아의 평화를 파악할 때 이러한 유형을 의식할 필요가 있다.

2. 화법으로서의 '평화'

질서는 권력, 이념, 제도의 상관적 작용이 조화와 균형을 이룰 때 성립한다(평화의 시대). 이 상관적 작용의 조화와 균형이 깨지면 질서는 위협을 받는다(위기의 시대). 권력, 이념, 제도의 상관적 작용이 주권국가체제에 부합하게 동아시아 질서를 바꾸면서 평화의 조건과 원리도 변경되었다. 기존의 권력 관계와 질서를 보전하려는 중국과 새로운 권력 관계와 질서를 구축하려는 일본 사이에 생겨난 갈등이 안보 불안을 자아냈다. 러시아와 같은 세계열강의 위협도 안보 불안을 부채질했다. 권력 관계의 현실과 주권평등의 이념 사이에서도 안보 불안이 생겨났다. '평화'는 이러한 안보 불안에서 배태되고 유통된 말이다. '동양평화'는 동아시아 질서의 변동과 불안을 표상하는 말이었다. 청일·러일전쟁, 한일합방, 중일전쟁, 대동아전쟁 등 일본제국의 침략이 초래한 위협을 상징하는 말이었다.

앞에서 말했듯이 평화는 질서가 깨질 위기에 처했을 때나 위기를 감지하는 심리적 현실에 놓였을 때 자각된다. 주체의 생존 방식은 주체가 놓인 안보적 상황과 밀접하게 결부된다. 주체는 '평화'를 말함으로써 현실의 불안정이나 비평화를 드러낸다. '평화'를 말하는 것은 단지 평화의 이상적 상태나 평화주의를 표현하는 행위가 아니라 비평화의 현실을 폭로하는 정치적 행위이다. 평화론은 화자의 이상과 염원을 담은 언설로서 주체의 생존 방식을 모색하는 평화상상의 화법이다. 평화론은 안보에 관한 의식이나 사상, 가치관을 표출하는 행위이다.

평화상상은 지상세계의 권력 관계와 무관하지 않다. 신의 의지에 순종하는 것을 평화로 여기거나 유토피아적 평화를 몽상한다면, 장소와 시대의 거처는 무의미할 것이다. 전쟁의 참상에서 벗어나려는 욕망을 종교적 의지와 유토피아적 상상력에 의탁했을 때 평화주의가 성립한다. '무위', '인', '겸애', '사랑', '인류애'는 평화주의를 담지한 말이다. 화자는 보편적 평화주의를 내세울 때 초장소적인 정의(justice)를 표방한다. 흔히 평화주의의 형태를 띠는 정의로서의 평화는 전쟁, 분쟁, 갈등 없는 이상적 상태를 지향한다. 하지만 이미 말했듯이 평화주의를 표방하는 행위는 비장소적/무장소적인 것이 아니다. 평화주의를 말하는 주체는 이념에 의탁할 뿐더러 장소를 딛고 서 있다. 절대평화주의를 외치는 종교적 열성의 발현도 장소적이다. 절대평화주의가 중국이나 한국보다 일본에서 두드러진 것은 일본의 장소성과 무관하지 않다.

주체는 장소의 구속을 받는다. 장소에 매인 주체는 안보적 관점에서 안정된 권력 관계를 뜻하는 질서(order)에서 평화를 찾는다. 정의로서의 평화는 질서 변경을 정당화하는 당위론을 상정하고, 질서로서의 평화는 불평등한 권력 관계가 만들어내는 불의한 현실의 구속성을 전제한다. 정의로서의 평화는 보편성에 의탁하는 정치철학의 문제가 되고, 질서로서의 평화는 개별성에 주목하는 국제정치학/역사정치학의 문제가 된다. 정의로서의 평화와 질서로서의 평화 사이에는 괴리가 상존한다. 명분과 리얼리티 사이의 괴리이다. 평화주의로 파악된 평화는 상상/이념의 산물로서 현실의 평화/비평화와 괴리를 보일 수밖에 없다.

정의는 질서 유지의 명분으로도, 질서 변경의 명분으로도 작용한다. 평화주의라는 정의를 내세우는 것은 부당한 현실의 '질서=현상(status quo)'을 변경하려는 의도와 전략을 내포한 정치적 행위이다. '평화'라는 정의에 의탁하여 자국에 불리한 질서를 수정하거나 자국에 유리한 질서로 재편하려는 의지의 표현인 경우가 많다. 맹자의 '이소사대, 이대사소' 원리는 전국적 무질서를 수정하여 평화질서를 만들어야 한다는 정의감의 표현이다. 파리강화회의에 참가했던 고노에 후미마로(近衛文麿)는 '영미본위의 평화'(질서=현상)를 변경하여 일본이 참여하는 이상적 세계질서를 수립해야 한다는 정의를 내세웠다.[9] '평화'는 양가적(ambivalent)인 말이다. 현상 유지 국가에게는 기득권 유지를 위해 질서 안정을 꾀하는 명분(정의)이지만, 현상 변경을 바라는 수정주의 국가에게는 세력균형이나 세력 확대를 꾀하는 명분이다. 여기서 '평화'는 자국의 우월적 지위나 현상 유지에 유리한 환경을 가리킨다. '평화'라는 말은 불의나 무질서의 현실(리얼리티)과의 거리를 메우려는 레토릭으로서 기능한다. 안정된 질서를 표방하는 관념의 표현인 동시에 우월적, 독점적 지위를 확보하려는 전략적 의도를 내포한다.

'평화'를 정의로서 내세우는 평화론은 평화적 상태와 불안정한 현실 사이의 간극을 추궁하는 비판 행위이다. '평화'를 말하거나 평화주의를 표방하는 것은 현실의 비평화/폭력에 저항하는 비판 행위이며, 주체의 생존을 모색하는 정치적 행위이다. '평화적 저항'이 아니라 '평화를 내세운 저항'이다. 비판과 저항의 화법은 정의론의 형태를 띤다. 강권에 노출된 약자에게 평화주의는 강력한 저항의 수단이다. 평화주의는 현실의 무질서, 비평화, 폭력을 배제하는 적극적인 의지나 운동을 전제로 한다.[10] 유럽의 평화사상은 30년 전쟁으로 드러난, 절대군주들의 경쟁체제에 대한 반성에서 성립하였다. 근대 동아시아의 평화론도 주권국

---

9 近衛文麿, 1995, 「英米本位の平和主義を排す」(1918), 北岡伸一 編, 『戰後日本外交論集』, 中央公論社.

10 원래 서양사회의 일상어에서 'pacifism'은 '무력 사용을 두려워하는 비겁한 태도', 'pacifist'는 '비겁자'를 뜻한다. 이러한 이미지는 강권을 추구하는 주권국가체제에서 생겨났다.

가체제의 구조적 폭력과 제국주의열강의 폭력에 저항하는 비판 논리로서 기능하였다. 동양평화론은 '동양평화'의 명분과 실제를 드러낸 언설이었다.

IV. '동양평화'의 조건과 양태

1. 세력구도와 '동양평화'

19세기 후반 동아시아세계는 일본제국이 중화제국을 대체하는 '제국과 제국 사이'에 놓여 있었다.[11] 중국은 제국이 소멸되고 새로운 국민국가(신해혁명)로 변모하였다. 일본은 중국을 대체하는 식민지제국으로 부상했을 뿐더러 중국대륙과 동남아를 침략하는 전쟁의 길에 들어섰다. 한국은 제국과 제국 사이에서 쇠락을 거듭하다가 일본제국에 강제 병합되었다. 근대 동아시아에는 주권국가체제의 틀/원리와 제국체제의 틀/원리가 착종하였다. 근대 동아시아의 평화는 제국의 권력과 소국의 저항의 함수관계에서, 제국적 질서 원리와 주권국가 질서 원리의 착종 속에서 파악해야만 한다.

'동양평화'는 제국과 주권국가의 사이, 사대질서와 공법질서 사이에 놓인 한중일의 안보 상황과 연관된 말이었다. 동양평화론은 '국가'와 '동

---

11 浜田武志, 1990, 『近代中國の國際的契機-朝貢貿易システムと近代アジア』, 東京大學出版會; 앙드레 슈미드 저, 정여울 역, 2007, 『제국 그 사이의 한국 1895~1919』, 휴머니스트.

양'의 생존을 모색하는 안보론이자 정의론이었다. 1880년대 동양연대론은 동양평화론의 초기 형태였다. 개항 이후 세계정치와 만나면서 리훙장(李鴻章)의 동북아 전략 구상과 이를 반영한 황쭌셴(黃遵憲)의 『조선책략』(1880), 일본의 동양연대론을 거쳐 동양 삼국의 주권 보전과 안보의 상관성을 생각하는 '동양연대' 구상이 생겨났다. 이 발상에서 '동양' 개념이 재발견되었다. '동양연대'는 약소국의 논리였다. 안보 능력이 취약한 한중일 삼국이 각자의 생존을 위해 서양열강에 공동으로 대응하자는 발상에서 생겨난 말이었다. 일본에서 '동양연대'는 아직 약소국이던 메이지 초반에 일시 표출되었을 뿐, 청일전쟁 이후 지역강국이 되면서 '동양평화'로 대체되었다. 일본발 '동양평화' 개념은 일본의 권력 투사와 더불어 동아시아에 확산되었다.

'동양평화'는 근대 동아시아에서 평화상상의 핵심어였다. '동양평화'는 '동양'이라는 공간과 '근대'라는 시간을 공유하면서 동아시아 국가들의 생존 방식을 '평화'로써 규율하려는 의도가 담긴 말이었다.[12] 서양과 동양의 역간(域間, inter-regional/global) 권력 불균형과 동양 역내(域內, intra-regional/regional)의 권력 불균형이 작동하는 두 세력구도에서 한중일이 모색한 생존 전략을 함축한 말이다. 일본의 '동양평화'는 지역패권화 전략이 투사된 개념이었다. 일본은 러일경쟁의 역간 세력균형을 이루고 러시아의 만한 진출에 대항하여 한반도 독점화를 추진하는 가운데 팽창의 명분으로서 '동양평화'를 표방하였다.[13]

---

12 '동양평화', '동북아의 안정과 평화', '동아시아의 번영과 평화'는 한국인이 근대, 냉전기, 탈냉전기의 동아시아 평화를 파악하는 뉘앙스가 담긴 클리셰이다.
13 역간 세력구도와 역내 세력구도의 두 구도에 관해서는 張寅性, 2013, 「近代日本の国際社会観-'秩序'と'正義'」, 平野健一郎 編, 『国際文化関係史研究』, 東京大学出版会.

'동양평화'는 역간과 역내의 두 세력구도를 전제로 한 것이며, '제국의 번영(국권 확장)-동양평화-세계평화'의 연쇄(일본), 혹은 '자주독립(주권보전)-동양평화-세계평화'의 연쇄(한국)에서 상상되었다. 연쇄의 양태는 한중일의 주권 상황과 국가 발전 정도에 따라 달랐다. '동양평화'를 상상하는 방식은 일본, 한국, 중국의 국제적 위상과 안보 관념에 따라 달랐다. 평화상상은 국가주권을 어떻게 확보할 것인가―수동적으로 보전할 것인가, 능동적으로 확장할 것인가―를 생각하는 정책적 의지와 맞물려 있었다. '동양평화'는 한중일 주체들의 국제현실에 대한 인식과 이상을 내장한 말이었다. '평화'는 '동양'에 구속되었고, '동양'의 공간적 범주와 지정학적, 지문화적 의미는 일본의 제국권력의 역내 투사 방식에 의존하였다. '평화'의 뜻은 한중일이 생각하는 '동양' 개념에 의해 한정되었다.

근대 일본에서 '동양평화'는 대외 팽창과 현상 변경을 위한 구실이었다. 청일전쟁과 러일전쟁, 한국 병합과 만주국 건설, 중일전쟁과 대동아공영권에 이르는 과정에서 제국주의 팽창을 위한 구실(명분)로 기능하였다. 지역 강국화의 문맥에서는 동아시아 역내의 현상 변경을, 세계 강국화를 모색한 문맥에서는 세계질서의 현상 변경을 의도한 말이었다. '동양'은 일본제국의 동심원적 팽창과 더불어 제국의 권력 의지와 정책이 투사되는, 시세에 따라 공간적으로 확장되는 영역이었다. '평화'는 팽창하는 '동양'을 규정하는 말이었다. 일본의 제국권력이 투사되는 범위는 '동양평화'의 공간적 범위를 규정하였는데, 일본의 광역권이 동남아까지 확대되었을 때 '대동아공영'은 '동양평화'의 귀결이었다.

근대 한국에서 '동양평화'는 일본의 침략을 비판하고 한국의 자주독립을 정당화한 안보 관념의 표현이었다. 유교 관념과 '균세' 관념이 결합된, 한국의 주권 보전을 염원하는 의지의 표현이었다. 한국의 동양평화론은 동양 삼국이 세 솥발처럼 '정립(鼎立)' 혹은 '정족(鼎足)'을 이루어 '균세'를 보전해야만 서구열강(러시아)에 대항할 수 있고 솥 전체, 즉 '동양평화'를 보전할 수 있다는 논리를 가진 언설이었다. 정립평화론은 역내 세력균형과 역간 세력균형을 통해 '동양평화'를 이루어야 한국의 주권이 보전된다는 자주독립론이었다. '정립', '정족'은 '동양'(동북아)을 보전하기 위한 세력균형, 동양 삼국의 자율성, 동양 삼국의 연대성이 요체였다.[14] '정립'은 '동양평화'의 조건이었고, '동양평화'는 주권 보전의 전제였다. 한국인의 동양평화론은 세력균형과 연대 협력의 규범론적 전략에서 성립한, 일본의 패권화와 한국 침략에 대항한 비판담론이었다. '평화'는 두 세력구도와 일본의 폭력성에 대한 구조적 인식에서 파악되었다.

'동양평화'는 중국보다는 일본과 한국에서 통용되었다. '동양'은 원래 중국 동쪽(한국, 일본)을 가리키는 중국 중심의 발상이 담긴 말이지만 중화적 사유가 강했던 중국인들은 '동양'을 중국 자신을 포함한 지역공간으로 객관화할 소지가 적었다. '동양'은 한중일의 개별 국가로 구성되는 지역을 상정했을 때 성립할 수 있는 개념이었다. 일본제국이 '동양'을 주

---

[14] 정립평화의 구상은 다음 언설에 전형적으로 나타나 있다. "무릇 솥이라 하는 것은 세 발이 갖추어지므로 능히 안정자립의 세를 보유함이라. … 생각건대 우리 한일청은 동양일국(東洋一局)에 처하여 인족(人族)이 원래 동종이요, 문사(文詞)가 또한 일치함이요, 풍속이 태반 흡사하니, 그 고유한 상애의 동정이 마땅히 타국과 크게 다를뿐더러 하물며 이 서세동점하는 날에 이르러 순치보거의 관계가 아주 긴밀하고 중요한 땅에 있음이라. 단연코 마땅히 협심평화(協心平和)에 연합실력(聯合實力)이 솥의 세 발을 갖춤과 같은 연후에야 가히 동양전국(全局)을 보전함은 지자를 기다리지 않고 능히 알 수 있는지라"[李奎濚, 1908, 「東洋協和도 亦智識平等에 在홈」, 『西友』 제15권(1908년 2월), 35쪽]. 근대 한국의 동양평화론에 관해서는 장인성, 2017, 앞의 책, 제6장 및 제7장을 참조할 것.

도하는 가운데 청말 중국에서 안보 개념으로서의 '동양'은 더디게 유포되었다. '동양'이 안보지역으로 상정되기 위해서는 신해혁명을 기다려야 했다. 그럼에도 중화적 사고의 유산과 일본제국의 대륙 팽창으로 중국의 '동양' 상상은 제한적일 수밖에 없었다. 청말 중국인의 평화상상이 세계 수준의 '대동'으로 표현된 것은 우연이 아니다.

2. '균세', '대동', '공영'

근대 동아시아에서 주체의 평화상상에는 몇 가지 유형이 보였다. 힘의 균형을 통해 '질서=평화'를 모색하는 '균세', 세계적 일통을 통해 전쟁 없는 평화 상태를 상정한 '대동', 직분과 조화의 원리가 만들어내는 질서인 '공영'이다. '균세', '대동', '공영'의 평화상상은 국가의 생존/번영을 추구하는 의지의 소산이었다. 주권평등 관념에 입각한 '균세'가 공간적 한정성을 상정한 질서였다면, '대동'은 세계적 일통을 위한 공간적 확장성을 지향하는 질서였다. '공영'은 확장된 공간을 위계적 질서로 규율하려는 질서였다. 이들 질서상은 민족의 생존 방식(자주독립, 제국 형성, 주권 유지)을 담보하는 국가와 공동체의 양태와 결부되었다. '동양평화', '세계평화'를 염원하는 심정은 균세론, 대동론, 공영론에서 달랐다.

　'균세'는 서양세력으로부터 '동양'을 보전함으로써 주권 안보를 확보하는 데 요구된 지역안보의 원리였다. 균세론은 역내 세력균형을 이루어야만 동양평화를 확보하고 자주독립을 보전할 수 있다는 주장이었다. 평화의 조건은 '균세'였다. 주권국가체제의 홉스적 권력정치에 주목했을 때, 국제사회의 무정부 상태에서 생존과 질서를 생각했을 때, '균세'의 사고법이 작동하였다. 세력균형은 유럽에서 강국이 강국을 견제하면서 유럽의 질서(평화)를 보전하는 논리였지만, 동아시아에서는 주권 보전의 논리로 받아들여졌다. '균세'는 잘 알려져 있듯이 마틴(William Martin)이 『만국공법』에서 자연법적 규범의 의미를 담아 사용한 'balance of power'의 번역어였다. 과분(瓜分) 상태에 놓인 중국이나 주권 침해를 당한 한국에서 '균세'는 오랫동안 중국과 한국의 주권 보전을 보장하는 원리로 인식되었다. 청말 중국에서 '균세'는 열강의 제국주의에 대응하는 만국공법의 공공적 역할에 대한 기대와 맞물려 적극적인 의미를 띠었다. 분할의 위기에 처하면서 이러한 기대는 크게 퇴조했지만 여전히 강대국의 제국주의 정책에 대항하는 공적 원리로 인식되었다.[15] 근대 한국에서도 전술한 동양평화론에서 보았듯이 '균세'는 세력불균형의 현실에 대응하고 일본의 침략성을 비판하는 원리로서 동원되었다.

홉스적 만국투쟁과 전쟁의 참화를 인지했을 때, 국가의 경계를 넘어선 '일통'의 세계질서를 꿈꾸는 '대동'의 질서 원리도 출현하였다. 근대 일본과 한국의 유교적 주체들 중에는 만국공법에 규율되는 만국평등의 규범 질서에서 '대동'의 평화를 상상하는 이도 있었다. 메이지 계몽사상가 나카무라 마사나오(中村正直)나 애국계몽기 한국의 지식인들은 유학적 관점을 투사하여 만국공법의 보편성과 공공성에서 '대동'의 가능성을 보았다. '대동'을 세계평화의 유력한 양태로 파악하는 상상력은 '대일통'의 기억

---

15 이 책에 실린 차태근, 「중국 근대 평화론에 대한 비판적 담론 분석」, 118-134쪽. 이 글은 청말 중국의 '균세' 개념의 형성과 전개에 관해 상세히 논하고 있다. 한편, 같은 글에서 차태근은 장타이옌(章太炎)의 질서관에서 동아시아 약소민족의 연대와 협력을 뜻하는 '제물(齊物)'의 사유를 읽어내고 있다. '제물'은 '균세'의 원리에 의거한 연대 협력을 내세운 한국판 동양평화론과 유사한 면이 있다. 다만 중국, 일본, 인도를 주축으로 한다는 점에서 중국판 동양평화론이라 부를 수 있지 않을까 싶다.

을 가진 중화적 세계관에서 광대한 규모를 보였다. 캉유웨이(康有爲)의 '대동'은 글로벌 수준에서 '일통'의 동일성을 지향하는 질서 원리로서 중화의 장소성이 반영된 평화상상이었다. 다만 캉유웨이는 약소민족의 존재 가치를 부정한 획일적인 동화(통합)을 구상하였다.[16] 중화주의와 유교 질서관을 견지한 유인석도 주권국가의 전쟁 상태를 넘어서려는 '대일통'의 평화관을 보여주었다. 주권국가체제가 국가경쟁과 제국주의적 폭력성을 드러냈을 때, '대동'은 근대국가의 에고이즘을 극복하고자 하는 평화상상으로서 살아남을 수 있었다.

'공영'은 일본의 팽창적 제국주의가 강구해낸, 왜곡된 '동양평화'의 최종적 양태였다. 일본제국은 제1차 세계대전을 거쳐 세계정치의 주체로 부상하였고, 1930년대 들어 괴뢰국가인 만주국을 건설하고 중국 화북지역으로 진출하고자 중일전쟁을 일으켰다. 하지만 중국의 민족주의 저항에 봉착하자 '동아협동체'를 구상하게 된다. '협화', '협동'은 중국의 저항 내셔널리즘을 타개하기 위해 강구된 질서 원리였다. '공영'은 중일전쟁의 교착 상태를 넘어서는 한편 동아민족의 민족주의적 저항을 극복하기 위해 강구된 광역권 질서 원리였다. 제국의 질서 원리였기에 '대일통'의 위계적 원리와도 통하지만, 구별되는 질서 원리였다. 왕도주의에 의거한 도의질서와 천황주의에 기초한 직분 질서를 결합시킨, 또한 일본(천황)과 동아민족 간의 위계적 질서와 동아민족 간의 수평적 질서를 결부시킨, '대동아 신질서'의 원리였다. 유럽세계(서양)와의 적대적 대결에 대응하여 동아시아를 '대동아'의 광역권 질서로 재편하려는 세계 전략의 소산이었다.

---

16 위의 글, 154쪽.

V. '제국의 평화'와 '민족의 평화'

1. 강권주의와 '무장평화'

평화주의와 평화상상이 고조된 것은 제국공간에 들어서였다. '제국의 평화'와 '민족의 평화'는 상관적 양상을 보이면서 20세기 전반기 동아시아의 평화관을 구성하였다. 제국주의 전쟁은 20세기 초반 동아시아 평화의 이념과 제도와 권력의 상관적 작용을 역동적으로 만들었다. 무장주의와 평화주의의 상반된 이념을 출현시켰다. 초기 제국공간에서는 무장주의와 무장평화론이 나타났고, 이어서 세계대전의 폭력성에 대한 반성으로서 전후 평화주의가 부상하였다. 자유주의와 인도주의, 사회주의와 아나키즘이 전후 평화주의를 추동하였다. 식민지 한국은 제국 내부에서 '제국의 평화'와 '민족의 평화'를 상상해야만 했다.

러일전쟁 이후 제1차 세계대전에 이르는 폭력의 시대는 사회진화론의 확산을 초래하였다. 일본은 러일전쟁 승리로 제국주의 열광에 휩싸이면서, 중국은 청일전쟁 패전과 조차지 분할의 반식민지를 겪으면서, 한국은 주권 침탈을 당하면서, 우승열패와 약육강식을 옹호하는 사회진화론의 확산을 목도하였다. 사회진화론이 확산되면서 강권주의가 출현하였다. 만국평화회의는 '멸국신법(滅國新法)'의 모임일 뿐이며, 국제법과 평화주의는 제국주의 침략을 정당화하는 명분에 불과하다는 견해가 제시되었다.[17] 권력이 정의라면서 식민주의와 제국주의라는 '평화적 전쟁'에

---

17 崔錫夏, 1907, 「平和會議에 對ᄒ 余의 感念」, 『太極學報』 제9호(1907년 4월), 24-25쪽.

대항하여 '무장적 전쟁'을 수행해야 한다는 견해도 있었다.[18] 강권이 있는 자는 성현, 군자, 영웅이고, 강권이 없는 자는 용렬한 놈, 천한 놈, 짐승과 같은 자라면서 드러내놓고 인의 도덕을 부정하고 강권주의를 옹호하기도 하였다.[19]

한일합방과 총독부의 강권통치, 세계대전의 발발을 겪으면서 무장주의는 한층 고조되었다. '강권', '강력'을 옹호하는 강권주의가 제국공간의 지식사회에 만연하였다. 『매일신보』에는 평화주의의 과오를 비판하면서 "평화를 확보하는 것은 군비요 평화운동이 아니라" 주장하는 기사가 실렸다. 전쟁은 "인류 생존경쟁의 일 상태(常態)"라 했다.[20] 도쿄의 한국 유학생들은 도덕을 힘의 관점에서 재정의하면서 강권주의를 노골적으로 옹호했다.[21] 강권주의는 '무장평화(armed peace)'를 옹호하는 주장으로 이어졌다. 인류의 진보와 문명의 발달이 초래한 세계대전을 보면서 군비 확장에 의한 무장평화를 긍정하고, 인종주의와 국익 충돌의 국제사회에서 전쟁 없이 영원한 평화는 불가능하다는 견해가 제시되었다.[22] 일본의 무장평화론에서 영향을 받은 것이었다.[23] 무장평화론은 중국에도 퍼졌다. 량

---

18 蔡基斗, 1908, 「平和的 戰爭」, 『大韓學會月報』 제6호(1908년 7월), 제7호(1908년 9월).
19 「세계에논 강권이 첫지」, 『대한매일신보』 1909년 7월 21일.
20 「평화운동」, 『매일신보』 1912년 1월 30일.
21 현상윤은 강한 힘이 있어야 팽창도 있고 저항도 있다고 주장하면서 강력을 "인간 천부의 생활을 가장 독립적으로 가장 행복적으로 십분 완전하게 향유하는 권능의 총량"으로 정의하였다(현상윤, 1915, 「강력주의와 조선청년」, 『학지광』 제6호, 43-48쪽). 정충원은 "강은 곧 신, 천재의 창조자", "자기의 생을 위한 조건"이라 했다. 정의인도를 부정하고 강권을 예찬하였다(정충원, 1915, 「아々 형제여」, 『학지광』 제6호, 37-39쪽).
22 「구라파의 대풍운」, 『권업신문』 1914년 8월 9일.
23 일본의 무장평화론에 관해서는 石田雄, 1989, 앞의 책을 볼 것.

치차오(梁啓超)는 대국의 소국 병탄이 빈번한 유럽 국제사회의 '군용(軍容)의 평화'가 세력균형에 의한 잠정적 평화, 즉 '평화의 가면'임을 간파하였다.[24]

　무장평화론은 글로벌 세력균형을 추구하는 세계정치의 조류에 부응한 언설이었다. 무장평화론은 도덕과 권력을 결부시킴으로써 평화관의 상극을 해소시켰고, 글로벌 세력균형론은 강권정치의 감각을 부추겼다. 이 무렵에 'balance of power'의 번역어가 '균세'에서 '세력균형'으로 바뀐 것은 우연이 아니다. 자연법적 의미를 털어낸 '세력균형' 개념이 '균세' 개념을 대체하였다. '무장평화'와 '세력균형'은 세계대전의 종결 즈음부터 자유주의와 국제협조주의가 부상하면서 퇴조했지만, 해군 군축에 의한 군사적 균형을 상정한 워싱턴체제가 성립하면서 금세 되살아났다.

　강권주의의 유행은 권력 의지를 가진 개인의 탄생을 예고하는 것이기도 했다. 개체의 생존 투쟁과 생명 보존의 감각은 무장평화를 지탱하는 사고법이었다. 도덕 부정과 권력 긍정의 사고법, 인간의 본능, 의지, 감각을 중시하는 강권주의는 개체의 투쟁력과 생명력을 일깨우면서 개인의 탄생을 촉발한 한편, 강권주의를 부정하는 평화주의의 출현을 예비하였다. '제국의 평화'에 저항하는 평화주의의 파토스를 배태하였다.

2. '제국의 평화'와 평화주의

'제국의 평화'는 강권으로 성립한 질서였지만, '국가'를 상실한 식민지 주

---

[24] 양일모, 2013, 「근대중국의 '평화' 개념」, 서울대학교 역사연구소 국내학술대회 발표논문(2013.11.15), 42쪽.

체들은 역설적으로 '개인'과 '민족'을 매개로 세계를 상상할 자유를 얻었다. 일본제국의 식민지 강권통치는 왕조국가의 심정적 규율을 해체시키기도 했다. 강권통치를 겪으면서 왕조의 심정적 규율을 끊어낸 '개인'이 탄생했고, 이러한 '개인'은 '국가' 대신에 '민족'을 매개로 평화를 상상하게 된다. 국망의 위기에서 출현했던 '민족'은 제국 속에서 상상의 공동체로서 더욱 단단해졌다. 3·1운동을 계기로 제국의 강권통치가 완화되었을 때, '개인'은 자각된 '민족'을 매개로 '세계'와 '인류'에 의탁하여 평화를 상상하게 된다. 세계대전 이후 국제민주주의와 민족자결주의가 유포되면서, 다이쇼 데모크라시의 사상적 영향을 받으면서, 자유주의적 평화상상은 깊어졌다. 민족주의적 저항에 의한 '자유독립'의 달성을 '동양평화'와 '세계평화'의 전제로 삼는 민족주의도 분출하였다. 사회적 평화의 관점에서 개인의 평화를 모색하는 사회주의자들도 출현하였다.

제국의 자장하에서는 "큰 것이 작은 것을 돕고 강한 것이 약한 것을 지키는" 것을 평화주의로 여기는 평화관이 생겨나기도 하였다.[25] 원래 '평화'는 제국질서에서 유래한 개념이었다. 'peace'의 어원인 'paix'는 '강국(제국)의 약소국 지배를 확인하는 협정(pact)'을 뜻한다. '팍스 로마나', '팍스 시니카', '팍스 도쿠가와', '팍스 아메리카' 등 '제국의 평화'는 제국의 '평정(平定)'으로 성립한 '질서=평화'를 말한다.[26] 평화는 중심(제국)의 평정과 주변(소국/식민지)의 복속으로 성립하였다. 평화는 강자의 승리를 강자와 약자가 서로 인정하는 '강화'를 의미하였다. 승자-패자 간 합의이자 승리와 패배의 관계가 유지되는 질서였다. 제국질서에서 개체

---

25 「平和의 主旨」, 『매일신보』 1910년 9월 10일.
26 西部邁, 2009, 『昔, 言葉は思想であった』, 時事通信社, 176-178쪽.

는 전체 속의 존재, 혹은 전체와의 자기동일성을 모색하는 존재로 상정되었다. '일통', '동화', '공영'은 '제국의 평화'를 표상한다.[27]

평화상상은 제국질서에서의 내지-외지 간 세력구도, 일본제국-인접지역 간 세력구도, 일본제국-구미열강 간 세력구도에서 이루어졌다. 평화 문제는 글로벌 세력균형과 일본제국의 동아시아 구상과 한국통치의 실태에 달려 있었다. '제국의 평화'는 일본제국의 통치와 식민지의 저항(자유독립) 사이에서 성립한 것이었다. 구미열강과 협조/대결하는 일본의 세계정치 구상을 전제로 한 것이었다. 1910년대 말 1920년대에는 자유주의와 민족자결의 원리가, 1930년대, 1940년대에는 '동화', '협화', '공영'의 원리가 질서상을 규율하였다. 제국 내부에서는 식민지인의 '국민화=신민화'를 통해 제국일본의 통치질서에의 '동화'를 강제함으로써 식민지 사회의 '치안'을 유지하고, 식민지의 민족적 저항을 억압함으로써 식민지 질서를 확보하는 것이 '제국의 평화'였다. 세계정치 차원에서는 '제국의 안정=평화'를 토대로 제국의 영역을 확장하는 것이 평화의 조건이었다. 일본제국은 동남아까지 확장된 제국질서를 구축함으로써 '영미 본위의 평화'(영미 중심의 질서)에 대항하는 세계질서의 구축을 꿈꾸었다. '대동아공영'은 '유럽의 평화'에 대응하는 방식이었다. 일본제국은 식민지 한국과는 '동화'를, 투쟁하는 중국과는 '협화'를 질서 원리로 상정하였고 나아가 제국의 팽창을 정당화하는 '공영'의 질서관을 작위하였다.

---

27 1883년 일본 문부성에서 번역 출간한 홉스의 『주권론』(『리바이어던』의 번역서)에서는 'peace'의 번역어로 '치평'—간혹 '태평', '치평화조(治平和調)'—을 사용하였다. '평화'는 드물게 썼다. '국내의 평화', '치안'을 뜻하는 'our peace'는 '천하의 치평'으로 번역되었다(石田雄, 1989, 앞의 책, 130쪽). 'peace'를 '제국의 평화'로 이해했음을 엿볼 수 있다. '제국의 평화' 관념은 일본제국의 팽창 과정에서 되살아났다.

1910년대 말 1920년대 식민지공간의 주체들은 강권에 의한 '제국의 평화'에 대응하여 인도주의와 평등주의에 입각한 평화를 구상하였다. 파리강화회의를 계기로 자유주의와 민족자결주의의 분위기가 고조되고, 국제연맹 창설의 움직임을 계기로 국제민주주의와 국제협조주의가 국제질서의 원리로 인식되는 가운데 강권주의와 권력정치를 부정하는 평화주의가 부상하였다. 신칸트학파의 관념철학과 사회주의도 평화주의를 환기시켰다. 무정부주의자는 국가폭력을 부정하는 평화관을 보였고, 사회주의자들은 계급평등에 기초한 사회적 평화를 꿈꾸었다. '인도정의'와 '자유평등'은 강자와 약자가 "권리의 조화"를 얻고 부자와 빈자가 "경제의 평균"을 얻고 우자와 열자가 "가치의 권형(權衡)"을 얻어야만 실현할 수 있다는 주장에서 확인할 수 있다.[28] 이들은 피압박과 불평등의 구조를 해소하는 '세계개조'를 통해 '세계평화'를 실현할 수 있다고 믿었다. '세계개조'는 '정의인도'의 실현이자 '영원평화'의 구현을 약속한다고 생각하였다.

이러한 분위기에서 국제협조와 세계평화에 대한 기대가 높아졌다. 파리강화회의, 국제연맹, 부전조약 등 평화제도의 성립에서 세계평화의 실현 가능성을 본 것이다. 세력균형주의에 의한 평화는 "전쟁의 정지 상태", "가장(假裝)의 평화", "허위의 평화"라 비판하면서 도덕, 이성, 법률이 국가주권을 규율하고 인류생활의 상호부조를 배양하는 국제협조주의

---

28 「세계를 알라」, 『개벽』 창간호(1920년 6월), 6-7쪽. 이하 3·1운동기 식민지 주체들의 평화사상에 관해서는 장인성, 2020, 「3·1운동기 독립선언서들에 담긴 세계정신과 평화사상」, 김현철 편, 『3·1운동과 대한민국 임시정부의 재조명Ⅱ』, 동북아역사재단을 참고하였다.

로 "진보"할 것이라는 전망도 나왔다.[29] 평화주의와 평화제도가 국가권력을 제한하고 영원평화를 보장할 것이라는 기대도 있었다. 칸트의 영구평화론이 소개된 것도 이러한 분위기와 무관하지 않다. 새봄이라는 필자는 『영원평화론』이 "정의인도의 큰 기치하에" "영원평화의 서광"을 비추는 저술이라 평가하였다.[30]

'인도정의', '자유평등'이란 말로 표상된 평화주의는 제국의 폭력을 넘어서는 평화상상의 이념적 근거였다. 독립을 염원하는 간절한 심정은 평화주의를 불러일으켰다. 자유주의적 평화상상이 유럽의 평화사상에서만 촉발된 건 아니다. 유학적 심정에서 세계평화를 상상한 제국공간의 주체들은 '일통'이나 '대동'을 떠올렸다. 유인석의 '대일통'이나 캉유웨이의 '대동'의 구상에서 볼 수 있다. 말년의 김윤식도 제국주의와 세계전쟁의 참화를 보면서 "함부로 전쟁을 일삼아 무(武)를 더럽혀서는 안 되고 힘에 의지해서도 안 된다"면서 "장치구안(長治久安)"의 영원평화를 '안민'의 정치에서 찾았다.[31] 강권주의와 권력정치를 넘어서려는 의지와 소망이 자유주의와 중화주의의 결합, '인'과 '정의'의 결합을 허용했을 수 있다.

유럽발 평화주의나 유학적 대동사상이 식민지 주체의 평화상상을 무한정 자유롭게 해주거나 '제국의 평화'에 매인 식민지 주체의 삶(자유독립)을 보장한 건 아니다. 새봄은 칸트의 평화구상이 당대 사상의 반영이고

29　若嬰生, 1924, 「勢力均衡主義와 國際協調主義」, 『개벽』 46호(1924년 4월), 2-9쪽.
30　새봄, 1920, 「『칸트』의 永遠平和論을 讀함」, 『개벽』 4호(1920년 9월), 80-81쪽. 칸트 영구평화론의 수용은 이예안, 2016, 「'영원평화'의 기대지평과 근대한국-일본 제국주의 기획과 칸트의 세계시민주의 이상」, 『개념과 소통』 제17호, 한림대학교 한림과학원에 상세하다.
31　「送今關天彭(壽麿)西遊中華序」, 『雲養續集』 卷2, 41張, 1918.

영국과 화란이 행한 식민정책의 '비도(非道)'에 대한 비판임을 간과하지 않았다. 평화의 실현은 조약, 문서와 같은 합의나 논리적 합리성이 아니라 국가, 민족의 '지덕'과 '자각'이라는 개별적, 주체적 경험에 달려 있다는 코멘트도 덧붙였다. 영원평화를 '지덕향상'의 긴 여정으로 파악하였다.[32] 세계평화나 국제협조를 도덕법적 정언명령이 아니라 역사적 구성물로 이해한 것이다. 평화사상이 현실비판의 논거로 기능했음을 엿볼 수 있다.

'대동'을 지향하는 유학적 도의 관념은 비판적 평화주의의 유력한 근거로 작용하였다. 조소앙은 독립선언문에서 "무도한 강권속박을 해탈하고 광명한 평화독립을 회복함은 천의(天意)를 대양(對揚)하며 인심을 순응코자 함이며 지구에 입족(立足)한 권리로 세계를 개조하여 대동 건설을 협찬하는 소이"라는 명분을 내세웠고, "평균천하의 공도"에 의거하여 "대동평화"를 실현해야 한다고 역설하였다(대한독립선언서). 유학적 도의 관념은 평화주의를 매개하는 근거였다. 유교적 심성은 '정의인도'와 '자유평등'의 원리를 끌어들여 주체화하는 저항의 에토스로 작용하였다. '제국의 평화'에 저항하는 에토스가 작동했을 때, '민족의 평화'를 생각하는 상상력이 발휘되었다.

3. '민족의 평화'와 저항의 평화상상

제국은 중심의 문명과 이념이 주변에 일정한 규정력을 행사하고 주변이 중심의 이념과 문명을 공유하는 세계이다. 평화주의의 보편 이념은 제국질서를 초월하는 평화상상의 기회를 제공하지만, '제국의 평화'(제국질서)

---

32 새봄, 1920, 앞의 글, 80-81쪽.

는 제국권력의 자장이 미치는 공간을 살아가는 주체의 평화상상을 구속한다. 제국공간은 강권통치와 팽창적 제국주의에서 생겨난 '제국'의 구조적 폭력과 이에 맞서는 '민족'의 저항이라는 구도를 만들어낸다. 통합과 일통을 지향하는 '제국의 평화'와 자유와 독립을 지향하는 '민족의 평화'는 맞서는 형태일 수도 있고, '제국의 평화' 속에서 '민족의 평화'를 모색하는 형태일 수도 있다. '민족의 평화'는 전자의 경우 '자유독립'을, 후자의 경우 '자치협력'을 지향한다.

식민지 주체의 평화상상은 제국통치의 현실(구속/장소)과 민족국가에의 이상(상상/비장소) 사이에서, 인류애적 평화주의와 민족적 생존 사이에서 성립하였다. 제국의 현실과 민족국가의 꿈 사이에서 배태되었다. 제국에 대항하는 민족적 저항과 민족자결의 의지는 민족공동체에 관한 상상을 유발하였고, 평화상상의 깊이를 더했다. 식민지 한국인들에게 '민족의 평화'는 한민족의 자유의사에 의한 자기결정, 즉 '민족자결'에 의해 실현되어야 하는 것이었다. 한국의 '자유독립'은 군국주의와 대아시아주의에 의한 일본의 동양평화 파괴, 즉 제국주의 침략을 막을 수 있는, 동양평화를 보전할 유일한 길이었다(조선독립선언서). 3·1운동기 독립선언문들은 '평화'라는 언어를 내세워 저항의 의지를 드러냈고 독립선언의 정치적 행위를 정당화하였다. '평화'는 민족적 저항을 표현하는 언어이자 민족자결의 의지를 표상하는 말이었다. '정의인도', '자유평등'으로 표상된 평화주의는 식민지 강압통치에 대항하는 저항의식의 표현이자 정치적 행동이었다.

'자유독립'=민족자결의 꿈은 '자유독립-동양평화-세계평화'의 연쇄를 이루는 상상력을 만들어냈다. 3·1운동기 독립선언서들은 대부분 이러한 연쇄의 사유를 드러냈다. "최후의 일인과 최후의 일각까지 폭동과 난거(亂擧)를 기다리지 말고 인도와 정의로 독립문으로 전진합시다. 오호라. 대한광복과 동양친목과 세계평화가 금일로부터 실현되였소(하동지방 독립선언서)"라는 발언에서 엿볼 수 있다. 이 무렵 여운형도 '조선독립-동양평화-세계평화'의 연쇄에서 평화를 파악하였다.[33] '동양평화'와 '세계평화'는 연대 협력이나 평화주의의 이념적 토대 위에서 의식된 것이 아니라 '자유독립'을 정당화하는 근거 내지 정의로서 동원된 것이다. 주권 상실로 '동양평화'의 주체가 되지 못했을 때, 일본제국을 국가로 받아들이길 거부했을 때, '동양'보다는 '세계'에서 민족적 삶의 의미를 찾고 '세계평화'를 매개로 '자유독립'을 이야기하는 화법이 생겨났다. '세계평화'는 인도주의 평화사상에서 논리적으로 도출된 것이 아니라 '자유독립'을 간절히 바라는 욕망에서 상정되었다. 여기서 '세계평화'를 위해서는 한국의 '자유독립'이 필수적이라는 논법이 생겨난다.

'자유독립-동양평화-세계평화'의 연쇄를 정당화하는 근거는 한반도의 지정학적 중요성이었다. 3·1운동의 독립선언서들은 "한국은 극동의 문호이고 요새[이다] … 지리상 긴요한 위치를 영취(領取)한 이상 동양평화는 우선 한국의 평화를 보전한 뒤에 이르지 않으면 바랄 수 없다"고 했다. 민족이 독립과 자유를 얻지 못한다면 동양평화는 파멸되고 일본의 팽창을 막지 못해 세계평화를 보전할 수 없다면서 한국은 "동양평화의 건정(鍵錠)"이며 한민족의 자유독립은 '세계평화'의 기초가 된다고 했다(대한국민의회). 최남선도 한중일의 '동양'과 '공도동망(共倒同亡)'의 공동운

---

[33] 여운형의 '자주독립-동양평화-세계평화'의 연쇄에 관해서는 이 책에 실린 이경미, 「여운형의 평화론과 제국의 '법과 도덕' 논쟁-공명하는 저항성과 균열하는 국가상」을 볼 것.

명을 상정하면서 한국의 '자유독립'이 '동양평화'와 '세계평화'를 실현하는 관건임을 천명하였다(기미독립선언서).

식민지 주체의 '자유독립-동양평화-세계평화'의 연쇄는 제국 주체의 '제국 번영-동양평화-세계평화'의 연쇄와 달랐다. 제국의 경우 '세계평화'(글로벌 세력균형)를 이루기 위해 '동양평화'를 재구성하는 것이 '제국 번영(제국 팽창)=제국의 평화'의 조건이었다. '동양평화'와 '세계평화'는 서양과 대결하는 대외정책을 투사하는 공간의 수평적 확대를 통해 재구성되어야 했다. 이와 달리, '제국의 평화'에 저항하는 '민족의 평화'는 '정의인도', '자유평등'의 보편 이념으로 치장된 '세계평화', '동양평화'를 끌어들임으로써 정당화되며 수직적 연쇄에서 이루어진 평화상상이었다.

한편, 상상의 민족공동체를 상정했을 때 제국의 강권주의로 퇴장했던 정립의 '균세' 발상이 변형된 형태로나마 되살아났다. "세계평화를 위협하던 군국주의가 정의와 인도 아래 굴복하며 영원한 평화로 세계를 개조하려는" 움직임에 대응하여 일본의 비인도적 침략주의을 포기시키고 "동양정립의 의의"를 확보해야 한다는 주장(국민대회취지서)에 엿보인다. 기미독립선언서에도 한중일 '민족' 간의 평등과 자주독립을 상정하는 동양평화 구상이 그려져 있다. 1920년 『동아일보』 사설은 한중일 "3개 지방"이 각자 "화락한 중심"이 되어 "공존상재(共存相在)"하면서 "진보"하는 '동양평화'를 구상하였다. "동양 3개 지방의 평화와 발전"은 "각 민족의 권리와 희망을 절대로 존중하며 승인하며 각자 평등한 지위에 서서 자유적 정신으로 연합"하는 데 있다고 했다. 지방 간 혹은 민족 간 평등에 의거한 '공존상재'를 평화와 발전의 조건으로 삼았다.[34] 또한 1925년 사설

---

34 「동양평화의 요체」, 『동아일보』 1920년 6월 25일.

에서는 "평화를 절원(切願)한다. 그러나 평화를 구할 수 없다"는 "엄숙한 사실"을 받아들이면서 "천시와 지리와 인화의 3요소"에 의해 구획된 "인군(人群)생활"을 상정하였다. '동양평화'는 "지리적 또는 역사적 인군생활의 자연상태와 경계"에 부합한 "동양인의 인화"로써 정해져야 한다고 했다. 조선인과 일본인은 삶의 방식이 서로 다르므로 각자 "인군생활의 자연한 경계" 내에서 발전해야 한다고 주장하였다.[35] '제국의 평화'에 익숙해지면서 (제국적/인위적) 작위가 아닌 (민족적/지리적) 자연에서 평화를 찾는 소극적 평화 관념이 깊어졌음을 짐작할 수 있다. '정의인도', '자유평등'의 상투어가 소멸되는 상황과도 조응한다.

독립선언과 독립청원의 파토스에서 나온 평화 염원에서 표출된 평화주의는 오래가지 못했다. 강권주의와 세력균형주의의 세계정치가 리얼리즘을 일깨웠고, 군사적 균형을 꾀하는 리얼리즘이 자유주의를 대체하면서 인도적 평화주의의 경향은 억지될 수밖에 없었다. 워싱턴회의 이후 글로벌 세력균형의 현실이 평화상상을 규정하게 되었다. 글로벌 세력경쟁이 재현되고 군사적 세력균형에 기초한 워싱턴체제가 성립하면서 현실주의 평화관이 우세해졌다. 국제연맹에 대한 실망, 인간을 투쟁적 동물로 여기는 비관적 인간관, 생존 경쟁을 멈추지 않는 국가의 투쟁성을 보면서 평화에 관한 전망은 어두워졌고 칸트의 영구평화 구상은 부정되었다. "인류는 계급적으로 국제적으로 민족적으로 영원히 쟁투하리니 일시의 소강, 일부적 평화 이외는 소위 세계적 평화 전 인류의 평화는 없으리라"는 전망이 강해졌다.[36] 국제연맹은 "평화의 가면을 쓴 보장"과 "정의인도에

---

35 「일본인의 동양평화」, 『동아일보』 1925년 5월 17일.
36 白洲, 1925, 「戰爭의 永遠性」, 『신민』 3호(1925년 7월).

숨은 군축"을 추구할 따름이며, 워싱턴회의는 미국의 동양 진출을 의도한 것이라는 인식이 퍼졌다. 국제연맹, 부전조약과 같은 평화제도를 "열강 간의 결합의 필요와 배리(背離)의 필연"의 산물로 보는 현실주의 국제정치관이 우세해졌다.[37]

VI. '공영'에서 '세력균형'으로

끊임없이 질서 변동을 겪었던 근대 동아시아의 주체들에게 평화는 질서의 객관적 상태라기보다는 질서의 주관적 상상이었다. 제국권력이 주권을 침해하고 식민지공간을 규율하는 한, 평화는 현실 권력의 구속을 벗어나려는 욕망에서 생겨난 상상물일 수밖에 없었다. 하지만 절실한 상상이야말로 저항과 비판의 근거가 된다. 평화주의는 전쟁과 권력정치를 비판하는 이념이며 '평화'는 주체의 저항이나 비판을 표현하는 정치적 언어였다. 저항이나 비판은 상상과 현실 사이의 간극을 추궁하는 행위이다. 그렇다면 평화는 현실의 질서(제국질서, 세계질서)와 연관해서 파악하지 않을 수 없다. '균세', '대동'(일통), '공영'을 평화의 원리로서 주목한 까닭이다.

'제국의 평화'는 '동양평화'와 '민족의 평화'를 규율하였다. '동양평화'는 글로벌 세력균형을 추구한 일본의 세계열강과의 관계성(협조, 대결)에서 규정되는 '세계평화'와 연동되었고, 가깝게는 일본제국의 동아시아 국가/민족과의 관계성(지배, 협화, 공영)에서 결정되었다. 일본의 제국주의 팽창과 더불어 '동양평화'는 공간적 차원에서 부단히 질적인 변형을 보

---

37 「세계평화는 언제 될 것인가」, 『조선일보』 1929년 1월 2일.

였다. '제국의 평화'는 제국질서의 현상 유지가 아니라 현상 변경을 위해 모색되었고, 때문에 언제나 불안정할 수밖에 없었다. 이러한 '제국의 평화'에 규율되는 '동양평화'는 늘 유동적이었다. '공영'이 '균세'를 압도했고 '일통'을 변질시켰다. '민족의 평화'는 '제국의 전쟁'을 수행하는 총력전체제하에서 '동화'를 강요당하면서, 또한 식민지 주체가 일본제국의 '국민', '신민'으로 재정의되면서 상상하기 어려워졌다.

그럼에도 주권평등과 주권 보전을 지향하는 '균세'는, 네이션 스테이트를 개인적/민족적 삶의 절대 조건으로 상정하는 한, 유력한 생존 원리이자 평화의 조건일 수밖에 없었다. '제국의 평화'가 '동양평화'를 규정하고 '민족의 평화'를 규율했음에도, 균형된 질서를 평화로 생각하고 주권 보전의 전제로 여기는 상상력은 쉽게 사라지지 않았다. 민족공동체의 기억이 살아있고 '자유독립'의 의지와 꿈을 간직하는 한, '자주독립-동양평화-세계평화'의 연쇄에서 '민족의 평화'를 소망하는 상상력은 끈질긴 생명력을 보였다. 패전으로 일본제국이 무너지자마자 연쇄의 평화상상은 금세 부활하게 된다.

태평양전쟁 종결 이후 동아시아 국가들이 국민국가 건설과 국가 발전을 모색하는 가운데 '세력균형'은 동북아 국제관계를 운용하는 질서 원리와 평화의 조건으로서 기능하게 된다. 냉전체제하의 동북아에는 미소 경쟁의 글로벌 세력구도와 역내 세력구도가 연동하는 가운데 '한반도평화-동북아의 안정과 평화-세계평화'의 연쇄가 성립하였다. 냉전기 동북아의 '평화'와 평화상상은 이러한 세력구도와 평화 연쇄가 만들어내는 안보 질서에 의존하게 된다. '세력균형'은 냉전기 동북아 평화를 규정하는 핵심 원리로서 기능하게 된다.

참고문헌

자료

金允植, 1918, 「送今關天彭(壽麿)西遊中華序」, 『雲養續集』卷2.

白洲, 1925, 「戰爭의 永遠性」, 『신민』 3호(1925년 7월).

새봄, 1920, 「『칸트』의 永遠平和論을 讀함」, 『개벽』 4호(1920년 9월).

若嬰生, 1924, 「勢力均衡主義와 國際協調主義」, 『개벽』 46호(1924년 4월).

李奎濚, 1908, 「東洋協和도 亦智識平等에 在홈」, 『西友』 제15권(1908년 2월).

정충원, 1915, 「아々 형제여」, 『학지광』 제6호.

蔡基斗, 1908, 「平和的 戰爭」, 『大韓學會月報』 제6호(1908년 7월), 제7호(1908년 9월).

崔錫夏, 1907, 「平和會義에 對ᄒ 余의 感念」, 『太極學報』 제9호(1907년 4월).

현상윤, 1915, 「강력주의와 조선청년」, 『학지광』 제6호.

「구라파의 대풍운」, 『권업신문』 1914년 8월 9일.

「동양평화의 요체」, 『동아일보』 1920년 6월 25일 사설.

「세계를 알라」, 『개벽』 창간호(1920년 6월).

「세계에논 강권이 첫지」, 『대한매일신보』 1909년 7월 21일.

「세계평화는 언제 될 것인가」, 『조선일보』 1929년 1월 2일 사설.

「일본인의 동양평화」, 『동아일보』 1925년 5월 17일 사설.

「平和의 主旨」, 『매일신보』 1910년 9월 10일.

「평화운동」, 『매일신보』 1912년 1월 30일.

단행본

빌헬름 얀센 저, 한상희 역, 2010, 『코젤렉의 개념사사전5 - 평화』, 푸른역사.

앙드레 슈미드 저, 정여울 역, 2007, 『제국 그 사이의 한국 1895~1919』, 휴머니스트.

이용희 저, 노재봉 편, 1979, 『한국민족주의』, 서문당.

이찬수 외, 2020, 『세계평화개념사 - 인류의 평화, 그 거대담론의 역사』, 인간사랑.

장인성, 2017, 『동아시아 국제사회와 동아시아 상상 - 한국국제정치사상 연구』, 서울대학교출판문화원.

宮田光雄, 1978, 『平和の思想史的研究』, 創文社.

浜田武志, 1990, 『近代中国の国際的契機-朝貢貿易システムと近代アジア』, 東京大学出版会.

西部邁, 2009, 『昔, 言葉は思想であった』, 時事通信社.

石田雄, 1989, 『日本の政治と言葉』下, 東京大学出版会.

논문

양일모, 2013, 「근대중국의 '평화' 개념」, 서울대학교 역사연구소 국내학술대회 발표논문 (2013.11.15).

이경미, 2021, 「여운형의 평화론과 제국의 '법과 도덕' 논쟁-공명하는 저항성과 균열하는 국가상」, 『근대 동아시아 평화사상』, 동북아역사재단.

이예안, 2016, 「'영원평화'의 기대지평과 근대한국-일본 제국주의 기획과 칸트의 세계시민주의 이상」, 『개념과 소통』 제17호, 한림대학교 한림과학원.

장인성, 2014, 「중화체제와 '사대'-한중 사대관계에 관한 정치학적 해석」, 『한국동양정치사상사연구』 제13권 2호, 한국동양정치사상사학회.

_____, 2020, 「3·1운동기 독립선언서들에 담긴 세계정신과 평화사상」, 김현철 편, 『3·1운동과 대한민국 임시정부의 재조명 Ⅱ』, 동북아역사재단.

차태근, 2021, 「중국 근대 평화론에 대한 비판적 담론 분석」, 『근대 동아시아 평화사상』, 동북아역사재단.

하병주, 1998, 「이슬람 문명권의 국제관계사상」, 권선홍 외, 『비서구 문명권의 국제관계사상』, 부산외국어대학교출판부.

近衛文麿, 1995, 「英米本位の平和主義を排す」(1918), 北岡伸一 編, 『戦後日本外交論集』, 中央公論社.

張寅性, 2013, 「近代日本の国際社会観-'秩序'と'正義'」, 平野健一郎 編, 『国際文化関係史研究』, 東京大学出版会.

제1부

동아시아 국제질서와 평화

2
안중근과 「동양평화론」

최덕규 동북아역사재단 연구위원

I. 들어가며

「동양평화론」은 최근 10년간 가장 많은 연구가 이루어진 안중근 연구의 핵심 주제이다. 안중근 관련 연구논문이 해방 이후부터 2009년까지 200여 편이 발표되었던 반면, 최근 10년간(2009~2019) 150여 편의 관련 논문이 산출되면서 괄목할만한 양적 성장을 이루었다. 이는 2009년 안중근 의거 100주년, 2010년 안중근 순국 100주년을 계기로 안중근 관련 연구가 활기를 띠었기 때문이었다. 그 결과 최근 10년간 150여 편의 업적 가운데 「동양평화론」에 대한 연구는 약 23%에 해당하는 35편의 논문이 발표되었다.[1]

---

1 조광, 2019, 「안중근에 관한 최근 연구의 현황과 과제(2010-2019)」, 학술회의 기조강

「동양평화론」에 대한 연구가 활성화된 계기는 옥중 유고로 알려진 「동양평화론」의 발굴이었다. 1979년 9월, 이치카와 마사아키(市川正明)가 일본국회도서관 헌정자료실에 소장되어 있던 「시치죠 기요미 관계문서(七條淸美関係文書)」를 열람하던 중, 그 속에서 「동양평화론」을 포함한 관계 자료 『안중근 자전 및 논설(安重根伝記及論説)』(七條45)을 발견했다. 시치죠 기요미(七條淸美, 1892년생)는 일본의 사법성(司法省) 검찰국(檢察局) 검사(1919~1927)를 지낸 후, 육군헌병학교 교관을 역임한 인물이었다. 유족의 증언에 따르면, 시치죠는 검찰국 재직 중에 관동도독부 지방법원이 관계 관청 앞으로 보낸 보고서에 딸려 있던 해당 사료를 발견하고, 그 중대성에 놀라 자택으로 가지고 돌아와 직접 필사한 다음, 10부의 사본을 만들어 친구들에게 나눠줬다고 한다.[2] 따라서 이치카와 마사아키가 발굴하여 현재 연구 자료로 활용되고 있는 「동양평화론」은 안중근이 집필했던 원본이 아니고 시치죠가 필사했다고 전해지는 사본이다.

따라서 최근 10년간 안중근 관련 가장 많은 논문이 발표되고 있는 「동양평화론」에 대한 연구는 원본을 필사한 사본에 의존하고 있는 형편이다. 「동양평화론」이 관동도독부 지방법원이 관계 관청에 보낸 보고서에 부

연 『안중근의 동양평화론 재조명-한중일 미래공동체 구상-』(2019.10.24, 동북아역사재단). 또한 1980년부터 시작된 안중근의 「동양평화론」에 대한 국내 연구현황과 쟁점 그리고 향후 연구과제에 대한 정리는 다음을 참조할 것. 현광호, 2013, 「안중근의 동양평화론의 연구현황과 연구과제」, 『한국민족운동사연구』 75.

2 伊東昭雄 譯, 2009, 「安重根 '東洋平和論'」, 『世界』 2009年 10月, 99-102쪽. 이치카와 마사아키(市川正明, 한국명 金正明)가 발굴한 「동양평화론」은 한문본으로서 1980년 김철앙(金哲央)이 일본어로 의역하여 처음 소개하였다. 그 후 이토 데루오(伊東昭雄, 요코하마시립대학 명예교수)는 안중근의 이토 저격 100주년에 즈음하여 잡지 『세카이(世界)』에 「동양평화론」의 새로운 번역을 해설과 함께 게재한 바 있다.

속되어 있었다면, 필사본이 발현된 지 40여 년이 지났음에도 원본을 찾지 못한 것은 기이한 일이다. 원본이 없는 상황은 「동양평화론」의 필사 과정에서 편집되거나 가필(加筆)되었을 가능성이 농후한 부분에 대해서 검증이 불가능하게 만들었다.

「동양평화론」에서 검증이 필요한 사례 가운데 하나가 블라디보스토크(Владивосток)에 대한 인식 문제이다. 「동양평화론」에 의하면, 일본이 러일전쟁 당시 승전의 여세를 몰아 '블라디보스토크(浦塩斯德)'를 차지하지 못한 것을 애석해하고 있기 때문이다. "일본군대는 백전백승 승승장구하여 동으로는 블라디보스토크 가까이 이르고 북으로는 하얼빈(哈爾濱)에 육박하였다. 사세가 여기까지 이르렀으니 기회를 놓칠 수 없었다. 이왕 벌인 일이니 비록 전 국력을 기울여서라도 한두 달 동안 사력을 다해 나아가 공격하면 동으로 블라디보스토크를 차지하고 북으로 하얼빈을 격파하는 것은 불을 보듯 뻔한 형세였다. 만약 그렇게 되었다면 러시아의 백년대계는 분명히 하루아침에 토붕와해(土崩瓦解)의 형세가 되었을 것이다."[3]

블라디보스토크를 일본령으로 차지하는 문제는 일본정부의 러일전쟁 전후 구상과 맞물려 있었다. 일본 육군 참모본부와 도쿄제대7박사(東京帝大7博士) 가운데 한 명이었던 도미즈 히론토(戶水寬人) 교수 등 주전론자(主戰論者)들이 전후 배상과 관련하여 러시아로부터 할양받아야 할 지역으로 지목하였기 때문이었다. 반면 한국의 항일독립운동가들에게 블라디보스토크는 20세기 새 한국을 건설하기 위한 대무대(大舞臺)이자 국권

---

[3] 안중근, 2019, 『동양평화론 비판정본』, 독도도서관친구들, 25-40쪽. 이하 안중근의 「동양평화론」의 인용은 이 책에 따름.

을 회복하기 위한 근거지로 간주되었다. 십여만의 한인 이주민들이 거주하는 블라디보스토크는 해외 한인동포들이 재류하는 청국변계(清國邊界), 미국, 멕시코 가운데 최적의 독립운동 기지였기 때문이었다.⁴ 즉 내지(內地)와 접경한 편리한 교통과 언론·출판·집회가 자유로워 이천만 동포를 고동(鼓動)함으로써 농업·상업을 확장하여 재정을 정리하기 위한 최적지였다. 따라서 블라디보스토크를 보는 시선은 일본의 팽창주의자들과 한국의 독립운동가들 사이에 현격한 차이를 보이고 있었다. 이러한 인식 차이는 표기만큼 심각한 것이기도 했다.

「동양평화론」에서 블라디보스토크는 일본식 지명인 '浦塩斯德(ウラジオストク)'로 표기되어 있다. 블라디보스토크의 한자 표기는 '符拉迪沃斯托克'이고 당시 한국인들은 이곳을 '해삼위(海參威)'로 불렀고 신문에서도 '海參威'로 표기했다.⁵ 「동양평화론」은 한문으로 작성되었기 때문에 블라디보스토크의 표기는 '海參威' 혹은 '符拉迪沃斯托克'로 표기되어야 함이 마땅하였다.

더욱이 의아스러운 점은 상술한 일본국회도서관 헌정자료실의 「시치조 기요미 관계문서」에 「동양평화론」과 합철(合綴)된 『안응칠역사(安應七歷史)』에서는 블라디보스토크가 '海三葳'로 표기되어 있다는 점이다.⁶ 안

---

4 「海參威에 在留한 同胞를 希望함」, 『公立新報』 1908년 11월 4일.
5 「海參威에 駐在호 韓國人士等이 祖國思想으로」, 『大韓每日申報』 1907년 5월 15일; 「海參威擴張費支出」, 『皇城新聞』 1908년 12월 24일.
6 윤병석 편역, 2013, 『안중근 문집-한국독립운동사자료총서 제28집』, 독립기념관 한국독립운동사연구소, 137쪽. 또한 한국통감부의 境喜明 경시가 소장하였던 필사본으로 그의 고향 長崎市 賑町 渡邊庄四郎家에서 1978년 2월 발견된 『安應七歷史』의 '나가사키 출현본(長崎市 出現本)'에도 블라디보스토크는 해삼위(海三葳)로 표기되었다. 같은 책, 73쪽.

중근이라는 동일 인물이 썼다고 전해지는 『안응칠역사』와 「동양평화론」에서 블라디보스토크에 대한 지명 표기가 다른 점은 어떻게 설명해야 할 것인가. 이는 「동양평화론」을 근본적으로 재검토해야 할 단서가 되었다. 따라서 우리는 『안응칠역사』에서는 블라디보스토크를 '해삼위(海三葳)'로만 5번 표기하고, 「동양평화론」에서는 '우라지오스토쿠(ウラジオストク, 浦塩斯德)'로만 2회 표기하고 있는 원인을 해명해야 하는 과제를 안게 되었다.

『안응칠역사』가 탈고된(1910년 3월 15일 오후 4시) 후, 안중근의 사형이 집행되기 전날(3월 25일)까지 「동양평화론」이 뤼순감옥에서 집필되었다면, 이 과정에서 블라디보스토크의 지명이 한국식 海三葳에서 일본식 浦塩斯德로 갑자기 변경된 이유는 합리적인 설명이 불가능하다. 이것이 바로 「동양평화론」의 가필 가능성을 추정해보는 주요 근거이다.

「동양평화론」에는 한국인이 배제되어 있다. 유일하게 거론된 '명성황후민씨(明成皇后閔氏)'는 일본인에 의해 무고하게 시해된 사건의 피해자로서 언급되었을 뿐이었다. 이는 부모형제뿐만 아니라 이범윤(李範允), 엄인섭(嚴仁燮), 김기룡(金起龍), 김두성(金斗星), 정대호(鄭大鎬), 유동하(柳東夏), 김성백(金聖伯), 우덕순(禹德淳), 조도선(曹道先) 등 독립운동을 함께했던 다수의 한국인들이 거론되었던 『안응칠역사』와는 대조적이다.

반면 「동양평화론」에는 일본 메이지(明治)정부의 유명한 장군과 관료 4명이 거론되고 있다. 가장 먼저 거론되는 인물은 야마가타 아리토모(山縣有朋)였다. 그는 이토 히로부미(伊藤博文)와 함께 정한론(征韓論)의 정신적 지주였던 요시다 쇼인(吉田松陰)의 양대 제자 가운데 한 명으로서 대표적인 군비 확장론자였다. 그 외에도 러일전쟁의 영웅 노기 마레스케(乃木希典) 장군과 영국과의 동맹(1902)을 성사시켰던 외상 고무라 주타로(小

村壽太郎), 그리고 주러일본공사 구리노 신이치로(栗野愼一郎)가 언급되어 있다. 이들은 일본 메이지정부의 대러외교와 러일전쟁을 승리로 이끌었던 주역들이었다.

이렇게「동양평화론」은 일본식 지명 표기와 청일·러일전쟁을 승전으로 이끈 메이지정부의 저명인사들로 구성되어 있다. 반면 한국의 애국지사는 한 명도 거론되어 있지 않다는 특징이 있다. 과연 유길준의「중립론」(1885)이 제기된 이래, 대한제국정부가 일관되게 추구했던 한국중립화론은 동양평화론과 무관한 것인가?

이 연구는 한중일 근대 평화사상과 관련하여「동양평화론」의 대명제인 '러시아경계론'과 '인종경쟁론'을 중심으로 그 내용을 재검토하고자 한다. 이를 위해 '제Ⅱ절 한국의 국외항일독립운동과 블라디보스토크'에서는 러일전쟁 이후 국외항일독립운동이 블라디보스토크를 중심으로 전개되는 과정을 살펴볼 것이다. 1863년 한인이주가 시작된 이래 러일전쟁 이후 10만여 명의 한인들이 거주했던 연해주는 한인독립운동의 기지 역할을 하였다. 반면「동양평화론」에서는 러시아를 아시아의 평화를 위협하는 존재로 설정함으로써 일본이 러일전쟁을 통해 그들을 패퇴시킨 것을 "하늘의 뜻을 따른[順天] 이치"로 규정하고 있다.[7]

'제Ⅲ절「동양평화론」의 러시아 인식'에서는 일본이 러시아를 아시아에서 구축하기 위한 준비 과정을 메이지 초기부터 청일전쟁 시기까지 검토하고자 한다.「동양평화론」은 서유럽과 동아시아 어느 곳이든 러시아의 죄가 차고 넘쳐 신과 사람이 다 같이 분노[神人共怒]하였다고 인식했기 때문이다.「동양평화론」의 논의의 전제를 이루는 러시아경계론이 일본

---

7   안중근, 2019, 앞의 책, 87쪽.

메이지정부에서 어떻게 형성되었는지 고찰해보고자 한다. 이는 한국정부가 「동양평화론」과 대조적으로 일본을 견제하기 위하여 펼쳤던 대러접근 정책과 대비되기 때문이다.

'제IV절 「동양평화론」과 일본의 아시아주의'에서는 일본을 맹주로 하는 아시아주의의 역사와 그 한계를 검토하고자 한다. 왜냐하면 일본은 백인종인 러시아를 몰아내기 위해 한국과 중국이 황인종인 일본을 도와야한다는 동아동맹론(東亞同盟論)을 표방하였음에도, 대러개전을 위해 영국과 동맹을 맺을 수밖에 없었기 때문이었다. 그 결과 일본의 아시아주의는 편의적이고 모순적인 담론으로 흐를 수밖에 없었다.

이 연구는 국내에서 처음으로 이루어지는 「동양평화론」에 대한 비판적인 고찰이라 할 수 있다. 「동양평화론」은 진본이 아닌 필사본이었음에도 자료에 대한 비판적인 검토가 없었기 때문이다. 따라서 이 연구가 향후 이 주제를 둘러싼 학계의 논의를 활성화하는 데 기여하기를 기대한다.

II. 한국의 국외항일독립운동과 블라디보스토크

러일전쟁을 계기로 미국의 루즈벨트(Theodore Roosevelt) 대통령을 만나기 위하여 이토 히로부미의 특사 가네코 겐타로(金子堅太郎)와 대한제국의 특사 이승만(李承晩)이 1904년 방미한 사실은 한국의 독립운동, 특히 안중근의 하얼빈의거와 관련하여 주목할 만하다. 이승만은 러일개전 직후 워싱턴에 파견된(1904.2.24) 가네코 겐타로의 뒤를 이어 미국으로 출발했지만(11.4) 두 사람의 방미 목적은 서로 달랐다.[8] 가네코는 루즈벨트에게 러일강화의 조정역(調停役)을 의뢰함으로써 일본의 한국보호국화의 전기를 마련하고자 하였다면, 이승만은 미국 대통령에게 한국의 독립을 청원하고자 함이었다. 따라서 가네코와 이승만 가운데 누가 자신의 임무를 성사시켰는지의 여부에 따라 한일 양국의 운명은 갈리게 되었다.

러일전쟁 기간 루즈벨트 대통령이 일본에 호의적 입장을 취했던 것은 주지의 사실이다. 루즈벨트는 가네코 겐타로와 하버드 법대 동창으로 오랜 친분이 있었을 뿐만 아니라 일본의 무사도(武士道)와 같은 상무(尙武) 정신을 높이 평가하고 있었다.[9] 그는 쓰시마해전(1905.5.27~5.28) 직후 가네코에게 보낸 편지(5.31)에서 "트라팔가해전과 스페인 무적함대의 타도도 이렇게 완벽하지는 못했다"고 승전을 축하하면서 "3주 안에 워싱턴에서 꼭 만나고 싶다"고 덧붙였다.[10] 일본이 자신에게 러일강화 주선을 기대하고 있음을 간파하고 있던 루즈벨트는 이를 강화의 호기로 간주하였기

8　御手洗昭治, 2006, 「ポーツマス講和条約:忘れ去られた陰のミディエーター達(シリーズ 2)高平小五郎Vs.ルーズベルト」, 『比較文化論叢』(17), 27쪽; 前坂俊之, 2010, 『明治三十七年のインテリヅエンス外交』, 祥傳社, 49-51쪽. 일본정부가 어전회의(1904.2.4)에서 대러개전을 결정한 직후, 이토 히로부미는 귀족원(貴族院) 의원이자 전농상무대신(前農商務大臣) 가네코 겐타로에게 두 가지 특명을 부여하여 미국으로 보냈다. 하버드대학 동창인 루즈벨트(T. Roosevelt) 대통령을 만나 화평(和平)조정에 나서줄 것을 설득하는 것이 첫 번째 임무였다. 이는 전쟁의 장기화를 우려한 대비책이었다. 두 번째 임무는 일본의 대러개전은 아시아지역의 평화유지와 안전 보장에 대한 위협을 주고 있는 러시아에 대한 정당한 전쟁임을 밝힘으로써 미국 내 친일적 여론 조성에 있었다.

9　Tylor Dennett, 1925, *Roosevelt and the Russo-Japanese war; a critical study of American policy in eastern Asia in 1902-5, based primarily upon the private papers of Theodore Roosevelt*, N. Y.: Doubleday, Page & company, pp. 34-36; 1904년 3월 26일 루즈벨트는 백악관을 방문한 가네코에게 "미국민은 이번 전쟁에서 일본에 대해 만공(滿空)의 동정을 보내고 있다. 군사력을 비교해본 결과 반드시 일본이 이긴다"고 단언했다. 前坂俊之, 2010, 앞의 책, 52쪽.

10　To Kentaro Kaneko, May 31, 1905. E. Morison Ed., 1951, *The Letters of Theodore Roosevelt*(이하 TLTR로 약함), Harvard University Press, Vol. VI, p. 1198.

때문이었다.

반면 루즈벨트의 한국 인식은 부정적이었다. 그는 1900년 러시아 해군의 마산포(馬山浦) 조차기도(租借企圖)와 이를 저지하기 위한 일본의 대응과 관련, "나는 일본이 한국을 가지는 것을 보고 싶다(I should like to see Japan have Korea). 일본은 러시아를 견제할 것이며 이제까지 한 것으로 보아 그럴 자격이 있다"는 입장을 표명한 바 있었다.[11] 따라서 루즈벨트는 이승만이 미국에 도착하여(1904.12.31) 국무장관 존 헤이(John Hay)를 만나기 이전에 후자에게 한국 문제에 대한 자신의 입장을 다음과 같이 명확히 전달했다. "나는 일본에 저항하는 한국인들을 위해 간섭할 수 없다. 그들(한국인)은 자기 방어를 위해 한 펀치도 날리지 못했다."[12] 따라서 루즈벨트는 러일전쟁 당시 한국에 대한 일본의 지배는 불가피하다고 인식했으며 이는 그가 중재한 포츠머스강화회의에 반영될 것이 분명했다.

그럼에도 미일 양국 간의 호의는 지속적이지도 굳건하지도 못했다. 러일강화 조건, 특히 러시아의 전쟁배상금 지불을 둘러싸고 미일 간의 불신과 갈등이 고조되었기 때문이었다.[13] 루즈벨트는 가네코에게 배상금을 위

---

[11] To Hermann Speck Von Shuternberg, August 18, 1900. *TLTR*. Vol. II, p. 1394.

[12] To John Hay, Jan. 28, 1905. *TLTR*. Vol. VI, p. 1112. 루즈벨트는 훗날 이를 다음과 같이 정당화했다. "한국은 러시아의 지배를 받았기 때문에 러일개전 이전에 이미 한국이 독립을 유지할 수 있도록 지원해야 할 외국의 의무는 소멸되었다." Theodore Roosevelt, 1916, *Fear God and Take Your Own Part*, N. Y.: George H. Doran Company, p. 294.

[13] 「日露講和條件ニ關スル外相意見書」, 『日本外交文書』, 日露戰爭, 5卷, No. 55, 1904년 7월. 일본의 고무라 외상이 수상에게 제출한 '일러강화조건(日露講和條件)에 관한 외상(外相) 의견서'(1904.7)에는 일본제국의 이권 확장의 청사진이 담겨져 있었다. 이 의견서에 따르면, 대러강화의 핵심 조건은 '러시아로부터 전비(戰費)의 배상과 한국에 대한 보호권 확립'이었다.

해 전쟁을 지속하는 우(愚)를 범해서는 안 된다고 충고했다.[14] 그는 배상금보다 전비가 훨씬 많이 들것으로 보았기 때문이었다. 러시아 역시 굴욕적인 배상금 지불을 위해 차관을 얻으러 다니는 것보다 속전(續戰)을 택할 것으로 판단했기 때문이었다. 루스벨트가 중재했던 포츠머스강화회의에서 승전국 일본이 한 푼의 배상금도 받지 못했던 이유도 여기에 있었다. 따라서 러일전쟁이 종식되고 러시아라는 공동의 적이 사라진 이후에도, 미국과 일본의 협력관계는 지속되리라는 보장은 없었다.

러일전쟁 이후의 미일관계 변화는 한국의 항일독립운동이 미국에서 틈새를 찾아 뿌리를 내릴 수 있는 토대가 되었다. 일본의 한국 지배가 포츠머스강화를 주선했던 미국의 지지에 힘입은바 컸다면, 한국이 독립국가로서 지위를 복원하는 문제 역시 미국의 관여가 전제조건이 될 수밖에 없었다. 러일개전 무렵 한국과 청국이 전시 중립을 선언하였음에도 청국만이 중립국이 될 수 있었던 원인도 미국이 이를 지지하고 후견했기 때문이었다. 한국의 항일투쟁가들은 미국의 힘을 깨닫고 있었다. 이것이 미국에서 처음 한국의 항일민족단체가 등장하게 된 배경이 되었다. 미국에 뿌리를 내린 항일민족운동이 점차 세력을 확장하여 이후 러시아 원동지역과 만주로 그 활동공간을 확대한 이유도 여기에 있었다.

이승만이 루즈벨트 대통령을 방문하여 한국의 독립을 청원한 국제법적 근거는 한미수호조약(1882) 제1조의 거중조정(居中調整, good offices) 조문이었다. 미국은 한국이 불공정한 모욕[不公輕侮]을 당할 경우, 상조(相助)의 조약 의무가 있었기 때문이었다. 거중조정은 미일화친조약(美日和親條約, 1854)에는 없는 조항이었다. 고종황제가 주한미국공사 알렌(H.

---

14 To Kentaro Kaneko, August 23, 1905. *TLTR*. Vol. VI, pp. 1312-1313.

N. Allen)에게 한미 간의 우의를 거론하며 미국의 도움을 요청하고 나선 (1904.4.14) 이유도 여기에 있었다.[15]

이승만이 러일강화회의에 파견될 특사로 기용된 것은 의외였다. 그는 고종황제 폐위 음모에 가담한 대역죄(大逆罪)와 무기 소지 탈옥미수죄로 종신형(終身刑)을 선고받은(1899.7.11) 국사범이었기 때문이었다. 따라서 고종황제의 사면을 받고 석방된 이승만에게 특사 임무가 부여되었던 것은 일본의 감시와 방해를 따돌리기 위한 선택이었다.[16]

이승만은 1904년 11월 4일 미국으로 출발하기 전 황제의 최측근 민영환과 한규설을 비밀리에 만났다. 한국에서 벌어지고 있는 일본의 학정을 폭로하고 미국의 지지를 획득하기 위한 방안을 협의하기 위함이었다.[17] 국사범이었던 이승만에 대해 주한일본공관에서도 주목하지 않

15　John Wilz, 1985, "Did United States betray Korea in 1905?," *Pacific Historical Review* 53, No. 3, p. 249. 고종이 알렌과의 대화를 통해 확신한 것은 종전 무렵 미국이 한국을 위해 중재에 나설 가능성이 높다는 것이었다. 알렌이 국무장관에게 보낸 전문(1904.4.14)에 따르면, "황제는 전쟁이 마무리될 무렵 미국이 자신을 위해 뭔가를 해주든가 혹은 기회가 된다면, 독립을 유지하도록 가능한 많은 것을 해줄 것으로 확신하고 있다. 그는 1882년 한미수호조약의 제1조를 매우 자의적으로 해석하려는 경향이 있다"고 보고하고 있다. 그리고 "비록 내가 황제에게 미국정부가 한국 상황을 예의주시하고 있으며, 사안이 발생하면 거중조정에 나설 것이라는 확신을 주었지만, 나는 한미조약의 실행을 제지할 수 있다고 믿는다"고 보고했다. 따라서 알렌의 보고는 비록 미국이 한미조약의 제1조를 실행시킬 의사가 없었다 하더라도, 고종에게는 미국이 거중조정에 나설 수 있다는 기대를 갖도록 하였다.

16　『高宗實錄』44卷, 高宗 41年 8月 4日. 이승만은 7월 8일 특별 대사령(大赦令) 조칙(詔勅)에 근거하여 법부(法部)의 주청(奏請)에 따라 1904년 8월 4일 석방되었다.

17　대한제국에서 대사·특사·감형·복권을 명령할 수 있는 권한은 오직 황제에게만 있었다(『高宗實錄』39卷, 高宗 36年 8月 17日). 대한국 국제 제6조에서 사면권(赦免權)은 황제의 고유 권리로 규정되어 있었기 때문이었다. 따라서 이승만을 사면할 수 있는 권한은 황제에게만 있었다. 이는 미국 감리교 선교사 조지 존스(G. H. Jones)가 이승만에게 보낸 편지(1903.3.26)에서도 확인된다. 존스는 이승만 부친에게서 얼마 전에 이루

았다. 주한일본공사 하야시(林董)가 이승만의 미국 파견에 관한 정보 보고를 가쓰라(桂太郎) 임시외상에게 타전한 것(1905.7.14)도 이승만의 출국 후 약 8개월이 지난 후였다.

1905년 7월부터 일본정부가 이승만의 활동에 주목한 이유는 그가 러일강화회의에 파견된 고종황제의 밀사라고 판단했기 때문이었다.[18] 하야시의 보고에 따르면, 이승만은 조만간 열리게 될 강화회의를 계기로 미국으로 건너가 미국의 후의(厚意)에 의거, 한국독립을 유지하려고 노력한다는 것이었다. 이런 비밀회의가 궁중에서 진행되었고 이를 위해 비용을 지출한다고 대략 결정되었으며 실행계획을 세우기 위해 박용화(朴鏞和)와 이용익(李容翊) 두 사람이 근래(近來) 각처에서 비밀회의를 하고 있다고 보고했다.[19]

1905년 7월 17일 일본 수상 가쓰라는 한국특사의 활동이 강화협상에

어진 사면자 명단에 이승만의 이름이 빠져 있음을 전해 듣고 이승만을 다음과 같이 위로하고 있다. "나는 황제께서 당신을 사면시키고, 당신이 석방되어 한국을 기독교국가(Christian land)로 만드는 우리의 일을 도울 수 있기를 희망하며 기도드린다"(George Heber Jones to Syngman Rhee, Mar., 26, 1903. Syngman Rhee, 2009, *The Syngman Rhee Correspondence in English 1904-1948*, Vol. 2, Institute for Modern Korean Studies, Yonsei University. p. 1). 결국 1904년 8월 4일 이승만의 석방은 주한일본공사 하야시의 도움으로 이루어졌거나, 이지용과 알렌이 요로에 압력을 가해 실현되었다는 해석은 재검토되어야 할 것 같다.

18 Kajima M., 1978, *The Diplomacy of Japan, 1894-1922. Vol. II. Anglo-Japanese Alliance and Russo-Japanese War*, Kajima Institute of International Peace, pp. 235-236. 러일 양국은 당초 1905년 6월 15일 워싱턴을 강화회의 장소로 정하는 데 합의했으나, 동월 25일 루즈벨트 미국 대통령의 제안에 따라, 회의 진행상의 편의를 위해 포츠머스(Portsmouth)를 회의 장소로 최종 결정하였다. 일본은 고무라 외상을 단장으로 하는 강화협상단이 동년 7월 8일 도쿄를 출발, 7월 25일 뉴욕에 도착했다. 러시아 역시 비테를 필두로 한 전권대표단이 7월 19일 수도를 출발하여 8월 2일 뉴욕에 도착했다.

19 『日本外交文書』.

미칠 영향에 대해 우려했다. 그는 일본 신문들이 서울에서 보내온 전문에 의거, 고종황제가 한인(韓人)을 강화담판지(講和談判地)에 파견해 한국의 지위 공고화를 시도하고 있으며 이미 운동비를 내탕금에서 하사했다는 보도를 접했기 때문이었다. 그가 주한공사에게 사실 여부를 조속히 조사하여 보고하라고 지시한 이유도 여기에 있었다.[20] 이는 한국의 특사가 포츠머스 현지에서 강화회의 경과를 탐지하고 한국의 독립과 영토 보전을 보장받기 위한 외교를 펼친다면, 한국에 대한 보호권을 확립한다는 일본 정부의 전후구상에 차질을 빚을 수 있다는 판단과 관련이 있었다.

가쓰라 수상의 이 같은 우려는 근거가 있었다. 왜냐하면 차르정부가 러시아 측 강화회의 전권대표에게 전달한 협상지침에는 한국 문제 관련 2가지 가이드라인이 제시되어 있었기 때문이었다.[21] 가이드라인에 따르면, 첫째, 강화조약에 일본이 한국의 독립을 인정한다는 조항을 포함시키고, 둘째, 한국에서 일본군대의 조속한 철병을 의무조항으로 명시하고자 했다. 이에 미국정부가 거중조정의 의무를 다한다면, 한국의 독립과 영토 보전은 러일강화조약을 통해 재확인될 수 있는 여건이 마련될 수 있었다.

이승만의 방미는 루즈벨트 대통령과 오랜 인연이 있었던 가네코와 달리 초행이었다. 고종의 특사에게 부여된 임무가 완수되기 위해서는 미국 현지 한인들의 조직적인 지원이 요구되었다. 안창호(安昌浩)를 회장으로 샌프란시스코에서 설립된(1905.4.5) 항일구국단체 공립협회(共立協會)가

---

20 「韓廷ニ於ケル獨立保持運動ノ眞僞調査報告方訓令ノ件」, 『日本外交文書』, 657-658쪽.

21 ГАРФ. Ф. 568. Оп. 1. Д. 209. Копия с Высочаише утвержденнойв Петербурге 28 июня 1905 г. инструции Статс-Секретарю Муравьеву.

이승만의 미국 임무를 지원했다. 공립협회의 창립 멤버가 고종의 시종무관이었던 정재관(鄭在寬)이었기 때문이었다.[22] 따라서 공립협회와 정재관은 해외 항일민족운동에서 중추적인 역할을 하였고 안중근의 하얼빈의거 역시 정재관이 깊이 관여되었다.

1905년 7월 12일 하와이에서 한인임시총회가 개최된 것은 러일강화회의를 주선한 루즈벨트 대통령에게 한국독립청원서를 제출할 총대(總代)를 선출하기 위함이었다. 총회는 공립협회의 총무 송석준(宋錫俊)[23]이 참석함으로써 미주 민족운동단체 연합회의 성격을 띠고 있었다. 이 회의에서 총대로 선출된 윤병구(尹炳球)에게 수여된 임명장에는 다음과 같은 임무가 부여되어 있었다. "일아강화회(日俄講和會)에 본국 관계가 심중(甚重)하기로 시찰(視察)하기 위하여 좌하(座下)를 총대(總代) 선거(選擧)하고 전권을 위임"한다는 것이었다.

윤병구가 한국의 독립에 대한 미국의 지지를 청원하기 위해 루즈벨트

---

22 정재관(1880~1922)은 1903년 11월 2일 하와이에 도착하여 샌프란시스코에서 공립협회를 창립했다. 1907년 4월 26일부터 『공립신보』 편집인 겸 발행인으로 활동하였다. 1909년 7월 국민회 원동특파원으로 이상설과 함께 블라디보스토크에 파견되어 시베리아에서 순국할 때까지 러시아 지역의 항일운동을 주도하였다. 박환, 2004, 「鄭在寬: 미주의 공립협회 총회장에서 러시아의 혁명가로」, 『한국민족운동사연구』 38, 174-176쪽. 이태진은 정재관이 1902년 창설된 고종황제의 직속 비밀정보기관 제국익문사(帝國益聞社)의 통신원으로 이민을 가장하여 미국에 파견되었다는 견해를 제시했다. 이태진, 2010, 「안중근의 하얼빈 의거와 고종황제」, 『영원히 타오르는 불꽃, 안중근의 하얼빈 의거와 동양평화론』, 지식산업사, 78-81쪽.
23 송석준(1865~1907)은 일본 고베에서 시베리아호(號)를 타고 1905년 2월 19일 샌프란시스코에 도착했다. 이때 그는 이승만의 아들 이태산 및 이승만의 결의형제 박용만(23세 학생)과 동행했다. 1905년 11월 공립협회 기관지 『공립신보』를 창간하여 주필로 활동하였다. 정병준, 2012, 「1905년 윤병구·이승만의 시오도어 루즈벨트 면담외교의 추진과정과 의미」, 『한국사연구』 157, 148-149쪽.

대통령을 방문(1905.8.4)하였을 때 동행했던 인물이 대한제국의 특사 이승만이었다. 루즈벨트는 이들을 기피했다. 국무성을 통하지 않은 문서들은 받을 수 없다는 명분으로 특사단의 청원을 회피하고자 하였기 때문이었다. 따라서 포츠머스강화회의를 염두에 두고 이승만에게 부여된 임무가 좌절되자 고종의 또 다른 특사단이 파견된 곳이 제2차 헤이그평화회의(1907)였다.

헤이그특사단의 정사(正使)는 이상설(李相卨)이 맡았다. 그의 임무는 헤이그평화회의에 한정된 것은 아니었다. 그가 헤이그회의 이후 1908년 미국으로 건너가 해외항일운동단체의 통합에 전력했던 이유는 헤이그특사 사건의 결과 국내항일운동의 여건이 매우 열악해졌기 때문이었다. 샌프란시스코의 공립협회와 하와이의 합성협회(合成協會)가 통합되어 '국민회(國民會)'가 조직된 것도 이상설의 활동과 관련 있었다. 이에 이상설은 미주한인사회뿐만 아니라 해외한인사회 전체를 통합하여 조직적인 독립운동을 전개하고자 하였다. 국민회 결성 직후 이상설은 총회장으로 당선된 정재관을 대동하고 '원동(遠東)'에서 독립운동을 이끌기 위해 출발지로 정한 곳이 바로 블라디보스토크였다(1909.4.22).[24]

이상설이 연해주로 건너오기 전 공립협회는 항일독립운동의 공간 확대를 목적으로 러시아로 세력을 확장하고 있었다. 1908년 9월 공립협회

---

24 『新韓民報』 1909년 6월 2일. 국민회의 북미지방총회와 하와이지방총회의 공동결의로 이상설에게 전달된 위임장에 따르면, "우는 아령 원동 각처에 주재한 우리 동포를 규합하여 단체를 고결하며 본회의 종지를 창명하여 목적을 관철케 함이 현시의 급무인바 본 회원 리당(李堂, 이상설)은 덕망이 귀중하고 경륜이 탁월하여 나라를 근심하고 동포를 사랑하는 열심과 성력이 가히 우리 회의 표준을 지을지라. 그러므로 원동 방면의 일체 회무를 전권 행사케 하기 위하여 본회 대표원을 추정하노니 왕재욱재하여 중망을 극부할지어다. 융희 3년 5월 1일."

창립회원이었던 이강(李剛)이 먼저 연해주 수청(水淸)지방과 해삼위에 지회(支會)를 설치하였다.25 따라서 러시아의 원동지역과 미주 한인사회와 긴밀히 연계되기 시작한 상황을 배경으로 안중근이 공립협회 해삼위항(海蔘威港) 지방회 회원에 가입하였다(1908.12.16).

이상설이 연해주에 도착하여 중점을 둔 사업이 독립운동 기지 개척이었다. 중러 국경지역에 토지를 매입하고 이곳으로 한인들을 이주시키려는 계획은 소요자금 확보를 위한 방편으로 태동실업주식회사(泰東實業株式會社) 설립의 계기가 되었다. 이 회사는 1909년 4월 장정(章程) 53개조의 사규(社規)를 정하고 5월 5일부터 자본금 모집에 착수하였다. 사규에 의하면, "아라사 영지 오소리 등지에서 농상 등 실업을 경기 진흥하여 이익을 도모함에 있다"고 회사 설립 목적을 밝히고 있다. 회사 소재지는 블라디보스토크에 두고 필요시 지사를 둘 수 있게 했다.26 이에 이상설과 정재관은 중러 접경지의 봉밀산(蜂蜜山) 미개간지 2,430에이커를 매입 개간하고 여기에 만주, 연해주의 한인 200여 호를 이주시키고자 하였다.27

블라디보스토크는 항일독립운동가들에게는 국권회복운동의 새로운 기지로서 최적지로 간주되었다. 이는 공립협회가 1908년부터 블라디보스토크에 원동지회를 설립하고자 했던 이유였다. 블라디보스토크는 독립군 기지의 최적지일 뿐만 아니라 국내에서 독립전쟁이 일어나면 호응할

---

25 1908년 11월 18일 동년 5월에 일본의 간섭으로 『해조신문』이 폐간되자, 블라디보스토크에서 러시아 미하일로프를 사장으로 한 새로운 한인 신문 『대동공보(大東共報)』가 창간되었다.
26 「주식태동실업회사규칙」,『신한민보』1909년 4월 28일.
27 박민영, 2007, 「국치전후 李相卨의 연해주지역 독립운동」,『한국독립운동사연구』29, 362-367쪽. 미주 국민회에서 봉밀산 독립운동 기지 건설 자금으로 이상설에게 5천 달러를 보내왔고 이 자금은 봉밀산 한흥동(韓興洞) 기지 건설에 투입되었다.

최적의 해외 기지로 간주되었기 때문이었다.

공립협회에서 발행하는 『공립신보』의 1908년 12월 4일 「해삼위에 재류한 동포를 희망」이라는 논설은 블라디보스토크 일대를 20세기 새 한국의 건설지이자 새로운 활동무대로 선포하고 있었다. 왜냐하면 "만주지역은 일본인 세력 범위 안으로 들어갔고(1907년 8월 통감부임시간도파출소 설치) 미국과 멕시코, 하와이 등지는 이만여 리 태평양이 간격(間隔)하고 있기 때문에 일조에 일이 있으면 손쓰기 어려운 지역"이라고 보았기 때문이었다. 따라서 "내지와 지경(地境)이 서로 접하여 교통이 편리한 곳이 해삼위요, 수십만 동포를 연합하여 강대한 단체를 조직할 것이 해삼위오, 언론·출판·집회를 자유(自由)하여 이천만 동포를 고동(鼓動)할 곳이 해삼위오, 농업 상업을 확장하여 재정을 정리할 곳이 해삼위라. 바라건대 우리 동포는 속히 단체를 조직하고 인심을 통일하며 개인을 희생하고 공익을 모아 좋은 기회와 좋은 지위를 잃지 말고 국권 회복하는 기초를 정할지어다"라고 하였다.[28]

국외항일운동의 중심이 미주에서 노령(露領)으로 이동함에 따라 러시아에서 항일독립전쟁 수행을 위한 최우선의 조건은 한인들의 단합(團合)이었다. 1908년 3월 안중근이 블라디보스토크에서 발간되던 『해조신문(海朝新聞)』에 게재한 기고문의 요지 역시 인심 단합이었다. "슬프다, 우리나라가 오늘날 이 참혹한 지경에 이른 것은 다름 아니라 불합병(不合病)이 깊이 든 연고로다. 불합병의 근원은 교오병(驕傲病)이니 교만은 만악의 뿌리라. … 우리 동포 지금 이후 시작하여 '불합' 이자(二字) 파괴하고 '단합' 이자 급성(急成)하여 … 독립관에 제회(齊會)하여 대한제국 만만세를

---

28 『共立新報』 1908년 12월 4일.

육대부주(六大府洲)가 흔동(掀動)하게 일심단체로 불러보세."²⁹

한국인들의 단합과 더불어 공립협회에서는 항일독립전쟁의 승전 조건으로 미일전쟁 가능성에 주목했다. 「미일전쟁(美日戰爭)이 한국에 주게 될 기회」라는 제하의 『공립신보』 기사(1907.9.6)는 샌프란시스코 주재 일본영사관에서 외상 하야시에게 보고할 정도로 경계하는 주제였다.³⁰ 기사에서는 미일 갈등의 원인을 다음과 같이 분석했다. "일본이 재작년 포츠머스 일러강화담판에서 미국 대통령 루스벨트의 저희(沮戲)로 배상금을 받지 못하였다고 일본 전 국민이 미국에 대하여 악한 감정이 생겼고 또 금년 봄에 상항(桑港)에서 일본 학생과 일본 노동자를 배척하는 일에 미국을 미워하고 경홀(輕忽)히 여기는 마음이 일층 더한 반면, 미국 내지에 있는 일본이 군대를 암성하여 4처 산림에서 연습하고 또 정탐꾼을 밀파하여 각 항구포대를 그리는 것이 미국인의 공분을 자아냈다"는 것이다. "다만 양국이 급히 거사하지 않는 것은 미국은 아직 파나마운하 공사가 끝나지 않았기 때문에 대서양 함대가 동양으로 직항할 수 없다는 것이고, 일본은 재정이 궁색하여 군비가 곤란하기 때문일 뿐"이라고 분석한 이 기사에서는 3년 이내에 미일전쟁이 발발할 것으로 예상하였다.³¹

---

29 「寄書」, 『海朝新聞』 1908년 3월 21일.
30 「在美 한국인의 동정에 관한 件」, 『統監府文書』 1권, 四-在米露韓人關係(15), 1907년 10월 16日, 外務次官 珍田捨己-統監府 總務長官 鶴原定吉.
31 「美日戰爭이 한국에 주게 될 기회」, 『공립신보』 1907년 9월 16일. "이것은 실로 한국이 독립을 회복할 일대 기회라고 말하지 않을 수 없다. 우리 국민은 모름지기 괄목하고 주먹을 쥐어 시국과 대세를 살펴서 기회가 도래하는 것을 기대해야 할 것이다. 이때에 있어 우리들 2천만 동포가 합심 궐기하여 일단 정의의 깃발을 펄럭인다면 우리들을 압박하고 학살한 일본인을 쫓아내고 원수를 갚는 것은 쥐를 잡는 것과 같고 토끼를 때려 잡는 것처럼 용이하며 능히 한국의 독립을 회복할 수 있을 것이다."

미일전쟁이 한국독립의 기회가 될 것이라는 한국독립운동가들의 인식은 미일 양국 간의 대립을 고조시키는 과감한 행동으로 이어졌다. 일본의 추천으로 대한제국정부의 외교고문으로 일했던 스티븐스(D. W. Stevens)저격사건(1908.3.23)이 그에 해당된다. 공립협회 회원 전명운(田明雲)과 장인환(張仁煥) 의사는 미국인 스티븐스가 친일행각을 했다는 명분으로 샌프란시스코에서 그를 저격한 것은 친일파의 처단이라는 표면적인 이유만은 아니었다. 이는 갈등이 고조되고 있는 미일 양국관계에 불을 지피는 도화선 역할에 더 큰 기대를 걸었기 때문이었다.[32]

스티븐스저격사건은 1년 뒤 안중근의 하얼빈의거의 원형이 되었다는 측면에서 『공립신보』의 사건 관련 기사를 주목할 만하다.[33] 스티븐스저격사건을 기획했던 공립협회의 총무 정재관이 하얼빈의거 보름 전(1909.10.10), 블라디보스토크의 한인 신문사 대동공보사(大東共報社)에서 함께했던 인물이 안중근이었기 때문이다. 따라서 블라디보스토크는 미주(美洲)와 접속된 해외항일독립운동의 구심점이자 거점으로서의 의미를 지니고 있었다.

그럼에도 「동양평화론」에서의 블라디보스토크는 여전히 침략의 대상

---

32 「일본은 自由의 敵이고 須知分은 公理의 敵이라」, 『공립신보』 1908년 4월 1일.

33 「招禍의 源由」, 『공립신보』 1908년 4월 1일. "한국 청년 두 사람이 한국에서 외교를 대리하던 스티븐스를 암살한 것을 보매 우리가 그 일의 근원을 상고하여 분명히 알 터이다. 그간에 한국이 일본과 아라사와 청국에게 괴로움을 많이 당하였거니와 <u>일본이 40년 전부터 한국을 겁탈코자 하나 청국과 아라사의 제어함으로 퇴축하였으니</u>(강조필자) 일본이 한국을 어떻게 하고자 하는 목적은 명약관화하고 한인들이 일인을 미워할 것은 자연한 이치로다. … 이와 같이 말하는 것이 암살한 것을 온전히 용서해야 되겠다 함은 아니나 나라를 사랑하는 청년이 저의 나라 원수를 제가 할 수 있는 대로 한번 공격한 것을 불쌍히 보지 않을 수 없도다."

이었다. "일본군대는 싸울 때마다 모조리 이기며 승승장구하여 동쪽으로는 블라디보스토크(浦鹽斯德)에 근접했고 북쪽으로는 하얼빈에 다가섰다. 일의 형세가 이 정도까지 이르게 되자 기회를 놓쳐서는 안 되는 일이었다. 이미 벌인 일이니 비록 온 나라의 힘을 탕진하더라도 만약 한두 달만 사력으로 진격하면 동쪽으로는 블라디보스토크를 빼앗고 북쪽으로는 하얼빈을 함락시키는 것은 불 보듯 뻔 한 형세였을 것이다." 이렇듯 「동양평화론」에서 블라디보스토크에 대한 인식은 그곳에 근거지를 두고 활동했던 한국의 독립운동가들의 인식과 차이를 보이고 있는 것이다.

III. 「동양평화론」의 러시아 인식

「동양평화론」은 당초 1. 서(序) 2. 전감(前鑑) 3. 현상(現狀) 4. 복선(伏線) 5. 문답(問答)으로 구상되었다고 한다. 그 가운데 서와 전감 부분이 현재 전해지고 있다. 서는 내용상 양대 주제로 구성되어 있다. 하나는 러시아를 아시아에서 축출하기 위한 해법이 러일전쟁이었다는 대명제이다. 러시아를 아시아의 평화를 위협하는 존재로 설정함으로써 일본이 대러전쟁을 통해 그들을 패퇴시킨 것은 천명(天命)으로 규정하였다.[34] 다른 하나는 하

---

34 러일전쟁 직후(1904.3) 『新人』에 게재된 요시노 사쿠조(吉野作造)의 "러시아의 패배는 세계평화의 기틀이다(露国の敗北は世界平和の基也)"에서 "일본은 무엇을 위해 군비를 확장하였는가? 이는 러시아에 대비하기 위한 것이라고 전제한 후, 러시아를 응징하는 것은 일본 국민이 하늘에서 부여받은 사명(天授の使命)"이라고 결의를 다지고 있었다. 佐藤太久磨, 2016, 「ナショナリズムとデモクラシー－日露戦争期における吉野作造の政治思想－」, 『霊性と平和』 1卷, 52-53쪽.

얼빈의거가 동양평화를 위한 의전(義戰)이었다는 인식이다. 왜냐하면 일본이 승전을 위해 한국과 청국의 도움에 힘입은바 컸음에도, 일본은 같은 인종인 이웃나라를 착취하고 우의를 끊어버림으로써 한청 양국인의 소망을 꺾고 방휼지세(蚌鷸之勢)의 화(禍)를 자초했기 때문이라는 것이다. 따라서 이것이 바로 의거의 배경이었다고 설명하고 있다.[35]

이는 서(序)의 핵심 사상이 '아시아연대론'이었음을 노정하는 것이다. 비록 러일전쟁의 전후 처리를 위한 포츠머스강화조약에 따라 일본의 남만주와 한국 지배가 이루어졌지만, 이는 한중일 삼국 간 연대의 가치를 훼손함으로써 전후 평화를 새롭게 위협하는 요인으로 인식되었기 때문이다. 일본이 "만약 정략을 고치지 않고 핍박만 날로 심하게 한다면, 차라리 다른 인종에게 망할지언정 차마 같은 인종에게 욕을 당하지 않겠다는 소리가 한청 두 나라 양국인의 폐부(肺腑)에서 용솟음쳐 상하 일체가 되어 스스로 백인(白人)의 앞잡이가 될 것이 명약관화하다"는 위기의식이 투영되었다. 따라서 저자는 일본을 맹주로 한 동아시아 삼국연대의 복원이야말로 서세동점(西勢東漸)의 환난을 방어하기 위한 '제일상책(第一上策)'임을 제언하고자 하였다.[36]

그렇다면 왜 「동양평화론」은 동양인종단결론을 제기했는가? 그 이유는 전감에서 설명하고 있다. 일본은 러일전쟁에서 승리하고 열강의 반열에 올랐으나, 포츠머스강화협상에서 인종주의(人種主義) 장벽을 넘지 못한 한계를 절감했기 때문이었다. 이는 메이지유신 초기 서구열강에 의한 식민지화 위기에 처했던 일본이 러일전쟁을 계기로 서구와 대등한 관계

---

35 안중근, 2019, 앞의 책, 93쪽.
36 위와 같음.

를 수립한 후, 해결해야 할 최우선의 과제였다. 일본이 아시아를 통합하여 황인종의 맹주로서 서구에 도전해야 했던 이유도 인종주의가 역학관계를 반영하고 있기 때문이었다.

따라서 한중일 삼국과의 유대와 신뢰 회복의 출발점은 한청 양국민들의 소망을 꺾어놓은 행위에 대한 반성으로 시작해야 하는 것이었다. 이에 「동양평화론」은 다음과 같이 성찰하고 있다. "무슨 이유로 일본은 이런 순조로운 형세를 돌아보지 않고 같은 인종인 이웃나라를 착취하고 우의를 갑자기 끊어버려 스스로 방휼지세(蚌鷸之勢)를 취하여 어부를 기다리는 것처럼 하는가?" 이는 일본이 포츠머스강화협상에서 인종주의 장벽을 경험했음에도 인접국에 대한 침략을 멈추지 않음으로써 자초한 방휼지세의 위기를 경고하는 것이었다. 따라서 하얼빈의거는 한국의 독립 의지를 분출하는 계기였을 뿐만 아니라 일본의 지성계에도 서구의 인종주의에 맞서 한중일연대론의 당위를 제기하는 계기가 되었다.

「동양평화론」의 전감에는 청일전쟁에서 러일전쟁 및 포츠머스강화조약에 이르기까지 러시아를 극동에서 축출하기 위한 과정이 시간 순으로 정리되어 있다. 이는 ① 청일전쟁과 삼국(露·佛·獨)간섭 ② 러시아의 뤼순 조차와 의화단(義和團, 1899~1901) 창기(猖起) ③ 러일개전과 강화담판과 같은 주요 사건들로 구성되었다. 이러한 사건 배열은 청일전쟁과 러일전쟁의 전간기(戰間期) 동아시아사를 러시아의 침략사에 초점을 맞추기 위함이다. 왜냐하면 일본의 대러개전 결정에 지렛대가 되었던 영일동맹(英日同盟)조약의 체결(1902.1.30)과 같은 주요 사건이 다뤄지지 않았기 때문이다.[37] 따라서 전감에서는 일본의 호전성이나 전쟁 의지를 드러내주는

---

37 「日韓間の經濟的關係」, 『每日新聞』 1902년 6월 8일. 영일동맹조약은 조선에 있어 일

사건보다는 러시아의 침략성과 그에 대한 응징의 당위성을 보여줄 사건들을 선택적으로 수용한 특징이 있다.

전감에서 주목되는 담론은 인종주의이다. 서에서 이미 러일 간의 다툼을 '황백인종(黃白人種)경쟁'으로 전제하였기 때문에 전감에서도 인종주의 사관은 맥락적으로 연결되어 있다. 의화단사건과 러일강화담판에 대한 서술 역시 인종주의 사관을 반영하고 있다. 의화단사건과 8개국 연합군의 진압작전으로 야기된 북청사변(北淸事變)에 대해 저자는 "이와 같은 참화는 세계 역사상 드문 일이었고 동양의 일대 수치일 뿐만 아니라 장래 황백인종의 분열 경쟁이 그치지 않을 징조를 나타낸 것이라"고 이를 경계하고 탄식하고 있다.

인종경쟁사관은 아시아연대주의와 더불어 「동양평화론」의 서와 전감의 핵심 사상을 이루고 있지만 동시에 본질을 호도하고 있다. 일본과 서양을 배척했던 의화단사건이 반제국주의 운동이라기보다는 오히려 황백인종의 분열 경쟁으로 단정하고 있기 때문이다. 이는 저자가 의화단 봉기를 진압하기 위해 주도적 역할을 하였던 영국과 일본이 동맹을 체결했던 사건을 전감에서 거론하지 않은 이유이기도 하다. 영일동맹은 황인종과 백인종 간의 경쟁사관에 부합되지 않았기 때문이었다.

본의 이익을 특히 보장하는 것으로 한국 진출을 적극적으로 주장했다. 한국인이 스스로 생산력을 향상시키는 것은 황화가 맑아지기를 기다리는 것과 같기에 우리나라 사람들이 조선으로 이주해서 그 생산력의 발달을 꾀하고 또한 무역상의 이익도 점해야 한다고 주장했다. 「日英同盟及其将来(二)」, 『國民新聞』 1902년 4월 12일. 일본의 이상이 한국의 독립과 영토 보전에 있는 것이 아니라 일본의 세력으로 한국을 압도하여 영유하는 것이라 하였다. 왜냐하면 한국은 일본 독립의 성벽이며 일본 상업의 좋은 시장이며 일본의 기근(飢饉) 시에는 곡창이며 일본의 식민지이자 일본인 기업을 위한 땅이기 때문이라는 것이다. 박선영, 2010, 「한국병합100년과 일본 언론」, 『한국언론정보학회 학술대회 자료집(2010.12.3)』, 15쪽.

인종경쟁사관은 일본이 러일전쟁에서 승리했음에도 외교에서 패배한 러일강화담판의 모순[38]을 해소하는 데 유용했다. 이는 강화담판 실패의 원인을 중재에 나선 미국에서 찾는 방식으로 해결해나갔기 때문이었다. 미국은 비록 중립(中立)국으로 편파성이 없었다고는 하지만 인종경쟁에서는 백인종의 편을 들 수밖에 없었다는 논리이다. 루즈벨트 대통령이 같은 백인 국가인 러시아에 우의를 베푼 것은 인정세태의 자연스런 모습으로 수용할 수 있었다.

그렇다면 포츠머스강화협상에서 드러난 미국과 러시아의 우의에 대항하여 한중일 삼국연대론(三國連帶論)은 과연 성립 가능한 논의인가? 연대는 구성원 모두 자주독립의 주권국가이어야 하기 때문에 맹주의 등장을 허용하지 않는 구조다. '동아시아연대론'이 실천에 옮겨지지 못한 채 구상에 머문 이유도 여기에 있었다. 따라서 「동양평화론」을 지탱하는 양축이었던 아시아연대주의와 인종주의는 편의적인 논리로서 일관성이 없다는 특징을 지니고 있었다. 일본은 대러전쟁을 준비하기 위해 영국과 동맹을 체결한 것이 아시아연대론과 모순이었음에도 침묵했던 반면 포츠머스강화회의 결과에 대해서는 인종주의로 치부했기 때문이었다.

「동양평화론」에서 거론되었던 '인종경쟁사관'[39]과 '한중일연대론'은

---

38 "일본군대는 승승장구하여 동으로는 블라디보스토크 가까이 이르고 북으로는 하얼빈에 육박하였다. … 그런데 무슨 이유로 그렇게 하지 않고 도리어 은밀히 구구하게 먼저 강화를 청해, 뿌리째 뽑아버리는 방도를 추구하지 않았는지, 가히 애석한 일이다."

39 야마무로 신이치, 2010, 「미완의 동양평화론-그 사상적 흐름과 가능성에 대하여-」, 이태진 외, 『영원히 타오르는 불꽃: 안중근의 하얼빈의거와 동양평화론』, 373쪽. 일본의 야마무로 신이치(山室信一) 교수조차도 인종경쟁사관은 "어딘지 괴이한 인상을 준다"고 평가할 정도로 한국인의 세계관에 부합되지 않았다. 오히려 러시아의 남하를 배경으로 백인종인 러시아의 위협을 전면에 내세우고 러일전쟁을 인종전쟁으로 치부한 인

한국인의 입장에서 주도적으로 제기할 수 있는 고유한 논의가 결코 아니었다. 아시아 연대주의는 일본이 한청의 지지를 받아 러시아를 아시아에서 구축(驅逐)해야 한다는 '토로론(討露論)'의 전제였기 때문이다. 따라서 과연 토로론이 한국의 위정자와 애국지사들이 고민했던 숙명의 논리였는지 재검토할 필요가 있다.

일본의 러시아에 대한 경계론은 역사가 깊다. 이는 제정러시아의 동진정책과 궤를 같이하였기 때문이다. 특히 러시아가 1860년 베이징조약을 통해 청국으로부터 연해주를 할양받은 이후 그곳에 태평양 진출의 거점인 블라디보스토크를 건설함으로써 일본의 대러 경계심이 심화되었다. 에도막부 말기의 일본의 러시아 경계론은 북방 에조(蝦夷) 방면과 관련하여 일찍부터 설파되어 1861년 러시아 군함 포사드니크(Посадник)호가 대마도를 점령한 사건(1861~1862)은 막부 당국에 한반도 방면의 위협을 각인시켰다.[40] 따라서 러시아가 블라디보스토크를 획득한 이래 일본의 외곽 도서들을 전략적으로 활용하려는 기도는 일본의 독립과 영토 보전을 위한 대러 경계심을 강화시켰다.

더욱이 러시아의 대마도 점령은 대한해협의 자유항행 보장에 한정된 것만은 아니었다. 블라디보스토크와 유럽러시아는 당시 철도로 연결되지 않았기 때문에 대한해협의 항해의 자유가 선결과제였지만 러시아는 그것만 염두에 둔 것은 아니었다. 러시아 리하체프(И. Лихачев) 제독 함대의 대마도 점령은 류큐(琉球) 점령의 예행연습이었다는 데 문제의 심각성이 있

종경쟁사관은 안중근의 고유한 사상이라기보다는 일본의 대륙진출론자들의 견해에 더 가깝다.

40 安岡昭男, 1960, 「明治初期の対露警戒論に関する一考察: 朝鮮半島をめぐって」, 『法政史学』 13卷, 49쪽.

었다. 페테르부르크정부는 류큐열도에 러시아군함이 기항할 수 있는 항구를 건설하여 극동지역뿐만 아니라 인도와 동남아시아를 둘러싼 영불(英佛)과의 경쟁을 대비하고자 하였기 때문이었다.[41]

러시아 해군의 이러한 구상하에서 일본막부의 외교 담당 수장의 대마도 퇴거 요청은 결코 수락될 수 없었다. 결국 대마도의 러시아 해군을 철수시킨 주역은 영국 극동함대 사령관 호프(James Hope) 제독이었다.[42] 퇴각과 전쟁의 선택 기로에 놓인 러시아는 대마도에서 철수하기로 결정했지만, 그것이 끼친 막부의 정치적 위기는 일본 정치체제 변혁의 단초가 되었다. 일본의 입장에서 보면 이 사건은 러시아 군함에 의한 침략 행위였으며 이에 대해 아무것도 하지 못했던 막부에 대한 불신감이 확대되었기 때문이었다.

대마도사건(1861)은 일본의 개혁가들이 동아시아에서 독자적인 세력권을 개척하기 전에는 서세동점의 시대에 일본의 안전과 영토 보전은 난망함을 깨닫는 계기가 되었다.[43] 일본의 대외인식에 있어서도 러시아는 일본의 독립과 영토 보전을 위협하는 침략국으로 자리매김되었던 반면, 선발제국주의 국가로서 아편전쟁을 통해 중국 침략을 주도했던 영국은 러시아의 위협을 해소시켜줄 우군(友軍)으로 각인되었다. 결국 러시아와

---

41 Д. Б. Патлай, 2007, "Цусимский инцидент 1861 г.", *Восточный архив 16*, pp. 16-18. 러시아는 크림전쟁(1853~1856)에서 영불(英佛)연합군에 패배한 이후 아시아에서 강력한 해군 거점 확보의 필요성을 절감하고 있었다. 제2차 아편전쟁(1856~1860)에 영불이 전념하고 있는 틈을 타 일본 외곽의 전략 거점들을 확보하고자 하였다.

42 Victor Shmagin, 2017, "They Fear Us, Yet Cling to Us: Russian Negociations with Tsushima Domain Officials during the 1861 Tsushima Incident," *The International History Review*, 39:3, pp. 538-539.

43 위의 글, pp. 540-541.

영국에 대한 일본의 상반된 인식은 20세기 초 러시아를 가상적으로 일본과 영국의 영일동맹(1902) 체결로 귀결되었음은 잘 알려진 사실이다.

1880~1890년대 러시아 경계론은 시베리아횡단철도의 부설과 청일전쟁 직후 러시아가 주도한 대일(對日) 삼국간섭과 깊은 관련이 있다. 시베리아철도의 경우, 1882년부터 러시아정부 내에서 러시아의 극동 전초기지인 블라디보스토크를 유럽과 연결하는 철도 부설의 필요성이 논의되기 시작했다. 일본에서 시베리아철도에 관한 이야기가 회자된 것은 1887년이었다. 런던 『타임스』가 시베리아철도 구상에 대해 보도한 기사(6.24)를 『조야신문(朝野新聞)』이 번역해 8월 2일자 「시베리아철도의 부설」이라는 제목으로 게재했다. 그리고 8월 12일과 13일에는 논설 「시베리아 대철도와 동아(東亞)삼국과의 관계」를 실었다. 논설에 따르면, "이 철도로 인해 발생할 사회적 또는 무역상의 변화 같은 것은 지엽적인 문제다. 러시아가 주안을 두는 것은 용병(用兵)에 있고 일·청·한 3국에 그 영향이 가장 심각하게 미칠 만한 것 역시 군사상의 문제"라고 강조했다. 일본에서는 러시아의 1891년 시베리아철도 착공 이전부터 이미 대러 경계의 움직임이 나타나기 시작했다.[44]

시베리아철도의 군사전략상의 문제점에 주목한 메이지정부의 지도자는 야마가타 아리토모였다. 그는 시베리아철도가 유럽러시아에서 극동으로 군대를 수송하는 전략철도의 역할을 할 것이 분명하다고 판단했다. 이 철도의 해양출구가 동절기에 결빙하는 블라디보스토크보다 한반도의 부동항과 연결할 가능성이 높다고 보았기 때문이다. 이러한 그의 대러경계

---

[44] 와다 하루키 저, 이웅현 역, 2019, 『러일전쟁: 기원과 개전』, 한길사, 155쪽.

론(對露警戒論)이 집약된 문건이 「외교정략론(外交政略論)」이었다.⁴⁵

총리대신 야마가타의 외교정략론의 특징은 러시아를 적국으로 상정하고 일본과 조선의 관계를 재설정하는 데 있었다. 왜냐하면 그는 러시아의 시베리아철도 건설공사의 진척에 따른 외교정책을 서술하면서 이 철도의 완성을 "조선의 위기"라고 표현하고 있었기 때문이었다. 야마가타는 국가의 독립자위(獨立自衛)의 가장 핵심 요소는 주권선(主權線)과 이익선(利益線)이라는 두 가지 선을 지키는 데 있다고 보고 조일관계를 이익선과 주권선의 시각에서 파악하고자 하였다. 요컨대 일본과 조선의 관계를 본가(本家)와 담장(牆垣)의 관계로 재설정하여 담장을 보호해야 본가도 안전하다는 논리구조가 완성된 것이었다.

이에 러시아의 시베리아철도와 일본의 이익선이 교차하는 지점에 한국의 부동항 문제가 위치하게 될 것이었다. 일본의 이익선의 초점이 조선에 있다는 야마가타의 논거는 이 철도가 준공되는 날은 러시아가 조선을 향해 침략을 시작하는 날이며, 조선으로 침략을 시작하는 날은 동양에서 일대파란이 생기는 날이 되기 때문이라는 것이었다. 왜냐하면 좋은 항구(良港)가 조선에 있고 러시아가 이곳을 넘본 지 오래되었기 때문이라는 것이다. 따라서 "조선의 독립은 시베리아철도의 완성을 알리는 날과 함께 박빙(薄氷)의 운명에 처하게 될 것"⁴⁶이므로 일본으로서는 그 대책 마련이

---

45 「山県有朋意見書」,『国際政治』1957卷 3號, 1957, 183-195쪽. 오야마 아즈사(大山梓)가 쓴 자료 소개에 따르면,「山県有朋意見書」는 2건이 있으며 하나는 1886년에 초안을 마련하여 1881년 1월에 정서되었다는 필자의 두서주기(頭書周記)가 있으며, 다른 하나는 1890년 3월로 작성 시기가 명시되어 있으며 야마가타 내각 각료들에게 회람되어 그 사본이 국회도서관 헌정자료실「陸奥宗光文書」에 소장되어 있다고 한다.

46 위의 책, 189, 194쪽.

필요하다는 논리였다.

야마가타 의견서가 내각에 제출된 지 2개월 뒤 나온 것이 외무대신(外務大臣) 아오키 슈조(青木周蔵)의 의견서「동아렬국지권형(東亞列國之權衡)」이었다. 이는 종래의 러시아 경계론 수준에서 러시아를 아시아에서 구축(驅逐)하는 방안을 모색하는 단계로 진화한 문건이었다.[47] 러시아를 아시아에서 구축한다는 정략은 아시아주의 사상에 근거하고 있었다. 아시아는 아시아인의 아시아가 되어야 한다는 것이다. 아오키가 러시아의 시베리아철도 부설을 침략으로 간주한 것은 그의 인종주의적 판단에 근거했다. 이는 러시아가 "본래 구주열방(歐洲列邦)의 일국(一國)으로 다른 인종[異類人種]임에도 아시아주 영토를 점거한 동아시아의 침범자(侵犯者)"라고 인식했기 때문이었다. 이는 아오키가 아시아민족과 구주민족(歐洲民族)의 대결 의식을 가지고 있었음을 의미했다.[48]

아오키의「동아렬국지권형」이 제1차 야마가타 내각의 각료들에게 배포되어 경탄받았던 또 다른 이유는 '조선영략론(朝鮮領略論)'에 있었다.[49] 그는 러시아의 아시아 진출로 가장 위험에 처하게 될 나라로 조선을 지목하고, 러시아의 구축에 성공할 경우, 일본은 그 대가로 조선을 일본의 판도에 귀속시킨다는 영략론(領略論)을 주장했다. 근거는 ① 러시아는 유럽 각국 가운데 가장 맹렬하고 사나우며[鷙悍] 항상 위험의 근원이 되고 있

---

47 青木外務大臣意見書「東亞列國之權衡」,『日本外交文書』第23卷, 1890年 5月 15日, 538-543쪽.
48 坂根義久, 1967,「青木周蔵論-對英條約改正交涉と外交政略」,『國際政治』1967卷 33號, 23쪽.
49 참모본부 차장 가와카미 조로쿠(長川上操六), 육군차관 가쓰라 다로(桂太郎)에게도 보내 육군부 내에 배포된 것으로 알려졌다.

으며 ② 조선에 대한 러시아의 침략을 물리치기 위해 일본이 선수(先手)를 쳐서 약소민족을 보호해야 한다는 것이다.⁵⁰ 따라서 그는 일본이 차제에 조선에 대한 정략을 변경하여 강경수단을 통하여 간섭주의를 시행해야 한다는 입장을 밝혔다.⁵¹ 결국 아오키의 의견서는 영국과의 동맹 체결, 러일전쟁, 한국보호국화로 이어지는 메이지정부 대외정책의 청사진이 되었다.

그럼에도 아오키 외무대신이 토로(討露)의 일환으로 제기했던 조선영략론은 러시아가 조선의 독립을 지지하고 나섬으로써 좌절의 위기에 봉착하고 말았다. 이는 청일전쟁 직후 러시아가 주도한 삼국간섭(1895.4.23)과 관련 있었다. 왜냐하면 주일러시아공사가 일본외무성에 전달한 각서는 러시아판 「동양평화론」이었기 때문이었다. 그 내용은 "러시아 정부는 청일강화조건(淸日講和條件)을 검토한 후, 일본이 랴오둥(遼東)반도를 소유하는 것이 청국의 수도(首都)에 대한 부단한 위협이 되며 동시에 조선의 독립을 유명무실하게 함으로써 장래 '극동의 항구적인 평화(the permanent peace of the Far East)' 실현에 장해가 될 것이라 판단하여, 랴오둥반도의 확연영유(確然領有)를 방기(放棄)하도록 권고"한다는 것이었다. 요컨대 시모노세키조약(1895.4.17)에 따라, 일본이 청국으로부터 랴오둥반도를 할양받기로 한 것은 극동의 영구 평화에 장해가 된다는 것이었다.

일본이 청일개전을 위한 명분으로 '동양평화'를 인용했다면,⁵² 러시아는 삼국간섭의 명분으로 '극동평화'를 제기하고 나섰다. 일본의 동양평

---

50 坂根義久, 1967, 앞의 글, 23쪽.
51 『日本外交文書』第23卷, 543쪽.
52 「国立公文書館デジタルアーカイブ」, 清国ニ対シ宣戦詔勅(1894.8.1), "平和ト相終始シテ

화와 러시아의 극동평화는 공통적으로 '평화'라는 용어를 사용했지만 평화의 의미는 달랐다. 왜 달랐을까? 이는 조선의 입장에서 갈렸기 때문이었다. 왜냐하면 러일 양국의 평화론에서 공통적으로 언급되는 국가가 조선인바, 조선은 일본보다는 러시아 측의 평화론에 동조했기 때문이었다.

그렇다면 러시아의 '극동평화론'은 어떻게 구성되었을까? 이는 청일전쟁 이후 러시아가 극동 문제에 적극 개입해야 할지 여부를 논의하는 과정에서 논리적 체계를 갖추게 되었다. 일본이 청국에 요구한 강화조건에 대해 러시아의 간섭논리를 정리한 주역은 시베리아횡단철도 부설공사를 주도한 재무상 비테(С. Ю. Витте)였다. 러시아의 산업화를 주도했던 비테는 유라시아 국가인 러시아가 시베리아철도 부설을 통해 유럽과 아시아를 연결하는 물류의 중심으로 부상할 것으로 기대했다. 따라서 비테는 시베리아철도가 러시아 산업화의 성패뿐만 아니라 접경국가인 중국시장에 대한 러시아의 영향력 강화의 지렛대로 간주했다.

비테는 삼국간섭이 이루어지기 직전에 개최된 러시아의 동아시아 문제 특별회의(1895.4.11)에서 대일 간섭을 위한 다음의 의견을 개진했다. "일본이 감행한 전쟁은 우리가 시작한 시베리아철도 건설의 결과라고 생각한다. 유럽열강과 마찬가지로 일본도 분명 가까운 장래에 중국이 분할될 것임을 의식하고 있으며, 그 경우 시베리아철도가 우리의 기회를 극대화시킬 것으로 보고 있다. 일본의 적대행위는 주로 우리를 겨냥하고 있다. 일본의 예상되는 남만주 획득은 우리에게 위협이 되며 결과적으로 조선 전역이 일본에 병합될 것이 분명하다"고 예견했다. 따라서 랴오둥반도로

以テ帝国ノ光栄ヲ中外ニ宣揚スルニ専ナリト雖亦公ニ戦ヲ宣セサルヲ得サルナリ汝有衆ノ忠実勇武ニ倚頼シ速ニ平和ヲ永遠ニ克復シ以テ帝国ノ光栄ヲ全クセムコトヲ期ス."

부터 일본군대를 축출하기 위한 외교적인 압력이 효과를 거두지 못할 경우, 러시아 함대로 하여금 일본 함대 및 제 항구에 대한 함포사격을 강행해야 한다는 정책 건의를 하였다.[53]

대일강경책의 당위성을 설명하기 위해 그가 제시한 논거는 다음과 같았다. 첫째, 일본이 남만주를 할양받을 경우, 그들은 호전적 몽골인과 만주인들을 선동하여 러시아로 침입하지 않으리라는 보장이 없다는 이른바 황화론(黃禍論, yellow perill)[54]과 둘째, 만일 사태가 악화되어 전쟁으로 비화할 경우, 동아시아에 집결한 러시아의 연합함대는 청일전쟁으로 전력이 쇠진한 일본군을 제압할 수 있을 뿐만 아니라 반일감정이 고조되어 있는 청국과 한국인들의 협력도 기대할 수 있다는 러청한 삼국연대론이 그것이다.[55] 그 결과 비테의 대일강경론은 '극동평화론'으로 포장된 삼국간섭으로 표출됨으로써 러시아의 극동정책의 주노선으로 부상하였다.

비테의 '극동평화론'은 앞서 살펴본 메이지정부의 야마가타와 아오키 의견서와 공통의 서사구조를 갖고 있었다. 전자가 일본을 적국으로 상정하고 랴오둥반도를 획득한 일본의 만주 진출을 미연에 저지해야 한다는

53　Журнал Особого совещания 30 марта(4/11) 1895 г.//Красный архив. 1932. Т. 3(52). С. 80-81. 회의에는 대공(大公) 알렉세이 알렉산드로비치(вел. кн. Алексей Александрович), 외무상 로바노프-로스톱스키(А. Б. Лобанов-Ростовский), 육군상 반놉스키(П. С. Ванновский), 해군상 치하체프(П. А. Чихачев), 육군참모총장 오브루체프(В. А. Обручев), 재무상 비테, 부외무상 쉬슈킨(Н. П. Шишкин)이 참석했다.

54　Там же(위의 문서). 외무상 로바노프-로스톱스키의 견해에 따르면, ① 일본이 감행한 전쟁은 청국뿐만 아니라 러시아 그리고 향후 전 유럽에 대한 적대(敵對)로 이어질 것이며 ② 남만주를 획득한 일본은 여기에 머무르지 않고 북방으로 식민정책을 확대해 나갈 것이 분명하다는 것이었다.

55　Там же. '러청한 삼국연대론(露淸韓三國連帶論)'은 러청비밀동맹 체결(1896.6.3)과 한국사절에 대한 회답각서(1896.7.2)의 형식으로 구체화되었다.

논리를 갖췄다면, 후자는 러시아가 가상적이고 시베리아철도를 닥쳐올 위기의 표상으로 삼음으로써 러시아를 아시아에서 구축해야 한다는 토로(討露)의 당위성을 제공하였다. 전자가 남만주에서 일본을 축출하기 위해 러시아와 접경한 청국과 한국의 반일감정을 활용하고자 했다면, 일본 역시 러시아를 구축하기 위해 순치상보(脣齒相補) 관계에 있는 동아시아 국가들과 연대론을 제안하고 있었다. 따라서 러시아에 의한 평화와 일본의 평화 사이에 위치한 한국의 선택은 누가 한국의 자주독립을 지지할 것인지 여부에 따르게 되었다.

조선국왕 고종은 청일전쟁의 종식과 더불어 조선 주둔 일본군 역시 철수해야 한다는 판단을 가지고 있었다. 이는 시모노세키조약 제1조에 조선은 독립국으로 명시되어 있음에도 외국군대가 조선에 주둔하고 있는 상황은 모순이기 때문이었다. 고종은 주한일본대리공사 스기무라를 접견한 자리에서(1895.7.4) 1개 중대 정도의 주둔은 인정하겠지만, 그 이상은 인정하지 않겠다고 말한 것이다.[56] 고종의 철병 요구는 1년 전 경복궁을 공격한(1894.7.23) 일본군이 국왕을 포로로 잡고 조선을 점령하고 있는 현상을 타파하려는 의지의 표명이었다.

일본은 러시아가 권고한 랴오둥반도의 대청환부(對淸還付)에는 동의했지만(1895.5.13), 한반도에서의 현상은 유지하고자 하였다. 일본정부는 조선에서 자국의 지위를 삼국간섭 이전의 상황으로 되돌리고자 하였다. 일본정부가 도모(圖謀)한 시간을 거꾸로 돌리려는 반역의 범죄가 바로 민

---

56 「7月4日 內謁見顚末報告」, 『駐韓日本公使館記錄』 7卷, 杉村濬-西園寺, 1895年 7月 5日. "짐이 바라는 바는 잠시 동안만 1개 중대 정도의 군대를 공사관 호위 등의 명목으로 주둔하게 했으면 한다."

왕후(閔王后) 시해사건(1895.10.8)이었다. 따라서 안중근이 이토 히로부미를 처단한 첫 번째 이유로 민왕후를 죽인 죄라고 꼽았던 것은 자명한 것이었다.[57] 그럼에도 「동양평화론」에는 명성황후 시해사건에 대한 반성은 없다. 오히려 한국인들이 러일전쟁 당시 명성황후의 원수를 갚는다고 공격해왔다면 일본군대는 곤란함을 겪는 탄식을 면하기 어려웠을 것이라고 다행스러워하였다.[58] 과연 안중근이 이토 히로부미를 처단한 첫 번째 죄목으로 명성황후 시해를 꼽았음에도, 「동양평화론」에서는 "러일전쟁 당시 한국인들이 민비 시해의 원수를 갚아야 한다고 러시아군대와 소통하여 예상치 못한 전략을 내어 이쪽저쪽에서 공격했으면, … 야마가타 노기의 모략은 필시 무산되었을 것"이라고 서술하고 있다. 명성황후 시해사건에 대한 안중근과 「동양평화론」의 인식은 너무나 다르다.

IV. 「동양평화론」과 일본의 아시아주의

「동양평화론」의 바탕이 되는 '아시아연대론'은 누가 무엇을 위해 제창한 담론인가? 이는 일본 근대사상에 내재하는 아시아주의에서 비롯되었다. 아시아주의는 '일본 근대사상에 내재하는 하나의 사상적 경향이었다. 즉

---

57 『韓國獨立運動史資料』6卷, 安重根 編 I, 二 被告人 訊問調書(1909.10.30). "第一. 只今으로부터 十餘年前 伊藤의 指揮로 韓國 王妃를 殺害하였다."

58 안중근, 2019, 앞의 책, 106쪽. "만일 한국의 관리와 인민이 을미년에 일본인이 한국 명성황후 민비를 무고하게 시해한 원수를 이때 갚아야 한다고 사방에 격문을 돌리고, 함경도와 평안도 두 도 사이에 있는 러시아군대와 소통하여 예상치 못한 전략을 내어 이쪽저쪽에서 공격하였다면, … 일본군대의 전체 형세는 남북으로 분열되어 앞뒤로 적을 맞아 포위망 속에서 곤란함을 겪는 탄식을 면하기 어려웠을 것이다."

서구열강의 억압에 대항하여 일본을 맹주(盟主)로 아시아의 결집을 주창한 것'이라 할 수 있다. 아시아주의를 '일본판 먼로주의(Monroe Doctrine)'로 정의할 수 있는 이유도 그것이 반서구주의와 일본 맹주론에 입각한 아시아 패권주의의 양면성을 지니고 있었기 때문이었다. 따라서 아시아주의는 당초 일본과 지리적으로 근접한 동아시아 국가들, 한국, 중국과의 제휴와 연대의 논리에서 출발하였지만 그 적용 범위를 무한히 넓힐 수 있는 확장성을 동시에 내포하고 있었다.

일본에서 처음으로 아시아주의를 지향하는 조직인 흥아회(興亞會)가 형성된 시기는 1880년 2월이었다.[59] 이는 러시아와 청국의 서부국경 문제 즉 이리(伊犁)위기(Ili risis)에 의해 촉발된 러청전쟁(1880) 위기와 깊은 관련이 있었다. 이는 러시아가 7년간 점령하고 있던 신장의 일리 지역을 중국에 반환하는 대가로 배상금과 영토 할양을 약정한 리바디아 조약(1879)을 체결했으나 청조가 이의 비준을 거부하면서 러청 간의 무력충돌 위기가 고조되었기 때문이었다. 따라서 흥아회가 일본정부의 관변단체의 성격을 띤 것도 그 성립 시점이 러시아 정부가 레솝스키(C. C. Лесовский) 제독의 연합함대를 통하여 대청 압박과 무력시위를 준비했던 시기와 연동하였기 때문이었다.

흥아회는 일본외무성 대서기관 와타나베 히로모토(渡辺洪基)가 실제 지도자였으며 해군성에서 중국 관계 정보 수집을 담당하던 소네 도시토라(曽根俊虎)가 간사를 맡았다.[60] 러시아 함대의 극동내도와 관련하여 이

---

59 狹間直樹, 2001, 「初期アジア主義についての史的考察(3)第2章:興亜会について-創立と活動」, 『東亜』412, 70-71쪽. 흥아회는 1877년 振亞社를 세웠던 해군중위 소네(曽根俊虎)가 설립을 추진하여 1880년 2월 13일 도쿄에서 설립되었다. 이날 회장에 長岡護美, 부회장에 渡辺洪基를 선출하였고 동년 3월 9일 제1회 회합에 회원이 100명에 이르렀다.

들이 제정한 흥아회 규정에는 그 설립 목적을 다음과 같이 명시하였다. "아시아의 쇠퇴를 회복하고 구미(歐美)에 대항해 아시아를 진흥하기 위해 중국, 조선을 비롯한 아시아 국가들은 제휴할 필요가 있다. 이를 위해 우선적으로 요구되는 것이 조선, 중국 및 기타 아시아 국가들에 대한 정보 수집과 민간 교류의 촉진이었다. 따라서 흥아회의 활동 영역에 중국어 및 조선어 교육기관의 개설이 포함된 것은 정보 수집 요원 양성을 위한 것이 었으며[61] 조선사절단과 방일(訪日) 중국인들과의 친목회 개최와 같은 사업들도 포함되었다."[62]

흥아회는 규정상 아시아 국가들의 제휴를 표방하고 있었지만 실제로는 러시아 레숍스키 함대의 극동내도에 대비한 관련국에 대한 정보 수집이 주목적이었다. 왜냐하면 일본정부는 러청전쟁 위기가 해소되면서 (1881) 한중일 삼국제휴에 관한 논의를 더 이상 진척시키지 않았기 때문이었다. 그러한 조짐은 일본정부가 자국 항구에서 러시아 함대의 월동을 허락하면서 드러나기 시작했다. 청국에 대한 해상 압박을 전개하기 위해

---

60 黒木彬文, 2005, 「興亜会のアジア主義」, 『法政研究』 71(4), 250-252쪽.

61 위의 글, 252쪽. 흥아회 도쿄 본회(本會)에서는 아시아 정보 수집 요원 양성을 위해 특히 실용 중국어 및 조선어 교육기관으로 흥아회 지나어(支那語)학교를 개설하여 운영하였다. 어학교는 3개 학과(본과, 별과, 야학과)가 있으며 중국어(현대문, 회화), 조선어 외에 한문, 양산 등을 교육했다. 또한 베이징, 상하이, 한커우, 홍콩, 원산, 페르시아, 터키로 파견된 해외정보통신원들은 파견지에서 흥아회를 선전하거나 입회를 권유하고 현지 정치 경제 사회 정보를 본부에 보내 회보에 실었다.

62 1880년 8월 한국의 수신사(修信使) 김홍집(金弘集) 일행이 일본을 방문하였을 때 흥아회 회장의 권유로 일행 중 이조연(李祖淵), 윤웅렬(尹雄烈), 강위(姜瑋) 세 사람이 월례회에 참석한 바 있었다. 이후 신사유람단(紳士遊覽團)의 조사와 수행원 등도 이 회의 모임에 참석하였다. 이광린, 1988, 「개화기 한국인의 아시아연대론」, 『한국사연구』 61·62, 287-291쪽.

극동에 파견된 러시아 함대는 일본의 류큐 침탈을 둘러싼 청일 간의 대립을 적극 활용하였기 때문이었다. 그 결과 러청 간의 전쟁 위기는 상트페테르부르크조약(1881) 체결로 평화적으로 해결됨으로써 러시아 연합함대 사령관 레솝스키 제독은 일본천황을 알현하고 대대적인 환송을 받으며 본국으로 귀환할 수 있었다.

흥아회는 러시아 레솝스키 함대의 극동내도와 관련하여 관변단체로서의 한계를 명확하게 보여주었다. 이는 흥아회가 러시아 함대의 극동내도에 대비하여 한중일 '삼국제휴론(三國提携論)'을 표방하였음에도 러시아 함대의 대청 무력시위를 위해 메이지정부가 편의를 제공하는 문제에 제동을 걸거나 항의했다는 기록을 찾아보기 어렵기 때문이다.[63] 따라서 흥아회 설립의 본연의 목적이 서구에 대항한 한중일 삼국의 제휴에 있는 것이 아니었다면, 일본의 아시아주의 역시 신화(神話)에 불과한 것이었다.

1880년대 초반 흥아회의 한중일 삼국제휴론이 러시아 함대의 극동내도에 대비한 정보 수집과 인적 교류에 주안점을 둠으로써 전통적인 대러 경계론의 연장선에 있었던 반면, 청국의 동아시아연대론은 내용의 측면에서 일본과 달랐다. 주일청국공사관의 황쭌셴이 러시아 함대 내도와 관련된 정세 파악을 위해 일본에 파견된 김홍집에게 건넨『조선책략(朝鮮策略)』에서 연미책(聯美策)을 제시했기 때문이었다. 러시아의 침략에 대항하기 위한 조선의 외교 방책으로 친중국(親中國), 결일본(結日本)뿐만 아니

---

63 "러시아 레솝스키 함대의 극동내도"에 대한 기록은『淸季中日韓關係史料』와『修信使記錄』에서 일본외상 이노우에 가오루(井上馨)의 입장에 대해 언급되어 있음에도『日本外交文書』에서는 찾아볼 수 없다. 김형종 역, 2020,『淸季中日韓關係史料 5』, 동북아역사재단, 36-40쪽, 75-76쪽; 金益洙 譯, 1998,『修信使記錄』, 濟州文化院, 221-224쪽.

라 연미국(聯美國)을 제시함으로써 아시아의 차원을 넘어서는 책략을 건의한 것이었다.[64] 따라서 청국은 흥아회의 한중일 삼국제휴론이 '방아(防俄)'를 위한 수사에 불과하다는 한계를 명확하게 인식하고 있었다.

흥아회의 동아시아 제휴론의 문제점은 청국과 마찬가지로 조선 역시 공명하지 않았다는 점이다. 상대국이 공명하지 않는 제휴론은 구호에 불과할 뿐이었다. 조선국왕 고종은 일본인들이 부추기는 공로(恐露)의식(Russophobia)의 저의를 꿰뚫어보고 있었다. "일본 사람의 말을 보니, 그들이 두려워하는 바는 러시아로서 조선이 대비하기를 요구하는 듯하지만, 사실은 조선을 위한 것이 아니라 그들 나라를 위한 것이다."[65] 또한 고종은 김홍집이 가져온 『조선책략』의 외교지침에 대해서도 다음과 같은 입장을 정리했다. "그들이 아무리 우리나라와 한마음으로 힘을 합치고자 해도, 이것이 어찌 깊이 믿을 만한 것이겠는가. 곧 요컨대, 우리도 또한 부강해질 방도를 시행해야 할 뿐이다."[66] 결국 조선정부는 대러 경계의 방책으로 연미책, 즉 미국과의 수교를 도모함으로써 흥아회가 제기한 한중일 삼국제휴론에 공명하지 않았다.

일본의 아시아주의는 실질적인 내용을 가진 사상이라기보다는 명분과 실체가 일치하지 않는 수사(Rhetoric)에 불과하다는 특징을 보인 이유도 여기에 있었다. 이는 와타나베 히로모토가 서구의 침략에 대해 아시아 국가들이 일치단결하여 대항해야 한다는 흥아회의 설립 목적에 대해 연설한 바 있었음에도, 1년 뒤 그는 '조선토벌론'을 주장했기 때문이었다.

---

64 金益洙 譯, 1998, 「朝鮮策略 黃遵憲私撰」, 앞의 책, 188-204쪽.
65 『高宗實錄』高宗 17年 9月 8日.
66 『承政院日記』高宗 17年 8月 28日.

이는 그가 작성한 다음과 같은 일본의 대한정략(對韓現今政略大要覺書) 각서에 반영되어 있었다(1881.5.5).

"일본정부나 청국(지나, 支那)정부 모두 조선개국론을 견지하고 있으며, 조선에는 「일본당(日本黨)」과 「지나당(支那黨)」이 있지만 조선개국론에서는 같은 입장이다. 그러나 청국은 일본을 「惡ム素思」로 여기고 청국만으로 조선 개국을 꾀하고 있으며, 이를 받아들이는 조선인들도 있으므로, 청국 주도로 조선이 개국되면 일본은 조선 개화에 힘써 왔던 '비용과 노력'을 하루아침에 잃어버리고, 마침내 그 나라(조선)를 토벌(討伐)하지 않을 수 없게 될 것이다." 와타나베의 이 같은 입장은 조선의 맹주는 중국이 아니라 일본이 맹주가 되어야 한다는 주장으로 '조선토벌론'의 목적을 명확하게 보여주었다.[67]

흥아회 지도자의 조선토벌론은 일본군의 조선 파병의 당위성을 옹호하는 논리로 이어졌다. 조선 주재 일본의 관리와 일본인 보호를 명목으로 병사를 실은 군함을 각 거류지와 인천에 파견한다면, 일본에 의한 조선의 개화와 맹주화를 이룰 수 있게 된다는 것이다. 비록 조선정부의 의뢰도 없이 군대를 파견하는 것은 만국공법(萬國公法)에 위배되는 부당한 일이지만 일본이 조선의 맹주가 되기 위해서는 어쩔 수 없다는 것이었다. 이는 조선과 중국에 대한 일본의 힘의 우위에 대한 자신감의 표현으로서 토조론(討朝論)과 맹주론의 배경을 이루고 있었다. 따라서 흥아회는 창립 1년 후에 한중일 삼국제휴론이 토조론과 맹주론의 외피에 불과한 것임을 드러냈다.

더욱이 일본의 맹주론은 그것이 조선에 국한하지 않는다는 데 문제의

---

67 黒木彬文, 2005, 앞의 글, 271쪽.

심각성이 있었다. 맹주론의 확장성은 청국의 군사력에 대한 경시에서 비롯되었다. 와타나베의 견해에 따르면, 조선의 약세는 일본의 무력에 대항할 수 있는 수준이 아니며, 중국의 세력도 무형세력(無形勢力) 즉 도덕적 세력에 불과하다고 평가했다. 이에 일본이 실력(實力)을 드러내면 무형의 세력은 스스로 소멸하고 말 것이었다.

결국 일본의 군사력은 실력이었던 반면 청국의 군사력은 형체가 없는 도덕의 힘에 불과하다는 흥아회 지도자의 판단은 조건만 성숙된다면 제휴와 연대보다는 침략의 본색을 드러낼 소지가 다분했다. 여기에는 일본이 군사력의 위협을 통해서라도 조선의 맹주가 되어 중국의 조선 맹주화를 저지하려는 강한 결의가 담겨 있었다. 나아가 조선과 아세아(亞細亞)를 등치시킴으로써 조선의 맹주가 되는 것을 아세아의 맹주화라고 표현함으로써 장차 조선뿐만 아니라 널리 아시아 지역의 맹주화를 지향하고 있었다.[68]

그럼에도 와타나베 히로모토가 흥아회의 지도자로서 한중일 삼국의 경제제휴를 중시했다는 점은 주목할 만하다. 그가 편찬한 문건 「與支那及朝鮮立關稅連合約以起經濟上利害上同之道遂及政略連合事」(1882.1.26)는 한문본으로 청국과 조선인들에게 보여주고자 한 것이었다. 이를 "청 및 조선과 관세 연합을 수립하여 경제상·이해상 같은 길을 일으켜, 마침내 정략 연합의 일에 이른다"는 의미로 해석할 수 있다면, 그는 한중일의

---

68 위의 글, 272쪽. 와타나베는 이 각서를 더욱 구체화하여 1882년 3월 24일에 「교한정책(交韓政策)」이라는 제목의 서한을 주한공사 하나부사 요시모토(花房義質)에 써 보냈는데, 그 요지는 일본의 조선 정략은 가능한 한 중국과의 대결을 피하고, 조일 무역을 진흥하여 일본이 조선에서 항상 중국보다 우위의 정치경제적 세력을 확보하고, 구미에 대항한 한일중 삼국제휴를 지향하고 있었다.

삼국에 관세 동맹을 만들어 그것을 기초로 장래의 삼국 정치 연합의 형성을 생각하고 있던 것으로 보인다.[69]

와타나베가 경제관계를 중시한 삼국제휴론을 구상한 배경에는 독일 연방국가 형성사에 대한 고찰이 있었다. 그는 젊은 나이에 오스트리아 대리공사를 지낸(1873) 경험을 가진 유럽 정치역사를 잘 아는 국제통이었다.[70] 경제동맹에서 정치동맹으로 가는 구상은 프로이센 중심의 독일통일 과정에서 시사(示唆)를 받은 것으로 보인다. 그러나 그의 삼국제휴론은 일본의 침략과 맹주화 기도에 대한 조선의 저항과 청국의 반발이라는 두 가지 요소가 과소평가되어 있었다. 이는 그가 조선은 스스로 독립할 힘이 없다고 보는 조선멸시관(朝鮮蔑視觀)을 견지하였을 뿐만 아니라 조선에 대한 중국의 영향력을 경시했기 때문이었다.

청일전쟁에서 승리한 일본이 대륙 진출을 본격화하는 단계에서도 아시아주의는 일본에서 여전히 위력을 발휘하고 있었다. 1898년에 성립된 가장 사회적 영향력이 강했던 아시아주의 민간조직은 동아동문회(東亞同文會)였다. 이 모임 발기회의 결의가 '중국 보전'과 '지나 개선(支那改善)의 조성(助成)'을 내세운 것에서도 알 수 있듯이, 중국에 대한 일본의 지도(指導)·개입(介入)을 지향하고 있었다. 이는 흥아회의 많은 회원이 동아동

---

69   위의 글, 273쪽.
70   松野良寅, 1979,「渡辺洪基と米沢の英学」,『英学史研究』1980卷 12號, 121-122쪽. 와타나베 히로모토(1848~1901)는 1871년 이와쿠라 사절단을 수행한 후, 1873년 외무서기관 신분으로 이탈리아, 오스트리아 주재 임시대리공사를 역임했고 1878년 외무성 대서기관(大書記官)이 되었다. 그 후에는 원로원의관, 도쿄부 지사(1886)와 제국대학 총장(1887), 오스트리아-스위스 특명전권공사(1891)를 역임하였다. 입헌정우회 결성에는 이토 히로부미 직참(直參)의 창립위원으로 참여하였고 1892년 중의원(衆議院) 의원에 당선되었다.

문회에 입회함으로써 양 단체가 인적계보로 연결되었기 때문이었다.[71] 따라서 청일전쟁 이후 제국주의열강에 의한 중국 분할이 진행되는 상황에서 일본은 열강과 더불어 중국 침략에 공동보조를 취할 것인지 혹은 일본 맹주론에 따른 '동아대동맹(東亞大同盟)' 형성의 길로 나아갈 것인지 귀추가 주목되었다.

동아동문회를 조직하여 회장이 된 고노에 아쓰마로(近衛篤麿)는 일본의 대륙 팽창을 견제하려는 서구열강에 대항하고자 하였다. 이는 일본이 세계정치의 일원으로 중국 문제에 참여하기보다는 아시아의 맹주로 아시아주의를 고수하겠다는 의지에서 비롯되었다. 황화론을 앞세운 서구열강의 대일 견제 논리에 맞설 아시아의 대항 논리가 요구되었던 이유도 여기에 있었다. 따라서 다오카 레이운(田岡嶺雲)의 동아합동론(東亞合同論)이 고노에의 주목을 끌었던 이유도 그것이 영일동맹 혹은 러일동맹을 '사대적(事大的) 우론(愚論)'으로 일축하였기 때문이었다.[72]

동양에서 모든 백인세력을 몰아내고 일청동맹(日淸同盟)에서 한일청동맹(韓日淸同盟)으로 확대하여 전 아시아의 해방을 전망했던 레이운의 견해는 인종투쟁사관(人種鬪爭史觀)에 입각해 있다는 특징이 있다. 그는 "오늘날의 대세가 이미 나라와 나라의 쟁탈에 있지 않고 인종 간의 경쟁에 있기"때문에 "20세기 이후는 황인종과 백인종의 각축"이 대세가 될 것으로 예측했다.[73] 따라서 청일전쟁 이후 서구열강이 일제히 "중국 분할

71　黒木彬文, 2005, 앞의 글, 282쪽. 1883년 흥아회는 아세아협회로 개명하였는데 협회 부회장 長岡護美가 동아동문회의 부회장으로 취임했고, 아세아협회 지도층 榎本武揚, 花房義質, 渡辺洪基가 동문회 평의원에 취임했다.

72　和田 守, 2004, 「近代日本のアジア認識-連帯論と盟主論について」, 『政治思想研究』 4卷, 7-8쪽.

경쟁"에 참여할 것이라는 위기감에 대한 동아동문회의 대응은 고노에가 제창한 '동양먼로주의'였다.

고노에의 동양먼로주의는 미국의 먼로주의 모방하여 이를 아시아에 적용한다는 이데올로기였다. 먼로주의는 아메리카 대륙에 대한 유럽의 간섭을 거부하는 미국 먼로 대통령의 선언(1823)에서 비롯된 것으로 아메리카 대륙에 대한 미국의 독점적 우월권을 선포한 것이었다. 고노에 역시 1898년 1월호 『태양』에 발표한 「同人種同盟 附支那問題硏究の必要」에서 청일전쟁 이후 세계정세의 특징을 '황백인종의 경쟁'으로의 진전으로 진단했다. 이는 황인종에 대한 백인종의 멸시와 침략뿐만 아니라, 청일전쟁을 계기로 황화론이 득세하고 있다는 판단에 따른 것이었다. 따라서 고노에는 일본에 망명한 캉유웨이(康有爲)를 만났을 때(1898.11) 동양먼로주의를 다음과 같이 설명했다. "동양은 동양의 동양이다. 동양인 독자적으로 동양 문제를 결정할 권리가 있어야 한다."[74]

고노에의 동양먼로주의를 지지했던 일본 대외경파(対外硬派)의 관심사는 아시아 대륙에 대한 일본의 독점적 우월권 확보였다. 이는 일본이 아시아주의의 다른 표현이었던 동양먼로주의의 실행능력과 연동되어 있었다. 왜냐하면 일본이 아시아대륙의 맹주로서 패권을 확보할 수 있는 능력의 보유 여부와 관련되어 있었기 때문이었다. 따라서 만약 일본의 아시아주의가 이데올로기에 상응하는 실제적인 힘을 갖추지 못한다면 그 취

---

73 田岡嶺雲(1870~1912)은 이토를 진회(秦檜) 이상의 간사한 인간으로 여겼는데, 1895년 일본정부가 삼국간섭에 굴복하여 요동을 환급함으로써 이에 실망하여 일본 외교의 나약함에 분개했기 때문이었다. 朱琳, 2012, 「田岡嶺雲とその時代: ある明治の青春」, 『近代世界の「言說」と「意象」』, 92-93쪽.

74 和田 守, 2004, 앞의 글, 8쪽.

지가 당초의 목적에서 벗어나 변질될 가능성이 농후했던 이유도 여기에 있었다.

동아동문회의 아시아주의는 1900년 러시아가 의화단사건을 계기로 만주를 점령함으로써 일대 위기에 봉착했다. 동아동문회가 동양의 먼로주의를 기치로 중국보전론을 제창하였음에도 러시아의 영토 확장 시도를 저지할 수 없었기 때문이었다. 러시아의 만주 점령은 일본이 결코 단독으로 서구 백인종 세력인 러시아를 아시아에서 축출할 수 있는 준비가 되지 않았음을 반증했다. 비록 고노에 아쓰마로를 중심으로 대외경파가 1900년 9월에 '국민동맹회(國民同盟會)'를 발족하였음에도 러시아의 철병을 이끌어낼 수 없었던 이유는 구호와 실력이 부합되지 못했기 때문이었다. 「동양평화론」 역시 러시아 수도에 주재했던 일본공사 구리노가 입술이 닳도록 러시아 철병을 주장했음에도 러시아는 못 들은 척했다고 지적했다.[75]

구리노가 주러공사로 재직했을 당시(1901~1906) 러시아 상트페테르부르크 주재 한국공사(1900~1905)는 이범진(李範晉)이었다. 안중근의 하얼빈의거 직후 『대한매일신보』(1909.10.30)는 "안응칠은 유명한 이범진의 당류(黨類)로서 해삼위에 재주(在住)하는 자라더라"고 보도했다. 이는 안중근이 이범진의 당류로서 양자는 특별한 관계에 있었음을 의미했다. 그렇다면 「동양평화론」은 왜 한반도에서 러일 간의 전쟁 방지를 위한 이범진의 외교활동에 대해서는 침묵하고 일본공사 구리노의 활동만을 서술했을까? 과연 구리노는 탁월한 외교활동을 펼쳤던 반면 이범진 공사는 안중근의 눈에도 무시해도 좋을 만큼의 대러외교를 펼쳤을까? 이는 「동양

---

75 안중근, 2019, 앞의 책, 103-104쪽.

평화론」 집필자가 이범진은 모르고 구리노만을 아는 사람이었기 때문일 것이라는 확신의 근거가 된다.

일본의 동양먼로주의의 한계는 국제주의로 극복될 수밖에 없었다. 동양에 대한 서구열강, 특히 러시아의 침략과 중국 분할을 힘으로 저지할 수 없다면, 결국 또 다른 유럽열강과 동맹을 통해 이에 맞서야만 했다. 청일전쟁 이후의 동아시아의 정세는 황화론을 표방한 서구열강과 아시아주의를 기치로 한 일본 간의 인종경쟁 구도가 특징이었으나, 일본이 러시아 경계론을 빌미로 영일동맹을 모색함으로써 아시아주의는 퇴색할 수밖에 없었다.

청일전쟁을 일본의 대외팽창의 호기로 간주하여 일본팽창론을 제창했던 도쿠토미 소호(德富蘇峰)가 '한일청삼민족제휴론(韓日淸三民族提携論)'(1897)을 접고 서구열강을 배려한 입장을 취한 이유도 여기에 있었다. 동종동문(同種同文)의 아시아주의에 집착할 경우 세계 인류의 공통적 성정(性情)을 놓침으로써 인종적 시기심을 도발, 고무하는 '증황적악감(憎黃的惡感)'을 야기할 수 있다고 판단했기 때문이었다. 따라서 그는 1902년 1월 영일동맹 조약 체결 소식을 접하자, 세계 제1의 강국 영국이 일본에게 요구한 동맹관계의 체결은 일본 국민이 "최초로 세계정치의 일부에 참여할 것을 자각하게 한 쾌거"라고 평가했다.[76]

---

[76] 위의 글, 7쪽. 1899년 5월 27일 당시 수상 야마가타는 각료에게 제출한 의견서에서 일본의 대중정책에 대해 "청과 일본의 교제가 친밀의 정도를 넘어 유럽열강이 이를 청일회맹(淸日會盟)으로 간주하게 된다면 결국 인종경쟁이 될 것이기 때문에, 청나라와 제휴하여 동양의 독립을 도모한다는 것은 가장 졸책(拙策)"이라는 입장을 밝혔다. 山田良介, 2003, 「東亜同文会の中国「保全」論に関する一考察:『東亜時論』における議論を中心に」, 『九大法学』 85, 174-175쪽.

영일동맹의 체결이 러시아의 만주 철병 결정으로 이어졌음은 잘 알려진 사실이다. 이는 일본의 아시아주의의 한계를 잘 보여주는 사례로서 러시아를 아시아에서 축출하는 과제는 일본의 독자적인 능력 밖의 일임을 반증하고 있었다. 일본은 러시아와 대립하고 있는 구미제국 특히 영국과 미국의 협력과 지원을 받는 조건으로 영미의 세계정치의 일부에 참여하는 방식으로 러시아에 대적하는 방식을 택했다. 따라서 일본정부가 '동양의 먼로주의'에 매진하기보다 구미열강과 협력하는 모습은 일본의 팽창주의적 여론지도자들이 비공식적 영역에서 대두할 수 있는 배경이 되었다.

일본의 대륙팽창정책을 구체적으로 실현하기 위해 동아시아연대를 강조하면서 러시아, 중국 및 조선에 관심을 가진 약 20명이 발기하여 결성한(1901.2.3) 단체가 흑룡회(黑龍會)이다. 우치다 료헤이(內田良平)가 회장인 흑룡회는 그 명칭에서 볼 수 있듯이, 일본이 국력을 대륙으로 팽창하여 흑룡강까지 지배의 영역을 넓혀가야 한다는 희망과 각오의 뜻을 내포하고 있었다. 발기인 가운데 미야자키 라이죠(宮崎來城)가 작성한 설립취지서 요지는 "동아시아의 정세와 제국의 천직(天職)을 고려해볼 때, 서세동점의 추세를 끊고 동아시아의 번영을 실행하기 위해 러시아와의 전쟁이 목전의 급무이며 러시아를 동방에서 격퇴한 후, 만주·몽골·시베리아를 하나로 묶어 대륙 경영의 기초를 건설"하는 것이었다.[77] 따라서 대러주전론(對露主戰論)의 선봉을 자처하는 국수주의 단체가 등장함으로써 정부의 나약한 외교와 대비되는 대러 조기개전론(早期開戰論)이 확산되기 시작했다.[78]

77　黑龍會 編, 1966, 『東亞先覺志士記傳』上, 原書房, 678-679쪽.
78　石川徳幸, 2012, 「雑誌『東洋』と『日本週報』-日露開戦過程における対外硬派のメディア

일본의 오야마 이와오(大山嚴) 참모총장이 대러 문제를 토론하는 참모본부 각 부장회의를 소집한(1903.6.8) 것은 러시아의 제2차 만주 철병(1903.4.8) 약속 불이행이 그 원인이었다. 이 회의에서 발표된 총무부장 이구치 쇼고(井口省吾) 소장의 정책건의서 「만주에서의 러시아 행동에 대하여 제국이 취해야 할 처치에 관한 의견」은 대러주전론의 명분과 기대 효과를 포함하고 있다는 점에서 주목할 만하다. 왜냐하면 이 의견서는 일본이 왜 러시아와 전쟁을 하려 했는지, 이를 통해 무엇을 얻고자 하는지를 명확하게 보여주고 있기 때문이었다.

이구치의 의견서는 「동양평화론」의 러일전쟁 관련 부분을 이해하는 데 참고할 만하다. 러일전쟁과 관련하여 서사구조와 논리의 전개가 유사하기 때문이다. 메이지유신 이래 러시아를 적국으로 상정하고 시종일관 러시아의 위협을 해소하는 일을 천직(天職)으로 여겼던 일본정부가 러일전쟁을 결정하고 이를 통해 무엇을 기대했는지를 잘 보여주고 있다.

이구치는 만주 철병을 실행하지 않는 러시아는 "탐욕이 지칠 줄 모르며 거의 정지할 바를 모르는 자와 같다"고 평가했다. 이는 "러시아의 국시(國是)가 표트르 대제(大帝) 재위 이래 전 세계의 통일에 있었기" 때문이다. 동방경략(東方經略) 역시 추진하면서 중앙아시아, 동서 시베리아, 만주 북부, 사할린을 취했고, 결국 뤼순과 다롄(大連) 그리고 랴오둥반도의 기타 지역을 조차라는 명분하에 점령하여 탈취하기에 이르렀다. 이것으로 만족하지 않고 뤼순과 다롄의 조차를 끝내 이룩하려는 것은 만한지방

利用, 『出版研究』 43卷, 158-161쪽. '대외강경파'의 영수인 고노에 아쓰마로가 잡지나 신문을 통해 자신들의 주장을 확산시켰는데 특히 잡지『동양』과 합병한『日本週報』는 대러 조기개전론을 다른 언론에 확산시키는 역할을 했다.

(滿韓地方)을 침략하려는 준비라고 주장했다.

러시아가 만주 점령을 지속하게 하는 것은 "조선을 들어다 그 독수(毒手)에 맡기는 것"으로 평가한 이구치는 다음과 같은 해결책을 제시했다. "러시아인들을 만주 바깥으로 쫓아내고 … 한국의 점령을 확실히 함으로써 러시아인의 남하를 방해하고, 뤼순과 다롄 조차지를 반환하도록 하며 또한 블라디보스토크 항을 우리가 점유해 러시아인들이 태평양으로 진출할 수 있는 문호(門戶)를 막는 것이 가장 확실하다." 이 구상을 달성하기 위해 "최후의 전쟁을 불사하는 강경한 외교 담판을 시도해 저들이 우리의 명령에 따르면 좋겠지만, 만일 그렇지 않다면 일대 결전을 시도하는 일만이 있을 뿐"이다.[79] 따라서 일본군부에서는 개전 이전부터 탐욕적인 러시아를 만주에서 몰아내는 러일전쟁을 마무리할 경우, 일본은 한국에 대한 확실한 점령뿐만 아니라 블라디보스토크까지 일본령으로 한다는 구상이 제시되었다.

반면 한국정부는 일본에서 대러주전론이 득세하고 있을 무렵, 한반도가 러일전쟁의 전장이 되는 것을 방지하기 위한 방책을 모색했다. 이는 고종황제가 취한 다음의 두 가지 조치와 관련 있었다. 하나는 궁내관 현상건(玄尙健)을 러시아와 파리에 파견하는 건이고, 다른 하나는 러일관계가 파국으로 치달을 경우, 양국이 한국의 중립국화를 보장해줄 것을 요청하는 건이었다. 현상건에게 부여된 사명은 첫째, 상트페테르부르크에 도착하여 전직 주한공사 베베르(К. И. Вебер)를 통하여 고종의 친서를 러시아정부에 전달한 후, 현 시국에 대한 러시아 입장을 듣고 둘째, 파리로 이동 후 주불한국공사 민영찬(閔泳瓚)과 함께 헤이그를 방문하여 중재재판

---

79 和田春樹, 2010, 『日露戰爭 起源と開戰』 下, 巖波書店, 70-71쪽.

소 위원들과 러일개전 시 한국의 지위에 대한 조언을 구하는 데 있었다. 일본외상 고무라는 민영찬이 고종황제로부터 한국의 중립화와 관련된 기밀훈령을 이미 받은바 있다는 판단을 하고 있었다.[80]

한국정부가 러일전쟁 시 어느 편에도 가담하지 않고 엄정중립을 유지한다는 입장을 러일 양국 정부에 전달한 것은 러일개전 6개월 전이었다. 외부대신 이도재(李道宰)가 주일·주러한국공사(駐日·駐露韓國公使)에게 보낸 공문(1903.8.18)이 그것이었다.[81] 이 공문은 러시아의 만주 철병 문제를 둘러싼 러일 외교교섭의 결렬을 예상하고 러일 양국이 개전할 경우 한국은 엄정중립을 선언하고 국경봉쇄 조치를 취할 예정임을 밝히고 있었다. 이는 러일 양국 사이에 위치한 한국이 러일개전 시 난관에 직면할 수 있다는 위기의식에서 비롯된 것으로, 사전에 한국의 중립을 미리 선언함으로써 전쟁에 휘말리는 재앙을 회피하려는 한국정부의 의지를 담고 있었다. 따라서 한국정부는 러일 양국이 한국의 국경을 침범하여 국내에서 작전을 전개하지 않겠다는 보장을 받음으로써 러일개전 시 한국의 독립과 중립을 유지하고자 하였다.

러일개전 시 한국은 엄정중립을 유지할 것임을 통보하였음에도 일본은 개전의 길로 나아가고 있었다. 이는 대외적으로 영일동맹을 체결함으로써 삼국간섭의 재현을 방지할 수 있었고 영일군사협정이 발효됨으로써(1903.1.16) 러시아를 가상적으로 하는 영일협동작전 방침이 확정되었기 때문이었다.[82] 일본이 유럽의 대국 러시아와 조기 개전을 결심하게 된 것

---

80 「韓帝密使ノ行動ニ付偵察報告方訓令ノ件」, 『日本外交文書』 第36卷 1策, 1903年 8月 25日, 718-719쪽.
81 「韓國ノ中立保障要請ニ關スル件」, 『日本外交文書』, 1903年 8月 27日, 720-724쪽.

도 영국의 후원과 극동에서 러일 세력균형이 이루어질 경우, 중재에 나서 줄 미국이 있었기 때문에 가능한 것이었다. 일본이 포츠머스강화협상에서 얻을 수 있는 몫이 한정되어 있었던 이유도 여기에 있었다. 이는 러시아의 항복을 받아내지 않는 한, 전쟁배상금과 영토 할양을 요구할 수 없음을 알고 있던 일본의 원로(元老) 누구도 강화전권(講和全權)을 맡으려 하지 않았던 이유였다.[83]

일본 신문 『만조보(萬朝報)』(1904.1.6)에서는 러일개전에 다음과 같은 의미를 부여했다. "이리하여 러시아와 우리가 싸우는 것은 오로지 동양 전체의 평화를 위한 것이니 의전(義戰)이다. 즉 인의예지신(仁義禮智信)의 의에 해당한다. 동양 제일의 강국이면서 동양평화가 영원히 해쳐지는 것을 방관하는 것은 불의(不義)이다. 이미 공자가 2000년 전에 꾸짖고 있다. 의를 보고 행하지 않음은 용기가 없음이라고 … 쌍방의 힘이 평균된 곳에 평화가 생긴다. 때문에 평화라는 것은 전쟁의 결과인 것이다. 전쟁은 진보와 향상의 전도(前途)인 것이다."[84]

일본에서 러일전쟁을 "동양평화를 위한 의전"으로 여론몰이 하는 동안, 대한제국정부는 러일개전 시 한국은 엄정중립을 유지하겠다는 성명을 세계 주요 열강에 타전하는 방식으로 대응했다. "영국 외무대신이 한국의 엄정중립 성명에 대하여 감명(銘感)하였다"고 보도한 『황성신문』

---

82 한국외교사편찬위원회 편, 2018, 『한국의 대외관계와 외교사: 근대편』, 동북아역사재단, 557쪽; 가토 요코 저, 박영준 역, 2003, 『근대 일본의 전쟁논리』, 태학사, 148쪽.

83 岡本俊平, 1970, 「寡頭外交政策決定の長短-日露戰爭に於ける日本經驗」, 『國際政治』 1970卷 41號, 14쪽.

84 『萬朝報』明治 37年 1月 6日; 윤재석, 1997, 「명치신문 저널리즘과 이시카와 타쿠보쿠(石川啄木)-日露戰爭期를 중심으로」, 『일본학보』 제39집, 259-260쪽에서 재인용.

(1904.1.25) 기사가 이를 반증하였다.[85] 그럼에도 일본의 『독서신문(讀書新聞)』이 도쿄제대 교수 도미즈 히론토가 전승(戰勝) 후의 배상(賠償) 연구에 착수한 사실을 보도한(1904.2.4) 것은[86] 일본각의의 대러개전 결정을 알리기 위함이었다. 이에 일본은 전시 중립을 선언했던 대한제국의 마산전신국(馬山電信局)을 불법 점령함으로써(1904.2.6)[87] 20세기 최초로 중립국을 침략한 국제법 위반국가가 되었다.

V. 나가며

이상에서 살펴본 바와 같이 「동양평화론」을 구성하는 러시아경계론, 인종경쟁론, 아시아주의는 한국의 항일투사들이 신봉하거나 추구했던 사상이 아니었다. 이는 안중근과 「동양평화론」을 구별해야 할 당위이다. 이러한 결론은 우리의 독창적인 연구결과가 아니다. 이미 안중근이 살았던 당대에도 「동양평화론」의 주장들을 심도 있게 검토한 아래와 같은 기사들

---

85 「中立聲明說」, 『皇城新聞』 1904년 1월 25일.
86 宮武実知子, 2007, 「'帝大七博士事件'をめぐる輿論と世論-メディアと学者の相利共生の事例として」, 『マス・コミュニケーション研究』 No. 70, 165-166쪽. 도미즈는 도쿄제국대학 법대교수로서 수상에게 제출하기 위해 러일개전을 호소하는 건백서를 작성하여(1903.6.1) 주전(主戰) 여론을 주도한 '帝大7博士'의 중심인물이었다. 그의 저작 『世界の大勢と日露戰爭の結末』(1905.2.20)에서 일본은 바이칼호(湖) 동쪽을 할양받아야 한다고 주장하여 '바이칼 박사'라는 별명을 얻었다. 또한 러일강화에 대비하여 발표한 『講和條件の最小限度』(1905.6.11)에서 그는 배상금 30억 엔과 연해주 전부의 할양을 주장하였다.
87 有山輝雄, 2016, 『情報覇權と日本帝國 III-東アジア電信網と朝鮮通信支配』, 吉川弘文館, 304-306쪽.

이 게재되고 있었기 때문이다.

국외독립운동조직 공립협회의 기관지『공립신보』는 「동양평화론」에 대한 주장의 본질을 다음과 같이 분석하고 있다. 『공립신보』의 「日本이 韓國에 對한 野心의 眞相」(1908.11.25)에서는 "일본이 한국에 대하여 어떠한 야심이 있는 것은 세상 사람이 짐작하는 바이오, 우리가 확실히 하는 바이니 다시 설명을 기다릴 것이 없으되, 저 간휼한 일인이 매양 어리석은 한인을 대하면 언필칭 동양평화라 보호지도라 하여 장차 한국의 독립을 부식하노라 하니 통재라. … 본 기자 무딘 붓끝으로 고심 열성하는 바는 우리 대한민족이 행여나 일본인의 감언이설에 혼미하여 한국혼을 잃어버릴까 경성함일러니"[88]라고 하였다. 이는 한국의 독립투사들이 일본인들의 '동양평화, 보호지도, 한국의 독립부식'이라는 말이 감언이설에 불과함을 확신하고 있었음을 보여준다.[89]

또한 『대한매일신보』에 게재된 신채호의 논설 「동양주의에 대한 비평」(1909.8.8, 8.10)은 사실상 「동양평화론」의 주장을 정면 반박하고 있다는 점에서 주목된다. 그는 동양주의를 제창하는 자들을 첫째, 나라를 그

---

88 「日本이 韓國에 對한 野心의 眞相」,『公立新報』1908년 11월 25일.
89 일본의 감언이설은 한국인뿐만 아니라 중국인과 인도인(印度人)마저 각성시킴으로써 일본은 아시아의 공적(公敵)으로 인식되고 말았다. 이는 일본이 러일전쟁을 전후하여 서구와의 협력을 통해 아시아에서의 권리 확대를 꾀하는 길을 선택했기 때문이었다. 영일동맹에 따른 영국의 요청을 받고 일본에서 일어나는 인도인 독립운동을 단속하였고, 불일(佛日)협약(1907)을 체결하여 베트남의 민족운동가와 유학생을 퇴거시켰다. 장빙린(章炳麟)이 아주화친회(亞洲和親會) 회원이었던 인도인의 말로 다음의 글을 남긴 이유도 여기에 있었다. "일본이 발흥하기 이전 아시아 여러 나라에는 때때로 작은 분쟁은 있었지만 여전히 평화로웠다. 지금은 그와 반대다. … 백인을 끌어들임으로써 같은 인종을 모멸하는 이는 도대체 누구인가." 야마무로 신이치 지음, 정재정 옮김, 2010,『러일전쟁의 세기-연쇄시점으로 보는 일본과 세계』, 小花, 245-247쪽.

르친 자, 둘째, 외국인에게 아첨하는 자, 셋째, 혼돈한 무식자로 구분하고 "외국인이 동양주의를 이용하여 국혼을 찬탈하려는 자가 있음을 경계" 하였다. 신채호가 나라를 그르친 자들의 입에서 동양주의가 처음 나왔다고 지적한 이유는 다음과 같다. 첫째, 이들은 현재가 동서(東西)·황백(黃白) 두 인종의 경쟁시대라고 말함으로써 동양에 태어난 자는 나라와 나라를 서로 합하고 사람과 사람이 서로 맺어서 서양에 대항해야 한다고 주장하기 때문이라는 것이다. 둘째, 이들이 나라를 팔아서 서양 사람에게 주었다면 죄가 되지만, 팔은 자도 동양인이고 산 자도 동양인이면 아무 죄도 아니라는 논리를 유포하기 때문이었다. 따라서 신채호가 "국가주의를 잊고 동양주의에 취하는 것"은 일본에 피를 빨려도 황인종은 같은 인종이니 원통해하지 말라는 마설(魔說)에 불과하다고 경고한 이유도 여기에 있었다.

그렇다면 서구열강 가운데 폭행이 극심한 러시아를 타도한 것은 천명이었다는 「동양평화론」과 안중근의 실제 행동 사이에 발생하는 괴리를 어떻게 설명해야 하는가? 이는 안중근의 하얼빈의거 당시를 묘사한 주청 러시아공사 코로스토베츠(И. Я. Коростовец)가 러시아 외무성에 보고한 기밀보고서에도 지적되어 있다.

"이토 공(公)은 '총상을 입은 사람이 더 있는가'라고 겨우 묻고는 휘청거리더니 재무대신 코코프초프(В. Н. Коковцов)에게 몸을 기댔다가 국경수비대 장교들의 부축을 받고 일어서서 피를 흘리며 차량으로 옮겨졌다. 사격 순간에 이토 공과 나란히 걷고 있었던 재무대신 코코프초프는 운 좋게도 화를 면했다. 재무대신 바로 뒤에 있던 나머지 사람들도 해를 입지 않았다. 왜냐하면 저격범이 아마도 러시아인들은 맞히지 않으려 애쓰면서 냉정하게 조준했기 때문이라 할 수 있다."[90] 따라서 이 연구는 「동양평화론」을 재검토해볼 여지가 있음을 문제 제기한 시론이라 할 수 있다.

---

90 АВПРИ, ф. 150, оп. 493, д. 1279, лл. 44-47об. Секретное письмо Д. С. С. Коростовеца.

참고문헌

자료

『高宗實錄』 44卷.

『한국독립운동사자료』 6권, 안중근 편 I, 1976, 국사편찬위원회.

『日本外交文書』 第36卷 1策.

안중근, 2019, 『동양평화론 비판정본』, 독도도서관친구들.

윤병석 편역, 2013, 『안중근 문집: 한국독립운동사자료총서 제28집』, 독립기념관 한국독립운동사연구소.

黑龍會 編, 1966, 『東亞先覺志士記傳』 上, 原書房.

Morison, E. Ed., 1951, *The Letters of Theodore Roosevelt*, Harvard University Press.

Rhee, Syngman, 2009, *The Syngman Rhee Correspondence in English 1904~1948*, Vol. 2, Institute for Modern Korean Studiest, Yonsei University.

АВПРИ(Архив Внешней Политики Российский Империи), ф. 150, оп. 493, д. 1279,

Красный архив. 1932. Т. 3(52). Первый шаг России на Дальнем Востоке.

단행본

가토 요코 저, 박영준 역, 『근대 일본의 전쟁논리』, 태학사.

야마무로 신이치 지음, 정재정 옮김, 2010, 『러일전쟁의 세기 - 연쇄시점으로 보는 일본과 세계』, 小花.

한국외교사편찬위원회 편, 2018, 『한국의 대외관계와 외교사: 근대편』, 동북아역사재단.

有山輝雄, 2016, 『情報覇權と日本帝國 III - 東アジア電信網と朝鮮通信支配』, 吉川弘文館.

和田春樹, 2010, 『日露戰爭 起源と開戰』 下, 巖波書店.

Dennett, Tylor, 1925, *Roosevelt and the Russo-Japanese war; a critical study of American policy in eastern Asia in 1902-5, based primarily upon the private papers of Theodore Roosevelt*, N. Y.: Doubleday, Page & company.

Morinosuke Kajima, 1978, *The Diplomacy of Japan, 1894-1922, Vol. II. Anglo-Japanese Alliance and Russo-Japanese War*, Kajima Institute of International Peace.

Пак, Б. Д., 2004, *Россия и Корея*, Институт востоковедения РАН.

논문

박민영, 2007, 「국치전후 李相卨의 연해주지역 독립운동」, 『한국독립운동사연구』 29.

박환, 2004, 「鄭在寬: 미주의 공립협회 총회장에서 러시아의 혁명가로」, 『한국민족운동사연구』 38.

윤재석, 1997, 「명치신문 저널리즘과 이시카와 타쿠보쿠(石川啄木) - 日露戰爭期를 중심으로」, 『일본학보』 제39집.

이광린, 1988, 「개화기 한국인의 아시아연대론」, 『한국사연구』 61·62.

이태진, 2010, 「안중근의 하얼빈 의거와 고종황제」, 『영원히 타오르는 불꽃, 안중근의 하얼빈 의거와 동양평화론』, 지식산업사.

정병준, 2012, 「1905년 윤병구 이승만의 시오도어 루즈벨트 면담외교의 추진과정과 의미」, 『한국사연구』 157호.

현광호, 2013, 「안중근의 동양평화론의 연구현황과 연구과제」, 『한국민족운동사연구』 75.

石川德幸, 2012, 「雜誌『東洋』と『日本週報』- 日露開戰過程における對外硬派のメディア利用」, 『出版研究』 43巻.

岡本俊平, 1970, 「寡頭外交政策決定の長短 - 日露戰爭に於ける日本經驗」, 『國際政治』 1970巻 41號.

伊東昭雄 譯, 2009, 「安重根'東洋平和論'」, 『世界』 2009年 10月.

和田 守, 2004, 「近代日本のアジア認識 - 連帶論と盟主論について」, 『政治思想研究』 4巻.

山田良介, 2003, 「東亞同文會の中國「保全」論に関する一考察:『東亞時論』における議論を中心に」, 『九大法学』 85.

黒木彬文, 2005, 「興亞会のアジア主義」, 『法政研究』 71(4).

安岡昭男, 1960, 「明治初期の対露警戒論に関する一考察: 朝鮮半島をめぐって」, 『法政史学』 13巻.

御手洗昭治, 2006, 「ポーツマス講和条約:忘れ去られた陰のミディエーター達(シリーズ2) 高平小五郎Vs.ルーズベルト」, 『比較文化論叢』 17.

松野良寅, 1979, 「渡辺洪基と米沢の英学」, 『英学史研究』 1980巻 12號.

佐藤太久磨, 2016, 「ナショナリズムとデモクラシー - 日露戦争期における吉野作造の政治思想-」,『霊性と平和』1巻.

坂根義久, 1967,「青木周蔵論-對英條約改正交渉と外交政略」,『國際政治』1967卷 33號.

藤村道生, 1968,「征韓論争における外因と内因」,『国際政治』37號.

黒木彬文, 2005,「興亜会のアジア主義」,『法政研究』71(4).

宮武実知子, 2007,「'帝大七博士事件'をめぐる輿論と世論-メディアと学者の相利共生の事例として」,『マス・コミュニケーション研究』No. 70.

狭間直樹, 2001,「初期アジア主義についての史的考察(3)第2章:興亜会について-創立と活動」,『東亜』412.

Shmagin, Victor, 2017, "They Fear Us, Yet Cling to Us: Russian Negociations with Tsushima Domain Officials during the 1861 Tsushima Incident," *The International History Review*, 39:3.

Wilz, John, 1985, "Did United States betray Korea in 1905?," *Pacific Historical Review* 53, No. 3.

Патлай, Д. Б., 2007, "Цусимский инцидент 1861 г.," Восточный архив 16.

3
중국 근대 평화론에 대한 비판적 담론 분석

차태근 인하대학교 중국학과 교수

I. 들어가며

극단의 시기에 무엇보다도 요청되는 것이 평화라면, 이는 곧 19세기 말에서 20세기 전반 동아시아를 두고 한 말일 것이다. 연이은 전쟁과 국가-민족의 존망의 위기는 개인의 삶의 기초까지 위협하는 예측불허의 불안을 극도로 고조시켰다. 유럽에서는 1870년 프랑스-프로이센전쟁 이후 수십 년 동안 '평화'를 유지했지만, 동아시아 특히 중국은 1850년대부터 태평천국의 난과 제2차 아편전쟁 이후 프랑스와 일본, 그리고 8개 연합국과의

---

* 이 글은 2020년 9월 29일 동북아역사재단 주최 〈한중일 근대 평화사상 워크숍〉에서 발표하고 『中國學論叢』(제69집, 2020.9)에 게재했던 내용을 대폭 수정·보완했으며 본 논문에 대해 유익한 의견을 주신 심사자들께 감사드린다.

연이은 전쟁으로 청왕조 건립 이래 최고의 위기와 전쟁의 참상을 겪었다. 특히 이 시기는 전에 비해 대량 학살이 가능한 무기 개발로 인해, 전쟁의 의미가 지역적이고 제한적인 파괴를 넘어 인류의 생존이라는 보편적인 문제로 부상되기 시작하였다. 그 결과 구미를 중심으로 평화론과 평화운동이 주목을 받으면서 국제적이고 인류적인 문제로 제기되었으며, 세계적인 조직적 실천 활동으로서 19세기 말 20세기 초 두 차례의 만국평화회의가 개최되기도 하였다.

이러한 급변하는 국제관계와 중국의 사회적 상황에서 중국의 일부 지식인들의 우선적인 관심은 바로 대내외적인 국가와 민족의 위기를 극복하는 것이었으며. 이는 곧 전례 없는 파괴적인 혼란으로부터 질서의 회복, 즉 평화를 회복하는 것이기도 했다. 혼란이나 전쟁으로부터의 질서의 회복은 역사적으로 반복되는 현상이지만, 19세기 후반 중국 지식인이 직면한 질서의 회복은 전과는 전혀 다른 것이었다. 이전에는 같은 민족 내에 의해서든 아니면 이민족 간의 전쟁에 의해서든 통치권자가 바뀌는 상황에서도 한 국가나 지역의 평화질서를 형성하는 이념과 방식에는 큰 변화가 없었다. 그러나 19세기 후반, 중국을 비롯한 동아시아의 지역질서는 세 가지 측면에서 큰 변화가 발생하였다. 첫째는 질서를 형성하고 참여하는 주체의 변화이다. 이제 동아시아는 기존의 지역 국가만이 아니라 동아시아 지역에 식민지나 이해관계를 가진 서구열강이 새로운 지역 주체로서 참여하였다. 둘째는 질서규범의 변화이다. 이전에는 중국을 중심으로 한 위계적인 예의질서로서의 조공체제가 동아시아의 국제관계를 형성하는 기본 이념이자 방법이었다면, 이제 서구적인 가치와 주권국 간의 형식적인 상호 평등에 기반을 둔 국제법, 즉 만국공법이 지역질서를 형성하는 이론적 근거로 부상하였다. 셋째는 동아시아 각국의 내부변화를 추동하는 주요 변인의 변화이다. 기존에도 한 국가의 안정과 평화가 인접 국가나 주변 지역에서의 변화로부터 직간접적인 영향을 받기는 했지만 주요 문제는 여전히 국내의 상황이었다. 그러나 이제 한 국가의 안정과 평화에 시시때때 영향을 미치는 것은 오히려 주변 및 세계의 변화였다. 이는 동아시아 지역의 질서를 좌우하는 것이 기존 동아시아 국가들이 아니라 서구열강이라는 외부로부터 온 새로운 내부자들이었기 때문이다.

이러한 변화는 전쟁과 혼란으로부터 국가와 개인의 삶의 평화를 회복하려는 중국 지식인들에게 있어 새로운 사상적 과제를 제기하였다. 평화를 파괴하는 원인에서부터 평화 상태에 대한 구상, 그리고 그것을 이루기 위한 방법에 이르기까지 새로운 사고와 언어가 요구되었다. 중국에서 평화를 나타내는 화평(和平)은 사회의 특수한 상태, 개인이나 집단(국가를 포함)의 행위 방법을 묘사하기 위해 사용하며, 주로 비폭력·조화·안정 등의 의미로 풀이된다. 대신 평화적으로 안정된 이상적 사회나 정치체제를 지칭할 때는 주로 대동이라는 개념을 사용해왔다. 역사적으로 오랫동안 중국인의 심상에 자리 잡고 있는 대동은 『예기·예운』에서 그 주요 특징으로 공유제 사회제도·신뢰와 화목·공적 책임의식을 핵심으로 하는 윤리, 어질고 능력 있는 인물(賢能)에 의한 통치(관리)체제, 생존권이 보장되는 경제적 기초 등이 구체적으로 묘사되어 있다. 하지만, 중국에서는 이상적인 일국 혹은 천하 질서를 의미하는 부호로서 그 구체적인 기의는 시대와 관점에 따라 변화할 수 있는 것이었다. 이러한 유동성으로 인해 19세기 이후에도 대동은 여전히 종종 중국의 세계평화에 관한 관념을 표현하는 개념으로 등장하기도 한다. 그러나 19세기 후반 이후 평화 관념은 더 이상 유가적 이념의 이상사회가 아니라 다양한 민족과 문화, 사상의 차이가 빚어내는 문제들을 해결할 수 있는 새로운 이념을 요구했다. 기존의 대동사회가 혼란과 소강(小康) 사회를 거쳐 대동으로 나아가는 과정을 제시하고 있기는 하지만, 추구하는 사회의 면면은 태평세라는 인류사회의 궁극적 이상에 가깝다. 이는 구체적인 현실적 목표라기보다는 준종교적인 희구인 셈이다. 이에 비해 근대 이후 중국의 평화 관념은 이상적인 세계를 추구하는 경우일지라도 세계의 새로운 현실적인 상황을 고려한 구상을 보여주고 있다. 당시 시대적 상황은 서구열강을 중심으로 한 세계분할과 강국 간의 세력균형이 국제정치를 지배하고 있었는데, 중국의 평화론은 바로 국제정치에서의 중국의 지위와 위기에서 출발하여 문명, 국가, 민족, 공법, 균세 등 19세기 후반 서구의 정치학과 제국주의적인 논리와 언어를 통해 구성되었다.

당위적 가치처럼 인식되는 평화를 개념적으로 설명하기에는 간단하지 않다. 인간으로서의 기본적인 삶과 마음의 평정이 보장되고 유지되는 상황에서부터 단지 폭력과 억압이 존재하지 않는 사회를 모두 평화라고 할 수 있지만 현실에서 사용하는 평화 개념은 상황에 따라 각기 다르게 나타난다. 뿐만 아니라 극단적 폭력의 형태인 전쟁이 평화의 상대어로 비판의 대상이 되지만, 평화라는 이름으로 진행되는 전쟁, 즉 전쟁을 종식하기 위한 전쟁, 평화를 위한 전쟁이라는 역설적인 상황 역시 현실의 평화에서는 쉽게 해결될 수 있는 문제가 아니다.[1] 그럼에도 평화의 다층적인 의미를 편의상 간단히 구분하자면, 대표적인 평화 연구자 갈퉁(Johan Galtung)의 소극적 평화(negative peace)와 적극적 평화(positive peace)라는 개

---

1 Tomas Hippler and Miloš Vec, 2015, "Peace as a Polemic Concept: Writing the History of Peace in Nineteenth Century Europe," *Paradoxes of peace in nineteenth century Europe*, Edited by Thomas Hippler and Milos Vec, Oxford university press, pp. 3-16.

념이 유용하다.² 그가 말하는 소극적 평화란 평화의 기본 개념으로서 전쟁의 부재 또는 물리적 폭력이 없는 상태를 의미한다. 이와 달리 적극적 평화는 소극적 평화에서 더 나아가 간접적 혹은 구조적 폭력이 없는 상태를 의미한다. 즉 한 국가나 사회, 국제질서에 존재하는 구조적인 차별과 억압이 없는 상태이다. 소극적 평화를 위한 노력으로는 반전운동이나 전쟁 억지를 위한 다양한 시도들도 포함될 수 있지만, 적극적 평화를 위한 실천은 평화를 유지하기 위한 제도적 장치를 마련하는 데 중점을 두게 된다.

이에 이 글은 19세 말 20세기 초 서구의 새로운 지식과 사상 관념을 언어로, 서구와 일본에 의한 분할 대상으로 전락한 국가와 민족의 위기 속에서 평화를 추구한 중국의 대표적인 평화담론과 구상을 분석하고자 한다. 당시 중국의 평화담론은 다소 거칠게 표현하자면 만국공법체제하에서 국가 간의 세력균형을 통해 안정을 추구하는 현실주의와 평등 또는 대동의 이념에 근거한 이상주의로 구분할 수 있는데, 전자가 중국 정치가 및 외교관들 사이에 널리 수용된 균세론적 평화라면, 후자는 장타이엔(章太炎)의 제물론적 평등세계와 캉유웨이(康有爲)의 대동세계가 해당한다. 이 중 현재 상태의 안정과 유지를 추구하는 세력균형론은 소극적 평화에, 한 사회 내의 불합리는 물론 국가 혹은 민족과 인종·젠더의 구조적 억압에 초점을 두고 있는 캉유웨이와 장타이엔의 경우는 적극적 평화에 가깝다.³ 이들의 평화구상 혹은 평화론은 모두 민족, 인종과 문명, 그리고 세

---

2 Johan Galtung, 1967, *Theories of Peace: A Synthetic Approach to Peace Thinking*, Oslo: International Peace Research Institute(September, 1967), pp. 12-17; Johan Galtung, 1969, "Violence, Peace, and Peace Research," *Journal of Peace Research*, Vol. 6, No. 3, pp. 167-191.

3 이 가운데 세력균형론은 엄밀히 말하면 평화론이라기보다는 현실의 안정을 유지하기

계국가(혹은 대동세계), 진화, 세력균형 등을 핵심으로 하는 동일한 사상적 자원을 바탕으로 삼고 있으며, 이는 1900년을 전후한 제국주의적인 국제질서를 합리화하기 위해 동원된 개념들이었다. 즉 이 시기 중국의 평화담론은 동아시아가 서구 중심의 세계질서로 편입되는 과정에서 처음 중국의 시각에서 서구 근대사상을 언어로 구성한 평화사상인 셈이다. 여기에는 중국 평화사상의 전환 논리, 제국주의에 대한 중국의 입장, 평화론을 구성하는 언어와 개념의 문제 등이 함축적으로 표현되어 있다.

II. 균세: 법(法)과 술(術) 사이

19세기 중반 이후부터 제1차 세계대전까지 세계질서를 간단히 요약하면 홉스가 말한 바와 같은 무력의 절대적 주체인 국가들의 자연상태라고 할 수 있다. 제국주의시대라고 개괄되는 이 시기는 동서양의 접촉이 전면화되면서 근대적인 세계체계하에 동아시아의 근대적인 질서가 확립된 시기이기도 하다. 명실상부한 세계체계라는 새로운 세계질서가 확립된 이 시기의 국제관계는 기본적으로는 무정부상태에 가까웠지만, 또 한편으로는 동서양을 포함한 국제적 차원에서 국가 간의 행위를 규율하는 국제법이 확립된 시기이기도 했다. 뿐만 아니라 이 시기 동아시아에서는 각 민족이 전례 없는 격변과 압박 속에서 각자도생하는 시기였다면 서구에서는 각 민족이 수세기 이래 보기 드물게 평화를 향유하던 시기이기도 했다. 이를

위한 국제정치학 개념이다. 그러나 일각에서 전쟁을 회피하거나 억제하기 위한 방안으로 인식되는 측면에서 보면 이 역시 갈등의 소극적 평화의 범주에 포함시킬 수 있다.

간단히 말하면, 서구 주도의 새로운 세계질서를 중심으로 한 국제관계의 전환 시기라고 할 수 있다.

이 시기 유럽의 평화유지에 중요한 역할을 한 국제정치 개념은 바로 세력균형이었다. 칼 폴라니에 의하면 19세기 문명의 핵심 기초는 바로 국제 금본위제를 핵심으로 하는 세계경제였는데, 이를 바탕으로 형성된 세력균형체제에 의해 유럽은 1815년 비엔나회의 이후 백 년간의 평화를 유지할 수 있었다.[4] 특히 병립하는 열강들이 특정 국가가 지배적인 지위를 갖는 것을 막기 위해 취하던 동맹 혹은 연대의 방식이 유럽 국제질서의 기본 전략이 되었다. 따라서 18세기 말 19세기 초 칸트의 영구평화론과 공상적 사회주의와 같이 인류사회의 보편적 가치에 기반을 둔 이상적인 평화론이 제기되기도 했지만, 19세기 중반 이후 수십 년 동안 현실적인 평화질서를 구축하는 주요 방안은 바로 세력균형론이었다고 할 수 있다.

서구에서 세력균형론은 일찍이 중세와 같이 국제질서를 조정할 수 있는 강력한 권력이나 주체 혹은 20세기의 집단 안보체제와 같은 시스템이 부재하는 상황에서, 국가 간 무력 사용을 억제할 수 있는 방안 중 하나로서 국제법 사상가와 국제정치 사상가들 사이에서 주목을 받았다. 그러나 균형의 유동성 및 그에 의한 상호 경쟁의 촉발 가능성과 그것을 실제로 강제할 수 있는 기구나 방법의 결여로 세력균형의 이념과 현실 사이에는 큰 괴리가 존재했다. 또 각 국가의 국제적인 지위와 조건의 차이에 따른 이해의 차이 등으로 인해 실제 현실에서 세력균형은 항상 논쟁적이

---

[4] 칼 폴라니 지음, 박현수 옮김, 1998, 『거대한 변환: 우리시대의 정치적·경제적 기원』, 민음사, 17-35쪽.

었다.⁵ 특히 19세기 중반 이후 시시각각 변화하는 국제환경에서 다국 사이의 균형이란 매우 취약한 토대에 기초해 있었으며, 자국에 불리하게 변화된 조건 혹은 예상되는 변화에 대한 사전 대응으로서 새로운 균형의 회복과 유지를 명분으로 종종 전쟁이라는 폭력적 방식이 동원되었다. 즉 세력균형이란 안정이나 균형의 수단으로만 기능하는 것이 아니라 새로운 균형을 위한 동맹이라는 이합집산과 전쟁의 목적 혹은 구실로서 기능하기도 하였다.⁶ 특히 국제법 사상에서 자연법이 퇴조하고 실정법이 지배하던 19세기 중반 이후 서구에서 세력균형론은 바로 보편적인 법의 개념이 아니라 각국의 이해관계에 따라 자국의 안보와 독립을 확보하기 위한 국제정치적 개념이자 대외정책의 하나로서 받아들여졌다. 결국 세력균형론이 약속하는 평화란 일시적이거나 매우 불안정한 것으로, 오히려 균형을 유지하기 위한 세력경쟁이 더 강화되기도 하였다.

그러나 19세기 후반 중국에서 세력균형은 평화를 보장하는 제도적 의미와 단순한 대외전략과 같은 국제정치적 의미가 병존하고 있었다. 세력균형을 소극적인 평화가 아니라 적극적인 평화의 방법으로 보기도 했던 것이다. 이는 중국인이 균세라는 개념을 만국공법의 주요 내용 가운데 하

---

5 17세기부터 제1차 세계대전까지 서구의 국제법에서 세력균형의 이념이 이해되고 논의된 방식에 대해서는 Alfred Vagts and Detlev F. Vagts, 1979, "The Balance of Power in International Law: A History of an Idea," *The American Journal of International Law*, Vol. 73, No. 4(Oct., 1979), pp. 555-580 참고.

6 Richard Little, 2007, *The Balance of Power in International Relations*, Cambridge University Press; Paul Schroeder, 2000, "International Politics: Peace and War 1815-1914," in T. Blanning, *The Nineteenth Century: Europe 1789-1914*, Oxford University Press; David Sobek, 2009, Chapter 3 "Balance of Power," in *The Causes of War*, Cambridge, UK: Polity 참고.

나로 받아들인 데서 비롯되었다. 태평천국의 난과 제2차 아편전쟁이라는 내우외환을 겪고 나서, 1860년대 초 청정부가 채택한 양무운동과 『만국공법』의 발간은 바로 서구의 열강에 의해 초래된 새로운 위기 상황에 대처하기 위해 청정부가 취한 두 가지 대응 방법이었다고 할 수 있다. 한편으로는 서구의 과학과 군사기술을 도입하여 자강을 통한 방어능력을 갖추는 것이고, 또 한편으로는 유럽에서 국가 간 행동을 규율한다고 간주되는 국제법 즉 만국공법을 활용하는 것이었다. 청정부의 만국공법에 대한 관심은 중국에서 익숙한 대외전략, 즉 이이제이(以夷制夷)의 일환에서 시작되었지만, 중국의 외교관과 지식인들은 곧 그것으로부터 다국 간의 세력경쟁에서 각 국가가 생존을 도모하거나 지역의 평화질서를 유지하는 방법적 개념을 발견하였는데, 그것이 바로 "균세(均勢)"라고 번역된 세력균형론이었다. 『만국공법』을 통해 수용되어 19세기 후반 중국과 조선의 대외정책에 적잖은 영향을 미친 균세 관념은 이미 여러 연구자들이 지적한 바와 같이 『만국공법』의 저자 휘튼의 관점이 아니라 번역자 마틴의 해석에 의거한 보편적인 법의 개념에 가까웠다.[7]

유럽의 여러 국가들은 항상 터키의 자주와 미분열이 균세의 법[이른바 균세의 법이란 강국이 그 세력을 균등하게 하여 서로 침범하지 못하게 하는 것으로, 약한 국가가 이에 의거하여 안전을 확보할 수 있는 실로 태평(太平)의 요긴한 술(術)이다]과 크게 관련이 있다고 보았다. 따라서 터키와 함

---

7 강동국, 2006, 『동아시아에 있어서 국제법학과 국제정치학의 분화: Balance of Power의 개념사』, 한국법제연구원; 이은주, 2017, 「19세기 말 한국 외교정책 모델리티로서의 '균세(均勢)'와 인아거일(引俄拒日) 균세전략의 국제정치학적 분석」, 동아시아 국제정치학회, 『국제정치연구』 20(2), 159-192쪽 참고.

께 맹약을 논의하여 터키인이 유럽의 공법에 복속하게 되었다.[8]

휘튼의 원문과 마틴의 번역문 사이의 큰 차이 가운데 하나는 바로 주어/주체의 치환이다. 휘튼에게 국제법은 공동의 종교와 관습을 지니고 있는 기독교 문명세계에서 상호 승인하는 규범이며, 규범에 따른 행위의 주체는 곧 유럽과 아메리카의 기독교 문명국가였다. 예를 들어 균세의 주어는 바로 유럽의 이해 당사국이며, 세력균형의 조건에 대한 평가와 이를 위한 행위 역시 유럽 및 미국의 주권 및 이해와의 관련 여부였다. 국가의 자기 보호 주권과 타국가의 주권에 대한 개입(즉 세력균형을 위한 개입의 명분)의 정당성을 설명하는 가운데, 휘튼은 터키의 독립과 통합이 유럽의 세력균형의 필수적인 요소였기 때문에 비기독교 문명국가임에도 불구하고 터키의 존립을 위해 간여할 필요가 있었다고 주장하였다.[9]

마틴 역시 휘튼의 주장과 같이 유럽열강이 터키를 도와 전쟁을 종식시키는 것은 오직 터키의 운명이 유럽에 우환을 남겨 균세법(均勢之法)에 방해가 될 것을 막기 위함이라고 하면서도, 균세법의 두 가지 측면을 특별히 덧붙여 부각시켰다. 첫째는 균세란 태평을 이루는 긴요한 방법으로서 여러 국가가 참여하는 다자간 평형질서의 원리라는 점이고 둘째는 주로 강대국의 힘을 견제하여 약소국의 주권을 보장한다는 점이었다. "터키가 자립, 자주하고, 타국에 정복되거나 할거되지 않는 것이 바로 유럽 균세법의 가장 중요한 관건"인데, 옛날 유럽 국가들은 "터키가 강한 것을 두려워하여 멸하려고 하였지만, 지금은 그 약한 것을 불쌍히 여겨 보존"하

---

8 亨利·惠頓 著, 丁韙良 譯, 1864, 『萬國公法』卷一, 京都崇實官, 12쪽.

9 Henry Wheaton, 1857, *Elements of International Law*, Little, Brown, p. 19, 103.

려고 한다는 것이다.[10] 휘튼의 원문의 문맥에서 터키는 유럽의 균세를 이루는 종속변수에 불과하지만, 마틴의 어조에서는 균세법이 유럽의 질서 안정을 보장하는 원리이고, 이러한 원리에 의해 스스로 자립과 자주를 유지하기 어려운 약한 국가인 터키가 동정과 보호를 받는 것으로 바뀌었다. 즉 만국공법과 균세의 대상은 물론이고 그 주체 역시 유럽 국가에 국한되지 않는 만국으로 열어 놓았던 것이다.

그러나 번역본 『만국공법』에는 마틴의 해석과 더불어, 실제 현실에서 균세의 법이 '악용'되는 사례들을 통해 균세의 법에 대한 불안의식 혹은 불신이 공존하고 있다. 즉 세력균형은 이웃국가의 과도한 무장에 의한 실제적인 위협으로부터 자기방어를 위해 개입하는 경우도 있지만, 현실에서는 각 국가의 통치자들이 다른 정치적 목적을 위해 안보의 위협을 과장하여 타국 특히 약소국을 공격하거나 개입하는 경우가 더 많다는 것이다.[11] 뿐만 아니라 휘튼은 세력균형을 위한 개입은 강국이 정복한 지역을 영토로 복속시키거나 지배권력을 확대하여 통치 지역을 확대하는 등 세력균형에 대한 직접적이고 명확한 위협에 국한된 최소한의 경우에 한해 행해져야 할 뿐만 아니라 그 기준에 대해서도 공법에 의해 규정하기보다 매 상황에 대한 정치적 판단에 맡겨야 한다는 영국의 입장을 인용하기도 하였다.[12]

이와 같이 약소국의 안보장치로서 세력균형이 지니는 한계에도 불구하고 마틴이 균세를 보편적인 공법의 규범과 유사한 것으로 강조한 것

---

10 『萬國公法』卷二, 同治三年, 京都崇實官, 10쪽.

11 Henry Wheaton, 1857, 앞의 책, p. 87, 93; 『萬國公法』卷二, 3쪽.

12 Henry Wheaton, 1857, 위의 책, p. 88; 『萬國公法』卷二, 5쪽.

은 그가 국제법에 대해 자연법적인 접근 방식을 취하고 있었다는 점[13]과 더불어 중국의 독자들이 만국공법의 가치와 기능을 쉽게 이해하고 수용케 하기 위한 의도에서 비롯되었다고 할 수 있다.[14] 전체 번역서 중 삽입된 몇 구절에 불과한 균세 관련 부분에서 그의 의도적인 첨삭과 해석은 중국 독자가 만국공법을 이해하고 수용하는 데 있어 상상 이상의 영향을 미쳤다. 왜냐하면 중국인이 보았을 때, 만국공법의 가치와 실천적 규범의 기능을 담보하는 것은 "태평의 요술"인 바로 "균세의 법"에 있었기 때문이다. 다시 말해서 만국공법이 평화를 보장하는 규범이 될 수 있는 것은 그것이 공법 가운데 균세의 법이 포함되어 있기 때문이었다.

---

13 마틴이 균세를 만국공법의 규범처럼 소개한 것은 만국공법이 약소국이 독립과 통합을 유지하는 데 유리한 방편이 될 수 있음을 예시하기 위한 것으로 보이지만, 또 한편으로는 마틴의 국제법에 대한 관점이 자연법의 입장에 가까웠던 것과도 연관이 있다고 할 수 있다. 자연법적 시각에서는 세력균형을 국제법의 규범으로 인정하는 경향을 보여주기 때문이다. 마틴이 국제법에서 세력균형에 부여한 중요한 의미와 지위는 그가 중국의 춘추전국시기 제후국의 관계를 국제법의 시각에서 분석한 「중국고세공법(中國古世公法)」에서도 보여준다. 여기서 그는 춘추전국시기 국제법 규범의 흔적으로서 통상교류, 회맹(會盟) 및 입약(立約), 국외(局外) 권리 등과 더불어 강자를 견제하여 약자의 권리를 보호하는 균세의 법이 행해지고 있음을 들고 있다. 丁韙良, 2001, 「中國古世公法略論」(1884), 王健 編, 『西法東漸: 外國人和中國法的近代變革』, 中國政法大學出版社, 33-39쪽.

14 특히 만국공법을 번역하던 시기 중국과 서구의 외교관계에서 핵심적인 문제는 바로 베이징에 외국인 공사를 상주케 하는 문제였다. 그런데『만국공법』에서 각국의 수도에 외국인 공사의 상주의 필요성을 설명하는 근거 가운데 하나가 바로 각국의 세력균형을 해치는 행동을 면밀히 관찰하기 위해, 즉 "각국이 힘에 의거하여 약자를 침범하여 균세의 법을 어지럽히는 것을 방지하기 위해서"임을 들고 있다. 즉 중국의 내우외환의 상황에서 만국공법이 중국의 자립과 통합에 유용할 수 있는 기능이 바로 균세의 법이라면, 이러한 균세의 법이 잘 작동하도록 감시하는 기구가 바로 각국 수도에 상주하는 외교관을 두는 것이라는 것이다. Henry Wheaton, 1857, 앞의 책, p. 273;『萬國公法』卷三, 1쪽.

공법은 피차 스스로 그 나라를 만국의 하나로 인식하여 가히 서로 맺어 서로 통합하거나 속국으로 하지 않는 것이다. … 서로 통합하거나 속국으로 할 수 없도록 하는 것은 무엇인가? 자연법(性法)과 실정법(例法)을 지키는 것을 말하는 것이다. 무릇 각 국의 권리는 군주가 되었건 민주가 되었건, 군민공주가 되었던 관계없이 모두 그 스스로 가지고 있는 바로서 타인이 침탈할 수 없는 것이다. … 따라서 균세의 법과 상호보호의 법이 있는 것이다.[15]

당시 중국 지식인의 인식에 따르면 공법 앞에서 만국은 평등하다. 모든 국가는 그 정체(政體)가 무엇이든, 또 그 국가의 크기나 국력의 강약에 관계없이 평등한 불가침의 권리를 지니며, 이를 실제적으로 보장하는 규범이 바로 균세의 법과 상호보호의 법이다. 이러한 균세의 법은 각 국가가 서로 병탄을 추구하거나 궤변으로 속여 혼란에 빠지자 그 대안으로서 출현한 것으로,[16] 한 국가가 지나치게 강성하여 공법을 지키지 않고 이웃 국가에 화를 끼치게 되면 만국공법에 따라 모든 국가들이 협력하여 강자를 누르고 약한 자를 보호하여 균세의 법을 보장하게 된다.[17]

한편 균세의 효력에 대한 기대는 역으로 만국공법의 역할에 대한 기대에 의해 더욱 강화되었다. 만국공법은 세계의 혼란을 극복하고 평화질서를 유지하기 위한 필요성에 의해 만들어진 보편적인 법이라고 본 것이다. 궈쑹타오(郭嵩燾)는 "최근에 영국, 프랑스, 러시아, 미국, 독일 등 대

---

15 鄭觀應, 1998, 『盛世危言』, 中州古籍出版社, 146쪽.
16 馬建忠, 1896, 「巴黎復友人書」, 『適可齋記言』 卷二, 出版者不明, 11쪽.
17 陳虬, 1893, 「擬援公法許高麗爲局外之國議」, 『治平通議』 卷四, 甌雅堂刻, 15쪽.

국이 서로 패권의 각축을 벌이다가 만국공법을 창제하여 신의를 앞세우고 국가의 교제의 도리를 중시하게 되었으며", "만국공법의 조항이 엄격하여 여러 대국이 서로 유지하게 되었다"[18]고 보았고, 왕타오(王韜)는 서구 각국은 오랜 기간 동안 서로 갈라져 대립하며 군사력으로 서로 패권을 겨루다가 조금이라도 어긋나면 총과 대포로 싸웠는데, 최근에 만국공법을 제정하여 서로 준수함으로써 영원히 분쟁을 없애고 화목하여 함께 승평을 누리게 되었다고 하였다.[19] 이와 같이 만국공법은 국제질서의 안정을 보장하는 새로운 국제규범으로 간주되었다.

이 외에도 중국인은 균세의 의미와 효과를 중국 역사에 적용하여 확증을 시도하기도 하였다. 중국인이 파악한 당시 시대 상황을 간단히 요약하면, 대일통이 붕괴되어 여러 강국과 약소국이 병존하며 상시 각국이 각축을 벌이는 "전국시대(戰國時代)"였다. 허루장(何如璋)은 서구의 형세를 러시아는 진(秦), 오스트리아와 독일은 각각 연(燕)과 조(趙), 프랑스와 영국은 각각 한(韓)과 제(齊), 터키는 송(宋)과 같은 제후국으로서 회맹과 전쟁이 끊이지 않는 전국시대에 비유하였으며,[20] 주미공사 추이궈인(崔國因)은 "약자는 합종을 통해 강자에 저항하고, 강자는 연횡으로 약자를 병탄"하는 전국시기의 연횡합종의 시대로 묘사하였다.[21] 또 『신보(申報)』

---

18 郭嵩燾, 1982, 『郭嵩燾日記』 第三卷, 湖南人民出版社, 136쪽; 王彥威・王亮 輯, 1987, 『清季外交史料』 卷九, 書目文獻出版社, 22쪽.

19 王韜, 1883a, 「泰西立約不足恃」, 『弢園文錄外編』 卷五, 清光緒9年, 8쪽.

20 羅森 等, 1983, 『早期日本遊記五種』, 湖南人民出版社, 59쪽. 왕타오 역시 이와 유사하게 유럽의 각국 형세를 전국시대의 각국 상황에 비유하였다. 王韜, 1883b, 「送黎侍郎回越南前序」, 『弢園文錄外編』 卷八, 清光緒9年, 27쪽.

21 崔國因, 1988, 『出使美日秘日記』, 黃山書社, 332쪽.

의 한 필자도 "금일 태서의 국면은 대국과 소국이 서로 연계되어 있고, 강국과 약소국이 서로 견제하는 것이 주(周) 말기 전국의 형세와 극히 비슷하다"고 하였다.[22] 이러한 상황에서 지속적인 평화 혹은 안정된 질서란 보장하기 어려우며, 단지 끊임없는 연횡합종을 통한 상호 견제, 즉 균세에 의해 일시적으로 유지될 뿐이었다. 즉 "강자와 약자가 서로 견제하고 맹약으로 서로 연맹하여 서로 병합을 하지 못하게"[23] 하거나 "각국이 부강을 위해 서로 경쟁하고, 안으로는 속임수와 무력을 행하면서 겉으로는 공법에 기탁하여 함께 유지"[24]하는 균세의 법이 일시적이나마 평화를 가능케 하는 현실적인 방안으로 간주되었던 것이다.

이와 같은 만국공법과 균세의 법에 대한 적극적인 평가는 세계 혹은 국제관계의 체계를 패권 국가를 중심으로 한 제국주의 질서로 인식하는 것이 아니라 고유의 주권을 갖춘 만국이 병립하는 질서를 전제로 하고 있다. 이러한 세계에서 만국공법과 균세의 주체는 비록 세력의 차이가 있기는 하지만 각 주권국가이며, 다수의 주권국가 간의 복잡한 관계에서 이해와 세력의 균형을 이루는 것이 현실적인 평화의 방안으로 간주되고 있다. 이는 19세기 중국의 지식인들에게 있어 전혀 낯선 세계질서였다. 세계의 중심 혹은 정점에 위치했던 천하 혹은 제국이 비운 자리를 채운 것은 만국공법이라는 규범이었으며, 그 규범에 실질적인 힘을 부여하는 것은 다자간의 보이지 않은 세력균형이었던 것이다. 이렇게 보이지도 감촉되지도 않는 역학관계 혹은 국제관계를 지배하는 일종의 에너지의 균

---

22 「論瓜分中國非泰西各國之本心」, 『申報』 1898年 9月 16日.
23 薛福成, 1985, 『出使英法義比四國日記』, 嶽麓書社, 302쪽.
24 黎庶昌, 1981, 『西洋雜志』, 湖南人民出版社, 180쪽.

형에 세계의 평화를 위임한다는 것이 바로 세력균형, 혹은 균세의 법이었다. 이러한 조건하에서 평화의 주체는 각 주권국가이지만 평화를 보장하는 것은 개별국가의 힘이나 의지를 넘어서는 추상적이고 모호한 힘의 균형이었다.

그러나 일부 중국인의 희망과는 달리 세력균형은 중국의 평화를 보장하기는커녕 오히려 분할의 위기를 가속화하였는데, 이에 중국인들은 이상적인 규범과 현실 간의 괴리에 대해 비판과 불만을 토로하였다. 이러한 괴리는 중국인들이 균세의 주체를 모든 국가라고 잘못 인식한 데서 비롯되었다. 균세는 다양한 국가 간의 복잡한 역학관계 속에서 '신의 손'에 의해 형성되는 균형이 아니라, 특정 패권 국가에 의해 좌우되는 국제 정치학의 기술과 같은 것이었다. 만국공법이든 균세의 법이든 관건은 국제규범이나 국제정치학적 정책에 의해 평화가 보장되는 것이 아니라 그러한 규범과 국제정치학적 정책을 운용할 수 있는 주체성의 문제였다. 그 주체성은 곧 자기보존 능력을 갖추고 있거나 주위의 세력관계를 자국의 이해에 부합하도록 조율할 능력을 갖추고 있을 때 비로소 실현될 수 있다. 왕타오와 마젠중(馬建忠)은 만국공법을 포함하여 국가 간의 규약은 "자국이 강하고 타국이 약할 경우에는 영원히 지키려 하지 않고, 자국이 약하고 타국이 강하면 결국 지킬 수 없게 되며, 피차 모두 강할 경우에 그 규약이 자기에게 불편하면 또 지키려 하지 않는"[25] 등, 국가 간의 관계는 "공법을 구실로 자신의 이익을 도모"하는 것이 다반사라고 지적하였다.[26] 정관잉 역시 부강의 정도가 다른 국가들 사이에서는 강국은 공법으로 타국을

---

25 王韜, 1883a,「泰西立約不足恃」, 앞의 책, 8-9쪽.
26 馬建忠,「巴黎復友人書」,『適可齋記言』卷二, 12쪽.

구속하고 약국은 그러한 굴복을 감내할 수밖에 없는 현상을 비판하며, 공법은 실제 힘이 없는 허문(虛文)으로서 오직 발분하여 자강을 이룬 국가만이 공법의 이로움을 누릴 수 있다고 한 것은[27] 바로 그 주체성의 문제를 지적한 것에 다름 아니었다. 그러나 자강만으로 주체가 되기에는 여전히 부족했다.

휘튼의 국제법은 만국공법이라기보다는 유럽공법에 가까웠다. 공법이 자연법과 완전히 일치하지 않고 문화와 관습, 역사, 종교에 기반한 실정법의 성격을 포함할 수밖에 없는 이상, 그것이 합의를 통해 성립 가능하기 위해서는 공동의 기반이 전제되어야 한다. 이에 휘튼은 단일한 보편적인 국제법은 존재하지 않으며, 공법(public law)은 "약간의 예외를 제외하면, 항상 그리고 여전히 유럽의 문명화된 기독교 사람들 혹은 유럽에 기원을 둔 사람에 국한된다"[28]고 주장하였다. 물론 그는 또 터키, 이집트, 페르시아와 야만 국가, 그리고 중국 등 타 문명권에서도 공법이 적용 가능하다고 보았지만, 이는 그들 특유의 국제 관습 혹은 관례를 버리고 점차 기독교 세계의 관습을 채택하는 것을 전제로 한 것이었다.[29] 뿐만 아니라 휘튼이 강조한 세력균형은 유럽 지역 내에서만 적용되는 것이었고, 유럽 국가들 사이의 경쟁이라도 식민지나 타 지역에서의 세력 확장은 해당되지 않았다. 하물며 유럽 내의 세력균형과 무관한 타 대륙이나 지역에서 강국에 의한 약소국에 대한 침해는 더더욱 관계가 없었다. 이러한 유럽중심적인 국제법과 국제정치학적인 세력균형론이 마틴의 번역에 의해서 보

---

27 鄭觀應, 1998, 앞의 책, 147-148쪽.
28 Henry Wheaton, 1857, 앞의 책, p. 16.
29 위의 책, pp. 20-21.

편적인 규범이자 국제 평화의 원리로 의미가 변화된 것이었다. 마틴은 번역 과정에서 휘튼의 원작 중 만국공법 및 세력균형에 관한 당시 유럽중심적인 인식을 지우고 보편적인 규범으로 바꾸었다. 그의 번역본은 비록 강국과 약소국의 차이가 존재하기는 하지만, 평화를 유지하는 힘의 원천은 개별국가를 초월한 보편적 규범이다. 그 결과 19세기 말 중국의 균세의 법에 대한 이해를 보면, 국가의 주권을 전제로 하면서도 세력균형의 주체로서의 국가의 역할은 모호한 상태로 남아 있다. 뿐만 아니라 서구의 국제법에서 국가의 주권은 국제사회의 상호 인정을 바탕으로 하고 있으며, 그 승인의 기준은 특정한 문명의 수준이라는 점이 일반적인 중국식 표현인 교화로 바뀌었다. 그 결과 서구인이 중국을 반문명 국가이자 반주권 국가로 간주하는 시선이 은폐되었다. 이것이 만국공법과 균세의 법을 모든 국가가 받들고 또 지배를 받는 보편적인 규범인 것처럼 설명한 마틴의 '오역'이 발휘한 "묘술"이었다.

> 청일전쟁에서 수치를 당한 이후, 서구는 우리를 야만으로 취급하고 우둔하고 완고하며 비루하다고 멸시한다. 이전에는 우리를 반개화[半敎]의 국가로 여겼으나 지금은 우리를 아프리카 흑인노예와 동일시한다. 이전에는 우리가 오만하고 잘난 체한다고 증오하더니 지금은 우리를 귀머거리, 소경에 멍청이라고 모욕한다. 공법과 균세, 보호 등의 법을 따르는 것은 단지 문명국에만 해당하지 야만에는 해당되지 않으며, 정교(政敎)가 없는 야만을 없애는 것은 물과 불 속에서 백성을 구하는 것이라고 말한다. … 러시아, 독일, 프랑스가 어찌하여 밀약을 맺고, 영국과 일본이 무슨 까닭에 깊은 관계(동맹)를 맺는가? 터키와 희랍의 분쟁에 대해 여러 국가들이 왜 병력을 아끼며 동원하지 않았

는가? 전함의 수에 관해 여러 국가들이 왜 서로 경쟁적으로 병력을 강화하여 상대하는가? 대중을 향해 "유럽의 태평을 보존한다"고 떠벌리는데, 그 해로움이 아시아에 미치는 것을 가히 알 수 있다.[30]

무술변법시기 캉유웨이의 상주문에는 바로 단순히 자강만이 아니라 공법과 균세의 법의 주체가 되기 위해 서구가 요구하는 것이 무엇인지 잘 나타나 있다. 자강이란 상대적인 것이어서 강대국이라도 세력균형론 앞에서는 안전이 보장되지 않는다. 뿐만 아니라 만국공법을 균세의 법과 동일한 것으로 간주하는 것은 서구가 설계한 국제관계 및 그 질서의 내재적 원리를 지나치게 단순화한 것이 아닐 수 없다. 그 내재적 원리란 바로 19세기 서구인들이 공유하는 문명의 기준이었다. 그 기준은 처음에는 기독교문명을 의미했지만, 19세기 중반 이후에는 점차 서구의 진보를 상징하는 제반 변화, 즉 정치, 경제, 사회의 제도 및 규범, 그리고 문화 및 과학기술 영역에서의 새로운 혁신을 함축하는 의미로 확대되었다. 이러한 문명은 주권의 조건이자 세력균형의 한 주체로서 국제의 무대 또는 세계 대가정에 참여할 수 있는 자격이었다. 주권 주체는 단순히 부강한 힘을 바탕으로 한 자기주장으로 수립되는 것이 아니라 문명국에 의해 승인을 받아야 하는, 타자의 의지에 의해 결정되는 대상으로 된 것이다.

제국주의의 절정기에, 임박한 국가 분할의 위기 경험을 통해 비로소 중국인들은 마틴의 해석이 아닌 휘튼의 국제법이 함축하고 있는 문명론의 원의를 간파했다. 균세의 법은 유럽의 태평을 위한 법이지 비유럽 지

---

30 康有爲, 1981, 「上淸帝第五書」(1898.1), 湯志鈞 編, 『康有爲政論集』上, 中華書局, 202쪽.

역, 특히 약소국가들에게는 분할과 지배의 명분에 지나지 않았다. 그러나 역설적으로 청일전쟁 이후 대두되었던 중국 분할론이 실제로 이어지지 않은 데는 바로 균세, 즉 세력균형이 중요한 역할을 하였다. 휘튼은 식민지나 비유럽 대륙에서의 경쟁이 유럽의 세력균형에 영향을 주지 않을 것이라고 했지만, 19세기 후반 이후 제국주의가 팽창함에 따라 전 세계가 유럽 국가들의 경쟁무대가 되었고, 먼 지역의 식민지 경쟁은 곧 '유럽의 평화'와 직결될 수 있는 문제로 변화하였다. 특히 19세기 말 중국을 중심으로 한 태평양이 열강이 상호 경쟁과 각축을 벌이는 중심무대가 된 이후, 중국의 문제는 서구열강들의 안보와 직결되는 문제로 인식되었다. 미국의 중국 문호개방정책은 미국의 대중국 전략의 일환이었지만, 중국이 세계경제와 세력균형에 미치는 영향이 지대하여 특정 국가가 중국에서 패권을 장악할 경우 곧 서구열강의 세력균형이 위기에 처할 수 있다는 국제정치학적 판단에 기반한 것이었다. 이러한 국제정세의 변화 및 중국 지위의 주변화에 따라 균세에 의거했던 중국의 평화에 대한 기대는 급속하게 퇴조하였다.[31] 그러나 이것이 곧 균세론을 부정하는 것이 아니었다. 세력균형론이 강대국의 세계정책을 좌우하는 근거였던 만큼, 중국이 취할 수 있는 것은 여전히 개혁과 자강을 통해 균세의 주체로서의 능력을 강화하는 것이었다.

1906년 후한민(胡漢民)은 중국 동맹회 기관지 『민보(民報)』가 추구

---

31 청일전쟁까지만 하더라도 중국은 동아시아 질서 유지를 위한 균세법의 기능에 대해 대체로 긍정적이었지만, 그 이후부터는 오히려 부정적인 관점이 지배적이었다. 이는 청일전쟁 전까지만 해도 중국이 동아시아 질서 유지를 위해 중심적인 주체로서의 역할을 할 수 있다고 보았지만, 그 이후 서구열강에 의해 그 주체적 역할이 부정되었기 때문인 것으로 보인다.

하는 6대주의 가운데 하나로 "세계의 진정한 평화유지"를 주장하였다.[32] 그 논지의 핵심은 동맹회의 반만주족 민족-공화혁명이 세계평화에 기여한다는 것으로, 중국의 혁명은 1차적으로는 중국인의 행복을 위한 것이지만 또 간접적으로는 세계평화를 위한 것이기도 하다는 것이었다. 후자의 이유로서 그는 중국의 혁명이 곧 중국과 이해관계를 맺고 있는 강국들 사이의 세력균형을 유지하는 데 기여한다는 점을 들고 있다.

우리가 악렬한 정부를 전복하는 것은 직접 중국 국민의 행복을 위한 것이고, 간접적으로는 세계의 평화를 위한 것이다. 왜 그러한가? 지금 각국은 호시탐탐 세계무대에서 경쟁과 각축을 벌이고 있으며, 서로 뒤처지지 않으려 할 뿐만 아니라 서로 바라보며 감히 앞서려고도 하지 못하는 상황이다. 그 이유는 바로 균세 문제 때문이다. 균세 문제는 약소국에 달려 있지 않고 영국, 프랑스, 러시아, 독일과 같은 강국에 달려 있다. 이는 영국, 일본과 같은 나라가 모두 의지하는 중심이기도 하다. 그러나 아직 중국이 그 위치와 자격이 결코 6강의 뒤를 이을 만큼 강하지 못하고 쇠약하고 부진하여 단지 타인의 쉰내 나는 제물에 불과하다, 이것이 동아시아[遠東]의 문제이다.[33]

후한민에 의하면 중국이 쇠약하여 강국들 사이에서 힘의 균형추 역할

---

32 『민보』의 '6대주의'는 다음과 같다. ① 현 악렬한 정부를 타도한다. ② 공화정체를 수립한다. ③ 토지를 국유화한다. ④ 세계의 진정한 평화를 유지한다. ⑤ 중일 양국 국민의 연합을 주장한다. ⑥ 중국 혁명 사업에 대한 세계열강의 찬성을 요구한다. 漢民, 1906, 「民報之六大主義」,『民報』第三號, 1-22쪽.
33 漢民, 1906, 앞의 글, 14쪽.

을 하지 못하고, 열강들도 중국을 둘러싸고 적절한 세력균형의 방법을 찾지 못해 중국의 문제가 곧 동아시아의 지역 문제가 되었다고 보고 있다. 그리고 극동 아시아 지역의 평화를 회복하는 방법은 열강들 사이의 복잡한 균형의 방법을 찾는 것보다 중국이 독립을 유지하면서 강대국의 면모를 회복하는 것이 훨씬 용이하다고 주장하였다. 그럼 중국이 쇠약해진 이유가 무엇인가? 이에 대해 일찍이 량치차오가 중국인의 국민성과 국가의식의 결여 등이 원인이라고 분석한 적이 있지만,[34] 후한민은 그와는 달리 소수의 이민족이 다수민족의 한족을 지배하는 통치구조, 즉 소수민족인 만주족이 다수민족 한족의 광복 의지를 막기 위해 집안의 도적 대하듯 지배정책을 취함으로써 발생한 청정부와 국민들 사이의 대립과 갈등 때문이라고 주장하였다. 따라서 만주족 정부를 지배적인 지위에서 축출하면 중국이 강해지고, 중국이 강해지면 동아시아 문제가 해결되며, 동아시아 문제가 해결되면 진정한 세계의 평화를 이룰 수 있다는 것이다.[35] 이에 따르면 동아시아의 평화는 결국 중국의 부강을 통해 중국이 주체로 참여하는 안정적인 세력균형에 달려 있게 된다.

III. 제물(齊物)세계와 민족주의

균세론이 강대국 중심의 평형질서라면, 약소국가나 완전한 주권을 갖추지 못한 국가 혹은 민족의 경우 평화는 강국에 의존할 수밖에 없다. 특히

34　梁啓超, 1901, 「中國積弱溯源論」, 『清議報』第77~84冊, 1901年 4月 29日~7月 6日.
35　漢民, 1906, 앞의 글, 15-16쪽.

세력균형이라는 것이 정적인 것이 아니라 동적인 것인 만큼, 강국의 군비 확장과 대외 팽창, 심지어 타국에 대한 지배가 균형이라는 명목하에 정당화되기도 한다. 따라서 약소국가의 입장에서 추구하는 평화는 세력균형이 아닌, 보편적인 규범과 실질적인 규제 능력을 갖춘 조직을 바탕으로 다양한 민족과 국가의 권리가 존중되고 보장되는 것이어야 한다.

이상적인 세계 규범을 통해 주권의 회복과 평화를 유지하기 어려운 상황에서 중국이 취할 수 있는 방법은 크게 두 가지였다. 하나는 앞서 본 바와 같이 자강불식의 노력을 통해 세계열강의 한 축을 형성함으로써 세력균형의 주체가 되는 것이고, 다른 하나는 세계의 피억압민족·국가와 연대하여 세계열강의 제국주의에 대항하는 것이다. 후자의 경우 제국주의시기 식민지 해방운동의 시각으로, 중국에서는 동맹회의 『민보』의 주간을 맡았던 장타이옌이 대표적인 인물이었다. 장타이옌의 철학사상과 혁명사상은 평화를 직접적인 목표로 표방하지는 않았지만, 그것이 추구하는 이념과 세계는 오히려 이상적인 세계평화에 가까웠다. 특히 단순히 전쟁의 방지나 폭력의 반대에 그치지 않고, 세계의 다양한 존재들이 함께 공존할 수 있는 평화질서를 위한 철학적 이념을 제시했다는 점에서 적극적인 평화론자로 평가할 수 있다. 장타이옌의 사상을 평화론의 관점에서 본다면 크게 3가지 측면을 주목할 필요가 있다. 첫째 평화를 위한 사상적·이론적 기초, 둘째 민족주의와 평화의 관계, 그리고 셋째는 동아시아의 평화를 실현하는 방법이다.

먼저 사상적인 측면에서 보면 인식 및 실천의 자주성과 주체성을 확립하는 것이 무엇보다 중요하다고 보았다. 그가 불교의 법상유식학과 장자, 그리고 칸트, 쇼펜하우어의 철학 등을 기본적인 사유의 자원으로 삼고 있는 것은 인식론에서 출발하여 존재의 의미를 탐색함으로써 주체성을 회복하기 위한 것이었다. 그의 사상의 논리는 궁극적으로 존재의 실체를 부정하는 것으로 주체라는 것조차 무화시켜버리지만, 이것은 타자에 의존하지 않고 철저히 자립할 수 있는 강한 주체를 수립하기 위한 논리적 장치였다. 불교사상에 입각하여 혁명의 도덕을 논하는 것이 혁명에 무익하다는 비판에 대해, 장타이옌은 "중화를 광복하는 데 있어 우리의 세력이 적만 못하고, 우승열패의 관념이 이미 깊이 인심을 사로잡고 있어 이해(利害)를 따지지 않고 죽음조차도 기꺼이 마다하지 않는 자가 아니면 결코 분기할 수 없으며, 분기한다고 해도 오래 지속할 수 없다"[36]고 자신의 의도를 밝히고 있다. 그리고 자신이 생각하는 주체의 윤리는 바로 "스스로 의지하고 타자에 의지하지 않는" 데 있다고 주장하였다. 또 스스로 의지함을 중시할 경우 "아견(我見)"에 편향될 수 있겠지만, 이른바 아견이란 이기(利己)가 아니라 자기를 믿는 것이고, 자기를 두텁게 존중하는 기풍이 있어 니체가 말하는 초인에 가까운 것이라고 하였다. 이러한 사람이야말로 그가 말하는 죽음조차도 마다하지 않고 분기할 수 있는 사람이다. 즉 그가 말하는 강한 주체란 자기이익을 추구하는 것이 아니라 외적인 요인에 의해 영향을 받지 않고 종국에는 자신마저도 부정할 수 있는 주체였다.

다음으로 그는 모든 주체가 스스로 의지하고 타자에 의지하지 않는 것은 단순히 의지의 문제가 아니라 의식의 미망으로부터 자유로울 때 가능하다고 보았다. 그는 인간이 의식하는 세계는 물론이고 모든 관념은 의식의 미망에 의해 구성된 것으로 실체가 존재하지 않는다고 보고 있다. 그럼에도 인간은 여러 관념에 구속되어 판단하고 행동하며 인간사회에서

---

36 「答鐵錚」, 『民報』 第14號, 1907年 6月 .

부당한 차별과 갈등을 야기한다. 장타이옌은 19세기 말 이래 서구로부터 수용된 공리, 진화, 국가, 문명 등 이른바 근대사상 관념들을 하나의 미혹이라고 간주하였으며, 그중에서도 사회진화론과 문명-야만론에 대해 강하게 해체론적 비판을 진행하였다. 사회진화론에 대해서는 단일 기원론, 낙관론과 목적론, 즉 사회는 더 좋은 방향을 향해 혹은 일정한 목적을 향해 진화한다는 관념을 비판하고 선과 악, 쾌락과 고통이 함께 진화한다고 하였다.[37] 그리고 문명론에 대해서도 특정 시각에서 본 편견에 지나지 않는다고 비판하였다. 즉 문명과 야만은 본질에서는 동일하고 형식적인 차이만 있을 뿐이라는 것이다. 예를 들어 정령신앙과 기독신앙을 각각 야만적 종교와 문명적 종교로 우열을 나누는데, 두 종교를 보면 전자는 소의 뿔(존재함)이 말할 수 있다고 하고, 후자는 말의 뿔(존재하지 않음)이 말한다고 하는 것으로 차이가 없으며 단지 종교적, 인종적 차별과 편견에 기인할 뿐이라는 것이다.[38] 이러한 주장은 당시 대부분의 사상가들, 즉 캉유웨이, 쑨원 등이 그 주장의 차이에도 불구하고 서구의 근대사상을 적극적으로 수용하여 주장의 근거로 삼고 있는 것과는 뚜렷이 대별되는 것이다.

이러한 제반 관념 및 실체를 부정하는 유식의 논리가 불교식의 종교

---

[37] 장타이옌은 「구분진화론(俱分進化論)」에서는 동일한 진화라도 그 기능은 동시에 서로 다른 작용을 한다고 비판하였지만, 「사혹론(四惑論)」에서는 더 나아가 진화 관념 자체가 미혹이라고 부정한다. 章太炎, 1986a, 『章太炎全集』四卷, 上海人民出版社, 389-394쪽, 449쪽.

[38] 章太炎, 2003, 「辨姓」(下), 『國故論衡』, 上海古籍出版社, 143쪽. 또 마량(馬良)이 인간은 홀로 있는 것보다 무리를 짓는 것을 즐기기 때문에 가족에서 부락으로 다시 국가로 무리를 확대해나간다고 보고, 야만인은 국가를 구성할 수 없고 오직 문명인만 국가를 형성할 수 있다고 주장한 것에 대해, 가족과 국가는 단지 규모의 대소의 차이가 있을 뿐 그 성격은 차이가 없다, 가족단계가 야만적이라면 국가단계는 더 큰 야만에 불과하다고 비판하였다. 章太炎, 1986a, 「駁神我憲政論」, 앞의 책, 312-313쪽.

적 평화를 이루는 데 적합할 수 있지만, 장타이옌은 평화를 이루는 근거로서 '공(空)'이 아닌 '평등'에 중심을 두고 있다. 공이 모든 존재에 대한 집착에서 벗어나 자유로운 주체를 확립하는 사상적 기초라면, 그러한 주체가 중심이 되어 유정(有情)세계, 즉 인간세계를 새롭게 수립할 때 그 원리는 바로 '평등'이었다. 물론 이때 평등은 단순히 형식적인 평등이나 동일화가 아니라 보다 근원적인 평등이다. 장타이옌이 장자의 '제물(齊物)'을 통해 설파하고자 한 평등의 세계는 "단지 유정을 동등시하거나 우열을 두지 않는" 차원이 아니라, 언어와 이름, 심지어 마음을 떠나 상(相)을 대하는 것, 즉 개념적 차별에서 벗어나 대상을 있는 그대로 대하는 것을 말한다.[39]

그럼 이러한 사상에 기초하여 어떻게 인간의 세계에서 평화를 이룰 수 있을까? 특히 현실 부정적 인식론이 어떻게 적극적인 현실 참여로 전환될 수 있을까? 장타이옌은 자신의 유식학적 세계인식으로부터 현실 문제에의 적극적인 참여로 전환하는 이유에 대해 다음과 같이 설명하고 있다. 즉 인간의 지혜는 끝이 없어도 매사 시간과 공간의 제약을 받을 수밖에 없어, 미망일지언정 현상적인 인간세계를 도외시할 수 없다. 따라서 국가, 취락, 인류, 중생과 세계가 모두 한낱 무(無)임을 깨닫기 전까지 인간은 부득불 '수순유변(隨順有邊)', 즉 유한세계에서 중생과 함께 그 고통을 함께하지 않을 수 없다.[40] 뿐만 아니라 유한한 인간세계에서 가장 큰 비극은 끊임없이 충돌과 살상을 낳고 있는 종족의 갈등이며, 이로 인해 민족주의와 국가가 출현하였다. 따라서 일단 유한세계의 문제로 눈을 돌

39　章太炎, 1986b, 「齊物論釋」, 『章太炎全集』 六卷, 上海人民出版社, 4-6쪽.
40　章太炎, 1986a, 「五無論」, 앞의 책, 443쪽.

리는 순간 우선 주목되는 것은 국가이며, 자연히 민족주의에 집착하지 않을 수 없다.[41]

인류의 수많은 고통과 문제 가운데, 장타이옌이 민족과 국가 문제를 당시 인류 고통의 가장 중요한 사안이라고 본 것은, 중국의 문제든 인류의 문제든 그 근본이 국제관계 속에서 발생하고 있다는 인식 때문이었다. 이는 캉유웨이가 국가의 경계가 나뉘어 발생하는 충돌과 전쟁이 인류의 가장 큰 비극이라고 본 것과 유사해 보인다. 그러나 캉유웨이는 국가 간 일반적 전쟁에 주목한 반면, 장타이옌은 19세기 말 20세기 초 이른바 제국주의에 의한 식민화에 주목했다.[42] 따라서 그에게 있어서 평화란 바로 제국주의의 억압으로부터 벗어나 민족 간의 평등한 질서를 회복하는 것이었다. 혁명의 대상은 일차적으로 만주족 청왕조였지만, 그의 정론의 대부분이 겨냥하고 있는 것은 바로 제국주의에 대한 비판이었다.

먼저 그는 세계의 갈등을 인종 간의 갈등, 즉 제국주의 백인과 피억압의 비백인 간의 지배와 피지배 관계라고 보았다. 그리고 제국주의 지배의 논리인 문명론에 대해 단순히 '관념적 허상'의 차원을 넘어 유럽의 팽창

---

41 위의 책, 430쪽.
42 레베카(Rebecca E. Karl)는 20세기 초 중국에서 민족주의가 발흥한 것은 단순히 서구의 관념을 수용한 것이라기보다, 19세기 후반 이후 전 세계적으로 수많은 민족들이 병합되거나 식민지화되는 것을 보고, 이를 중국의 운명의 관점에서 공감하는 가운데 형성되었다고 보고 있다. 즉 개인과 공동체의 삶이 타민족에 의해 위기에 처하면서 자기 보존을 위해 제국주의에 대항하는 가운데 민족의식을 자각하게 되었다는 것이다. 그 결과 중국의 민족주의는 민족을 국가에 통합하는 국가적 민족주의의 경향도 있지만, 국가의 경계를 넘어 타민족과 연대하고 공감하는 민족적 민족주의의 성격을 지니고 있다고 주장하였다. 이러한 주장에 대해 좀 더 세밀한 논의가 필요하지만, 레베카의 분류에 따르면 장타이옌의 민족주의는 후자에 속한다고 할 수 있다. Rebecca E. Karl, 2002, *Staging the World: Chinese Nationalism at the Turn of the Twentieth Century*, Durham: Duke University Press 참고.

을 합리화하거나 더 나아가서는 그러한 침략 활동을 더욱 조장하는 위선이라고 비판하였다.

> 대저 제물(齊物)의 효용은 안으로는 산란한 마음을 가라앉히고 지혜로써 모든 현상의 모습을 있는 그대로 응시하게 하고, 밖으로는 중생을 이롭게 하는 것이다. 세상 물정은 가지런하지 않고, 문(文)과 야(野)의 서로 다른 풍속 또한 각각 그 이로움을 따를 뿐 다른 것을 쫓아 따르는 바가 없다. … 겸병을 마음에 둔 자들은 밖으로 잠식이라는 말을 꺼리고 고상한 이야기로 본래 의도를 숨긴다. 저 야만인을 문화에 참여시키려 한다는 것은 분명 문명과 야만을 구분하는 것으로서, 이는 걸왕과 도척의 효시이다.[43]

이러한 위선성은 유럽이 내세우는 자유와 평등도 마찬가지이다. 그는 프랑스가 자국과 월남을 대하는 태도의 차이에서 알 수 있듯이, 자유와 평등은 유럽인에게만 적용되고, 비유럽인에게는 오히려 부자유, 불평등을 강제하고 있다고 비판하였다.[44]

더 나아가 그는 문명인을 자부하는 백인 유럽이야말로 더 '야만적'이라고 비판하였다. 유럽의 윤리는 도백(屠伯: 한나라 태수로 잔혹한 살생을 일

43　章太炎, 1986b, 「齊物論釋」, 앞의 책, 100쪽. 장타이옌은 언어에 의한 의미 혼란이나 왜곡이 이루어지는 담론에 대해 주의하여 당시 제국주의 담론의 위선을 집중적으로 비판하기도 하였다. 그는 다수의 즐거움[衆樂]이라는 구실로 타인의 것을 빼앗는 제국주의에 대해, 이는 박애라는 의미에 가까운 겸사(兼士)라는 말로써 침략하고 빼앗는 겸병주의를 꾸미는 것이라고 비판하였다. 章太炎, 1986a, 「駁神我憲政論」, 앞의 책, 316쪽.

44　章太炎, 1986a, 「五無論」, 앞의 책, 433쪽.

삼음)이자 야인(野人)의 윤리이라는 것이다. 제국주의가 자나 깨나 생각하는 것은 빼앗고 죽이는 것으로, "오늘날 소위 문명국가를 보면 다른 대륙, 다른 인종을 도륙하는 것이 걸(桀)·주(紂)보다도 더 심하다."[45] 뿐만 아니라 그러한 도륙조차도 학술로써 분식(粉飾)하고 미화시키고 있다. 즉 그는 백인 강종(强種)이 문명의 이름하에 경제적인 수단과 살생의 수단으로 타국을 멸망시키고 있는데, 그들이 말하는 문명이란 도의가 아니라 허영을 기준으로 삼고 있으며 이를 인심을 억누르는 방편으로 삼고 있다고 비판하고 있다.[46]

이러한 제국주의시기에 정의와 평화는 어떻게 가능할까? 장타이옌에 따르면 국제법이란 조리 없이 아쉬운 대로 임시변통하는 것에 불과하여 국가 간의 전쟁이나 억압 문제를 해결할 수 없기 때문에 피억압민족이 지배민족에 대해 저항(복수)을 하는 것은 야만적인 것이 아니라 정당한 행위이다.[47] 따라서 흑인과 아메리카 인디언, 그리고 세계의 일반 국민[生民]을 위해서 세계를 지배하는 강종인 백인과 세계의 권력을 장악하려는 독일의 황제를 우선 구축하는 것이 필요하며, 이는 중국만의 힘으로 가능하지 않고 인도 등 피억압민족과 연합해서 추진해야 한다고 보았다.[48] 그는 또 혁명당이 주창하는 민족주의는 힘이 없거나 작은 종족이 타 종족의 억압에

---

45   위의 글, 438쪽.

46   章太炎, 1986a, 「復仇是非論」, 앞의 책, 273-274쪽.

47   위의 글, 270쪽.

48   백인과 서구 제국주의를 적으로 삼으면서 만주족 청왕조 전복을 주장하는 것은 모순이 아니냐는 주장에 대해 그는 백인에 맞서는 것이 우선이지만 중국의 역량이 부족하여 당장 실행할 수 없고, 비록 그들에 비해 작지만 한족 중국인에게는 보다 구체적인 또 다른 강종(强種)인 만주족을 몰아내는 것을 내세우지 않을 수 없다고 해명하고 있다. 위의 글, 274-275쪽.

맞서는 대항 이념으로서, 단지 한족만을 위한 것이 아니라 같은 참된 마음[赤心]을 인도, 버마, 월남, 말레이시아 등 피억압민족에까지 확장하여 그들이 완전한 독립을 이루도록 하는 것이라고 반복해서 주장하였다.[49]

그 구체적인 방법으로서 장타이옌은 일찍이 아시아인의 상호 협력과 연대를 제시하였다. 이는 아시아 대다수의 국가가 서구의 식민지로 전락한 현실을 고려한 것이지만, 논리적 근거로는 세계의 문제를 인종 간 갈등으로 보고, 아시아를 동종이자 상호 순치의 관계로 인식한데 따른 것이었다.[50] 그는 서구에 맞설 수 있는 아시아의 주축은 중국과 일본, 인도라고 보고 이들 삼국의 연대를 주장하였다. 그러나 일본이 영국의 인도 지배를 지지하면서 인도의 저항운동을 비판하자,[51] 황인종 일본이 백인을 끌어들여 동류를 모욕하는 서구와 같은 제국주의라고 비판하였다. 그리고 그는 일본과 연대하는 대신 아시아 피억압민족의 연대와 중국과 인도의 동맹의 방식을 통해 각 피압박민족의 독립과 '아시아의 자주'를 성취할 것을 주장하였다. 조선, 베트남, 버마, 류큐 등이 이미 주권을 상실한 상황에서 서구의 압박을 막기 위해서는, 독립의 명맥을 유지하고 있는 중국과 10년 내에 자주독립을 이룰 것으로 보이는 인도만이 국가적 차원의 협력이 가능하다고 보고 중국과 인도의 동맹을 강조했던 것이다.[52] 그러나

---

49 위의 글, 273쪽; 章太炎, 1986a, 「五無論」, 앞의 책, 430쪽.
50 「論亞洲宜自爲脣齒」, 湯志鈞 編, 1977, 『章太炎政論選集』 上冊, 中華書局, 5-6쪽.
51 1907년 일본에서 개최된, 17세기 무굴제국 영토를 점령하고 인도 마라타제국을 건국한 시바지(Shivaji Bhonsle)를 기념하는 대회에서 일본의 저명한 정객 오쿠마 시게노부(大隈重信)가 영국의 인도 지배를 칭송하고 인도의 저항을 비판한 이후부터는 황인종 일본 또한 백인을 끌어들여 동류를 모욕하는 서구와 같은 제국주의라고 비판하였다. 章太炎, 1986a, 「印度人之觀日本」, 앞의 책, 365쪽.
52 章太炎, 1986a, 「支那印度聯合之法」, 앞의 책, 367-368쪽.

그의 궁극적인 목적은 아시아 약소민족의 전체 독립이었다. 1907년 그와 류스페이(劉師培), 인도의 펄한과 바오스, 그리고 일본의 고도쿠 슈스이와 조선의 조소앙, 베트남 판보이 쩌우 등이 참가하여 결성한 아시아화친회 (亞洲和親會)는 "제국주의에 저항하고 이미 주권을 상실한 아시아 민족이 독립"하는 것을 목적으로 국가와 민족, 지역과 인종을 넘어서 결성한 반제국주의 연대였다.[53]

이상에 의하면 장타이옌의 평화세계는 제국주의 강권을 없애고, 고통받는 약소민족 혹은 피억압민족이 독립을 이루어 함께 공존하는 세계처럼 보인다. 즉 아시아 각국이 독립한 후에는 민족을 넘어 서로 소원한 것을 풀고, 시비 및 이해의 판단이 없이 사물과 함께하는 현동(玄同)과 제물의 세계로 나아가는 것[54]이 곧 그가 추구하는 평화의 이상라고 할 수 있다. 이 현동과 제물의 세계는 국가의 경계를 넘어선 민족의 공존과 유대를 바탕으로 하지만, 캉유웨이와 같이 동일성에 기반을 둔 세계정부와는 많은 차이점이 있다. 또 그와 더불어 아시아화친회를 결성하고 반제국주의 운동을 주창했던 류스페이의 주장, 즉 국가와 정부를 없애고 대신 바쿠닌의 연방주의나 크로포트킨의 자유연합을 취하는 방식과도 차이가 있다. 류스페이는 아시아의 약소민족이 함께 서구의 사회주의 당 등과 연대하여 동시에 독립을 추진함으로써 백인의 강권통치를 종식시키고, 무정부주의에 입각한 '대동'의 세계질서를 수립할 것을 주장하

---

53 「亞洲和親會規章」, 朱維錚, 姜義華 注, 1981, 『章太炎選集』, 上海人民出版社, 429-432쪽. 이 연대는 "아시아 각국에 혁명이 발발하면 서로 협력"하는 것을 회원들의 의무로 삼았지만, 제국주의에 대항하기 위해 직접적인 공동의 행동을 취한 것은 아니었다. 章太炎, 2003b, 「與祐民」, 馬勇 編, 『章太炎書信集』, 河北人民出版社, 241쪽.

54 章太炎, 1986a, 「印度人之論國粹」, 앞의 책, 367쪽.

였다.[55] 이에 비해 장타이옌은 비록 국가와 민족 등의 실체성을 부정하기는 했지만, 현실적인 유정(有情)의 세계에서 평화는 각 국가와 민족이 고유의 특성과 통치 권력을 유지하면서 상호 존중하며 공존할 때 비로소 가능하다고 보았다. 하지만 현실적인 실천의 측면에 보면 장타이옌의 제물세계는 극복해야 할 이론적 문제점이 여전히 존재하고 있다.

장타이옌의 민족 관념은 종족주의에 가까운 것으로, 그는 무엇보다도 국수(國粹)와 역사에 기반한 민족의 고유성과 주권을 중시하고 있다. 제물의 세계는 각 민족이 보유한 문화의 고유성 및 그들 사이의 차이를 인정하고 상호 공존하는 세계이다. 이러한 '차이의 공존'은 캉유웨이의 대동세계나 류스페이식의 대동세계인 무정부세계와 비교하면 보다 현실적인 평화론에 가깝게 느껴진다. 그러나 그가 국가와 민족주의를 인간세계의 갈등과 분쟁의 가장 큰 원인이라고 본 것처럼, 힘이 불균등한 현실에서 '차이'가 어떻게 분열과 대립이 아니라 공존이라는 평화 상태를 유지할 수 있을지는 여전히 모호한 상태로 남아 있다. 오히려 그는 한 민족의 고유성이 배타성으로 변질되고, 민족의 환희가 또 다른 민족의 비극이 되는 역사에 대해서는 침묵을 넘어 극히 한족 중심의 민족주의를 강하게 내세우고 있다.

그는 『민보』의 6대주의 중 세계의 진정한 평화에 대해 이는 구미인이 점령한 아시아 각 민족이 그 고국을 회복하는 것이라고 설명하면서, 이에 대한 지지의 당위성 중 하나를 중국의 구영토이자 동종(同種)이라는 점을 들고 있다. 즉 버마나 베트남과 연대하고 지지해야 하는 이유는 그들이

55　류스페이, 1997, 「아시아 현정세와 연대론」, 최원식·백영서 엮음, 『동아시아인의 '동양'인식: 19-20세기』, 문학과 지성사, 135-159쪽.

중국의 옛 군현(郡縣)이었고 그 백성이 중국의 동종이기 때문이라는 것이다.[56] 이로부터 장타이옌의 민족과 종족에 대한 의식은, 전통 문화와 언어, 역사를 중심으로 한 그의 국수 관념과 깊이 연류되어 있으며, 그것이 근대의 아시아의 여러 민족에 대한 관념에 투영되고 있음을 알 수 있다. 결국 단일하고 통합된 종족의식과 공동의 역사적 감정에 기반을 둔 그의 민족주의로 인해, 그의 제물론적 평등질서는 여전히 역사 속의 불평등 및 제국의식, 그리고 화이의식과 충돌을 빚고 있다. 민족적 저항을 통해 수립한 '중화민국'에 대해 그는 조선과 베트남, 버마를 중국의 잠정적인 영토로 간주하고, 티베트와 몽골, 위구르, 만주족에 대해서는 한족문화에 동화되어야 할 대상이며, 그들의 열등한 문화 수준과 생활 수준으로 인해 자치를 허용하되 중앙정치에 대한 참여를 제한해야 한다고 주장하였다.[57] 즉 그에게 있어서 가장 중요한 정치적 목표는 한족이라는 민족의 완결성과 대외적인 독립성의 보장이며, 이로 인한 타민족과의 갈등에 대해서는 한족 우선주의를 견지하고 있다고 할 수 있다. 그런 의미에서 그의 제물세계는 반식민지 상태의 한족이 만주족과 서구강국을 대상으로 민족혁명을 성취하기 위한 수단이거나 혹은 이념적인 세계에 지나지 않는 것으로 볼 수 있다. 즉 장타이옌은 민족주의를 제물세계로 가는 '뗏목'으로 보았지만, 그의 현실적인 실천에 있어서는 오히려 제물세계가 민족주의를 위한 뗏목으로 전도되고 있다는 비판으로부터 자유롭다고 보기 어렵다.

---

56 章太炎, 2003b, 앞의 글, 241-242쪽.
57 姜玢 編選, 1996,『章太炎文選』, 上海遠東出版社, 247-250쪽; 사카모토 히로코 저, 양일모·조경란 옮김, 2006,『중국민족주의의 신화』, 지식의 풍경, 103-104쪽.

Ⅳ. 동화론(同化論)적 세계국가

19세기의 전례 없는 전 지구적인 통합은 예의(禮儀)라는 보편적인 규범을 중심으로 한 세계질서에 익숙했던 중국 지식인에게 있어서 낯선 것이 아니었다. 그러나 중국 중심의 지역적인 예치질서가 더 이상 세계의 보편적인 질서를 구성하는 이념이 될 수 없다는 것은 새로운 세계질서를 이해하고 받아들이는 데 있어 하나의 도전적인 사상적 과제였다. 중국의 분할과 민족의 멸종이라는 위기 속에서, 브라질 등 해외에서의 식민지 개척을 민족 생존의 대안으로 기획하기도 했던 캉유웨이가 역설적이게도 가장 유토피아적인 대동세계라는 평화구상을 제시한 것은 바로 이러한 사상적 과제에 대해 응답하기 위한 것이었다. 그의 평화론이 의미 있는 것은 갈퉁이 중시했던 구조적인 폭력에 주목하고 이를 제도적으로 해결하려 했다는 점이다. 장타이옌이 폭력과 억압의 근본적인 요인을 제거한 평등의 세계를 주창하기는 했지만, 그것이 각 민족의 자주와 독립 이후에 어떻게 유지될 수 있는지에 대한 현실적인 방안까지 제시하지는 않았다. 이에 비해 캉유웨이는 현실의 폭력과 억압을 없애는 방법에서 더 나아가 대동이라는 영구적인 평화를 위한 제도적 장치에 더 주목했다.

　캉유웨이의 대동세계는 일반적인 유토피아 사상이나 관념에 가깝지만 그렇다고 단순히 공상적인 것이 아니라 새롭게 형성 중인 세계질서에 대한 관찰에 기반하고 있다. 19세기 말 무술변법시기 중국의 가장 영향력 있던 현실주의적 변법가로서, 그는 만국공법이 중국의 운명과 새로운 세계질서의 형성에서 지니는 의미에 대해 깊은 관심을 가지고 있었다. 일찍이 급변하는 세계질서가 중국 및 전체 인류에 대해 지니는 의미를 관찰하기 시작한 1880년대부터 그가 공리와 공법에 의거한 인류사회의 보편적인 규범과 제도를 사유하기 시작한 것도 『만국공법』과 직접적인 관련이 있다.[58] 또 19세기 말 만국평화회담과 같이 군축과 평화를 위한 세계적인 조직을 만들려는 구체적인 시도 역시 그의 대동세계의 구상에 적잖은 영향을 주었다.[59] 그가 구상하는 대동세계는 바로 공리를 기초로 확립된 공법에 의거하고, 세계정부라는 제도적 방식에 의해 관리되는 통일된 세계였다. 여기서 핵심적인 문제는 최고의 절대적 주권 주체인 국가와 공리 및 공법 사이의 괴리를 극복하여, 지구상의 수많은 국가 간 전쟁이 야기되지 않도록 제도적으로 방지하는 것이었다. 그가 『대동서』에서 인류 평화를 위해 세계정부[公政府]를 제도적 장치로서 내세운 것은 이 문제에 대한 대답으로서, 이는 국제법과 국제정치학을 상호 참조하고 보완하는 방식이었다. 그럼 어떻게 세계정부를 이룰 수 있을까?

> 국가란 가장 고급의 인민단체이다. 천제(天帝) 이외에 그 위에 법률로 제재할 수 있는 존재가 없어, 각자 사사로운 이익을 도모하지만 공법으로도 억제할 수 없고 말뿐인 의리(義理)로 움직일 수 있는 것이 아니다. 그중 강대국이 작은 나라를 침략하여 병탄하고 약육강식하는 것은 형세의 자연스러운 것이지 공리가 미칠 수 있는 것이 아니다. 비록 어진 사람이 있어 군대를 없애어 인민을 안락하게 하고, 국가를 없

---

58 캉유웨이는 1888~1890년대 초에 「實理公法全書」, 「公法會通」 등을 통해 공리에 의거한 인류의 규범과 보편적인 국제공법에 의거한 새로운 질서를 구상하기 시작하였다. 康有爲 撰, 2007a, 『康有爲全集』 第一集, 中國人民大學出版社, 146-161쪽 참고.
59 캉유웨이와 그의 제자들은 1899년 만국평화회담을 장차 세계평화로 나아가는 인류적인 실천 활동으로 적극 환영하였다. 이에 대해서는 차태근, 2018, 「20세기 전환기 중국 평화담론 연구-"세계평화회의"를 중심으로」, 『중국학논총』 제61집, 319-325쪽.

애 천하를 공(公)의 것으로 만들려고 해도 결코 좋은 방법을 찾을 수 없다. … 하지만 공리에 입각해 말하고 인심에 따라 관찰하자면 대세의 흐름은 대동에 이르게 된 후에 그치게 될 것이다.[60]

캉유웨이에게 있어 대동세계, 세계정부는 인류 역사 발전의 궁극적 목적이라고 할 수 있다. 진화론과 목적론적 역사관이 결합된 역사와 세계에 대한 이러한 인식은 불행한 현실 상황에서도 계속해서 좋은 삶에 집착하는, 로렌 벌랜트가 말한 '잔인한 낙관주의'에 가깝다.[61] 캉유웨이에 의하면 세계 혹은 국가의 진화란 분화된 상태에서 통합으로 가는 것이 자연스러운 추세이다. "대개 분열과 병합의 형세는 자연스런 도태의 현상으로, 강한 자가 병합해 삼키고 약한 자가 멸망하는 것 또한 단지 대동의 선구일 뿐"[62]이다. 이와 관련된 역사적 예시로서 그는 고대부터 많은 사례를 들고 있지만, 특히 19세기 이후 유럽에 의한 아프리카 분할과 버마·베트남·조선·류큐 등 아시아 국가의 유럽 및 일본에 의한 식민지화, 그리고 독일과 미국의 연방국가(작은 지방 국가를 통합)의 수립을 대표적인 당시 추세로 들고 있다. 특히 독일과 미국의 연방은 작은 나라가 의식하지도 못한 채 멸망시키는 기묘한 방식[妙術]이라 평하고, 20세기 초 미국과 독일의 제국주의적 팽창에 대해서도 장차 미국이 아메리카를 석권하고 독일이 유럽을 석권하는 것 역시 점차 대동에 이르는 궤도라고 평하고 있다.[63] 결국 그에

---

60 康有爲, 2007b, 「大同書」, 『康有爲全集』 第七集, 中國人民大學出版社, 128-129쪽.
61 Lauren Berlant, 2011, *Cruel Optimism*, Durham: Duke UP, pp. 23-50.
62 康有爲, 2007b, 앞의 책, 129쪽.
63 위의 책, 129쪽 각주 1)과 2); 康有爲 지음, 李聖愛 옮김, 1991, 『大同書』, 민음사, 198쪽 참고.

의하면 19세기 후반 본격화된 제국주의 팽창과 제1차 세계대전과 같은 '제국주의 전쟁'을 거쳐 하나의 제국으로 통합되는 것이야말로 대동이 현실화되는 과정이라고 할 수 있다.

좀 더 구체적인 방법을 보면, 그의 세계정부는 군대를 없애는 회의에서 시작하여 연맹국의 수립, 그리고 이어 공의회의 결성으로 완성되고, 연합방식을 보면 각국의 평등한 연맹단계에서 각 연방이 자치를 하다가 대정부로 통일되는 단계, 그리고 국호를 없애고 공정부하에 각각 자유 주(州)와 군(郡)으로 통일되는 단계를 거쳐 수립된다. 여기서 연맹이란 각 국가들이 서로 연합을 이루는 각종 형태를 가리키는 것으로 가장 대표적인 것은 바로 나폴레옹전쟁 이후 비엔나회의, 독일·오스트리아·이탈리아의 삼국동맹 등 유럽의 세력균형의 일환으로 맺어진 각종 동맹관계나 만국평화회담이다. 그러나 이러한 동맹관계는 구속력이 약하고, 각국이 사사로운 이익을 도모하는 것을 억제할 수 없다. 따라서 그는 각국 간의 전쟁을 없애려면 평등하게 연맹하여 공의회를 수립해야 한다고 주장하였다.[64] 캉유웨이가 공의정부와 공의회를 위해 참조한 것은 바로 독일연방이었다. 각국의 대표가 공의회를 구성하고, 나아가 공의정부를 설치하되 연방 내 각 지방정부의 내정에는 간섭하지 않는 모델이 그것이다. 다만 공의정부는 연합 군대[公兵]와 공동의 법률[公律]로써 각국에 압력을 행사할 수 있다. 이후 조건이 성숙해지면 국가명과 국경을 없애고 대신 공정부의 통합하에 자치적인 주와 군을 설치하는데 마치 미국이나 스위스와 같은 형태로서 이것이 곧 대동의 세계정부인 것이다.

그러나 이러한 변화를 역사 발전의 자연적인 추세라 하더라도 많은

---

64 康有爲, 2007b, 「大同書」, 앞의 책, 129쪽.

저항과 난관, 그리고 불확실성이 존재한다. 제국주의적인 적자생존의 무한경쟁에 맡긴다고 해도 그 과정의 비극적인 참상은 말할 것도 없고, 그의 구상과 같이 공정부와 공의회라는 세계정부의 수립으로 귀결될지도 보장할 수 없다. 캉유웨이 역시 연합을 방해하는 장애물이 적지 않음을 지적하고 있다. 예를 들어 국가마다 풍속과 이해가 다르다는 점, 병립에 대한 선호와 연합 형태의 정부에 대한 반감의 존재, 공의회를 대표하는 각국의 의원 수를 정하는 문제, 다양한 의견과 다양한 국가의 논의를 거쳐 공동의 법률을 제정하는 난제, 그리고 연합 이후에도 각종 원인에 의한 재분열의 가능성 등이 그것이다. 이러한 난제를 극복하는 방법은 결코 쉽지 않기 때문에 그는 세계정부로의 이행은 점진적으로 이루어지며, 우선 상대적으로 용이한 만국평화회의에서 출발하여 독일식 연방으로, 그리고 다시 미국식 연방으로 나아가야 한다고 주장하였다.[65] 그리고 이러한 장애에도 불구하고 세계정부를 추동하는 동력은 민주공화국의 보편화와 세력균형의 원리라고 보았다.

> 향후 백 년 사이에 여러 약소국들이 다 없어질 것이고, 여러 군주전제도 반드시 없어지며, 장차 모두 입헌공화국을 실행하여 국민의 정당과 평등한 권리가 크게 번성할 것이다. 문명국의 백성은 더욱 지혜롭고, 열등한 인종은 날로 점점 쇠미해질 것이다. 이로부터 대세의 흐름과 인심의 향방은 반드시 전지구의 대동, 천하태평으로 나아갈 것이다.[66]

65　위의 책, 131-132쪽.
66　위의 책, 132쪽.

민주평화론에 가까운 이러한 인식의 바탕에는 지금까지 국가는 군주의 사유물이었고, 군주 개인의 사사로운 이익을 위해 국민들을 동원하고 희생시키는 전쟁이 발발했다고 보는 시각이 자리 잡고 있다. 그리고 국가의 구성과 정책 결정에서 국민들의 의사와 의지가 중요한 민주공화제에서는 국민들의 생명과 재산을 보호하기 위해 가급적 국가 간 충돌이나 전쟁을 피하고자 할 것이라는 것이다. 따라서 캉유웨이의 세계정부가 가능하기 위해서는 전 세계적으로 전제군주제가 폐지되고 민주공화제가 보편적으로 실현되는 것이 중요한 전제조건이라고 할 수 있다.

한편 민주공화제는 단순히 정체, 즉 형식적인 제도를 갖추는 것을 의미하지는 않는다. 민주공화제의 국민들이 평화를 선호하고 지지하는 것은 그들이 문명화되어 지혜롭기 때문이다. 앞서 무술변법시기 상주문에서 캉유웨이가 서구가 중국을 반개화의 국가 심지어는 아프리카 흑인 노예와 동일시한다고 지적한 것은 결코 당시 문명론의 서구중심주의를 비판하는 데 초점이 있는 것이 아니라, 세계 변화에 둔감하여 자기 변혁을 추진하지 못하는 중국의 자기비판에 더 가까웠다. 즉 그는 서구의 문명론, 특히 인종론적 문명론에 대해 완전히 동의하지는 않았다 하더라도, 기본적인 관점과 평가에 대해서는 공감하고 있었다. 그에게 있어서 서구를 모델로 한 세계적 차원의 문명화와 민주화는 역사 발전의 필연적 과정이었던 것이다.

그러나 세계정부를 추동하는 보다 직접적이고 현실적인 힘은 약육강식의 사회진화와 세력균형이었다. 그는 현재는 민족이 아닌 국가의 경쟁 시대이며, 장차 100년 이내에 러시아·영국·독일·프랑스 및 중국과 미국만이 남고, 남미와 오세아니아 주는 각각 하나로 통일될 것이라고 보았다.[67] 즉 국가 간 무한 경쟁의 결말은 세계의 모든 국가가 소수 몇 개의 강국으로 통합되는 것이다. 캉유웨이는 그 방식으로 두 가지를 제시하였는데 하나는 무력에 의한 강제 통합을 통해 궁극적으로 연방을 이루는 것이고 다른 하나는 작은 연방을 구성하여 점차 더 큰 연방으로 나아가는 것이다. 이 중에서 그는 작은 연방에서 시작하는 것이 명분이 있고 안정적이며 용이하게 통합하는 방식이라고 보았다.[68]

이에 따라 그는 국가들의 연방은 크기와 힘이 비슷하고 이해관계가 유사한 2~3개 국가의 소연합으로 시작해야 한다고 주장했다. 그 이유는 연방 수립이 가능하기 위해서는 같은 대륙, 같은 종교, 같은 종족 등 최대한 공통된 조건과 기반을 갖추는 것이 유리하다고 보았기 때문이다. 그러나 세계 각국이 점차 몇 개의, 결국에는 두세 개의 연방으로 통합되어 가다가 마침내 하나의 세계정부로 통일되게 하는 동력은, 자기보존을 위해 공동의 이해를 가진 국가들 사이의 대연합이라는 세력균형이었다. 그가 예상한 대연방에 따르면 유럽은 대략 3개의 연방, 즉 러시아를 중심으로 한 동유럽, 독일을 중심으로 한 북유럽, 프랑스와 영국을 중심으로 한 남유럽의 연방으로 통합될 것이고, 아메리카는 미국을 중심으로, 페르시

---

67 康有爲, 2007b, 「與某華僑筆談」, 앞의 책, 198쪽. 원문은 러시아, 영국, 독일, 프랑스 및 중미(中美)로 되어 있는데, 내용과 당시 관용법으로 보아 중미는 중앙아메리카가 아니라 중국과 미국을 지시하는 것으로 보아야 할 것이다. 캉유웨이는 이를 강자가 약자를 능멸하고 큰 국가가 작은 국가를 병합하는 것이 일상화된 이른바 병탄의 시대의 결과라고 보고 있다. 康有爲, 2007b, 「挪威游記」, 앞의 책, 473쪽.

68 캉유웨이는 약소국가의 자립은 유럽열강의 균세에 입각한 간교한 계획의 결과로서 일시적인 것에 지나지 않기 때문에 오히려 강국의 보호를 받는 것이 더 현실적인 자구책이라고 보았다. 여기서 강국의 보호란 강국 중심의 연방에 귀속되어 내정에 있어 자치를 행하고, 외교와 군사는 연방의 중심인 패권 국가에게 위임하는 것이다. 이러한 시각에서 그는 스웨덴에서 독립한 노르웨이와 중국으로부터 자립을 선언한 대한제국의 단견을 비판하기도 하였다. 康有爲, 2007b, 「德國游記」, 앞의 책, 448쪽; 康有爲, 2007b, 「挪威游記」, 앞의 책, 473쪽.

아, 터키, 인도 등 이슬람국가는 영국의 세력이 약해져 인도가 독립할 경우 인도를 중심으로 한 연방을 이룬다는 것이었다. 그리고 동아시아는 중국과 일본만이 남게 되고 여기에 동남아시아가 함께 통합을 이루는데, 일본 천황의 권위가 약해져 공화제로 변할 경우 결국에는 중국을 중심으로 동아시아 연방이 형성될 것으로 보았다. 그 후 또 대연방들 사이의 세력 균형을 위해 두세 개의 더 큰 연방으로 귀결되면, 결국에는 대대적인 전쟁을 피하기 위해 타협을 통해 통일된 세계정부를 이루게 될 것이라고 보았다.[69] 물론 이러한 전망은 20세기 초 중국이 분할의 위기를 극복하고 자강을 통해 자립할 수 있는 능력을 갖추는 것을 전제로 하고 있다.

『대동서』의 내용을 보면 대동세계의 사회적 특징과 그러한 세계에 이르는 과정이 이념과 방식에 있어서 매우 모순적이다. 세계정부하의 대동세계의 사회적 특징을 보면 국가의 경계 철폐는 물론이고 계급차별, 인종차별, 남녀차별 없이 모두 평등할 뿐만 아니라 심지어 가족관계가 해체되고, 산업 간의 경계도 없애는 등 인간의 자연적 특성과 역사적 경험을 바탕으로 한, 인간의 행복을 극대화하는 공리(公理/公利)가 지배하는 사회

---

[69] 康有爲, 2007b, 「大同書」, 앞의 책, 131-132쪽. 이러한 대륙 및 인종별 대연방 국가의 구상은 식민지 병합과 열강 간의 군사적 갈등이 심화되던 시기, 인종과 지역을 중심으로 한 세력균형론이나 황화론과 같은 주장에서 쉽게 찾아볼 수 있다. 뿐만 아니라 1900년대 초 중국에 직접적인 영향을 주었던 일본의 제국주의론에서 적극 제기된 관점이기도 했다. 예를 들어 20세기 초 대표적인 제국주의론자인 우키타 카즈타미는 세계는 작은 공동체에서 더 큰 공동체로의 융합과 연합으로 발전하고 있는데, 이러한 추세에 부응하는 적합한 방법은 지리, 인종, 종교의 유사성 및 근접성에 근거하여 대연방을 구성하는 것이라고 주장하였다. 즉 서구는 이미 구성된 영연방과 게르만족, 튜튼족, 슬라브족이 각기 연방을 구성하고, 남북아메리카는 미국을 중심으로, 아시아는 일본을 중심으로 연방을 구성해야 한다는 것이다. 浮田和民, 1903, 「帝國主義理想」, 『國民敎育論』, 民友社, 250-252쪽.

이다. 그러나 대동세계에 이르는 과정은 수많은 약소민족의 병합과 희생이 수반되고 있을 뿐만 아니라 그러한 비극에 대한 비판과 연민은 존재하지만 불가피한 것으로 인식된다. 그것은 공리의 세계가 아니라 오직 자기 이익만을 추구하는 야생적인 경쟁무대이고, 특정 문명의 기준에 도달하지 못한 다수의 인류가 도태되고 강제 소멸되는 세계이다. 그러한 잔혹한 비극을 초래하면서 동시에 인류를 통합해 가는 것은 단지 세력균형이라는 국제정치학적 실천뿐이다.[70]

이러한 모순이 발생한 이유는 대동세계를 구성하는 그의 사고에서 줄곧 중요한 역할을 한 것이 바로 인종론과 문명론과 결합된 사회진화론이었기 때문이다. 19세기 후반 서구의 5종 인종론이 소개된 이후, 인종론은 중국에서 역사와 세계에 대한 인식, 그리고 정치 및 사회 개혁 등 방면에서 적지 않은 반향을 낳았다. 인종론이 중국인의 인식에 미친 변화는 크게 두 가지 측면으로 요약할 수 있다. 첫째, 인종론을 국민성이나 민족성과 연계하여 중국민족의 개조의 근거로 삼거나 아니면 한족과 비교하여 만주족을 열등한 민족으로 간주하여 반(反)만주족 민족혁명의 근거로, 또는 백인종에 대항하는 황인종의 연대의 근거로 삼았다. 둘째는 인종론을 문명론과 결합하여, 문명의 관점에서 인종을 평가하였다. 이 두 가지는 상호 연관되어 있지만, 캉유웨이는 특히 후자의 관점에서 인종의 문제를 접

---

70 그가 대동을 위한 조건으로 민주공화제를 제기하여 마치 평화를 추구하는 세계인들의 지향에 의해 대동에 이르는 과정을 암시한 듯하지만, 당시 미국과 프랑스 등 공화제 국가들의 식민지 경영과 제국주의적 팽창을 고려하면 오히려 자기 기만적이라고 할 수 있다. 그보다 그가 상정한 현실적 방법이란 문명진보라는 목적하에 약소민족의 '불가피한 희생'을 수반하는 강대국에 의한 약소국의 병합과 강대국 간의 세력균형이라는 국제정치학적 실천이었다고 할 수 있다.

근하였다. 그는 인류를 문명인과 야만인으로 나누고, 백인종과 황인종을 제외한 대부분 인류는 야만인으로 간주했을 뿐만 아니라 백인종, 황인종, 흑인종 및 갈색인종과 아메리카 인디언 사이에는 명확한 문명의 등급이 있다고 보았다. 이와 같이 인종과 문명론의 상호 연계는 중국에 서구의 문명론이 소개될 때부터 보여주던 특징이었다.

한편 인종론과 문명론은 진화론적 역사관과 결합하여 특정한 역사 시각을 형성하였다. 진화론적 역사의 시각에서 보면 인간의 공동체는 부족에서 부락으로 그리고 다시 국가로 진화하는 등 작은 집단에서 점차 큰 집단의 형성으로 발전해간다. 캉유웨이의 대동세계(Great Commonwealth)는 바로 국가 이후 시대(Post-State Era)에 인류가 만든 가장 큰 공동체이다. 이는 대동세계, 즉 세계국가가 단순히 이상이 아니라 역사의 발전으로 도달하게 될 필연적인 목표라는 의미이다. 또 역사진화론은 문명의 역사적 발전을 몇 단계로 구분하는데, 당시 중국에 소개된 역사 발전에 의하면 인류 역사는 수렵·채취시대, 유목시대에서 농경시대와 상업 및 산업시대로 발전해왔으며, 현재 백인은 상업과 산업의 시대에, 황인종은 농경시대, 그리고 나머지는 농경시대 이전의 역사 발전 단계에 속하는 것으로 보았다. 이들 각 시대는 정치제도, 생업과 사회조직, 경제활동, 문화와 학술 등에 있어 우열이 있는 특정한 성격의 문명단계에 놓여 있다. 캉유웨이가 대동사회로 나아가는 조건으로서 민주공화제를 기본 조건으로 삼은 것도 서구의 근대문명은 물론 그것이 보다 발전한 인류사회에서는 민주공화제가 보편화될 것이라고 보았기 때문이었다.

문명단계론에서 보면 대동사회는 서구의 근대사회보다 과학기술과 물질문명이 고도로 발전한 세계일뿐만 아니라 인류의 행복을 극대화할 수 있는 제도가 구비되는 세계이기도 하다. 문제는 이러한 문명화가 자연적이고 평화적인 과정으로 이루어지는 것이 아니라는 점이다. 캉유웨이는 이를 역사의 불가역적인 추세의 결과라고 했지만, 이는 그가 묘사한 바와 같이 열등한 인종과 민족에 대한 인위적인 이주와 혼혈을 통한 인종 개량 및 동화와 생물학적 단종(斷種)을 통해 얻을 수 있는 결과였다. 황인종 및 기타 인종은 생존을 위해 백인과 같은 식습관과 의복을 취하고, 백인과 같은 생활방식은 물론 그 사회제도와 문화를 수용하여 그들과 같이 동화되어야 한다. 대동세계의 가장 주요한 특징인 평등한 세계란 바로 이렇게 특정한 인종과 문명으로 전 인류를 동화시켜 차이가 없어진 사회이다. 그에게 있어 차이란 곧 갈등과 대립, 계급발생의 원인으로서 인류사회의 비극의 근원이다. 이러한 인종 혹은 민족 개량은 당시 인류의 문명화를 주장하는 이른바 '백인의 사명'과 큰 차이가 없다. 만약 스스로 문명화할 수 없는 인종이나 민족은 문명화된 인종과 민족에 의해 지도되거나 지배받아야 하며, 이를 거부하는 것은 멸종되어야 하는 것이다. 그리고 인류의 지속인 문명발전을 위해, 개간되지 않거나 이용되지 않은 지구상의 자원은 그것을 이용할 능력이 있는 인종과 민족에 의해 점유되고 식민지화되어야 한다. 캉유웨이의 대동사회로 가는 역사적 논리는 바로 당시 제국주의의 주요 근거였던 이러한 문명화 논리와 큰 차이가 없다. 그가 '인류 공동체'의 행복과 평화를 위해 그들의 희생이 불가피하다고 본 것은 바로 흑인종과 갈색인종이 야만적이어서 도태되어야 하고 약소민족들은 반개화 혹은 미개화 상태에서 자립 및 자치할 능력이 결여되어 있다고 보았기 때문이었다.[71]

---

71 캉유웨이의 인종 개량과 도태에 관한 주장은 康有爲 著, 錢鍾書 主編, 1998, 『康有爲大同論二種』, 三聯書店, 167-178쪽 참고.

이상과 같이 캉유웨이의 대동세계가 함축하고 있는 평화는 그 방법과 과정을 고려할 때 그리 유토피아적인 것만은 아니다. 그가 말하는 대동과 통합은 공리를 내세우고 있지만, 약소민족이나 인종의 존재가치를 부정하는 동화와 획일적인 통일이듯이, 약소민족 및 인종을 자기가 소멸해가는지도 모른 채 동화시켜 복속시키는 '묘술'이었다. 그에게 있어 모든 민족과 국가 권리가 평등하게 보장되고 공존하는 것은 오히려 인류의 퇴보이자 비현실적이었던 것으로 보인다. 그가 구상하는 세계정부는 아도르노가 비판한 동일성의 원리를 기초로 삼고 있으며, 이는 칸트식의 세계정부라 아니라 새로운 세계제국에 가까운 것이라 할 수 있다.

V. 나가며

이상에서 본 바와 같이 1900년 전후 수십 년은, 중국에서 대내외적 혼란으로 평화에 대한 요구가 고조되던 시기였다. 중국의 국내 상황은 물론이고 전통적인 지역질서가 급변하고, 세계에 대한 인식과 질서를 구성하는 규범의 측면에서도 패러다임의 변화가 발생하였다. 이러한 상황에서 중국인들은 위기 극복과 평화 회복을 위한 다양한 방법을 모색하였는데, 이는 크게 세력균형을 통한 평화, 반제국주의적 민족의 독립과 공존, 그리고 세계정부를 통한 세계 통합으로 구분할 수 있다.

세력균형은 19세기 다국 간 세력 경쟁에서 자국의 이익을 보호하고 특정 국가의 패권을 막기 위한 방법으로서 유럽 각국이 적극적으로 취했던 방법이지만, 중국에서는 형식상 보편적 규범으로 간주되는 만국공법을 통해 소개되면서 일종의 국가 간의 전쟁을 억제하는 규범이나 법으로 인식되었다. 이에 일부 중국인은 균세의 법을 약소국가를 포함하여 모든 국가가 자국의 안위와 평화를 보장받을 수 있는 근거로 간주하고, 서구의 대중국 압박과 침략을 견제할 수 있는 효과적인 방법이라고 보기도 하였다. 그러나 중국을 둘러싼 서구열강의 각축과 중국에 대한 '불평등'한 압박이 심화됨에 따라 만국공법과 균세의 법이 보편적인 것이 아닌 특정한 문명을 조건으로 하고 있다는 점을 인식했을 뿐만 아니라 만국공법과 균세의 법이라는 것이 강국에게는 통제력을 상실하고 오히려 자국의 이익을 보호하기 위한 하나의 술(術)로 전락하고 있다고 보았다. 하지만 그 이유로 곧 만국공법이나 균세의 법의 가치를 무용한 것으로서 완전히 부정한 것은 아니다. 오히려 중국은 만국공법과 균세의 법의 보호를 받기 위해 그것이 전제로 하고 있는 일정한 문명적 조건을 갖추기 위한 개혁을 추진하는가 하면, 또 한편으로는 균세를 좌우하는 주체가 되기 위한 자강과 혁명을 추진하였다. 즉 만국공법이나 균세의 법을 통해 중국이 평화를 유지하기 위해서는 우선 중국이 부강을 이루어야 한다고 본 것이다.

이와는 달리 장타이옌은 세계의 전쟁과 혼란은 서구의 제국주의적 침략에 있다고 보고, 이를 위해 서구열강에 맞선 아시아 피억압민족의 연대를 추구하였다. 제국주의에 맞서는 것은 단순히 군사력이나 물리력으로 저항하는 것만을 의미하지 않는다. 그는 제국주의의 직접적인 군사적 침략과 더불어 서구의 지배를 합리화하는 정신상의 침략에 대항해야 한다고 보았다. 이른바 공리, 국가, 민족, 진화, 문명 등 근대적 개념들이 제국주의를 정당화하는 논리가 되고 있으며, 이러한 개념들이 실체가 없는 공허한 관념이라고 비판하였다.

장타이옌의 서구 국가와 문명에 대한 비판은 불교의 유식학의 논리에 기반을 두고 있지만, 실천적인 측면에서 보면 민족주의에 입각해 있다. 그가 국가나 민족이라는 것이 실체가 없는 허무한 관념이라고 비판하면서도 현실의 중생이 고통을 구하기 위해서는 자신의 국가와 민족의 입장에 서지 않을 수 없다고 한 것은, 인간세계에서 많은 비극적 불행과 억압이 바로 국가와 민족 관념에 의한 것으로 보았기 때문이다. 한편 서구의 열강에 맞서 중국이 처한 국가적이고 민족적인 위기를 구하기 위한 구체적인 실천 방법으로서, 그는 아시아 국가인 인도를 비롯하여 여러 피억압민족의 연대를 도모하였으며, 이를 위해 전 세계 피억압민족의 자주와 독립을 주장하였다.

그가 말하는 '제물'은 그의 평화사상의 핵심 개념이다. 모든 만물이 각각 그 고유의 속성을 유지하며 공존하는 세계가 바로 제물의 세계이다. 이는 그의 반제국주의의 이론적 근거이자 미래 세계의 평화를 구성하는 원리이기도 하다. 그러나 제물의 세계가 각 민족이 상호 존중하고 공존하는 것이라고 하지만, 제물의 세계로 가기 위한 근대적 민족주의는 오히려 민족 간의 갈등과 불화를 야기하는 원인이 될 수 있다는 점을 간과하고 있다. 이는 그가 동아시아 역사에 대한 인식과 중국의 다민족 문제에 대한 정치적 해결 방안에 대해 언급할 때 보여주는 한족 중심주의에서 잘 나타나 있다. 따라서 민족주의가 반제국주의라는 현실적인 목적을 위해 임시방편으로 제기된 것이라고 하더라도, 이를 극복하기 위한 방안이 제시되지 않는 상황에서는 제물세계란 너무 먼 이상적 세계일 뿐이고 오히려 그것을 향한 뗏목인 민족주의가 현실이 되기 쉽다. 세계의 갈등을 인종 간의 갈등으로 보는 그의 인식도 마찬가지이다. 근대 인종론은 서구의 학술담론에서 비롯된 것으로, 서구열강의 제국주의적 확장을 위한 논리로 동원되기도 했지만, 오히려 이에 대한 비판과 저항은 인종론을 부정하는 것이 되어야 했을 것이다. 그러나 장타이옌은 아시아 피억압민족의 연대를 추동하기 위해 인종론을 적극 활용하고 있다. 이는 그가 서구의 학술과 사상이 가지는 위험성을 파악하고 있음에도, 현실적인 실천에 있어서는 다른 대응 언어와 논리를 찾지 못하고 서구의 담론에 갇혀 있었기 때문인 것으로 보인다.

캉유웨이 또한 평화를 고통으로부터 벗어난 상태로 보고, 그 원인인 자연적 요인과 인간의 욕망, 문화와 제도에 의한 폭력과 전쟁의 문제를 지적하였다. 그중에서도 가족, 젠더, 인종, 계급, 국가를 제도적이고 집단적인 억압의 중요한 요인으로 보고, 이를 근원적으로 해결하는 것이 이상적인 평화라고 보았다. 그러나 그는 평화에 이르는 방법을 인류 역사의 발전에 따른 결과, 일종의 진화의 결과로 보고 있다. 즉 평화를 통시적인 관점에서 인류 문명의 발전의 산물이며, 그것에 이르는 과정은 수많은 전쟁과 폭력이 불가피하게 수반될 수밖에 없다고 본 것이다.[72] 그가 공리에 위배되는 온갖 차별의 철폐가 평화의 기초라고 보는 등, 평화를 인류의 합리적이고 이성적인 판단에 의해 구성되는 것으로 간주하기도 했지만, 이 역시 인류 문명이 진화한 특정 단계에서 비로소 가능한 것이었다. 따라서 그는 당시 서구열강의 제국주의적인 상호 경쟁과 식민지 병합이 폭력적이기는 하지만, 인류의 대동세계로 나아가는 한 과정이라고 보았다.

---

[72] 전쟁에 대한 인식을 보면, 당시 중국의 대부분 평화론이 전쟁의 불가피성을 인정하였다. 그들은 적극적으로 전쟁을 주창하지는 않았지만, 그들이 평화론을 구성하는 논리에 따르면 모두 전쟁은 평화를 위해 불가피할 뿐만 아니라 적극적인 역할을 하기도 한다. 균세론은 전쟁을 때때로 세력균형을 이루기 위해 불가피한 행동으로 보았고, 장타이옌 역시 그의 논리에 따르면 제국주의에 저항하는 전쟁은 정의의 전쟁으로서 평화를 위해 불가결하다. 캉유웨이의 평화세계는 궁극적으로 전쟁을 부정하지만, 평화에 이르는 과정에서 전쟁과 폭력은 인류의 발전을 위해 불가피한 현상일 뿐만 아니라 오히려 전쟁에 의해 대동세계가 추동된다고 보았다.

그리고 그는 갈등과 폭력의 근원을 차이와 차별로 간주하고, 피부색에서 언어, 사상 등 모든 것을 동일화하려고 했다. 이러한 논리에 따르면 백인의 사명, 즉 선진적이라고 간주되는 서구문명의 보편화와 전 지구적 확산을 평등사회로 가는 방법으로서 옹호할 수밖에 없다. 캉유웨이의 대동사상의 이러한 특징은 그가 당시 전 세계적인 변화의 의미를 진화론의 시각에서 적극적으로 파악한 데 따른 것이지만, 몇몇 서구열강과 일본에 의해 세계가 분할되고 병합되어가는 과정을 세계국가의 형성 과정으로 보던 제국주의 논리를 사상적 자원이자 언어로 삼았던 것도 중요한 원인이었다. 결국 1900년을 전후한 중국의 평화론은 반제국주의, 민족해방, 각종 차별 철폐, 주권 보호 등의 적극적인 의미에도 불구하고, 19세기 후반 서구의 근대 논리이자 제국주의 논리를 구성하던 사상과 언어의 구속으로부터 자유롭지 못했다고 할 수 있다. 이는 바로 평화를 논함에 있어, 1세기가 지난 현재에도 여전히 우리의 사유를 구성하고 있는 근대사상과 언어를 근본적이고 지속적으로 문제화해야 할 필요성을 말해준다.

참고문헌

자료

康有爲 지음, 李聖愛 옮김, 1991, 『大同書』, 민음사.

류스페이, 1997, 「아시아 현정세와 연대론」, 최원식·백영서 엮음, 『동아시아인의 '동양'인식: 19-20세기』, 문학과지성사.

姜玢 編選, 1996, 『章太炎文選』, 上海遠東出版社.

康有爲, 1981, 「上淸帝第五書」(1898.1), 湯志鈞 編, 『康有爲政論集』 上, 中華書局.

_____, 2007b, 「大同書」, 『康有爲全集』 第七集, 中國人民大學出版社.

_____, 2007b, 「德國游記」, 『康有爲全集』 第七集, 中國人民大學出版社.

_____, 2007b, 「挪威游記」, 『康有爲全集』 第七集, 中國人民大學出版社.

_____, 2007b, 「與某華僑筆談」, 『康有爲全集』 第七集, 中國人民大學出版社.

康有爲 著, 錢鍾書 主編, 1998, 『康有爲大同論二種』, 三聯書店.

康有爲 撰, 2007a, 『康有爲全集』 第一集, 中國人民大學出版社.

郭嵩燾, 1982, 『郭嵩燾日記』 第三卷, 湖南人民出版社.

羅森 等, 1983, 『早期日本遊記五種』, 湖南人民出版社.

馬建忠, 1896, 「巴黎復友人書」, 『適可齋記言』 卷二, 出版者不明.

浮田和民, 1903, 「帝國主義理想」, 『國民教育論』, 民友社.

薛福成, 1985, 『出使英法義比四國日記』, 嶽麓書社.

梁啓超, 1901, 「中國積弱溯源論」, 『淸議報』 第77~84冊, 1901年 4月 29日~7月 6日.

黎庶昌, 1981, 『西洋雜志』, 湖南人民出版社.

王韜, 1883a, 「泰西立約不足恃」, 『弢園文錄外編』 卷五, 淸光緖9年.

____, 1883b, 「送黎侍郞回越南前序」, 『弢園文錄外編』 卷八, 淸光緖9年.

王彦威·王亮 輯, 1987, 『淸季外交史料』 卷九, 書目文獻出版社.

章太炎, 1977, 「論亞洲宜自爲脣齒」, 湯志鈞 編, 『章太炎政論選集』 上冊, 中華書局.

_____, 1981, 「亞洲和親會規章」, 朱維錚·姜義華 注, 『章太炎選集』, 上海人民出版社.

_____, 1986a, 「駁神我憲政論」, 『章太炎全集』 四卷, 上海人民出版社.

_____, 1986a, 「復仇是非論」, 『章太炎全集』 四卷, 上海人民出版社.

_____, 1986a, 「五無論」, 『章太炎全集』 四卷, 上海人民出版社.

_____, 1986a, 「印度人之觀日本」, 『章太炎全集』 四卷, 上海人民出版社.

_____, 1986a, 「印度人之論國粹」, 『章太炎全集』 四卷, 上海人民出版社.

_____, 1986a, 「支那印度聯合之法」, 『章太炎全集』 四卷, 上海人民出版社.

_____, 1986a, 『章太炎全集』 四卷, 上海人民出版社.

_____, 1986b, 「齊物論釋」, 『章太炎全集』 六卷, 上海人民出版社.

_____, 2003a, 「辨姓」(下), 『國故論衡』, 上海古籍出版社.

_____, 2003b, 「與祐民」, 馬勇 編, 『章太炎書信集』, 河北人民出版社.

丁韙良, 2001, 「中國古世公法略論」(1884), 王健 編, 『西法東漸: 外國人和中國法的近代變革』, 中國政法大學出版社.

鄭觀應, 1998, 『盛世危言』, 中州古籍出版社.

亨利·惠頓 著, 丁韙良 譯, 1864, 『萬國公法』 卷一, 京都崇實官.

陳虯, 1893, 「擬援公法許高麗爲局外之國議」, 『治平通議』 卷四, 光緒19年甌雅堂刻.

崔國因, 1988, 『出使美日秘日記』, 黃山書社.

漢民, 1906, 「民報之六大主義」, 『民報』 第三號.

「論瓜分中國非泰西各國之本心」, 『申報』 1898年 9月 16日.

「答鐵錚」, 『民報』 第14號, 1907年 6月.

Wheaton, Henry, 1857, *Elements of International Law,* Little, Brown.

단행본

강동국, 2006, 『동아시아에 있어서 국제법학과 국제정치학의 분화: Balance of Power의 개념사』, 한국법제연구원.

사카모토 히로코 저, 양일모·조경란 옮김, 2006, 『중국민족주의의신화』, 지식의풍경.

칼 폴라니 지음, 박현수 옮김, 1998, 『거대한 변환: 우리시대의 정치적·경제적 기원』, 민음사.

Berlant, Lauren, 2011, *Cruel Optimism*, Durham: Duke UP.

Galtung, Johan, 1967, *Theories of Peace: A Synthetic Approach to Peace Thinking,* Oslo: International Peace Research Institute(September, 1967).

Karl, Rebecca E., 2002, *Staging the World: Chinese Nationalism at the Turn of the Twentieth Century*, Durham: Duke University Press.

Little, Richard, 2007, *The Balance of Power in International Relations*, Cambridge University Press.

논문

이은주, 2017, 「19세기 말 한국 외교정책 모델리티로서의 '균세(均勢)'와 인아거일(引俄拒日) 균세전략의 국제정치학적 분석」, 『국제정치연구』 20(2), 동아시아 국제정치학회.

차태근, 2018, 「20세기 전환기 중국평화담론연구-"세계평화회의"를 중심으로」, 『중국학논총』 제61집.

Galtung, Johan, 1969, "Violence, Peace, and Peace Research," *Journal of Peace Research*, Vol. 6, No. 3.

Hippler, Tomas and Vec, Miloš, 2015, "Peace as a Polemic Concept: Writing the History of Peace in Nineteenth Century Europe," *Paradoxes of peace in nineteenth century Europe*, Edited by Thomas Hippler and Milos Vec, Oxford university press.

Schroeder, Paul, 2000, "International Politics: Peace and War 1815-1914," Blanning, T., *The Nineteenth Century: Europe 1789-1914*, Oxford University Press.

Sobek, David, 2009, "Balance of Power," *The Causes of War,* Cambridge, UK: Polity.

Vagts, Alfred and Vagts, Detlev F., 1979, "The Balance of Power in International Law: A History of an Idea," *The American Journal of International Law,* Vol. 73, No. 4(Oct., 1979).

4
'중화민족은 평화를 매우 사랑한다'는 담론의 역사적 전개와 의미

오노데라 시로 교토대 대학원 인간·환경학연구과 준교수

I. 들어가며

필자가 일전에 중국으로 향하는 비행기에서 미국에서 근무하는 중국인 과학자와 옆자리에 앉은 적이 있었다. 필자가 중국외교를 전공으로 연구하고 있다고 이야기하자 그는 "중국은 평화로운 나라로, 긴 역사 가운데 단 한 번도 외국에게 잘못을 한 적이 없다"고 역설하기 시작했다. 필자는 중국의 타국에 대한 내정간섭이나 무력해상의 사례들을 떠올렸지만, 타지생활이 길었을 그가 너무나 진지한 얼굴로 이야기를 하고 있었기에 도착하기까지의 시간을 어떻게 보내야할지 고민했었던 기억이 있다.[1]

---

1 益尾知佐子, 2019, 『中国の行動原理-国内潮流が決める国際関係』, 中央公論新社, 3-4쪽.

우리 중국인은 항상 평화를 사랑한다고 이야기하는 것을 좋아한다. 그러나 실은 투쟁을 사랑한다. 타인의 투쟁을 보는 것을 사랑하며, 자신의 투쟁을 보는 것 또한 사랑한다.[2]

중국인은 평화를 사랑한다고 말하는 이가 있으나, 그것은 거짓말이다. 중국은 실은 싸움을 좋아한다. 내가 그러한 사람이다.[3]

필자는 과거에 근대 중국의 지식인의 군사관에 대해 검토한 바가 있다.[4] 그때 느꼈던 것은 어떻게 보면 당연하게도 군사에 대한 인식은 평화에 대한 인식과 표리일체라는 점이었다. 중국인의 평화관이라고 할 때 조금이라도 중국에 대해 공부한 적이 있는 사람이라면 '中華民族酷愛和平(중화민족은 평화를 매우 사랑한다)'이라는 일종의 정형표현을 떠올릴 것이다. 이 표현은 현재 중국의 정부와 일반인들 사이에서도 흔히 사용되는 것이다. 그러나 다른 한편 중국의 자기인식과 외부인식의 어긋남을 야유하는 맥락에서도 종종 다루어지는 논쟁적인 표현이기도 하다. 이 글은 이 정형표현이 언제, 어떻게 형성되었는지를 검토하고, 이를 통해 근대 중국

---

2 何家幹(魯迅), 「觀鬪」, 『申報』 1933年 1月 31日.
3 毛澤東, 1974, 「和卡博, 巴庫同志的談話」(1967年 2月 3日), 『原文復刻版·毛沢東思想万歲』, 現代評論社, 666쪽.
4 小野寺史郎, 2018a, 「デモクラシーとミリタリズム-民国知識人の軍事·社会観」, 中村元哉 編, 『憲政から見た現代中国』, 東京大学出版会(중국어본은 小野寺史郎, 2018b, 「德謨克拉西与軍国民主義一戰後中国的軍事教育与兵制方案」, 李在全 主編, 『中華民国史青年論壇』第一輯, 社会科学文献出版社); 小野寺史郎, 2018c, 「第一次世界大戦期の中国知識人と「愛国」の群衆心理-陳独秀を中心に」, 『メトロポリタン史学』第14號; 小野寺史郎, 2019, 「清末民初のミリタリズム」, 『中国研究月報』第73巻 第11號.

에서의 전쟁과 평화에 관한 논의의 특징의 일부분을 제시하고자 한다.

검토의 전제로서 19세기 후반 중국에서 국제평화의 문제가 어떠한 틀에서 파악되고 있었는지를 개관하고자 한다. 이 주제에 관해서는 사토 신이치(佐藤慎一)의 요약이 간결하고 명료하다. 이하에서는 주로 그 내용을 따라 기술하겠다.[5]

청말의 지식인에게 기본적인 인식은 종래의 책봉·조공에 기반한 중화왕조에 의한 '대일통(大一統)'이야말로 평화적인 우주의 질서인 것이며, 제국이 경합하는 유럽의 국제관계는 힘에 기반한 비평화적인 것이라는 인식이었다. 그러나 두 차례의 아편전쟁을 거치면서 열강과의 관계가 변화하자 세계를 '대일통'하는 것이 아닌, 춘추전국시대와 같은 '열국병립(列國竝立)'인 것으로 파악하게 되었고, 여러 나라 사이에서 '균세역적(均勢力敵)', 즉 세력균형을 성립시키는 것이 평화를 실현시키는 수단이라는 생각이 확산되었다. 또한 '회맹'의 이미지로 인해 '만국공법'을 단순한 힘의 지배를 넘어선 국제질서의 원천이라고 평가하는 관점이나, 군축에 의한 평화구축의 가능성에 대한 기대도 발생했다.

그러나 청일전쟁에서의 패배와 사회진화론의 유행은 중국 지식인의 국제사회관을 다시금 크게 흔들었다. 국제사회를 '적자생존'·'우승열패'의 가혹한 생존경쟁이 펼쳐지는 장소로 보게 되었다. '병전(兵戰)'의 기간 외에도 '상전(商戰)'의 형태로 국가 사이에는 부단히 경쟁이 펼쳐졌으며, 그 경쟁이야말로 진화의 원동력인 것으로 여기게 된 것이다.

이런 가운데 독자적인 논의를 전개한 인물은 무술변법의 중심인물인

---

5 佐藤慎一, 1992,「康有為-淸末の平和論と『大同書』」,『年報政治学』第43巻, 日本政治学会.

캉유웨이(康有爲)였다. 캉유웨이는 자신만의 유교 해석에 입각하여, '국계(國界)'의 존재야말로 전쟁의 근본적인 원인임을 말하고, 국가의 소멸에 의한 '대동'세계의 구상을 전개했다. 이는 아마도 근대 중국에서 가장 장대하고 특이한 국제평화론이었다. 다만 마찬가지로 국가의 소멸을 주장했던 아나키스트를 제외하면, 청말 대부분의 지식인들에게 최대 관심사는 국가의 소멸이 아닌 국가의 존속이었고 세계의 평화가 아닌 '자강(自强)'이었다.

II. 량치차오의 '현실주의'적 평화론

언어의 문제에 주목하면 '평화(平和)'와 '화평(和平)'이라는 한자어는 예부터 존재했다. 다만 『모시(毛詩)』에 "조심하고 경청하면 화락하고 평안해지리라(神之聽之, 終和且平)"(小雅・伐木)라는 말이 있듯이, 이 말은 일의적으로는 개인의 정신과 사회의 질서가 부드러워지고 평화로운 것을 가리켰다. 또 평화와 화평은 그 의미에 큰 차이가 없었다. 일본에서는 메이지시대에 '평화'가 'peace'의 번역어로 채용・정착하고, 이후에 주로 국가 간의 전쟁이 없는 상태를 의미하는 단어가 되었다.[6] 한국어의 '평화'도 경위는 마찬가지였을 것이라 생각한다. 이에 비해 중국 청말・중화민국시기에는 'peace'의 번역어로서 '평화'와 '화평'이 모두 사용되었다가, 이후 후자로 수렴되었던 것으로 보인다. 또한 현재에도 중국어의 '화평(및 평화)'은 '온건한, 조화된'이라는 원래의 뜻이 남아 있다.

---

6 惣郷正明, 飛田良文 編, 1986, 『明治のことば辞典』, 東京堂出版, 523-524쪽.

그렇기에 캉유웨이의 제자이자 저명한 지식인·언론인이었던 량치차오의 글에서도 '국가 간의 전쟁이 없는 상태'로서의 평화, 화평의 용례가 나타나는 것은, 그가 무술변법이 실패한 이후에 망명한 일본에서 본격적으로 서양의 학술·사상을 수용하기 시작한 이후의 일이었다. 예를 들어 량치차오가 1899년에 발표한 「과분위언(瓜分危言)」에서 다음과 같이 말했다.

> 제3절 각국이 서로 시의하며 개전을 주저하다
> 이후로부터 군비는 나날이 갖추어졌으나, 전쟁은 점점 더 일어나지 않게 되었고, 평화를 지키는 것이 유럽의 공통적인 주의가 되었다.
> … 과분[瓜分(중국 분할)]을 행할 것이 결정되었으나, 각국 사이의 상호 충돌을 막을 필요가 있었다. 여기에서 평화과분의 회의가 제안되었다. 영국의 모 신문에 의하면 과분중국평화회라는 것이 제안되었고, 그 규약에는 다음과 같은 내용이 있었다고 한다. …
> … 열국이 우리나라에 대해 호의를 갖는 것은 아니지만, 상업을 생명으로 삼는 이 중에서 동방에서 중국이 오래도록 평화로운 상태를 유지하고, 그들의 상업이 말려들어 피해 입는 일이 없기를 바라지 않는 이는 없다.[7] (밑줄은 인용자, 이하 같음)

여기서 '평화'는 단순히 직접적인 군사력의 행사가 없는 상태를 지칭할 뿐이며, 고전적인 한자어의 '평화'와 '화평'과는 그 함의가 크게 다

---

[7] 哀時客(梁啓超), 「瓜分危言」, 『清議報』 第15·16·23冊, 1899年 5月 20日·5月 30日·8月 6日.

르다. 또한 특징적인 점은 여기서 '평화'는 이상적·규범적인 이념이 아니고, 오로지 열강 사이의 이해·역학관계, 철저한 현실주의적 사고의 결과로서 발생하는 것으로 설명한 점이다. 이후의 용례를 보아도 뚜야취엔(杜亞泉)의 문장에서 나타나는 평화·화평은 그 자체로 가치가 있는 것이기보다는 단순히 열강 사이의 권력정치(power politics)의 결과로, 우연히 군사력을 직접적으로 행사하는 것이 선호되지 않은 상태를 가리키는 경우가 많았다. 이는 전술한 바과 같이 당시의 중국을 둘러싼 국제관계와 사회진화론에 입각한 국제사회관을 반영한 것이라고도 볼 수 있다.

> 러시아 황제는 화평회를 제창하고 유럽의 평화를 지키고자 했다. 유럽이 평화로워야만 비로소 협력하여 유럽 이외의 곳에 대한 야망을 기를 수 있는 것이다.[8]

량치차오가 요코하마(横浜)에서 간행한 잡지 『신민총보(新民叢報)』에서 제자인 차이어(蔡鍔)와 장팡전(蔣方震)과 함께 '군국민주의(軍國民主義)'를 주장하며, 독일과 일본을 모델로 삼은 국민개병(國民皆兵), 사회의 군사화의 필요성을 이야기하기 시작하자 이 경향은 강화되었다.

> 각국의 정치가·신문가 그리고 다소나마 지식이 있는 이들 중 "지금의 세계는 무장평화의 시대"라고 말하지 않는 사람은 없다. … 오늘날 세계의 열강 중에 평화로운 상태를 유지하기 위해서는 군비 확장을 국

---

8   任公(梁啓超), 「本館第一百冊祝辞並論報館之責任及本館之経歷」, 『清議報』第100冊, 1901年 12月 21日.

시로 삼지 않을 수 없다고 말하지 않는 이는 없다. 가장 호전적인 이야말로 사람들에게 날마다 평화를 호소한다.[9]

오늘날의 세계는 물론 '무장평화'의 세계이다. 열강의 회의에서는 날마다 군축을 논하지만 왼편에서 평화조약을 체결하고 오른편에서는 군비 확장의 의안을 작성한다. 강권의 세상에서는 싸울 수 있는 이만이 평화로울 수 있는 것이다.[10]

당시 일본에서 '무장적 평화'의 시비가 논의되었던 점을 생각하면,[11] 이러한 내용도 일본으로부터의 영향을 받은 것으로 보인다.

다만, 다른 한편으로 당시 량치차오의 논의에는 스펜서의 사회진화론의 영향 때문에 인류의 진화에 따라 군사력에 의한 경쟁이나 문명, 경제력에 의한 평화적 경쟁으로 변해가는 이미지가 전제로 있었다는 점도 지적할 수 있다.

17세기 후반 표토르는 즉위 이후 침략하고자 하는 마음을 단단히 먹었다. 그 수단이 침략이기는 하였으나 그 의도는 온전히 평화에 있었으며, 국민의 개화를 최대의 목적으로 삼았다. … 대표토르의 품성은 본래 반문명·반야만의 중간에 있었다. 러시아도 마찬가지였다. 그러나 그는 항상 평화를 경쟁의 수단으로 삼았으며, 국내개발을 대외경

---

9   奮翮生(蔡鍔), 「軍国民篇」, 『新民叢報』第11號, 1902年 7月 5日.
10   中国之新民(梁啓超), 「新民説·論尚武」, 『新民叢報』第29號, 1903年 4月 11日.
11   石田雄, 1989, 『日本の政治と言葉(下)』, 「平和」と「国家」, 東京大学出版会, 28쪽.

쟁의 근원으로 여겼다.[12]

영국의 대학자 스펜서는 말했다. "대저 인간사회는 두 종류만이 존재한다. 첫째는 상무의 사회이고, 둘째는 식산의 사회이다. … 고대의 야만시대에는 <u>전쟁이 상태(常態)였고 평화는 우연이었다</u>. 생산기관은 군사기관을 위해 세워진 것에 지나지 않았다. 그렇기에 상무의 사회라고 부르는 것이다. 작금의 개명시대에는 <u>평화가 상태이고 전쟁은 우연이다</u>. 군사기관은 생산기관을 위해 세워진 것에 지나지 않는다. 그렇기에 식산의 사회라고 부르는 것이다."[13]

또한 량치차오가 비교적 이른 시기에 스피노자를 소개한 문장에서는 스피노자가 자유를 중시하는 입장에서 홉스를 비판했다는 점을 언급했다.

홉스는 정치에 가장 중요한 것은 사람들로 하여금 화목하게 지내고 다투지 않게끔 만드는 것이라고 생각했다. 스피노자는 말했다. 평화를 지키는 것 외에 자유를 지키는 것 또한 정치의 큰 목적이다. <u>만약 사람들을 속박하고, 채찍질하는 것으로 평화를 지키는 것이라면, 평화는 천하에서 가장 염오(厭惡)해야 할 것이 된다</u>. 내가 보기에 진정한 화평이라는 것은 단순히 투쟁이 없는 것을 일컫는 것이 아니고 사람들이

---

12 中國之新民,「論民族競爭之大勢」,『新民叢報』第3號, 1902年 3月 10日. 원저의 주석은 생략, 이하 같음.
13 中國之新民,「生計学(即平準学)学説沿革小史」,『新民叢報』第7號, 1902年 5月 8日.

마음으로부터 협화(協和)하고 억압되지 않는 것을 말하는 것이다.[14]

다만 량치차오의 인식에서 인간은 자연상태에서 서로 다투는 존재이며, 평화는 강력한 권력에 의해 비로소 주어지는 것이라는 홉스의 사회계약론을 지지했다. 이는 이후에 그의 '개명전제론(開明專制論)'이 근거로 삼는 것 중 하나이기도 했다.

인간사회가 만들어진 당초에는 반드시 일종의 야만의 자유가 있었다. 정치의 제1단계는 인간을 이 만성(蠻性)·만습(蠻習)으로부터 빠져나오게 하는 것이다. 그렇기에 그때 국가는 정부를 만들고 법률을 정하여 사회의 평화와 질서를 유지해야 하며, 그러기 위해서는 주권을 강화하고 외적을 막으며 내란을 평정해야 한다. 강력을 써서 위권을 행사하지 않고서 어찌 이러한 일을 실행할 수 있겠는가. … 생각건대 전제의 효과는 내부의 인민으로 하여금 평화롭고 질서를 중히 여기고 법률에 복종하는 기풍을 배양하는 데에 있다. 이미 평화롭고 질서가 있으며 자치의 습관이 성립했다면, 그때는 정부가 간섭의 범위를 축소하고 인민이 자유의 영역을 갖게 해야 한다.[15]

인류는 스스로 조화할 수 있으므로 강제하지 않아도 평화적으로 발전할 수 있다고 말하는 이도 있다. 이것은 중국의 노장일파의 이상으로,

---

14　(梁啓超),「政治学案第四·斯片挪莎学案BARUCH SPINOXA」,『清議報』第97冊, 1901年 11月 11日.
15　中国之新民,「地理与文明之関係」,『新民叢報』第2號, 1902年 2月 22日.

고대 유럽의 철학자들도 이 설을 지지하는 이는 항상 있었다. 이는 역사를 연구한 적이 없어서 소대사회의 상황을 오해한 것일 뿐이다. … 영국에서 개명전제주의자를 대표하는 이는 홉스이다. … 그 말에서 일컫기를 사회의 최초에는 사람들이 다투어 야만의 자유를 무한하게 확대하였기에 쟁란이 있었다. 쟁란은 이롭지 않았기에 민약(사회계약)이 만들어졌다. 민약이란 피아가 모두 계약을 맺어 국가를 만드는 것이다. 즉, 각자가 스스로 나아가 자유권의 일부를 버리고, 이를 국가에게 넘기는 것이다. 군주란 그로부터 부여받은 것을 받아서 대행하는 자이다. 이리하여 자유의 일부를 방기함으로써 변화가 발생한다. 무엇이 변하는가. 쟁란이 평화로 바뀌는 것이다.[16]

아울러 량치차오는 이 '개명전제론'에서 전쟁이 사회에 진보를 가져오는(모다라스) 것이라는 주장에 일면의 진리가 있음을 인정하면서도 기본적으로 부정적이었다. 이는 당시의 혁명파와 논쟁을 벌이는 데 량치차오가 무력혁명을 부정하는 근거이기도 했다. 이후의 논의와도 관련되는 내용이므로 소개해두도록 하겠다.

<u>이전에 사회의 진보에 대해 고찰한 적이 있는데, 그것은 항상 평화로운 시대에 이루어졌다.</u> 이는 내외의 역사에 비추어보아 분명히 그러하다. 전란도 또한 진보를 조장하는 때가 있다. 사회가 타성에 젖어 폐색하고 진흥시킬 방법이 없을 때에 전란을 한번 거치면 혹은 울혈을 씻어내어 새로운 피를 만들어낼 수 있을지도 모른다. 예를 들어 혁명

---

16   飮氷(梁啓超), 「開明專制論」, 『新民叢報』 第73號, 1906年 1月 25日.

과 교육은 같은 효력을 지닌다고 말하는 이가 있으나, 그 말은 물론 일면의 진리를 담고 있으며, 모두 부정할 수는 없다. 그러나 동일한 전란이라 해도 그것이 좋은 결과를 만들지 혹은 나쁜 결과를 만들지는 통치자의 구제수단이 어떠한지, 국외세력의 관여가 어떠한지에 달려 있으며, 전란이 반드시 진보를 조장한다고 말할 수는 없다. 그렇기에 일면의 진리라고 말하는 것이다.[17]

III. 쑨원의 '국민성'적 평화론

이상에서 보았듯이 청말의 량치차오는 기본적으로 동시대의 국제관계와 사회진화론의 맥락에서 평화 문제를 논했다. 그리고 그때 평화의 개념은 개인 또는 국가 간에 전쟁이 없다는 것 이상의 의미는 보이지 않는 '현실주의'적 가치중립적인 성격이 강했다.

다만, 량치차오가 이 시기 일본에서 크게 영향받은 사고방식으로 '민족'과 '인종'이 있었다.[18] 이 때문에 량치차오의 문장에는 전쟁과 평화의 문제를 민족과 인종의 차이와 결부시킨 내용이 나타난다.

> 백인이 다른 인종보다 뛰어난 것은 어째서인가. 다른 인종은 정(靜)을 선호하고, 백인종은 동(動)을 선호한다. 다른 인종은 화평을 탐하고 백

17　飮氷, 「開明專制論」, 『新民叢報』 第75號, 1906年 2月 23日.
18　石川禎浩, 2001, 「近代東アジア "文明" 圈の成立とその共通言語-梁啓超における「人種」を中心に」, 狹間直樹 編, 『京都大学人文科学研究所70周年記念シンポジウム論集・西洋近代文明と中華世界』, 京都大学学術出版会.

인종은 경쟁을 불사한다. 다른 인종은 보수이고 백인종은 진취이다.[19]

전술한 군국민주의의 맥락에서도 평화와 화평은 오히려 '중국' '국민'의 '문약'함의 원인으로 지목되어 부정적으로 언급하였다.

> 중국은 문약함으로 천하에 알려진다. … 무사(武事)가 쓰이지 않게 되고 민의 기풍은 유약하며 2천 년의 부패한 풍습이 국민의 뇌에 깊이 들어서서 마침내 모든 국민이 병부처럼 숨이 곧 끊어질듯하고 어린 여자처럼 나약하며 보살처럼 온온하고 길들여진 양처럼 순종하게 되었다. 아아, 쟁란을 미워하지 않고 화평을 기뻐하지 않는 이가 있겠는가. 하지만 화평이 우리들을 약하게 만들고 해로운 바가 이와 같이 심하다는 것을 알고 있을까.[20]

서양의 뛰어난 점과 대비하기 위해 중국의 문제점을 지적하고, 이에 대한 개혁을 호소하는 논법은 청말에는 일반적이었다. 전쟁과 평화라는 문제도[蔡鍔] 이따금 그 틀에 짜넣는 형태로 이야기되었다. 리샤오동(李曉東)은 차이어가 군국민주의를 주장하는 데 영향을 끼친 책으로 오자키 유키오(尾崎行雄)의 『상무론(尚武論)』(新潟: 佐藤敬三郞, 1880)이 있었음을 지적한다. 이 책에는 도쿠가와 200년가량의 태평이 일본사회의 '유약교사(柔弱驕奢)'와 '인순고식(因循姑息)'의 악폐를 키운 것이라고 기술하고

19　中国之新民(梁啓超), 「新民説·就優勝劣敗之理以証新民之結果而論及取法之所宜」, 『新民叢報』第2號, 1902年 2月 22日.

20　中国之新民, 「新民説·論尚武」, 『新民叢報』第28號, 1903年 3月 27日.

있다.[21] 평화가 중국의 문약함을 초래했다는 주장 역시 이러한 당시 일본의 논의로부터 영향을 받았던 것으로 보인다.

다만, 같은 시기에 전혀 다른 맥락으로 '중국인'과 '평화' 관계를 논한 인물로 쑨원이 있었다. 쑨원은 해외에서 혁명 활동을 전개하던 중 1904년에 미국에서 출판한 팸플릿 *The True Solution of the Chinese Question*에서 다음과 같이 이야기했다.

> 중국인들은 천성적으로 근면하고, 평화롭고, 법을 준수하는 민족이다. 그들은 결코 공격적인 인종이 아니다. 만약 그들이 전쟁까지 가게 된다면, 그것은 오직 자기방어를 위한 것일거다. 중국인들이 외국으로부터 적절히 훈련받고, 자신의 야심을 만족시키는 도구로서 이를 이용할 경우에만 세계 평화에 위협이 될 것이다. 그들 자신에게만 맡긴다면 세상에서 가장 평화로운 민족이라는 점이 입증될 것이다.[22]

이 부분은 황화론(Yellow peril)에 반론하고 구미인이 중국의 발전을 지지해줄 것을 바라는 의도에서 쓴 것이다. 중국인(Chinese)이라는 인종(race)이 본질적으로 평화롭다(peaceful)는 논조는 그러한 의도에서 유래했다. 다만, 어째서 그렇게 이야기할 수 있는지에 대해서 딱히 근거를 제시하지 않았다.

쑨원의 주장은 '중국 = 평화'라는 구도는 량치차오와 같았지만, 그 평

21　李曉東, 2015, 「「軍国民」考」, 大里浩秋・孫安石 編著, 『近現代中国人日本留学生の諸相 －「管理」と「交流」を中心に』, 御茶の水書房, 103-104쪽.

22　(孫文), 1906, 『支那問題真解』, 国民倶楽部 (원저 1904), 『孫文研究』 第58號, 2016年 6月, 62-63쪽.

가는 량치차오와는 정반대로 긍정적인 것이었다. 전술한 바와 같이 중국인을 호소의 대상으로 삼은 지식인들이 현재의 상황을 비판하고 그에 대한 개혁을 주장한 것에 비해 쑨원이 중국의 전통과 도덕의 우위성을 강조했던 것은, 쑨원의 개인적인 성격에 의한 것만이 아니라 이 문장이 외국인을 호소의 대상으로 삼았다는 점에서 맥락의 차이가 크다.

그러나 여기에는 처음부터 하나의 큰 모순이 존재했다. 중국인이 평화롭다고 주장하는 쑨원이 무력을 통해 현 정권을 타도하고자 하는 혁명파의 대표였다는 점이다. 이에 대해 쑨원은 어떻게 생각하고 있었던 것일까.

같은 문장에서 쑨원은 중국인에 대한 만주족/타르타르족(Manchus/Tartar)의 통치의 무도함[非道性]을 극력 비난하면서 다음과 같이 이야기했다.

> 이러한 모든 불만에도 불구하고 우리는 그들과 화해하기 위해 가능한 모든 수단을 시도했지만 결국 소용이 없었다. 이러한 사실에 비추어 볼 때, 우리 중국인들은 우리의 잘못을 바로잡고 극동과 전반적인 세계의 평화를 정착시키기 위하여 그러한 목표들을 달성하기 위한 적절한 조치들을 취하기로 결정했다. "<u>평화롭게, 하지만 필요하다면 물리력을 동원하여</u>".[23]

마지막 문구는 19세기 중반에 영국에서 일어난 차티스트운동의 슬로건으로 '가능하다면 평화롭게, 어쩔 수 없다면 폭력으로' 등으로 번역

---

23 위의 책, 61쪽.

된다. 그렇기에 중국인은 본질적으로 평화롭지만 어쩔 수 없는 이유로 인해 군사적 수단에 호소할 수밖에 없는 것이라는 논리로 앞서 말한 모순을 회피했다. 일반적으로 평화론에는 자위권 또는 '평화를 위한 전쟁'을 긍정하는 상대적 평화주의와 모든 전쟁을 부정하는 절대적 비전론(非戰論)이 있다. 쑨원의 주장은 명확하게 전자에 속하는 것이었다.[24] 무엇보다도 전술한 바와 같이 사회진화론이 널리 받아들여지고 난 이후 '우승열패'의 국제사회 속에서 중국이 존속할 수 있는 것이 최대의 관심사였던 청말 지식인들 사이에서 절대적 비전론을 주창하는 것 자체가 매우 드문 경우였다는 점을 고려해야 한다. 그렇기에 평화를 위해 무력을 사용하는 것을 모순으로 여기고 이에 대해 심각한 갈등을 하지는 않았던 것으로 보인다.

또 다른 문제로는 '중국인이 전쟁을 벌이는 것은 자위를 위한 경우에 한정된다'는 명제는 쉽게 '중국인이 벌이는 전쟁은 예외 없이 자위이다'로 바뀔 수 있다는 점이다. 이런 점으로부터 서두에서 이야기한 현재의 중국의 자기인식에 이어지는 요소를 찾아 볼 수 있을지도 모른다.

거의 같은 내용은 신해혁명을 거쳐 중화민국이 성립하고 쑨원이 임시대총통에 취임한 직후인 1912년 1월 5일에 발표한 선언에서도 나타났다. 이 선언에서는 국외를 향해 청조의 통치의 무도함과 혁명의 정당성을 호소하는 동시에, 청조가 열강과 체결한 조약과 패전에 의한 배상금 등을 중화민국이 계승할 것임을 표명했다.

---

[24] モニカ・デ・トーニ(Monica De Togni) 著, 須藤瑞代 訳, 2017, 「孫文とガンディー—両者の政治的提言が一致点を見いだせなかったのはなぜか」, 日本孫文研究会 編, 『孫文とアジア太平洋—ネイションを越えて』, 汲古書院에서도 이 점을 지적하고 있다.

평화롭고 법을 준수하는 우리 중국인들은 자기방어 외에는 전쟁을 벌이지 않았다. 우리는 267년 동안 인내와 관용으로 우리의 불만을 참아왔다. 우리는 우리의 잘못을 바로잡고, 자유를 확보하고, 진전을 보장하기 위해 평화적인 방법으로 노력해왔지만 결국 실패했다. 인간의 인내력을 넘어서는 억압을 받으면서, 우리는 무력에 호소하여 오랫동안 예속되어 온 굴레로부터 우리 자신과 후세들을 구하는 것이야말로 신성한 의무일 뿐만 아니라 양도할 수 없는 권리라고 여겼다.[25]

여기서도 쑨원은 중국인이 평화롭다는 것을 대전제로 이야기하고 있으며 근거를 제시하지 않았다.

이와 같은 사례들은 '중국인은 평화롭다'고 주장하고, 그에 대해 긍정적인 뉘앙스를 부여하는 것이 본래 구미에게 호소하는 행동으로 시작되었던 것을 시사한다. 그리고 그 호소가 처음부터 '그럼에도 불구하고 어쩔 수 없는 이유에 의해 군사적 수단에 호소할 수밖에 없었다'고 군사력 행사를 정당화하는 주장과 한 쌍을 이루었다는 점은 아이러니하다고 말할 수 있을 것이다.

25　H. A. Giles, 1912, *China and the Manchus*, Cambridge: The University Press, p. 130. 중국어본은 「中華民國宣告各友邦書」, 『民立報』 1912年 1月 7日 등.

IV. 제1차 세계대전과 '평화'를 이야기하는 방식

1. 수사(rhetoric)로서의 '평화를 사랑하다'

1914년 7월에 제1차 세계대전이 시작되자 일본은 영일동맹을 근거로 독일에 선전포고하고 산둥(山東)반도로 출병하여, 11월에는 자오저우만(膠州灣)조차지와 자오지(膠濟)철도를 점령했다. 이듬해인 1915년 1월 18일 일본은 독일의 산둥 권익을 일본으로 양도할 것과 일본이 러일전쟁에서 획득한 뤼순(旅順)·다롄(大連)과 남만주철도 등의 동삼성 권익의 반환 기한의 연장을 중심으로 5항 21조의 요구를 중화민국정부에게 내대었다.

  중국의 지식인과 학생 사이에서는 이에 대한 반대운동이 일어났다. 량치차오도 1915년 4월에 일본의 행동을 비판했고, 당시의 위안스카이(袁世凱) 정권에게 강경한 대응을 촉구하는 「시위인가 도전인가(示威耶挑戰耶)」라는 문장을 영자신문(Peking Gazette, 『京報』)에 게재했다. 중국어 원문은 량치차오가 상하이(上海)에서 발행하고 있었던 잡지 『대중화(大中華)』에 전재되었고, 다음과 같이 이야기했다.

> <u>우리나라가 본래부터 평화를 제일로 여기고 결단코 개전을 가볍게 말하지 않는 것은</u> 온 세계가 잘 알고 있는 바이다. 그러나 사태가 국가의 존망에 관련된다면 차라리 옥쇄(玉碎)를 하더라도 와전(瓦全)할 것을 기도하지 않는 것 또한 국민심리가 도피할 수 없는 바이다.
> … <u>우리가 평화를 매우 사랑하는 일념은</u> 일본이 받아들이지 못하는 <u>바의 것으로</u>, 싸우지 않고서는 그 야망을 채울 수 없는 듯하다. 한 번

도전하여 응하지 않으면 두 번 도전하고, 두 번 도전해도 응하지 않으면 세 번, 네 번을 도전한다. 유럽전쟁의 기간 동안 그들이 우리에게 도전할 기회는 그치지 않을 것이다. 우리가 이번 조건을 모두 승낙한다고 해도 그들이 계속해서 도전할 터인데, 어찌 다른 구실이 없다고 고민하겠는가. 승낙하면 전쟁을 피할 수 있다는 것은 그저 헛말일 뿐이다.[26]

여기에는 '평화를 매우 사랑하는[篤愛平和]'이라는 표현이 사용되었다. 이 문장은 앞서 언급한 쑨원의 사례와 마찬가지로 구미에 호소하기 위해 쓴 것이었다. 또한 앞서 말한 쑨원의 선언으로부터 영향을 받았는지에 대해서는 알 수 없으나, 여기서도 '우리들은 평화를 사랑한다'는 언명은 뒤 단락의 '그럼에도 불구하고 어쩔 수 없는 이유로 인해 군사적인 수단에 호소할 수밖에 없다'는 주장과 짝을 이룬다. 물론 군사행동을 일으키는 이유로 평화유지라는 명분을 내거는 것은 중국에만 있는 특수한 일이 아니며 일반적으로 있는 일이다. 그러나 그것이 앞서 말한 쑨원의 논의처럼 '국민성'의 문제와 결부되는 것은 다소 특징적이라고 말할 수 있다.

이와 같은 표현은 1915년 말에 량치차오가 차이어와 함께 일으킨 반위안스카이 봉기 때에도 나타났다. 봉기에 있어서 윈난(雲南)의 장군인 탕지야오(唐繼堯) 등이 보낸 전보와 량치차오의 문장에는 다음과 같은 내용이 있었다.

---

26 梁啓超,「示威耶挑戰耶」,『大中華』第1卷 第5期, 1915年 5月 20日.

탕지야오 등은 본디 평화를 사랑하는데, 어찌 이 전쟁을 기뻐하겠는가. 다만 원 씨가 안으로는 우리 국민을 속이고 밖으로는 열국을 기만하여 이러한 간섭을 초래했다. 존망의 위기에 처한 이상, 지금 영원히 제제를 제거하고 공화를 확보하지 않으면, 국내의 평화를 다스리고 외적을 물리치는 일, 양 쪽 모두를 할 수 없게 된다.[27]

량치차오는 실은 나라 안에서 가장 평화를 사랑하고 파괴를 미워하는 사람이다. … 그렇기에 평화의 꿈에 빠져 있었던 량치챠오와 같은 이라 할지라도 수차례 주저하고 검토하여 앞서의 잘못을 훗날의 교훈으로 삼아 마침내 의연하고 결연하게 눈물을 닦고 피를 흘리며 제현의 뒤를 쫓아 위안스카이와 대치할 수 밖에 없게 된 것이다.[28]

이러한 '평화를 사랑하다'의 용례에서도 기본적인 맥락은 역시 '우리는 평화를 사랑한다. 그럼에도 불구하고 어쩔 수 없는 이유로 인해 군사적인 수단에 호소할 수밖에 없는 것이다'라는 것이다. 이러한 용법은 상대방의 부당함을 호소하고, 스스로의 군사행동의 정당함을 주장할 때의 정형표현이었으며 이후로도 답습되었다.

---

27 (唐継堯),「唐継堯討袁通電稿」(1915年 12月 25日), 鄒明德 編選,「護国運動期間唐継堯等文電一組」,『歷史檔案』1981年 第4期.
28 「梁啓超在軍中敬告國人」,『時事新報』1916年 4月 4日.

2. 문명론으로서의 '평화를 사랑하다'

제1차 세계대전 시기 중국 지식인들 사이에서도 전쟁과 평화의 문제가 널리 논의되었다. 필자는 과거에 이 문제에 대해 논한 적이 있는데,[29] 이것을 토대로 간단하게 소개하고자 한다.

전쟁이 시작되자 중국의 다양한 인쇄 미디어도 이를 중요하게 다루었다. 그 가운데 나타난 논의의 패턴에는 전쟁과 평화의 문제를 동서문명과 결부시키는 것이 있었다.

이 시기에 천두슈(陳獨秀)와 젊은 지식인들이 잡지 『신청년(新靑年)』을 창간하고 중국의 오래된 전통을 통렬하게 비판하면서 서양을 모방하여 사회개혁의 필요성을 주장했다. 거기서는 동시대 유럽에서 일어난 제1차 세계대전 또한 본받아야 할 모범으로 평가되었다.

> 서양민족은 전쟁을 본위로 삼고, 동양민족은 안식을 본위로 삼는다. … 서양의 민족들은 호전건투가 천성에 뿌리내려 습속이 되었다. … 벨기에, 세르비아와 같은 나라는 작은 나라가 큰 나라에 저항하여 선혈로 자유를 쟁취하고자 하는데, 내가 생각하기에 그러한 사람들의 나라는 끝까지 멸망하지 않을 것이다. 그 간난(艱難)에 저항하는 기골을 동양민족은 어쩌면 미쳐버린 것으로 여길 수도 있다. 그러나 그 만분의 일이라도 흉내 낼 수 있었다면, 평화를 사랑하고 안식을 숭상하며 점잖고 고상하며(雍容文雅) 열등한 동양민족이 어찌 오늘날의 피정

---

29 小野寺史郎, 2017, 「欧州戦争と科学振興のジレンマ―中国における第一次世界大戦報道とその思想的影響」, 『東洋史研究』 第75巻 第4號.

복의 지위에 이르렀겠는가.[30]

천하에는 사전에 게재되어 있어도 영원히 직접 마주칠 수 없는 것이 있다. 화평이라는 두 글자가 그러하다. 이 두 글자는 본래 비열하고 겁약(怯弱)한 이의 머릿속에 있는 일종의 환상으로, 세계에서 실현될 일은 절대로 없다. 동양민족의 쇠망은 실로 이 불길한 단어에 모든 원인이 있다. … 전쟁이란 실은 창조진화의 중심인 것이다. 그것이 없어지면 세계는 멸망해버리고 만다. 만약 이 세계에서 굳이 평화라는 것을 구하고자 한다면, 멸망이라는 두 글자가 그것에 가깝다. … <u>세계의 민족 중 우리 제화(諸華)민족은 가장 화평을 사랑한다. 그렇기에 중국은 가장 약하기도 하다.</u> … 바라건대 우리 청년들이 사해를 병탄하는 것을 목표로 삼아 팔굉을 석권하는 것을 마음에 품고 제화를 개조하여 세계에서 가장 호전적인 민족으로 만든다면, 국가의 영광은 영원히 지켜질 것이다.[31]

군국주의는 진정한 구국의 양약이라고 혹자는 말한다. 그러나 독일의 군국주의는 그 민족의 근본적인 성질로부터 나오는 것이다. <u>우리 제화는 화평을 매우 사랑하는 천성을 지니며 군국주의와는 상용(相容)하지 않는다.</u> 민족성이 그와 같다면 어째서 인력으로 개조할 수 있겠

---

30 陳獨秀,「東西民族根本思想之差異」,『青年雜誌』第1卷 第4號, 1915年 12月 15日.
31 劉叔雅(劉文典),「欧洲戰争与青年之覚悟」,『新青年』第2卷 第2號, 1916年 10月 1日. 이 글에서 '창조진화'라는 단어는 李大釗,「厭世心与自覚心」,『甲寅』第1卷 第8號, 1915年 8月 10日; 陳獨秀,「敬告青年」,『青年雜誌』第1卷 第1號, 1915年 9월 15일 등에서 언급된 적이 있는 베르크송의 '창조진화론'을 염두에 두었던 것으로 보인다.

는가를 묻는 이가 있을 수 있다. 그러나 이는 호전은 인류의 본성이고 진취가 실은 입국의 원칙이라는 점을 모르는 것이다. 우리 제화는 이미 인류이고, 또한 국토를 보유한 지 수천 년이 지난 이상 그 기간 동안 저항(捍拒)하고 적국을 토멸하지 않았던 시대는 없었다. … 우리 청년 형제가 자신의 책임을 자각하고 세계의 조류를 널리 살펴서 군국주의가 입국의 근본이자 구망(救亡)을 위한 가장 좋은 계책임을 알아 정신을 진작시킨다면, 우리 제화가 세계최강의 민족이 될 수 없다는 것은 정해진 일이 아니며 중하(中夏)에는 아직 부흥할 수 있는 희망이 있는 것이다.[32]

'동양민족'은 '화평을 매우 사랑'하고 '서양민족'은 '호전'적이라는 대전제 아래 '동양민족'을 '서양민족'과 같이 개조해야 한다는 논리는 청말의 군국민주의와 같다. 물론 량치차오는 전쟁이 사회를 진보시킨다는 주장에 회의적인 태도를 보였던 것에 비해 더 급진적인 『신청년』에서 논의될 때에는 전쟁이 전면적으로 긍정되었다는 점에서 차이가 있다.

다만, 세계대전이 점차적으로 장기화하고 수렁에 빠지자 전쟁의 참화를 낳은 서양문명에 대해 의념을 표명하는 이도 나타나기 시작했다. 당시 중국에서 가장 큰 종합잡지였던 『동방잡지(東方雜誌)』의 주편인 뚜야춰엔이 1916년에 발표한 「정적 문명과 동적 문명(靜的文明與動的文明)」이라는 제목의 논설은 다음과 같이 논했다.

나의 의견을 말하자면 서양문명과 중국 고유의 문명은 성질이 다른

---

[32] 劉叔雅, 「軍國主義」, 『新靑年』 第2卷 第3號, 1916年 11月 1日.

것으로 정도의 차이가 있는 것은 아니다. 그리고 중국 고유의 문명은 서양문명의 폐해와 군색함을 구제하기에 충분한 것이다. …

서양사회는 항상 전쟁 중에 있으며, 그 사이 화평의 시기는 전쟁 이후의 휴양기간 혹은 다음 전쟁을 준비하는 기간이다. 전쟁이 상태(常態)이고 화평은 이상사태인 것이다. 우리나라의 사회는 항상 전쟁을 피하고자 하지만 자연계에서의 경쟁과 도태의 공리는 폐지할 수 없는 것이다. 그렇기에 땅이 좁고 인구가 과잉하여 생계가 핍박받는 날이 진화가 임박해오면 피하고자 해도 피할 수 없게 되어 갑작스럽게 사회에 요란이 일어나고 전쟁으로 화평을 회복시킬 수밖에 없게 되는 것이다. 화평이 상태이고 전쟁은 이상사태인 것이다. <u>서양사회의 화평은 전쟁을 만들어내기 위한 것이며, 중국사회의 전쟁은 화평을 추구하는 것이다.</u>[33]

이 문장은 서양문명의 문제점을 지적하고 동양문명을 재평가할 것을 주장한 것으로, 이로부터 전면적인 서양화를 주장하는 천두슈 진영과 동서문명논쟁이라 불리는 논쟁이 전개되었다.[34] 다만, 여기서 중요한 것은 천두슈나 뚜야취엔도 호전적인 서양과 평화적인 동양이라는 이항대립 구도 자체에는 전혀 의문을 보이지 않는다는 점이다. 이후 중국의 지식인들 사이에서 동서문명에 관한 다양한 논의가 전개되었으나, 이 구도는 기본적으로 계승되었다. 전쟁과 평화가 민족과 문명의 '천성(天性)'의 문제로

---

33 傖父(杜亞泉), 「靜的文明與動的文明」, 『東方雜誌』 第13卷 第10號, 1916年 10月 10日.
34 石川禎浩, 1994, 「東西文明論と日中の論壇」, 古屋哲夫 編, 『近代日本のアジア認識』, 京都大学人文科学研究所.

이야기되는 경향이 강화되었던 것이다. 하지만 평화를 긍정하는 진영이 유교로 대표되는 중국의 전통문화를 높이 평가하는 구도는 근대 일본의 평화론에서 외래한 기독교 사상이 큰 의의를 지녔던 것과는 상당히 다른 양상이었다.[35]

이와 같은 시기에 천두슈는 정부의 '공교(孔敎)' 국교화 정책이 사회에 혼란을 초래할 것이라고 비판하는 문장을 썼다. 그 문장에서도 역시 '서양=호전적, 중국=평화적'이라는 도식이 나타났다.

> 국가의 힘으로 신앙을 강제하는 것은 유럽의 종교전쟁이 은감불원(殷鑑不遠)한 것이다. <u>우리 국민은 화평을 매우 사랑하기에(酷愛和平) 전쟁으로 치닫지 않는다</u> 해도 실제의 생활에 있어서 반드시 여러 가지 충돌과 소란이 발생할 것이다.[36]

그리고 현재 쓰이고 있는 '화평을 매우 사랑하다(酷愛和平)'라는 표현도 이 무렵부터 널리 퍼지기 시작한 것으로 보인다. 이듬해인 1917년 돤치루이(段祺瑞) 정권의 제1차 세계대전 참전 결정에 반대한 일부 국회의원이 광저우에서 '국회비상회의'를 개최하여 쑨원을 해·육군 대원수로 선출하고 새롭게 '중화민국 군정부'를 조직하는 사건이 일어났다. 이 시기의 쑨원의 담화에서도 유사한 표현이 쓰였다.

> 내가 <u>화평(공화?)과 화평을 매우 사랑하는 열성</u>은 천하의 모든 이들이

---

35 예를 들어, 石田雄, 1989, 앞의 책, 16-21쪽을 참조.
36 陳獨秀, 「憲法与孔敎」, 『新靑年』 第2卷 第3號, 1916年 11月 1日.

인정하는 바이다. 다만 내가 매우 사랑하는 공화는 공화라는 이름만이 아니라 공화의 실질이 있어야 한다. … 그렇기에 내 목숨과 같이 몹시 사랑하는 것은 명실상부한 공화이다. 나는 스스로가 중국에서 가장 화평을 사랑하는 이 중 한 사람이라는 것을 믿으나, 내가 매우 사랑하는 화평은 일시적인 것이 아니라 영구적인 것이다. 공화의 장애와 쟁란의 씨앗을 모두 배제하고 국가의 대법을 확정하여 사람들이 그 대법의 지배를 받게 되어야 영구적인 화평의 기초가 비로소 정해지는 것이다. 그렇지 않고 타협하여 화평을 말하는 것이 내가 듣고자 하는 바가 아니다.[37]

세계대전이 종결된 이후인 1919년의 5·4운동 가운데, 천두슈가 배포하여 체포당한 원인이 된 선전지 「북경시민선언」은 이러한 표현의 집대성이자 완성형이라고 말할 수 있다.

<u>중국민족은 화평을 매우 사랑하는 민족이다.</u> 지금 내외로 견디기 힘든 압박을 받고 있으나, 그렇다고 해도 이 뜻에 입각하여 다음과 같이 정부에게 마지막으로 최소한의 요구를 제출한다.[38]

이 선전지에는 호적에 의한 영문 번역이 첨부되어 있었다.
여기에 '중화민족은 평화를 사랑하는 민족이다'라는 국민성·문명론

---

37 괄호 안의 물음표는 원문 그대로임.
「蘇贛両督代表抵粵記」, 『民国日報』 1917年 12月 23日.
38 「北京市民之宣言」, 『民国日報』 1919年 6月 14日.

적 시각, '그럼에도 불구하고 어쩔 수 없는 이유로 이와 같은 행동을 일으킬 수밖에 없었다'는 수사, 구미를 향한 호소의 성격, 그리고 '혹애(酷愛)'라는 표현이 모두 나와 있는 것이다.

V. 세계대전의 종결과 평화론의 전개

전술하였듯이 세계대전이 진행되는 동안 전면적인 서양화를 주장하는 『신청년』 진영은 전쟁을 긍정하고 전통문화를 재평가할 것을 주장하는 진영은 '평화를 사랑하는' 성질을 평가하는 구도가 갖춰졌다. 1918년에 세계대전이 종결되어 전쟁의 참화에 대한 반성으로부터 국제평화를 유지하는 기관으로 국제연맹을 조직할 것이 제안되자 중국에서는 이를 전술한 전통적인 '대동'사상과 결부시켜 평가하는 경향이 확산되었다.[39]

> 국제연맹의 의의로 말하자면, 이는 대동주의의 첫걸음이다. 세계의 각국을 합하여 하나의 큰 단체, 큰 국가를 건설하는 것은 중국에서 본래 수천 년 동안 지녀왔던 이상이다. 중국인이 화평을 사랑하고 전쟁을 미워하는 것은 실로 천성에 근거한 것이다.[40]

국가를 초월하는 권위를 통해 국제평화를 실현시키는 발상으로부

---

39 森川裕貫, 2019, 「五四時期における大同思想の興起とその意義」, 『関西学院史学』 第46號.
40 「国際聯盟同志会成立之経過・林長民君之報告」, 『晨報』 1919年 2月 15日.

〈표〉『신보』 지면상의 '愛和平'과 '愛平和'의 사용 횟수

연도	1902	1903	1904	1905	1906	1907	1908	1909	1910
愛和平	1	0	0	0	0	0	1	0	9
愛平和	1	0	0	0	0	0	0	0	2
합계	2	0	0	0	0	0	1	0	11
1911	1912	1913	1914	1915	1916	1917	1918	1919	1920
2	8	6	12	7	17	23	65	80	33
1	1	2	3	3	2	3	2	4	0
3	9	8	15	10	19	26	67	84	33
1921	1922	1923	1924	1925	1926	1927	1928	1929	1930
27	69	93	103	77	47	29	28	59	26
1	5	4	1	2	0	0	0	0	0
28	74	97	104	79	47	29	28	59	26
1931	1932	1933	1934	1935	1936	1937	1938	1939	1940
39	59	51	33	31	39	80	50	66	14
0	1	0	1	0	0	0	2	0	0
39	60	51	34	31	39	80	52	66	14
1941	1942	1943	1944	1945	1946	1947	1948	1949	
24	2	2	3	5	26	11	10	4	
0	0	0	0	0	0	0	0	0	
24	2	2	3	5	26	11	10	4	

* 『신보』는 1872년 창간되어 1949년에 정간되었다. 다만, 1901년 이전에는 '愛和平' '愛平和'의 용례가 존재하지 않는다.

터 고대 이래의 '대동'과 '천하'의 관념을 연상하는 것은 캉유웨이만이 아니라 당시의 중국 지식인으로서는 자연스러운 반응이었을 것이다. 그리고 그것은 중국인이 '천성'적으로 '평화를 사랑하는' 근거로 여겨졌다. 한편 상하이의 중앙일간지인 『신보(申報)』에서도 세계대전이 종결된 1918년 11월 이후 '화평을 사랑하다(愛和平)' 또는 '평화를 사랑하다

(愛平和)'라는 표현의 사용 횟수가 급증했던 것을 확인할 수 있다. 이 중 1932~1933년과 1937~1939년에 사용 횟수가 많았던 것은 후술할 만주사변 및 중일전쟁의 개시에 영향을 받은 것으로 보인다.

한편 세계대전에서 독일이 패배함에 따라 서양을 지향하는 바가 강한 급진적인 지식인들 사이에서조차도 군국민주의는 급속하게 그 지지를 잃어갔다. 대신에 그들 사이에서 확산된 것은 세계대전의 귀추를 결정한 것은 군사력이 아닌 '공리(公理)', '평화', '민족주의'와 같은 이념이라는 생각이었다.[41] 『신청년』의 중심적인 인물인 리다자오(李大釗)도 세계대전의 결과를 독일의 '군국주의'에 대한 '인도주의'와 '평화사상'의 승리라며 이를 칭송했다.

> 독일의 군국주의에 대한 승리는 연합국이 승리한 것이 아니다. 참전을 명분 삼아 함부로 내전에 매달리고 있는 중국의 군인이나 투기에 능하고 요령만 좋은 정객의 승리는 더더욱 아니다. 인도주의의 승리인 것이다. 평화사상의 승리인 것이다. 공리의 승리인 것이다. 자유의 승리인 것이다. 민주주의의 승리인 것이다. 사회주의의 승리인 것이다. 볼셰비즘의 승리인 것이다. 적기(赤旗)의 승리인 것이다. 세계의 노동자계급의 승리인 것이다. 20세기의 새로운 조류의 승리인 것이다.[42]

---

41 吉澤誠一郎, 2009, 「公理と強権-民国八年の国際関係論」, 貴志俊彦・谷垣真理子・深町英夫 編, 『模索する近代日中関係-対話と競存の時代』, 東京大学出版会.

42 李大釗, 「BOLSHEVISM的勝利」, 『新青年』 1918年 10月 15日.

같은 시기에 발표된 평화론 중 비교적 잘 정리된 것으로는 『교육잡지(教育雜誌)』에 게재된 저명한 교육가 장멍린(蔣夢麟)의 「화평과 교육(和平與教育)」이 있다.

> 화평은 싸우지 않는 것을 일컫는 것이 아니다. 화평 또한 싸우지 않고서는 얻을 수 없다. 전쟁의 싸움은 무력에 의지하지만, 화평의 싸움은 정의에 의지한다. 정의가 세상에 존재해야만 비로소 진정한 화평을 얻고 이를 지킬 수 있는 것이다. …
> 우리 국민은 본래 화평을 사랑하지만, 그 원인을 궁구해보면 우리 국민이 말하는 화평이라는 것에는 실은 견고한 기초가 없다. …
> 영구적인 화평을 얻고자 한다면 반드시 평민주의를 기초로 삼아야 한다. 그러나 목민(牧民)정치로부터 평민주의로 비약하고자 해도 그것은 안일함에 빠져 있어서는 결코 얻을 수 없는 것이기에 반드시 사람들의 분투로부터 이를 시작해야 한다. 그렇기에 내가 말하는 화평이란 분투의 화평이다. 이 화평에 도달하기 위한 교육은 분투의 교육이다.[43]

이 문장은 '군국민주의'에 기반한 독일이 '평민주의'에 기반한 미국에 패배했음을 이야기하고 중국의 교육도 향후에는 '평민주의'와 건전한 개인을 육성하는 데에 중점을 두어야 하며, 그로부터 비로소 '진정한 평화'를 얻을 수 있다고 주장한다.

이 시기 조선에서 3·1운동이 일어나 중국에도 그 소식이 전해지자

---

43 蔣夢麟, 「和平与教育」, 『教育雜誌』 第11卷 第1號, 1919年 1月 20日.

『신청년』 진영의 지식인과 학생들도 재빨리 이에 반응했다. 그들이 가장 먼저 착안하고 평가했던 것은 3·1운동의 비폭력성이었다.

> 현재의 상황을 보았을 때, 그들의 독립을 위한 준비는 매우 주밀하고, 그 거동이 매우 문명한 것으로 보아 조선의 혁명이 조직적이면서 훈련을 거쳤다는 점을 알 수 있다. … 그들은 정의와 인도를 가지고서 무력과 강권을 타파하는 것을 자부하고 있고, 그렇기에 무력을 사용하지 않고 순수하게 인민의 자격으로 운동을 한 것으로, 실로 혁명사에 새로운 기원을 연 것이라고 말할 수 있다.[44]

> 이번 조선의 독립운동은 위대, 성실, 비장, 명료하며 정확한 이념을 지녔고 민의를 사용하되 무력을 사용하지 않았으며 세계 혁명사에 새로운 기원을 열었다. … 우리는 조선이 독립 이후에도 오늘날의 '민의를 사용하되 무력을 사용하지 않는' 태도를 지켜서 영원토록 단 한 명의 병사도 동원하는 일 없이 단 한 발의 총환도 제조하는 일 없이 세계의 각 민족의 새로운 결합(나라라고는 부르지 않는)의 모범이 될 것을 바란다. 군국침략주의의 고통을 받은 적이 있다면, 당연히 군국침략주의를 포기할 것이다. 군국침략주의를 포기한 이상 당연히 군사를 키울 필요가 없다.[45]

---

44 「朝鮮独立的消息 民族自決的思潮 也流到遠東来了!」, 『每週評論』 第13號, 1919年 3月 16日.

45 隻眼(陳独秀), 「朝鮮独立運動之感想」, 『每週評論』 第14號, 1919年 3月 23日.

이와 같이 '평화'와 '정의'와 '무력'을 대치시키는 발상은 논리적으로 자위권이나 '평화를 위한 전쟁'을 긍정하는 상대적 평화주의가 아닌, 어떠한 군사적 수단의 행사도 부정하는 절대적 비전론으로 이어지는 것이다. 그렇기에 제1차 세계대전 직후는 중국근대사에 있어서 매우 드물게 비전론이 크게 다루어진 시기였다고 말할 수 있다.[46] 신해혁명 이래로 중국에서는 내전이 단속적으로 일어났기 때문에 사회 전반에 전쟁을 싫어하는 분위기가 확산되어 있었던 배경의 영향도 컸을 것이다.

한편 이러한 논의로부터 거리를 두었던 평화론으로는 량치차오의 평화론이 있다. 량치차오는 1918년 말부터 유럽을 방문하여 방청인의 자격으로 파리강화회의에 참가하며 유럽 각지의 전적지를 시찰했다. 그 내용은「구유심영록(歐游心影錄)」이라는 제목으로 이후 중국 국내의 신문에 연재되었으며, 내용은 국제연맹에 의한 평화구상과 이에 대한 량치차오 자신의 견해를 이야기한 것이었다.

량치차오는 국제연맹이 강력한 군사력을 보유하여 분쟁을 억제하는 구상을 제기하였으나, 한편으로 유럽 각국에서는 '국가최고권'에 대한 발상, '국가주의'가 여전히 강성했기 때문에 그러한 구상은 받아들여지지 않을 것이라고 이야기했다. 또한 영국과 미국이 징병제의 폐지를 주장했으나, 일본·이탈리아·프랑스의 반대에 의해 부결되었던 점을 지적하면서 징병제는 청년기의 귀중한 시간을 낭비하는 것으로 이에 완전히 반대한다는 태도를 보였다. 이러한 입장에서 량치차오는 연맹규약의 내용

---

[46] 森川裕貫, 2009,「『太平洋』雜誌と和平の追求-五四前後における国内秩序論と国際秩序論」,『中国哲学研究』第24號; Hiroki Morikawa, 2017, "In Pursuit of Peace: Zhou Gengsheng's Internationalism after the World Wars," *Zinbun*, No. 47(March 2017).

은 불충분하고 실효성이 결여된 것으로 지적하는 한편, 갓 태어난 국제 연맹에 과도한 기대나 실망을 할 것이 아니라 시간을 들여서 이를 잘 키워나가야 한다는 결론을 내렸다. 그리고 "옛부터 '천하'의 이상이 풍부했고", "국가를 인류의 최고단체로 여기지 않는" 중국인이 큰 책임을 맡아야 한다고 주장했다.[47] 국제기관에 의한 조정이나 점진적인 군축 등 량치차오의 이러한 '현실주의'적 평화론을 계승한 것은 구웨이쥔(顧維鈞)이나 왕충후이(王寵惠) 등 전간기(戰間期)에 국제연맹에서 활약했던 중국의 젊은 외교관들이었다.[48]

VI. '혹애화평(酷愛和平)'의 일반화

이상과 같은 경위를 거치고 1920년대 초반에 이르면 중국인이 '화평을 매우 사랑(酷愛和平)'한다는 표현은 중국의 지식인들 사이에서 널리 일반화되었던 것으로 보인다.

> <u>중국인민의 성질은 화평을 매우 사랑하는 것으로</u>, 각국에 대한 응대에 있어 이제까지 친선과 화평을 주지로 삼아왔다. 나는 민의를 기준으로 여기기에 당연히 지극한 성의와 화평의 태도를 가지고서 외국에 응대한다. 다만 예라는 것은 왕래를 존중하는 것이다. 내가 성의와 화

---

47 梁啓超,「欧遊心影録」(九十一・九十四・九十八),『晨報』1920年 6月 27日・6月 30日・7月 5日.
48 森川裕貫, 2009,「五四時期中国における大同思想の興起とその意義」,『中國哲學研究』第24號.

평을 가지고 각국에 응대하는 이상 각국 또한 같은 방법으로 나에게 응대해줄 것을 깊이 바란다.[49]

중국인민의 심리상태에 대해 말하자면 화평을 매우 사랑하는 것이다. 그들은 공동의 이익을 위해 국제정세를 개선할 것을 바라는 인민과 우호적인 관계를 맺으며, 동시에 항상 제국주의와 군국주의의 의도를 지닌 이들과 투쟁할 준비를 하고 있다.[50]

그리고 거기서는 '화평을 매우 사랑'하는 중국인의 성질이 평화를 지향하는 국제사회의 사조와 운동에 적합한 것이라는 낙관적인 인식이 있었다.

그러나 실제로는 그 이후에도 열강이 중국에서의 이권을 유지해나갔다. 그렇기에 1922년에는 교육권 회수운동이, 1923년에는 뤼순·다롄 회수운동이 일어났고, 급진적인 학생과 청년 지식인들 사이에서는 세계대전 직후의 세계주의·평화주의에 대한 실망으로 다시금 내셔널리즘과 밀리터리즘을 주장하는 기운이 고조되었다. 중국 공산당(1921년 성립)에 참가한 젊은 지식인들 사이에서도 그러한 관점에서 '화평을 매우 사랑'하는 것에 대한 비판적인 발언이 나타났다.

상인들은 줄곧 '화평을 매우 사랑'했기 때문에 정치를 개조하기 위해

---

49 「靳(雲鵬)總理招待外報記者」,『申報』1920年 9月 2日.
50 俞頌華·瞿秋白·李宗武, 1987,「致俄國工人和新聞工作者呼籲書」(1921年 2月),『瞿秋白文集·政治理論編』第1卷, 人民出版社, 177쪽.

서는 혁명이 필요하고 '군비삭감·헌법제정·재정정리'라는 몇 통의 전보로는 효과를 낼 수 없다는 것을 생각하지 못했다. … 우리들은 이 번에 상하이 상인들의 정변에 대한 거동을 보면서, 그들이 이미 종전의 태도를 바꾸어 <u>화평주의를 버리고 혁명의 방법을 채용</u>하였으며 국사를 담당할 용기를 진작하고 있으며, 그 진보가 매우 빠르다는 것을 알게 되었다.[51]

'오사(五四)' 이후의 청년들에게는 침체된 분위기가 많았다. 원래 혁명정신을 배양하는 것은 어려운 일이며, 옛 사회에 미련이 있으면 그만큼 혁명정신을 감소하게 된다. <u>화평을 매우 사랑하고 양보하기를 잘하며, 운명에 만족하는 중국인은 떨치고 일어나야 한다.</u>[52]

또한 별고에서도 논한 바 있지만, 이 시기에 고조된 '국가주의적 교육'의 입장에서도 제1차 세계대전 이후의 평화주의 사조나 중국이 '평화를 사랑하는' 전통은 비판의 대상으로 여겨졌다.[53]

국가주의적 교육을 반대하는 가장 유력한 이유 중 하나는 국가주의를 제창하는 것은 우리 중화민족이 대대로 이어온 화평을 사랑하고 대동

---

51 (毛)沢東,「北京政変与商人」,『嚮導』第31·32期合刊, 1923年 7月 11日.
52 (周恩來), 1998(초판 1993),「致王樸山」(1923年 11月 16日), 中共中央文献研究室·南開大学 編,『周恩来早期文集(1912年 10月~1924年 6月)』下卷, 中央文献出版社, 南海大学出版社, 519쪽.
53 小野寺史郎, 2011,「1920年代の世界と中国の国家主義」, 村田雄二郎 編,『リベラリズムの中国』, 有志舎.

을 숭상하는 특별한 장점을 잃게 된다는 것이다. … 우리들은 알아야
만 한다. 화평을 애호한다는 것은 절대로 유유자적하게 지내면서 얻
을 수 있는 것이 아니며, 일정한 한도를 넘어서야만 하는 것이다. <u>과하
게 화평을 애호하고 과하게 눈앞의 안일을 탐하는 이는 오늘날에 있
어서는 '부적자(不適者)'이다.</u> 이러한 것으로 국가의 생명을 연장시킬
수 있다고 여기는 것은 효교(孝敎)를 낭독하여 도적을 물리치고 주역
을 던져서 유령을 내쫓으려하는 것과 마찬가지의 생각이다.[54]

또 이러한 표현이 확산됨에 따라 애초에 중국인이 정말로 '화평을 매
우 사랑'하는지에 대해 근본적인 의문을 표명하는 이도 나타났다. 예를
들어 작가 저우쭤런(周作人)은 1923년에 다음과 같이 말했다.

대저 신경이 이상한 사람이 가장 두려워하는 것은 자신에게 불리한
학설을 듣는 것이다. 예를 들어 중국인이 생존경쟁이라는 설에 반대
하는 것은 스스로에게 생존력이 없는 까닭이며, <u>중국인이 진정으로
화평을 매우 사랑하고 있기 때문이 아니다.</u>[55]

저우쭤런의 형인 루쉰(魯迅)도 이후에 이 '유행어'를 통렬하게 야유
했다.

54　導之(常道直), 「爲懷疑国家主義者解惑(一)」, 『敎育雜誌』 第16卷 第5號, 1924年 5月 20日.
55　(周)作人, 「綠洲·十六, 「愛的創作」, 『晨報副鐫』, 1923年 7月 15日.

애국하는 이(愛國之士)는 이렇게 말하기도 한다. '중국인은 화평을 사랑한다' 다만 내가 이해할 수 없는 것은 화평을 사랑하는데 어째서 국내에서는 해를 이어 전쟁이 계속되고 있는가. 혹은 다음과 같이 그 말을 수정해야 하는 것인지도 모른다. '중국인은 외국인에 대해서는 화평을 사랑한다.'[56]

이러한 비판적인 시선이 존재함에도 불구하고 이 표현이 최종적으로 중국사회에 정착할 수 있었던 가장 큰 요인은 쑨원이 1924년에 행한 유명한 강연인 '삼민주의(三民主義)'에서 나타난 다음 구절에 있었다고 생각된다.

중국에는 한 가지 더 지극히 좋은 도덕이 있다. 화평을 사랑한다는 것이다. 지금의 세계에 존재하는 국가와 민족 중 중국만이 화평을 중시한다. 외국은 모두 전쟁을 중시하고 제국주의를 주장하며 타인의 국가를 멸망시킨다. 근래에는 허다한 전쟁을 거치면서 너무 많은 사람이 살해당했기에 처음으로 전쟁을 피할 것을 주장하기 시작했고 몇 차례에 걸쳐 화평회의를 열었다. … 그러나 이러한 회의에서 각국 사람들이 공동으로 화평을 중시하는 것은 전쟁을 두려워하고 억지로 그렇게 하는 것이며 국민의 천성에 의한 것이 아니다. 중국인이 수천 년에 걸쳐 화평을 매우 사랑했던 것은 모두 천성에 의한 것이다.[57]

56　魯迅,「補白」,『莽原』第10期, 1925年 7月 3日.
57　(孫文), 1986,「民族主義·第六講」(1924年 3月 2日), 広東省社会科学院歴史研究室·中国社会科学院近代史研究所中華民国史研究室·中山大学歴史系孫中山研究室 合編,『孫中山文集』第9卷, 中華書局, 246쪽.

이에 대해서도 역시 근거가 명시되지 않았으나, '중국인은 천성적으로 평화를 사랑한다'는 쑨원의 신념은 확고한 것이었다. 다만 여기에는 하나의 큰 문제가 있었다. 전술하였듯이 제1차 세계대전 직후의 논의에서 '중국인은 천성적으로 평화를 사랑한다'는 주장은 국제연맹으로 대표되는 평화를 지향하는 세계적 사조와 기초적인 부분에서 서로 통하는 것으로 여겨졌다. 그러나 쑨원의 주장은 '평화를 사랑한다'는 성질을 중국인의 고유한 것, 오로지 중국의 민족적 우월성을 나타내는 것으로 언급하며, 동시대의 국제적인 평화사조와는 다르다는 점을 강조했다. 이로부터는 당연하게도 자국에서의 군국주의의 고조를 어떻게 막을 것인지, 국가 간의 분쟁을 어떻게 막을 것인지와 같은 평화를 위한 이론을 구축하기 위한 동기가 발생하지 않는다. 왜냐하면 '중국인만이 평화를 사랑한다'는 점이 대전제라면, 국제분쟁이 일어나는 원인은 중국이 아닌 타국·타민족에게 있다는 결론만이 존재하기 때문이다.

쑨원은 1925년에 사망하였으나, 그 뒤를 이은 중국 국민당·국민정부가 1928년에 베이징정부를 타도하여 전국을 통일하자 그들 아래 쑨원의 삼민주의는 공식적인 이데올로기로 선전되었고 교육에도 편입되어갔다. 그중에는 물론 '중화민족은 평화를 매우 사랑한다(中國民族酷愛和平)'는 사상도 포함되어 있었다. 예를 들어 당시의 초등학교 고급용 삼민주의과 교과서에는 쑨원의 강연 중 일부가 다음과 같이 거의 그대로 게재되었다.

18. 중국인이 화평을 사랑하는 것은 천성에 의한 것이다.
중국에는 한 가지 더 지극히 좋은 도덕이 있다. 화평을 사랑한다는 것이다. 외국은 모두 전쟁을 중시하고 제국주의를 주장하며 타인의 국가를 멸망시킨다. 근래에는 허다한 전쟁을 거치면서 너무 많은 사람을 죽였기에 처음으로 전쟁을 피하고 화평을 중시할 것을 주장하기 시작했다. 중국인이 화평을 매우 사랑하는 것은 천성에 의한 것이다. 이 특별히 좋은 도덕은 우리 민족의 정신이다. 유지해나가는 것에 그치지 않고 발전시켜서 더욱 빛날 수 있도록 해야 한다.[58]

VII. 나가며

이상으로 청말부터 1920년 중반까지에 걸쳐 중국에서 '중화민족은 평화를 매우 사랑한다'는 표현이 발생하고 확산된 과정을 개관했다. 또 그것과 관련하여 근대 중국에서 전쟁과 평화가 어떠한 틀 안에서 이야기되어 왔는가를 대략적으로 검토했다.

이 글에서 살펴본 근대 중국의 평화론의 유형과 특징은 캉유웨이나 아나키스트의 국가폐절론을 제외하면, 크게 다음과 같은 세 가지로 정리할 수 있다.

첫째는 량치차오로 대표되는 '현실주의'적 평화론으로, 세계를 국가와 국가 사이의 이해충돌의 장소로 파악하면서 제1차 세계대전의 전쟁 피해를 거치고 성립된 국제연맹 등 평화를 지향하는 시도에 대해서 일정 정도 평가하는 입장이다. 이 입장은 '중국인은 평화를 사랑한다'는 주장이 그러한 국제적인 평화구축의 시도와 중국의 친화성을 나타내어, 그에 대해 중국이 적극적으로 참여해 나갈 것을 촉구하는 작용을 지녔다.

58　陸紹昌 編輯, 葉楚傖 校閱, 1927, 『小学校高級用・新中華三民主義課本』第1冊, 新国民図書社, 14-15쪽.

둘째는 전쟁과 평화의 문제를 일종의 문명론의 시각에서 논한 것이다. 다만 호전적인 서양과 평화를 사랑하는 동양이라는 전제를 공유하면서도 그때마다의 맥락의 차이가 있었다. 이는 청말의 군국민주의나 제1차 세계대전 시기의 『신청년』처럼 '평화적인' 것을 중국이 낙오한 원인인 것으로 비판하는 입장과, 쑨원처럼 민족의 우수한 전통으로 높이 평가하는 입장을 존재하게끔 했다. 다만 '중국만이 평화를 사랑한다'는 쑨원의 주장은 평화를 지향하는 국제적 사조나 운동과 연대하거나 평화를 위한 이론을 구축하는 논리로 이어지기는 어려웠다고 볼 수 있다.

셋째는 '평화를 사랑한다'는 표현을 도리어 군사력을 행사하는 것을 정당화하기 위해 사용한 경우이다. 또한 그때 호소하는 대상은 제3자, 특히 구미인 경우가 많았다. 애초에 제1차 세계대전 직후의 짧은 시기를 제외하면, 중국근대사에 있어서 절대적인 비전론을 명확하게 제창한 이는 매우 드물었다. 경우에 따라서는 군사력의 행사를 긍정하는 상대적 평화주의가 거의 자명하게 여겨졌던 점이 이 용법의 전제로 존재했다고 할 수 있다.

이상에서 '중화민족은 평화를 매우 사랑한다'는 주장은 중국이 국제적인 평화구축을 시도하는 데 적극적으로 참가하도록 촉구하는 근거로 기능한 경우가 있었던 한편, 반대로 중국의 특수성을 부각시킴으로써 평화구축의 논리가 보편적인 방향으로 형성되는 것을 방해하는 경우도 있었다고 말할 수 있다.

마지막으로 이후 '중화민족은 평화를 매우 사랑한다'는 담론이 거친 행방에 대해 간단히 살펴보고자 한다. 거기에는 일본의 중국 침략이라는 요소가 깊게 관련하고 있었다.

1931년에 만주사변이 일어나자 국민정부는 '안내양외(安內攘外)'를 내걸면서 군사적으로는 저항하지 않는 방침을 채택하는 한편, 국제연맹에 제소(提訴)하여 일본의 행동이 부당한 점을 호소했다.

> 이번 일본의 폭거는 극동의 화평을 파괴했을 뿐만 아니라 세계의 화평에도 영향을 미치기에 충분한 일이었으며 사태는 지극히 중대하다. 우리들은 굳게 결의하고 냉정하고 침착하게 대응해야 한다. … 일본의 이번 행동은 우리들을 위기에 몰리게 했을 뿐 아니라 국제도덕에 위반하는 것이며, 국제연맹규약 및 비전공약의 정신까지도 철저하게 파괴한 것이다. 이 두 개의 조약은 각국이 세계 화평을 지키기 위해 조인한 것으로, 나는 모든 국제연맹의 참가국 및 비전공약 조인국이 조약을 파괴한 일본의 폭거에 대해 적절한 제재를 가할 것이라 믿는다. … 만약 국제조약의 신의가 모두 무효화하고 화평이 절망적인 것이 되어 인내의 한계에 다다르면, 또 견뎌서는 안되는 마지막 단계까지 이른다면, (국민당) 중앙은 이미 최후의 결심과 최후의 준비를 하고 있다. 때가 되면 반드시 모든 국민을 영도하여 오히려 옥쇄를 해야 한다. 사억 인의 힘으로 우리 민족의 생존과 국가의 인격을 지키도록 하자.[59]

장제스(蔣介石)는 일본의 행동이 국제연맹조약과 파리 부전조약(1928년 조인) 등 제1차 세계대전 이후에 구축된 세계의 평화유지체제에 대한 위협이라고 비난했다. 이로 인해 중국이 스스로를 국제적인 평화유지체제 측에 자리매김하고 일본의 군사력 행사를 이에 반하는 것이라고

---

59 「悲壮熱烈之京市党員大会・反日空気異常緊張・中委蔣中正戴伝賢均蒞会講演」, 『中央日報』 1931年 9月 23日.

비난하는 구도를 만들었다. 또한 구미를 향한 호소와 어쩔 수 없을 경우에 군사력을 행사할 것임을 언급한 점은 이제까지 살펴본 용례와 공통적인 것이다.

국제연맹이 리튼(Lytton) 조사단을 파견하자 중국의 재야에서는 사태의 해결을 호소하는 수많은 청원서를 보냈다.

제군들, 우리 중국민족은 이제까지 공자의 인의의 도를 신봉해왔다. <u>가장 인자하고 화평을 매우 사랑하는 민족인 것이다. 지금 우리는 화평을 사랑하고 있으나, 일본의 야만스러운 무력에 핍박받고 있다</u>. 이는 우리 중국민족의 위기일 뿐만 아니라, 가장 세계 화평을 사랑하는 귀회(貴會)의 모든 조약이 일본군의 포성에 의해 분쇄될 처지에 놓인 것이다. 이래서는 세계 각 민족의 화평을 지킬 수 없다. … 만약 일본이 제군들의 화평조정에 고심하는 바를 따르지 않고 다시금 야만스러운 무력으로 닥쳐온다면, 중국국민은 자위의 원리에 입각하여 일치단결하여 죽음을 각오하고 인도를 지키고 세계 화평을 지키기 위해, 귀단(貴團)과 모든 화평조약을 지키기 위해, 전 국민이 온 힘을 다해 마지막까지 이와 싸울 것을 맹세한다.[60]

조사단 제군이 중국과 일본의 분쟁 때문에 먼 길을 와주고 우리 전국의 민중은 도처에서 열렬하게 환영하고 있다. 우리 국민이 화평을 매우 사랑하고 국제연맹을 믿으며 제군이 공도를 지켜줄 것을 바라는

---

60 「中国国民外交後援会致国聯陳訴書」(1932年 3月 30日), 文俊雄 選輯,「聯合国欧洲辦事処図書館·国聯調査団収函電選」,『民国檔案』2012年 第2期.

성의를 이해할 수 있을 것이다. … 내가 엄숙하게 성명하는 바는 중국인은 화평을 매우 사랑하지만 또한 국토도 매우 사랑한다. 만약에 어쩔 수 없는 때가 온다면 오직 무력으로 스스로를 지킬 뿐이라는 것이다. … 그렇기에 나는 국제연맹이 공리로써 도움의 손길을 내밀고 1925년에 그리스와 불가리아의 분쟁을 해결했던 것과 같이 이번 동아시아의 분쟁도 화평하고 정당한 방법을 통해 해결해줄 것을 심히 바란다. 그렇지 못하다면 우리나라는 강권에 핍박을 받은 데에 더하여 공리로부터 도움을 구하지도 못하여서 오직 무력으로 스스로를 지키는 방법에 호소할 수 밖에 없을 것이다.[61]

일본의 군사력 행사와 그에 대한 중국 측의 조직적인 군사적 저항이 없었던 것은 중국사회 입장에서는 그야말로 '중화민족은 평화를 매우 사랑한다'는 것을 증명하는 일이었다. 중국이 군사적인 대항조치를 취하지 않았던 것은 어디까지나 그것을 불리하다고 본 장제스의 현실주의적인 판단에 따른 것이다. 그러나 그 결과로 장제스가 이후에도 '평화'의 가능성을 계속해서 주장하는 입장에 놓였던 것은 결과적으로 '중국 = 평화, 일본 = 전쟁'이라는 이미지를 한 층 더 강화하는 것이었다. 이때 '중화민족은 평화를 매우 사랑한다'는 말은 제1차 세계대전 직후와 마찬가지로 오로지 평화를 추구하는 국제사회의 움직임에 동조하는 측면이 강조되었다. 그러나 한편으로는 무력을 통한 자위의 가능성도 강조하였기에 현실에서 침략당하고 있는 가운데 비전론이 영향력을 지닐 여지가 없었던

---

61 (吳佩孚),「吳佩孚致国際聯盟調査団書」(1932年 4月), 本刊選輯,「中国第二歷史檔案館·吳佩孚致国際聯盟調査団信函二封」,『民国檔案』2017年 第4期.

상황을 엿볼 수 있다.

1937년 7월 7일 루거우차오(盧溝橋)사건에 의해 중국과 일본이 사실상의 전면전쟁에 돌입했다. 그러나 그로부터 10일 후에 장제스의 이른바 루산(盧山)담화에서는 여전히 '평화'를 내걸고 있었다.

> <u>중국민족은 본래 화평을 매우 사랑한다</u>. 국민정부의 외교정책은 이제까지 대내적으로 자존(自存)을 추구하고 대외적으로는 공존을 추구해 왔다. … 작년 오전대회에서 나는 외교보고에서 다음과 같이 말했다. "화평이 완전히 절망에 이르지 않은 동안에는 결코 화평을 포기하지 않는다. 희생이 최후의 관두(關頭)에 다다르지 않은 동안에는 결코 가볍게 희생을 말하지 않는다." 이어서 올해 2월의 삼중전회에서 '마지막 관두'에 대해 설명하고, <u>우리가 화평을 애호하는 것을 충분히 나타냈다</u>. … 만일 정말로 피할 수 없는 마지막 관두에 이르렀다면, 우리는 당연히 희생할 뿐이며 항전할 뿐이다. 그러나 우리의 태도는 다만 응전을 한다는 것이지 전쟁을 추구하는 것이 아니다. 응전이란 마지막 관두에 대처하는 부득이한 수단이다. … 루거우차오사건이 중국과 일본의 전쟁으로 확대될 것인가의 여부는 모두 일본정부의 태도에 달려 있다. 화평의 희망이 이어질 수 있는가의 여부는 모두 일본군의 행동에 달려 있다. 화평이 완전히 절망에 이르는 일초 전까지 우리는 그럼에도 화평을 바라고 화평적인 외교의 방법을 통해 루거우차오의 일을 해결할 것을 추구한다.[62]

---

62 (蔣介石), 1984, 「対於盧溝橋事件之厳正表示-民国二十六年七月十七日出席盧山第二次談話会講」, 秦孝儀 主編, 『総統蔣公思想言論総集』第14巻, 中央文物供応社, 582-

이 시점에 이르러서도 국민정부가 일본에게 선전포고를 하지 않았던 것은 미국의 중립법 적용을 피하고자 했던 까닭이 크다. 그렇기에 1941년 12월에 미국과 일본이 서로에게 선전포고를 하자 중화민국도 동시에 일본에게 정식으로 선전포고를 했다. 그리고 이때의 논리 또한 중국은 이제까지 '평화'를 추구해왔으나, 일본 측의 행동에 의해 선전포고 하지 않을 수 없게 되었다는 것이었다.

> <u>중국은 화평을 매우 사랑하는 민족이다.</u> 과거 사년 남짓한 시간의 신성한 항전은 원래 침략자인 일본이 실제적인 징벌을 겪으면 마지막에는 반성할 것을 기대한 것이었다. … 뜻밖에도 잔포함이 몸에 배어 있는 일본은 잘못을 고집하여 깨닫지 못하고 나아가 강경하게 우리의 영미제우호국과 개전하여 전쟁침략행동을 확대하고 기꺼이 전 인류의 화평과 정의를 파괴하는 전쟁의 주모자가 되어 그칠 줄 모르는 침략의 야심을 마음껏 키우고 있다. 신의를 존중하는 모든 국가는 더 이상 견딜 수 없게 되었다. 이에 특히 일본에게 정식으로 선전포고를 하고 국내외에 명백하게 고한다.[63]

결과적으로 본다면 현재 널리 사용되고 있는 '중화민족은 평화를 매우 사랑한다'는 정형표현과 그 함의는 청말 이래로 중국이 놓였던 국제적 상황, 쑨원으로 대표되는 중국 지식인의 자기인식, 두 차례의 세계대전과

584쪽.

63 「国民政府対日本宣戦布告」(1941年 12月 9日), 『国民政府公報』渝字 第421號, 1941年 2月 10日.

일본의 중국 침략이 얄궂게 공동으로 만들어낸 것이라고 말할 수 있을지도 모른다.[64]

---

64 『인민일보(人民日報)』로 확인할 수 있는 한, 중화인민공화국의 성립 초기에도 '중국인은 평화를 사랑한다'는 표현은 '마찬가지로 평화를 사랑하는 세계의 인민들과의 연대'라는 맥락에서 많이 사용되었다. 이 표현은 문화대혁명 시기에 일단 거의 볼 수 없게 된 후, 1980년대부터 다시 나타나기 시작했고, 1995년 무렵부터 증가하여, 지도자의 연설에서도 사용되었던 것으로 보인다. 다만, 이에 대해서는 이 글의 범위를 넘어서는 것이기에 상세하게 논하지 않는다.

참고문헌

자료

(唐継堯),「唐継堯討袁通電稿」(1915年 12月 25日), 鄒明德 編選,「護国運動期間唐継堯等文電一組」,『歷史檔案』1981年 第4期.

導之(常道直),「爲懷疑国家主義者解惑(一)」,『教育雑誌』第16卷 第5號, 1924年 5月 20日.

梁啓超,「示威耶挑戦耶」,『大中華』第1卷 第5期, 1915年 5月 20日.

_____,「欧遊心影録」(九十一・九十四・九十八),『晨報』1920年 6月 27・6月 30日・7月 5日.

(梁啓超),「政治学案第四・斯片挪莎学案 BARUCH SPINOXA」,『清議報』第97冊, 1901年 11月 11日.

魯迅,「補白」,『莽原』第10期, 1925年 7月 3日.

劉叔雅(劉文典),「欧洲戦争与青年之覚悟」,『新青年』第2卷 第2號, 1916年 10月 1日.

_____,「軍国主義」,『新青年』第2卷 第3號, 1916年 11月 1日.

陸紹昌 編輯, 葉楚傖 校閲, 1927,『小学校高級用・新中華三民主義課本』第1冊, 新国民図書社.

李大釗,「厭世心与自覚心」,『甲寅』第1卷 第8號, 1915年 8月 10日.

_____,「BOLSHEVISM的勝利」,『新青年』1918年 10月 15日.

毛沢東, 1974,「和卡博, 巴庫同志的談話」(1967年 2月 3日),『原文復刻版・毛沢東思想萬歳』, 現代評論社.

(毛)沢東,「北京政変与商人」,『嚮導』第31・32期合刊, 1923年 7月 11日.

奮翮生(蔡鍔),「軍国民篇」,『新民叢報』第11號, 1902年 7月 5日.

(孫文), 1986,「民族主義・第六講」(1924年 3月 2日), 広東省社會科学院歷史研究室・中国社会科学院近代史研究所中華民国史研究室・中山大学歷史系孫中山研究室 合編,『孫中山文集』第9卷, 中華書局.

_____, 1906,『支那問題真解』, 国民俱楽部(원저 1904),『孫文研究』第58號, 2016年 6月.

哀時客(梁啓超),「瓜分危言」,『清議報』第15・16・23冊, 1899年 5月 20日・5月 30日・8月 6日.

(吳佩孚),「吳佩孚致国際聯盟調査団書」(1932年 4月), 本刊選輯,「中国第二歷史檔案館・吳佩孚致国際聯盟調査団信函二封」,『民国檔案』2017年 第4期.

俞頌華・瞿秋白・李宗武, 1987,「致俄国工人和新聞工作者呼籲書」(1921年 2月),『瞿秋白文集・政治理論編』第1卷, 人民出版社.

飲氷(梁啓超),「開明專制論」,『新民叢報』第73號, 1906年 1月 25日.

_____,「開明專制論」,『新民叢報』第75號, 1906年 2月 23日.

任公(梁啓超),「本館第一百冊祝辞並論報館之責任及本館之經歷」,『清議報』第100冊, 1901年 12月 21日.

(蔣介石), 1984,「対於盧溝橋事件之嚴正表示 - 民国二十六年七月十七日出席廬山第二次談話會講」, 秦孝儀 主編,『總統蔣公思想言論總集』第14卷, 中央文物供應社.

蔣夢麟,「和平与教育」,『教育雜誌』第11卷 第1號, 1919年 1月 20日.

(周恩來), 1998(초판 1993),「致王樸山」(1923年 11月 16日), 中共中央文獻研究室・南開大学 編,『周恩來早期文集(1912年 10月~1924年 6月)』下卷, 中央文獻出版社, 南海大学出版社.

(周)作人,「緑洲・十六「愛的創作」」,『晨報副鐫』1923年 7月 15日.

中国之新民(梁啓超),「新民説・就優勝劣敗之理以証新民之結果而論及取法之所宜」,『新民叢報』第2號, 1902年 2月 22日.

_____,「地理与文明之関係」,『新民叢報』第2號, 1902年 2月 22日.

_____,「論民族競爭之大勢」,『新民叢報』第3號, 1902年 3月 10日.

_____,「生計学(即平準学)学説沿革小史」,『新民叢報』第7號, 1902年 5月 8日.

_____,「新民説・論尚武」,『新民叢報』第28號, 1903年 3月 27日.

_____,「新民説・論尚武」,『新民叢報』第29號, 1903年 4月 11日.

陳獨秀,「敬告青年」,『青年雜誌』第1卷 第1號, 1915年 9月 15日.

_____,「東西民族根本思想之差異」,『青年雜誌』第1卷 第4號, 1915年 12月 15日.

_____,「憲法与孔教」,『新青年』第2卷 第3號, 1916年 11月 1日.

傖父(杜亜泉),「靜的文明与動的文明」,『東方雜誌』第13卷 第10號, 1916年 10月 10日.

隻眼(陳独秀),「朝鮮独立運動之感想」,『每週評論』第14號, 1919年 3月 23日.

何家幹(魯迅),「観闘」,『申報』1933年 1月 31日.

「国民政府対日本宣戦佈告」(1941年 12月 9日),『国民政府公報』渝字第421號, 1941年

「国際聯盟同志會成立之経過・林長民君之報告」, 『晨報』 1919年 2月 15日.
「靳(雲鵬)總理招待外報記者」, 『申報』 1920年 9月 2日.
「梁啓超在軍中敬告國人」, 『時事新報』 1916年 4月 4日.
「北京市民之宣言」, 『民國日報』 1919年 6月 14日.
「悲壮熱烈之京市党員大會・反日空気異常緊張・中委蔣中正戴党賢均蒞会講演」, 『中央日報』 1931年 9月 23日.
「蘇贛両督代表抵粵記」, 『民國日報』 1917年 12月 23日.
「朝鮮独立的消息 民族自決的思潮 也流到遠東来了!」, 『毎週評論』 第13號, 1919年 3月 16日.
「中国国民外交後援会致国聯陳訴書」(1932年 3月 30日), 文俊雄 選輯, 「聯合国欧洲辦事処図書館・国聯調査団収函電選」, 『民國檔案』 2012年 第2期.
「中華民國宣告各友邦書」, 『民立報』 1912年 1月 7日.

단행본

益尾知佐子, 2019, 『中国の行動原理－国内潮流が決める国際関係』, 中央公論新社.
石田雄, 1989, 『日本の政治と言葉(下)「平和」と「国家」』, 東京大学出版會.
惣郷正明, 飛田良文 編, 1986, 『明治のことば辞典』, 東京堂出版.

논문

吉澤誠一郎, 2009, 「公理と強権－民国八年の国際關係論」, 貴志俊彦・谷垣真理子・深町英夫 編, 『模索する近代日中関係－対話と競存の時代』, 東京大学出版會.
李曉東, 2015, 「「軍国民」考」, 大里浩秋・孫安石 編著, 『近現代中国人日本留学生の諸相－「管理」と「交流」を中心に』, 御茶の水書房.
森川裕貫, 2009, 「『太平洋』雑誌と和平の追求－五四前後における国内秩序論と国際秩序論」, 『中国哲学研究』 第24號.
＿＿＿＿, 2019, 「五四時期における大同思想の興起とその意義」, 『関西学院史学』 第46號.
モニカ・デ・トーニ(Monica De Togni) 著, 須藤瑞代 訳, 2017, 「孫文とガンディー－両者の政治的提言が一致点を見いだせなかったのはなぜか」, 日本孫文研究會 編, 『孫文とアジア太平洋−ネイションを越えて』, 汲古書院.

石川禎浩, 1994, 「東西文明論と日中の論壇」, 古屋哲夫 編, 『近代日本のアジア認識』, 京都大学人文科学研究所.

＿＿＿＿＿, 2001, 「近代東アジア"文明"圏の成立とその共通言語−梁啓超における「人種」を中心に」, 狹間直樹 編, 『京都大学人文科学研究所70週年記念シンポジウム論集・西洋近代文明と中華世界』, 京都大学学術出版會.

小野寺史郎, 2011, 「1920年代の世界と中国の国家主義」, 村田雄二郎, 編, 『リベラリズムの中国』, 有志舎.

＿＿＿＿＿, 2017, 「欧州戦爭と科学振興のジレンマ−中国における第一次世界大戦報道とその思想的影響」, 『東洋史研究』第75巻 第4號.

＿＿＿＿＿, 2018a, 「デモクラシーとミリタリズム−民国知識人の軍事・社會観」, 中村元哉 編, 『憲政から見た現代中国』, 東京大学出版会.

＿＿＿＿＿, 2018b, 「德謨克拉西与軍国民主義−−一戦後中国的軍事教育与兵制方案」, 李在全 主編, 『中華民国史青年論壇』第一輯, 社会科学文獻出版社.

＿＿＿＿＿, 2018c, 「第一次世界大戦期の中国知識人と「愛国」の群衆心理−陳独秀を中心に」, 『メトロポリタン史学』第14號.

＿＿＿＿＿, 2019, 「清末民初のミリタリズム」, 『中国研究月報』第73巻 第11號.

佐藤慎一, 1992, 「康有爲−清末の平和論と『大同書』」, 『年報政治学』第43巻, 日本政治学会.

Hiroki Morikawa, 2017, "In Pursuit of Peace: Zhou Gengsheng's Internationalism after the World Wars," Zinbun, No. 47(March 2017).

제2부

저항과 평화

5

민중 연대를 통한
동아시아적 평화의 실천
오스기 사카에의 사회이론과 현실과의 교차

김병진 이화여자대학교 이화인문과학원 연구교수

I. 들어가며: 20세기 초 일본 사회주의의 일면

일본의 사회주의는 20세기 들어 제국주의열강에 의한 세계 분할이 그 절정에 도달했을 때 시작되었다. 기독교사회주의 영향을 받은 아베 이소오(安部磯雄), 가타야마 센(片山潜), 기노시타 나오에(木下尚江), 가와카미 기요시(河上清), 니시카와 고지로(西川光二郎)와 자유당 좌파의 흐름을 이은 고도쿠 슈스이(幸徳秋水)가 일본 최초의 사회주의 정당 사회민주당을 결성한 것이 1901년이었다. 이와 함께 고도쿠는 『20세기의 괴물 제국주의(廿十世紀之怪物帝国主義)』(1901)를 발간해 애국주의와 군국주의의 혼합물로 제국주의를 설명하고서 제국주의 전쟁에 대한 반대를 천명하였다. 또한, 이들은 사회주의의 국제적 네트워크 형성에도 공을 들여, 러일전쟁이 한창인 1904년 8월 암스테르담에서 개최된 제2인터네셔널 6회대회에서 가타야마는 러시아 대표 플레하노프(Georgi V. Plekhanov)와 함께 반전을 호소하였다. 이처럼 세기 전환기에 성립된 일본 사회주의는 출발점에서부터 빈곤 문제 해결과 함께 제국주의에 대한 반대, 반전평화를 내걸었다.

하지만 일본의 억압적 치안유지체제는 이들을 그 맹아의 시기부터 억압하기 시작해 '대역사건'[1]을 통해 사회주의 운동에 이른바 '겨울시대'를 초래했다. 일본 당국은 같은 해 한국병합을 시작으로 동아시아에서의 제국주의적 영토 확장의 속도를 올리기 시작한다. 1914년 제1차 세계대전의 발발과 동시에 일본은 영일동맹을 근거로 참전해 산둥성의 독일 조차지를 점령한 후, 유럽전선에 열강의 관심이 집중되어 있는 틈을 타 신해혁명 이후의 중화민국정부에 '21개조'를 요구하고서 뤼순·다롄의 조차기한 연장, 산둥반도의 독일 권익을 요구하는 한편 일본인 고문과 일본인 경찰의 임용을 강요하였다. '민주주의의 수호'라는 명분하에 연합국의 일원으로 제1차 세계대전에 참전함으로써 그간 제한적이었던 '데모크라시'의 빗장을 풀게 되는 결과를 초래했다. 하지만 러일전쟁 이래 '안으로는 입헌주의, 밖으로는 제국주의'라는 기치가 상징하듯 일본 내부의 민주적 진척이 반드시 평화주의로 연결되지는 않았다.[2]

한편 제1차 세계대전은 '반전·평화'를 중심 기조로 삼았던 일본의 사

---

1   1910년 5월, 메이지천황의 암살을 획책한 혐의로 전국의 사회주의자, 무정부주의자를 검거해 비공개 재판을 통해 고도쿠 슈스이를 비롯한 12명이 사형당하였다. 현재에는 당시 관헌에 의해 날조 내지는 법률의 악의적 확대 적용으로 인한 사건으로 보고 있다.
2   '안으로는 국민주권주의, 밖으로는 비제국주의'라는 슬로건을 내건 『동양경제신보(東洋經濟新報)』의 소국주의 주장이 이러한 이념을 극복하였지만 여전히 소수파에 속하였다. 마쓰오 다카요시 저, 오석철 역, 2011, 『다이쇼데모크라시』, 소명출판, 317쪽.

회주의자들에게 큰 충격을 안겨주었다. 그들이 모델로 삼고 있던 제2인터내셔널에 소속된 유럽 각국의 사회주의 정당들은 제1차 세계대전 발발로 인해 전쟁 저지와 전쟁을 혁명으로 전환한다는 기존의 원칙을 팽개친 채 '조국방어'라는 명목으로 사실상 전쟁에 참여하였던 것이다.

그러한 제2인터내셔널 붕괴의 폐허 위에 사상 최초의 사회주의국가 소비에트 러시아가 탄생한다. 1917년 10월혁명을 통해 정권을 장악한 볼셰비키 정권은 즉시 휴전, 무병합·무배상, 민족자결을 내걸고 1918년 3월에 단독으로 독일과 강화를 맺고 전쟁에서 이탈한다. 레닌의 발 빠른 움직임에 대항해 미국의 우드로 윌슨(Woodraw Wilson)은 민족자결주의원칙을 내걸고 1919년 파리강화회의에서 전후 처리를 주도하게 된다. '민족자결'이라는 이념은 제국주의 지배하에 있던 동아시아민족들에게 커다란 공감을 불러일으켰고, 요시노 사쿠조(吉野作造), 이시바시 단잔(石橋湛山)과 같은 일본의 지식인들도 조선과 중국으로부터의 민족적 저항에 대해 진지하게 대응하기 시작했다.

한편으로 러시아혁명의 여파와 1918년의 쌀소동, 그리고 공장 노동자들의 생활 투쟁과 노동조합 건설 등에 고무되어 그간 침잠해 있던 사회주의자들도 본격적인 활동을 시작한다. 특히 1920년대의 일본의 사회주의 운동은 1930년대 이후 아시아에 대한 급격한 팽창주의와 광신적 천황주의를 배경으로 세계대전으로 나아가기 이전 일본의 풍요로운 대안적 가능성을 보여주었다고도 할 수 있다. 나름대로 문제점을 안고 있지만 노동쟁의나 소작쟁의, 무산정당운동 등 전체적으로는 가장 대중적인 확산을 보였고, 식민지 문제나 내부 소수자와의 연대에 있어서도 재일본조선노동총동맹의 1925년 창립이 보여주듯 활발한 활동을 보였다.

바로 이 시기에 이후 100년간 이어지는 일본의 사회주의사상의 이른바 '순화(純化)'가 이루어진다. 초기 사회주의사상은 그 이후의 전개와는 대비되는 다양한 사상적 요소를 포함하고 있었다. 그것이 이른바 순화되어 이후 일본 좌익의 사상과 운동의 출발점이 된 것이 바로 '아나·볼 논쟁'(아나키즘 대 볼셰비즘 논쟁)을 통해 형성된 볼셰비키파의 등장이다. 일본공산당은 물론 노농파를 중심으로 하는 비공산당 마르크스주의자도, 좌익사회민주주의자도 바로 이 볼셰비키파의 후예라 봐도 좋을 것이다. 아울러 전후의 좌익, 신좌익도 모두 이들 계보 속에서 탄생하였다. 이들 볼셰비키파의 사상은 이후 일본의 좌익사상의 원형이라고 할 요소를 포함하고 있으며, 각각의 분파나 역사적 시점에서의 명제나 이론을 넘어선 일본좌익의 사상적 체질, 독특한 사상적 양식을 내재하고 있는 것이다. 바로 이러한 점에서 '아나·볼 논쟁' 속 볼셰비키파의 주장을 아나키스트파의 비판과 대비시켜 재조명해볼 필요성이 대두된다.

'아나·볼 논쟁'에 대해서는 당시 논쟁에서 볼셰비키파의 주역이었던 사카이 도시히코(堺利彦)나 야마카와 히토시(山川均), 아라하타 간손(荒畑寒村)의 회고록을 시작으로 다양한 저작에서 언급되고 있다. 이들 주류의 묘사에 의하면 대체로 경제적 직접행동을 통해 무정부공산주의 사회를 일거에 실현하려는 아나키즘파의 '지극히 영웅적이고 극히 낭만주의적'인 오류를 볼셰비키가 '조합투쟁과 정치투쟁의 결합을 통한 올바른 혁명적 노선'으로 이끌어 극복시킨 것으로 '아나·볼 논쟁'을 평가한다.[3] 한편

---

3   犬丸義一, 1982, 『日本共産党の創立』, 青木書店, 155-160쪽; 中村新太郎他, 1974, 『物語日本労働運動史』上, 新日本選書, 225-246쪽; 石河康国, 2008, 『労農派マルクス主義』上, 社会評論社, 55-69쪽; 井上清·家永三郎 編, 『近代日本の争点』下, 毎日新聞社, 168쪽, 193-201쪽; 大河内一男, 1963, 『現代日本思想大系15 社会主義』, 筑摩書房, 45-56쪽.

이들 논쟁의 성격에 관해 노동조합 조직론을 둘러싼 의견 차이가 존재했을 뿐 이데올로기적 대립의 비중이 과대평가되었다고 지적하기도 한다.[4] 나아가 메이지사회주의의 직접행동론을 계승한 '정치의 부정'으로부터 '정치적 저항'으로 변화하는 다이쇼 사회주의 주류의 '정치'관을 평가하는 시각도 있다. 이러한 변천이 일본 사회주의에 있어서 '정당' 관념의 정착 과정이자 '합법무산운동을 관념적으로 준비한 과정'으로 볼 수 있다는 것으로 일본의 정당제 형성과 복수정당제를 발전시키는 데 있어 주요한 민주주의적 전개 과정으로 보는 것이다.[5]

이 글에서는 먼저 '아나·볼 논쟁'과 관련해서 상징적으로 제시된 오스기 사카에(大杉栄)의 운동론을 사카이 도시히코, 야마카와 히토시 등 당시 '정통파' 마르크스주의자들의 '유물적 역사관'과 대비시켜 그 의의를 살펴보고자 한다. 또한 오스기의 농민운동과 식민지 문제에 대한 관심이 그의 독특한 사회이론과 결부되어 동아시아 평화사상으로 전개될 가능성을 제안해보고자 한다. 이를 통해 오스기의 사회이론이 현실사회와 어떻게 연결되고 또 엇갈렸는지를 실천적 평화주의라는 관점에서 확인할 것이다.

---

4 이와 같은 연구로는 村山重忠, 1958, 「全国的労働組合総連合運動について」, 『社会労働研究』 10號, 法政大学社会学部学会; 秋山清, 1965, 『近代日本を創った百人』 上, 毎日新聞社를 예로 들 수 있다.

5 三谷太一郎, 1995, 「大正社会主義者の「政治」観」, 『新版大正デモクラシー論』, 東京大学出版会, 251-317쪽.

II. 오스기 사카에의 '일본탈출'

1923년 9월 16일, 관동대지진에 의한 혼란이 가시지 않은 가운데, 오스기 사카에는 반려인 이토 노에(伊藤野枝)와 조카 다치바나 소이치(橘宗一)와 함께 헌병대에 의해 구속된 채 학살당하였다. 그 후, 책상 서랍 속에서 발견된 미완의 원고에는 다음과 같이 적혀 있었다.

> 아주 친한 동지 이외에는 좀처럼 누구에게도 알리지 않고, 마침 자유연합주의와 중앙집권주의의 다툼이 시작되어 바쁜 와중에 갑자기 모습을 감추고 반년이나 소식을 전하지 못한 죄를 먼저 용서해다오. 지금에 와서는 아무런 변명을 할 필요도 없게 된 듯하지만, 어쨌든 사태가 매우 급했다. 게다가 절대적으로 비밀 유지가 필요했었다.[6]

여기서 말하는 '자유연합주의와 중앙집권주의의 다툼'이란 1922년 9월의 일본노동조합총연합의 창립대회에서 표면화된 노동조합운동의 조직론을 둘러싼 아나키스트 그룹과 볼셰비키 그룹 간의 대립(아나·볼 논쟁)을 의미한다. 이 논쟁에서 일본 마르크스주의가 그 당시까지 크게 영향력을 발휘하고 있던 아나르코·생디칼리즘을 제치고 헤게모니를 획득하게 되었다고 알려져 있다. 그런데 상술한 오스기의 원고에 따르면 바로 이 시기에 이른바 아나르코·생디칼리즘의 주요한 이데올로그였던 오스기는 일본에서의 논쟁 전선을 이탈했음을 보여준다. '아나·볼 논쟁'이란 실은 이른바 '아나키스트 그룹'의 주축인 오스기의 부재 속에서 진행되었던

---

6 大杉栄, 2015, 「同志諸君へ」, 『大杉栄全集』 第7券, ぱる出版, 369쪽.

것이다.

오스기는 1922년 11월 20일 프랑스의 아나키스트 콜로메르(André Colomer)로부터 베를린에서 개최 예정인 국제무정부주의자대회의 초대장을 받고서 논쟁의 일선에서 이탈하게 되는데, 이때의 심경을 그의 사후 출판된 『일본탈출기』에 다음과 같이 적고 있다.

> 비록 짧은 기간이라고는 하지만 이런 시기에 일본을 떠난 것은 정말 안타깝다. 그리고 거의 침식을 잊을 정도로 바쁜 동지들을 내버려둔 채 자리를 비우는 것도 정말 견디기 힘들다. 그러나 일본의 일은 일본의 일로, 내가 있건 없건 상관없이 모두가 있는 힘을 다해 헤쳐나갈 것이다. 나는 나대로 외국의 동지들과, 그것도 이번에야말로 진정한 무정부주의자 동지들과 교섭할 기회가 주어진 것이다. 가자. 나는 즉석에서 결심할 도리밖에 없었다.[7]

오스기의 전선 이탈이 결코 우연과 충동적 결단의 결과가 아니었음을 전하고 있다.

국제무정부주의자대회에 참석하기 위해 오스기가 먼저 들른 곳은 상하이였다. 오스기는 그 이유를 다음과 같이 설명하고 있다. "내가 이번이 상하이에 들른 이유는 베를린대회에서 ××××××××××가 조직될 것이기도 했거니와, 우리에게 그것보다 훨씬 필요한 ××××××××××의 조직을 만들어보고자 했기 때문이기도 했다."[8] 앞에 검열된 부분은 국제무

---

[7] 오스기 사카에 지음, 김응교·윤영수 옮김, 2005, 『오스기 사카에 자서전』, 실천문학사, 375쪽.

정부주의자대회를 뜻하는 용어가, 뒷부분은 극동무정부주의자를 의미하는 말이 들어갈 것이다.[9] 우연한 기회에 받게 된 국제무정부주의자대회 초대장은 오스기가 오랫동안 구상하고 있던 후자의 목적을 실현하기 위한 호기였다. 그리고 그는 상하이에 약 2주 남짓 머물면서 현지의 무정부주의자들과 회합을 거듭한다. 프랑스 리옹에 있는 중불대학으로 유학을 간다는 명목으로 중국인으로 위조한 여권을 이용해 비자를 얻은 것도 이들 중국인 동지들의 협력 덕분이었다.[10]

이때 오스기는 상하이를 두 번째 방문하는 셈이었다. 약 2년 전인 1920년 10월 그는 코민테른 주도로 상하이에서 개최된 극동사회주의자회의에 참석해서 1개월가량 체류하였다. 일본이 코민테른과 직접 조우하게 된 이 회의의 전말에 관해 오스기는 『일본탈출기』에서 회상 형식으로 소개하고 있다. 오스기는 이 석상에서 코민테른에서 극동 문제를 담당하는 보이친스키와 코민테른의 밀사로 오스기를 접촉했던 이증림(李增林)을 비롯해 이동휘와 여운형, 천두슈(陳獨秀) 등 중국과 조선의 공산주의자, 민족주의자들과 접촉하고 논의를 거듭했다.[11] 오스기는 이때의 회의에 대해 다음과 같이 회상하고 있다.

---

8 大杉栄, 2015, 「日本脱出記」, 앞의 책, 265쪽(김응교·윤영수의 번역서에는 복자 부분을 각각 '국제무정부주의동맹', '국제무정부주의자'로 표기하고 있으나 원본을 따른다. 오스기 사카에 지음, 김응교·윤영수 옮김, 2005, 앞의 책, 378쪽).

9 大杉豊, 2009, 『日録・大杉栄伝』, 社会評論社, 432-433쪽.

10 위의 책, 433-434쪽.

11 위의 책, 341쪽. 오스기와 코민테른의 관계에 대해서는 山泉進, 2002, 「大杉栄, コミンテルンに遭遇す」, 『初期社会主義研究』 15號; 山内昭人, 2009, 『在外日本人社会主義者と初期コミンテルン』, ミネルヴァ書房; 黒川伊織, 2014, 『帝国に抗する社会運動』, 有志舎를 참조.

그 회의는 늘 나와 T(보이친스키-인용자)와의 논쟁으로 끝났다. … 나는 당시 일본의 사회주의동맹에 참가하고 있었고 무정부주의자와 공산주의자의 제휴의 가능성을 믿고 있어서, 그리고 그 필요성도 느끼고 있어서 각각 다른 주의자의 사상이나 행동의 자유를 충분히 존중하지 않으면 안 된다고 생각했다. 그래서, 무정부주의자인 나는 극동공산당동맹에 들어가는 것도 안 되었고, 또 국제공산당동맹인 제3인터내셔널(코민테른)에 들어갈 수도 없었다.[12]

이때 오스기가 느꼈던 '제3인터내셔널'에 대한 위화감은 이후 '극동 무정부주의자'의 조직화의 필요성을 느끼게 한 주요 원인이었다고 추측된다. 그러나 이번 '탈출'에는 이러한 무정부주의자들의 조직화라는 실천 목표 이외에 조사 목적이라고 할만한 것이 존재했다. 그것은 마흐노운동에 대한 관심이었다. 마흐노운동이란 러시아혁명 직후 우크라이나에서 전개된 네스토르 마흐노(Nestor Ivanovych Makhno, 1888~1934)를 지도자로 하는 민중운동을 말한다. 마흐노는 우크라이나 남부에서 농민의 아들로 태어났다. 1905년 제1차 러시아혁명을 계기로 무정부공산주의자의 명칭을 사용하며 부유한 상인을 습격하기 시작했으나, 1908년에 체포되어 1910년 군사재판에서 징역 20년을 선고받게 된다. 1917년 2월 혁명으로 석방된 후, 1918년 독일군 점령하의 우크라이나에서 빨치산 부대를 조직하여 1921년까지 계속된 내전에서 군사 지도자로 활약하며 우크라이나 민족파인 페트리우나군, 백군의 데니킨, 브란겔군대와의 전투에서 볼셰비키와 협력해 러시아혁명을 방어했다.[13]

---

12 오스기 사카에 지음, 김응교·윤영수 옮김, 2005, 앞의 책, 367-368쪽.

하지만 1920년 11월 농산물의 강제적 징발에 저항하여 소비에트 적군의 지배하에 들어가기를 거부하는 등 소비에트 정권의 강권적인 정책에 대해서는 비판과 저항을 관철하였다. 그러자 소련정부는 마흐노운동에 대해 우크라이나 농촌의 정치적 혼란을 틈타 권력을 탈취한 부농이 일으킨 반혁명적 성격을 가진 운동이라고 규정하고, 마흐노와 그의 군대를 소비에트공화국과 혁명의 적으로 선언하기에 이르렀다. 이에 대해 마흐노도 1919년 1월 '선언'을 통해 마흐노운동이 '부르주아=지주 권력'과 '볼셰비키=공산당적 독재' 양쪽에 대한 우크라이나 근로자의 저항임을 표명하면서, 볼셰비키 비밀경찰과 당위원회, 강제기관, 훈련제도 등을 부정하고 노동자의 출판·집회·결사·표현의 자유에 관한 어떠한 제약도 반혁명이라고 선언했다.[14] 이러한 갈등은 1920년부터 2년에 걸쳐 적군과의 처참한 전투로 번지게 되었고, 결국 소련에서 쫓겨난 마흐노는 파리로 망명한 후 그곳에서 객사하게 된다.

'아나·볼 논쟁'이 한창일 때 오스기의 전선 이탈, 극동무정부주의자의 조직화와 마흐노운동에 대한 강한 관심은 '아나·볼 논쟁'이라고 불려온 문제의 본질을 보다 글로벌한 시각에서 바라보게 한다. 종래에는 공장 노동자의 조직화 방법을 둘러싼 대립으로 여겨져온 이 논쟁을 혁명에서의 프롤레타리아트와 농민, 도시와 농촌의 관계를 둘러싼 대립의 표현으로 재고찰할 필요가 생기기 때문이다. 종래의 연구에서 오스기와 사카이 도시히코, 야마카와 히토시 등 '정통파 마르크스주의'와의 대립은 오로지

---

13 アルシノフ・ピョートル, 2002, 『マフノ運動史1918-1921―ウクライナの反乱・革命の死と希望』, 社会評論社 참조.
14 和田春樹, 1978, 『農民革命の世界―エセーニンとマフノ』, 岩波書店, 172쪽.

오스기의 개인주의적 성향과 영웅주의적, 모험주의적 운동론의 문제로 여겨져왔다.[15]

III. 혁명의 주체는 누구인가?

'아나·볼 논쟁'과 관련해서 상징적으로 제시된 오스기 운동론의 의미를 사카이 도시히코, 야마카와 히토시 등 당시 마르크스주의 '정통파'의 '유물적 역사관'에 대한 비판과 그 이후의 전개를 통해 살펴보고자 한다.

옥중에 있었던 탓에 '대역사건'을 피해간 메이지 말기 이래로 사회주의 운동의 리더, 사카이 도시히코는 잡지 『근대사상』 지상에, 신진 평론가로서 이 잡지를 이끌어가던 후배격인 오스기에 대한 위화감을 다분히 의식하면서 다음과 같이 말한다.

> 조금 깊게 사물을 생각하고 있으면, 결국은 모두 '자유'와 '필연'의 싸움으로 귀결되어버리고 마는 기분이 든다.[16]

『근대사상』은 사카이의 반대를 무릅쓴 창간이었다. 오스기는 운동 재개를 우려하는 사카이의 대기주의(待機主義)적 자세를 단순히 개인적 성격이나 정세 판단의 문제가 아니라 그가 입각한 사회주의의 이론에서 기

---

15 당시 논쟁의 반대편에 있던 荒畑寒村이나 山川均의 회고록 등을 비롯해 이후 일본의 대안적 사회세력의 주류를 차지하게 되는 공산당의 기본적 시각은 이와 같았다.
16 堺利彦, 1913, 「胡麻塩頭」, 『近代思想』 2卷 1號(1913.10), 不二出版(復刻版), 16쪽.

인한 것으로 비판했다. 사카이가 제대로 인식했듯이 오스기의 '사회주의' 비판은 '자유'와 '필연', 달리 말하면 사회주의 이론에서의 주체성 문제를 둘러싸고 전개되었다. 오스기가 『근대사상』 지상에서 전개한 '사회주의' 비판은 '사회주의'의 '유물적 역사관'에 대항해, "나아가 시기를 만든다"고 하는 주체적 실천의 타당성의 기초를 다지려는 이론적 전개였다.

메이지 말기부터 다이쇼 초기에 걸친 '사회주의'의 특징은, 종래의 '지사'적인 사회관계나 기독교적인 '박애'의 정신으로부터 독립해 유물사관(당시 표현으로 '유물적 역사관')과 일체 불가분의 것으로서 논해지기 시작한 점이다. 그리고 이 점에 있어서 사카이는 중요한 공헌을 하였다.

사카이는 1921년 1월 『국민잡지』에 「유물적 역사관」이라는 제명으로 마르크스의 『경제학비평(Zur Kritik der politischen Ökonomie)』의 초역을 발표했다. 여기에서 사카이는 『경제학비평』을 통해 "마르크스가 직접 서술한 유물적 역사관의 가장 정확하고 유일한 요령기"라는 의미를 부여하고 있다.[17] 이 텍스트는 사카이가 "마르크스파의 한 작은 대표자로서 마르크스, 엥겔스가 남긴 말 그대로를 통해 … 유물적 역사관을 소개"하려는 시도였다.[18]

이보다 앞선 다이쇼 초기, 사카이의 '사회주의'에 대한 이론적 수준을 보여주는 작업으로는 1913년에 간행된 번역서 『사회주의 윤리학』을 들 수 있다. 카를 카우츠키(Karl Kautsky)의 *Ethik und materialistische Geschichtsauffassung*의 번역본으로 앞서 기술한 『경제학비평』의 초역을 「유물적 역사요령기」라는 제목으로 바꿔 부록으로 싣고 있다.[19] 사카이는

17　堺利彦, 1970, 「唯物的歷史觀」, 『堺利彦全集』 第4券, 法律文化社, 13쪽.
18　위의 책, 10쪽.

서문에서 다음과 같이 그 의의를 서술하고 있다.

> 철학계에는 막연하고 완명한 유심론이 발호하고, 문예계에는 불철저하고 신비로운 본능주의가 유행하며, 교육계 및 종교계에는 극히 천박하고 조악한 위선과 도덕이 창도하고 있는 오늘날, 이와 같은 명석투철한 유물적 윤리관으로 그 암매(暗昧)를 비추고, 그 우몽(愚蒙)을 가르쳐 허위를 척결하는 것은 역자의 실로 통쾌하기 짝이 없는 일이다.[20]

『사회주의 윤리학』에서 그러한 '생산관계'의 분석에 결정적인 중요성을 부여한 개념이 '계급투쟁'이었다. '사카이 = 카우츠키'는 이 개념을 어디까지나 역사적 사실이라며 다음과 같이 설명한다.

> 이후 경제상의 발달이 진행되면서 사회는 점차 분열되어갔다. 그리고 인간 사회에서의 생존 경쟁의 가장 주요한, 가장 넓고 오랫동안 행해지는 형식은, 바로 계급투쟁이 되었다. … 특히 계급투쟁에 의해 가장 현저하게 사회적 본능을 강하게 한 사람은 피약탈, 피압정의 지위에 있는 바야흐로 새롭게 흥륭하려 하는 계급이다. … 그들은 그들 사이에 분배를 다투어야 할 재산도 특권도 가지고 있지 않다. 때문에 분배물이 적으면 적은 대로, 반항계급은 단지 자기들 동료의 힘에 의탁할

---

19 역자의 서문에 따르면 이 서적은 영어 번역본의 초역(1921년, 단속적으로『新仏教』에 연재)을 독일어판으로 증보 개정한 것이다.
20 堺利彦, 1922,「訳者の序」,『社会主義倫理学』, 丙午出版社, 1쪽.

수밖에 없으며, 그 공동의 적에 대해 점점 더 단결의 마음을 다지면서, 동족에 대한 동정, 동감이 증대하게 된다.[21]

여기서 특징적인 것은 '계급투쟁'의 주체인 '반항계급'이 사회의 경제구조에 대해 차지하는 위치에 의해서 충분한 동일성이 미리 주어진 존재로서 그려지고 있다는 점이다. 계급투쟁이 사회의 경제구조에서 초래되는 필연이며, 또 그 '주체'인 '반항계급'이 이미 뚜렷한 정체성을 갖춘 실체라면, 사회주의자의 실천은 그 경험을 체계화하고 일반화하는 것으로 집약되는 것이다. 여기에 사카이가 생각하는 마르크스주의의 과학성이 존재했다. 사카이는 그것을 다음과 같이 표현하고 있었다.

> 사회주의 과학은 오로지 사회발달의 법칙을 연구하고 평민계층의 운동을 위해 필연적인 경향과 목적을 지시하는 것이다. … 과학은 그저 사실을 인정하는 것이다. 다만 과학이라 해도, 장래 이와 같을 것이라고 예언할 수 있다. 그러나 그것은 단지 사물 필연의 경향을 간파한 결과이다. 과학은 결코 현상계에서 인정받는 필연 이외에, 이렇게 있어야 한다거나, 이렇게 있어서는 안 된다는 지시를 내릴 수는 없다.[22]

여기에 서술되고 있는 과학론의 가장 현저한 특색은 그것이 철두철미하게 19세기의 실증적 경험 지식의 전개로 자리매김되어 있다는 점이다. 여기서 '사회주의 과학'의 주요 임무는 경험주의적인 자연과학과 동일

---

21 위의 책, 269-270쪽.
22 위의 책, 257-258쪽.

한 의미에 있어서 즉, '사실을 인정'하는 것이 요구되고 있는 것이다. 이는 '사회주의 과학'이 대상으로 하는 '생산관계'가 자연과학이 대상으로 하는 '사물'과 동일한 수준에서, 다시 말해 극히 실체적인 수준에서 규정되어 있음을 의미한다. 『사회주의 윤리학』에서의 '과학'은 현상적으로 숨겨져 있는 의미나 구조를 밝혀내기 위한 주체적인 개입이 아니라 모두가 관찰 가능한 경험의 체계화, 일반화를 의미하고 있었다.

사카이의 '대기주의'는 이러한 '과학적 사회주의'가 '겨울시대'라는 사회주의 운동의 '위기'와 접촉하는 지점에서 만들어졌다. 사회주의의 사회 실현이라는 필연을 설명하는 사회주의와 운동 괴멸이라는 눈앞의 사실과의 불일치에 직면한 사카이는 그 위기를 사회주의 이론에서가 아니라 오히려 현실 측으로 밀어내는 것으로 극복하고자 했다. 눈앞의 위기에서 '사회주의'를 부정하지 않는 형태로 회수하는 방법은 일본의 '현실'이 아직도 사회주의의 사회 실현 단계에 이르지 못했음을 '과학적'으로 설명하는 것이었다. 따라서 운동이 괴멸적 상태인 현재, 사회주의자가 할 수 있는 일은 운동 재건에 적극 나서는 것이 아니라 사회주의 혁명의 기회가 무르익기를 기다리거나 준비하는 데 국한된다.

사카이는 1914년에 오스기와 아라하타 간손이 『근대사상』을 폐간하고 보다 실천적인 운동의 기관지를 목표로 창간한 월간 『평민신문』에 「전후는 어떻게 될까」라는 논설을 게재한다. 이 논설에서 사카이는 제1차 세계대전 이후의 유럽에서의 사회주의 운동의 발전에 대해 약간의 전망을 논한 후, 일본의 사회주의 운동에 대해 다음과 같이 언급한다. "그러나 이상은 유럽의 일이다. 일본의 운동이 유럽의 형세에 영향받은 것은 물론이지만, 일본에서는 아직 한 걸음에 그렇게까지 나아갈 수는 없다. 그 전에 꼭 예비운동을 할 필요가 있다."[23] 사카이는 이 '예비운동'으로 첫째는 보통선거운동, 둘째는 노동자단결, 자유운동을 든다. 여기서는 사회주의자에 의한 혁명적 사회운동에 대한 창조적 개입 가능성은, 유럽과 비교해 일본의 후진성으로 인해 사전에 배제되어 있다. 사카이는 "나는 대부분의 경우, 장래에 대해서 낙천적이다"라고 이 글을 맺었다. 사카이의 낙천성은 궁극적으로 스스로가 입각하는 '유물적 역사관' 자체의 낙천성과 통하는 면이 있다. 한편 오스기는 사카이가 『사회주의 윤리학』을 출판하자 바로 『근대사상』 지상에서 다음과 같은 비판을 전개했다.

> 이 유물적 사관설은 마르크스 자신도 말하고 있듯이 역사의 한 도선(導線)이다. 게다가 가장 주요한 하나의 도선이다. 이러한 조건에 있는 동안 이 사관설도 매우 유력하지만 그것을 벗어나면 매우 우스꽝스러운 일이 되어버린다. 아무튼 사회주의자들 가운에는 이렇게 과장하는 사람이 많다. … "사람의 자각에 따라 그 생활법이 정해지는 것이 아니라 반대로 사람의 사회적 삶에 의존해 그 자각이 정해지는 것이다." 하지만 이 자각이 사회적 생활상에 반동하는 일도 또한 크다.[24]

오스기가 사카이의 '유물적 역사관'에서 느낀 가장 큰 위화감은 그것이 역사 발전에 있어서 사회적 생산관계의 중요성을 강조한 나머지 개인의 창조적 정치적 개입 가능성을 배제하는 결과를 낳고 있다는 점이었다.

23　堺利彦, 1914, 「戰後はどうなる」, 月刊『平民新聞』第1號(1914.10), 黑色戰線社(復刻版), 11쪽.
24　大杉栄, 2014a, 「新刊紹介-社會主義倫理学」, 『大杉栄全集』第2巻, ぱる出版, 265-266쪽.

사카이의 '대기주의'가 '유물적 역사관'의 논리적 귀결인 한, 문제는 단순히 운동론상의 전술적 차이에 머무르지 않는다. 오스기는 스스로의 '자각'과 이를 바탕으로 한 '사회'에 대한 개입이라는 전술적 유효성을 주장하기 위해서 사카이=카우츠키의 '유물적 역사관' 그 자체를 비판적으로 극복할 필요가 있었다.

오스기는 당시 『근대사상』 지상에서 자주 베르그송과 니체, 슈티르너 등의 '강건한 개인주의 철학'에 의거한 평론 활동을 펼치고 있었다. 이런 논설들은 이후에 『삶의 투쟁』이라는 단행본으로 출간된다. 거기서 전개된 오스기의 사상은 '생의 철학'으로 총칭된다. 오스기의 생의 철학은 단적으로 말해 비결정을 그 본질로 하는 '생(생명)'의 기능을 개개인의 내부에 실체적으로 규정함으로써, '유물적 역사관'의 결정론을 돌파하려는 것이었다. 오스기는 유물적 역사관의 결정론 속에서 '미지수'로서의 생(생명)을 읽어냄으로써 개개인의 주체적인 '노력'이 의미를 가질 수 있는 공간을 '사회주의' 이론에 다시 도입하려고 시도하였다.

여기서 중요한 것은 오스기가 자신의 '생의 철학'을 기초로 한 역사철학으로 사카이의 '유물사관'과는 이질적인 '정복사관'을 채택했다는 점이다. 오스기는 「정복의 사실」이라는 논설에서 굼플로비치(Ludwig Gumplowicz)나 라첸호퍼(Gustav Ratzenhofer)의 종족 투쟁에 의거해 정복과 투쟁에 의한 사회의 창생과 발전을 다음과 같이 요약한다.

> 역사는 복잡하다. 하지만 그 복잡함을 일관하는 단순함은 있다. 예를 들어 정복의 형식은 여러 가지이다. 그러나 고금을 통하여 모든 사회에는 반드시 그 양극에 정복자 계급과 피정복자 계급이 자리 잡고 있다.[25]

오스기의 텍스트에는 근대에 있어서의 계급 대립도 기본적으로는 이러한 정복사관의 연장선상에서 이해되고 있다. 이러한 「정복의 사실」이란 한편으로는 '생의 확충'의 표현인 '같은 인류 사이의 투쟁과 이용'의 결과일 뿐이다. 그러나 오스기는 동시에 이러한 「정복의 사실」 자체가 생(생명)의 자유로운 기능을 통해서 와해될 필연성을 다음과 같이 설명하고 있었다.

> 여기서 말이지, 생명이 살아남기 위해서는 정복의 사실에 대한 증오가 생기지 않으면 안 된다. 증오가 한 걸음 나아가 반역을 만들어내지 않으면 안 된다. 신생활의 요구가 일어나야 한다. 사람 위에 사람의 권위를 두지 않는, 자아가 자아를 주재하는 자유 생활의 요구가 일어나야 한다. 과연 소수자들 사이에 특히 피정복자 중의 소수자들 사이에 이러한 감정과 사상과 의지가 생겨나고 있다.[26]

여기서 '반역'은 결코 생산관계의 모순에 의해 필연적으로 발생하는 '자연'현상으로 파악되지는 않는다. 그것은 오히려 자신에게 주어지는 '생'의 억압을 민감하게 감지한 소수자의 운동으로서 전개될 수밖에 없다는 의미를 부여한다.

유물적 역사관에 대해 정복사관이 대치되는 이론적 의미는 다음의 두 가지 차원에서 고찰할 수 있다. 첫 번째는 현재의 계급투쟁 국면에 과거의 종족투쟁과도 공통되는 폭력적 수탈의 과정이 중첩되는 것이다. 두 번

---

25 大杉栄, 2014a, 「征服の事実」, 위의 책, 107쪽.
26 大杉栄, 2014a, 「生の拡充」, 위의 책, 130쪽.

째는 투쟁의 주요한 적대성의 포인트가 서로 다른 계급 사이에서 계급을 구성하는 개개인의 주체 내부로 이동하는 것이다. 그 결과 오스기는 생의 자유로운 작용을 억압하고 있는 가장 큰 걸림돌로 '노예근성'이라는 이데올로기를 분석하게 된다.

> 주인이 기뻐한다, 주인을 맹종한다, 주인을 숭배한다. 이것이 모든 사회조직의 폭력과 공포 위에 구축된 원시시대부터 최근에 이르기까지 거의 유일한 큰 도덕률이었다. … 정부의 형식을 바꾸거나 헌법 조문을 고치는 것은 아무것도 아니다. 하지만 과거 수만 년 혹은 수십만 년 동안 우리 인류의 뇌수에 각인된 예견된 이러한 노예근성을 없애버리는 일은 좀처럼 쉬운 사업이 아니다. 그러나 진정으로 우리가 자유인이기 위해서는 무슨 일이 있어도 이 사업은 완성해야만 한다.[27]

'유물적 역사관'에 있어서는 경제적·정치적 국면에 한정되어 있던 투쟁의 포인트가, 오스기의 '정복사관'에 있어서는 '노예근성'이라는 이데올로기와 진정으로 자유인이 되려는 '자아'와의 투쟁이라는 주체 내면의 레벨로 이동하게 된다. 이러한 적대성의 포인트 이동에 의해 일본의 사회이론에서 이데올로기와 주체성의 문제가 사회 변혁에 있어서 중요한 과제로서 부각되는 이론적 경로가 열리게 되었다.

사카이는 이런 오스기와의 대립을 어디까지나 사회주의와 개인주의의 대립으로 의미를 부여하려 했다. 사카이는 1914년의 논설 「오스기 군과 나」에서 오스기와 자신의 사상적 입장 차이를 이데올로기적인 조감도

---

27 大杉栄, 2014a, 「奴隷根性論」, 위의 책, 64쪽.

를 들어 설명하고자 하였다. 거기서 현대사회의 사상적 입장이 개인주의에서 국가주의, 국가사회주의, 사회주의, 공산주의, 무정부공산주의를 거쳐 개인적 무정부주의에 이르는 사상적 편차의 스펙트럼으로서 제시하고 있다. 사카이는 스스로를 사회주의, 공산주의의 하위 카테고리인 '마르크스파', '정통파'의 계보에 두고, 오스기를 무정부공산주의의 일본 대표로 그와 대비시킨 후 사상적 특색을 다음과 같이 설명했다.

> 내가 만약 보호색을 취한다면 한 걸음 우측으로 퇴각하여 국가사회주의로 가는 수밖에 없다. 그러나 퇴각은 싫다. 그래서 부득이 침묵하는 바이다. 그렇다면 오스기 군의 입장은 어떤가 하면 이것은 한 걸음 좌측으로 전진해서 개인적 무정부주의로 가면 된다. 거기에 문예라는 중립지가 있다.[28]

이 같은 사카이의 오스기에 관한 설명은 현재까지도 오스기에 관한 사상적 평가의 원형을 이루고 있다. 오스기를 평가하는 측도 비판하는 측도 오스기의 사상적 특질을 '개인주의'의 강도에서 찾는다는 점에서 공통적이기 때문이다. 하지만 오스기의 사상적 특질을 '개인주의'로 수렴하는 것은 오독이라고 생각한다. 오스기의 '정복사관'은 한편으로는 투쟁에 있어서 '개인'의 발의의 중요성을 강조하는 것이면서, 다른 한편으로 '개인'의 신체 레벨에까지 침윤하는 '타인'의 규율·훈련·권력의 기능을 강조하는 것이었기 때문이다. 그 결과 그의 '생의 철학'은 자아의 해방을 주장하기보다 오히려 자아의 해체 혹은 자아로부터의 해방을 지향하게 된다.

---

28 堺利彦, 1970, 「大杉君と僕」, 『堺利彦全集』 第4券, 法律文化社, 90쪽.

가령 오스기는 1915년의 논설 「자아의 기탈」에서 '자아'와 '혁명'과의 관계에 대한 고찰을 다음과 같은 관찰에서 시작하고 있다.

> 군대를 따라 걸어간다. 저절로 걸음걸이가 군대의 그것에 맞춘다. 군대의 발걸음은 원래부터 무의식적이지만, 우리의 발걸음을 그것에 맞추도록 강제한다. … 그리고 마침내 우리는 강제된 발걸음을 우리 본래의 발걸음이라고 생각하게 된다. 우리가 자신의 자아―자신의 사상, 감정 혹은 본능―이라고 생각하고 있는 대부분은 실로 터무니없는 타인의 자아이다. 타인이 무의식적으로 또는 의식적으로 우리에게 강제한 타인의 자아이다.[29]

오스기는 현대사회 지배의 의미를 '타인의 자아'가 군대 행진과 같은 규율훈련 권력의 일상적 실천을 통해 주체의 '생리 상태' 수준까지 침윤된 상태로 파악했다. 따라서 그러한 지배에 대한 저항 또한 '자아'의 해방으로서가 아니라 오히려 '자아'로부터의 해방으로서 구상되어야 했다. 그것은 마치 백합의 껍질을 벗기듯 "마침내 우리의 자아 그 자체에 아무것도 없을 때까지 그 껍질을 한 장 한 장 벗겨 나가는" 실천이어야 했다. "이렇게 제로에 이르렀을 때, 그리고 거기서 더욱 새롭게 출발했을 때, 처음으로 우리의 자아는 껍질이 아닌 열매뿐인 진짜 생장을 이루어간다"고 오스기는 주장한다.

오스기의 이와 같은 주장을 사카이처럼 반마르크스주의적이라고 일축할 수는 없을 것이다. 그것은 무엇보다도 마르크스 자신이 대량 생산

---

[29] 大杉栄, 2014b, 「自我の棄脱」, 『大杉栄全集』 第3券, ぱる出版, 182쪽.

과 함께 시작된 공장 노동의 질적인 변용에 주목하고서 그것을 병영에 빗대는 기술을 하고 있기 때문이다. 예를 들어 『자본론』의 다음 부분에 명료하게 나타나 있다.[30] 마르크스가 그려낸 공장의 풍경이 이른바 포디즘(Fordism)이라고 총칭되는 새로운 노무관리 시스템의 특징을 표현하고 있다. 또한 이것이 자본에 대한 노동력의 '실질적 포섭' 단계를 밝힌 것이라는 점에 있어서는 많은 논자의 지적이 있다.

규율훈련에 주목한 오스기의 자본주의론은 마르크스의 관찰과도 충분히 공명할 만한 것을 가지고 있다. 그리고 오스기는 이러한 포디즘 단계의 노동자 신체를 단순히 규율훈련 권력의 효과만이 아니라, 동시에 그에 대한 투쟁이나 저항의 현장으로 문제 삼고자 했다. 역사적인 경제법칙을 통해서 자본주의에 적대적인 계급(=주체)이 형성되고 이것이 자본주의적 지배에 대해 저항을 하는 것은 아니다. 오히려 주체는 지배에 대해 저항하면서 형성되는 적대성의 지점으로 이해되어야 한다. 오스기의 경우 이러한 자본주의적 생산양식에서의 규율훈련 권력의 기능에 대한 주목은, 거기서 생겨나는 주체의 구축성을 의식하게 하는 효과를 가져왔다. 그리고 오스기는 제1차 세계대전 이후 일본에서 노동운동이 발흥하는 가운데, 노동자라는 주체를 구축하는 이데올로기의 기능과 그에 대한 저항을 통해서 주체 그 자체의 갱신을 목표로 하는 혁명운동과의 상반된 두 개의 역학적 교착을 지켜보고 있었던 것이다.

---

30 マルクス, 2005, 『資本論』 第一卷(下), 筑摩書房, 81쪽.

IV. '폭력적 수탈' 프로세스와 저항의 공간

'겨울시대'에서 '유물적 역사관'을 둘러싼 사카이 도시히코와의 논쟁은 제1차 세계대전 후 노동운동 고양기에 노동조합 조직론을 둘러싼 야마카와 히토시와의 논쟁으로 발전한다. 자아를 혁명의 주체가 아니라 혁명의 현장으로 문제 삼은 오스기는 노동조합 또한 혁명운동의 주체로서가 아니라 그 현장으로 파악했다. 오스기는 1919년의 논설 「노동운동의 정신」에서 노동운동의 목적이 '임금 증가와 노동시간 단축'이라는 '생물적 요구'를 초월한 '인간적 요구'를 포함하는 것임을 다음과 같이 주장한다.

> 노동자의 생활에서 있어서 직접적 결정 조건인 임금과 노동시간의 많고 적음은 완전히 자본가에 의해서 결정된다. 공장 내 위생설비도 그러하다. 그 밖에 직공의 고용이나 해고에 대한 권력도, 직공에 대한 상벌 권력도, 원료나 기계 등에 관한 생산 기술상의 권력도, 생산물 즉 상품의 가격을 결정하는 권력도, 또한 공업 경영상의 권력도 모두 자본가가 쥐고 있다. 우리는 전제군주인 자본가에 대한 절대적 복종생활, 노예생활로부터 우리 자신을 해방시키고 싶다. 자기 자신의 생활, 자주 자치의 생활을 얻고 싶은 것이다. 나는 나의 생활, 나의 운명을 결정하고 싶다. 적어도 그 결정에 관여하고 싶은 것이다.[31]

오스기에게 본질적인 것은 노동 현장에서 인간성 획득에 대한 욕망이 현실적으로 존재한다는 것 사실이다. 오스기에게 '혁명'이란 '지금, 여기'

31　大杉栄, 2014c, 「労働運動の精神」, 『大杉栄全集』 第5券, ぱる出版, 9쪽.

에서의 지배에 대한 인간적 저항을 통해 노동조합을 "노동자가 스스로 만들어내려고 하는 장래 사회의 하나의 맹아"로 바꾸어가는 것이나 다름없었다. 오스기는 그것을 "노동운동이란 백지로 된 큰 책 안에 그러한 운동으로 한 자 한 자, 한 줄 한 줄, 한 장 한 장씩 써넣어 가는" 프로세스라고 표현했다.[32]

이러한 오스기의 노동운동론에 대한 사상적 함의가 훗날의 야마카와 히토시와의 '아나·볼 논쟁'에서도 충분히 반영되었다고는 말하기 어렵다. 왜냐하면 야마카와를 위시한 '마르크스파'는 자신들과 오스기와 같은 '생디칼리스트'들과의 차이를 단지 혁명의 '방법'을 둘러싼 차원으로 한정시킨 채 논쟁을 전개했기 때문이다. 야마카와를 비롯한 이른바 볼셰비키파가 당시 노동운동에 큰 영향력을 가지고 있던 오스기 등 아나르코·생디칼리즘에 대해 제기한 것은 '정치'와 '국가'를 둘러싼 혁명의 방법론이었다. 야마카와는 1922년의 논설에서 일본의 사회주의 운동의 역사를 되돌아보고 다음과 같이 비판하고 있다.

아마 일본의 사회주의자만큼 명백하게 자본주의의 철폐라는 최종 목표만을 바라보는 이들은 없다. 하지만 마지막 목표를 바라보느라 오히려 그 목표를 향해 전진하는 것을 잊고 있었다. 국가란 부르주아 지배의 도구이기에 무산계급이 국가에 무슨 요구를 해봐야 부질없어!, 정부란 자본가계급의 위원회이기에 그런 정부의 정치에 관해 이러쿵저러쿵해봤자 별 볼일 없어!, 자본제도가 존속하는 한 부분적인 개선을 얻어봤자 흥미 없어!, 모든 것을 얻거나 그렇지 않으면 아무것

---

32 大杉栄, 2014c, 「社会的理想論」, 위의 책, 183쪽.

도 필요 없어!, 혁명 이외의 모든 당면 문제는 관심 없어!, 이것이 과거 20년간의 우리 사회주의자들의 태도였다.[33]

이런 정세 인식에 입각해 야마카와가 제기한 것이 「무산계급운동의 방향 전환」이었다. 그것을 "소수이긴 하지만 진실로, 게다가 철저하게 자본주의의 정신적 지배로부터 독립하여 순수한 무산계급적 사상과 견해 위에 선 노동계급의 전위"가 "철저하고 순화된 사상을 가진 채 저 멀리 후방에 남겨진 대중 속으로 다시 되돌아오는 것"이라고 표현하였다.

오늘날 이 논쟁의 배후에서 일본공산당 창당 준비운동이 본격화되었던 것이 알려져 있다. 코민테른과의 접촉을 매개로 노동운동에 대한 구체적 관여 여부가 실천 과제로 부각되면서 운동가들 사이에서는 무정부주의와 공산주의의 이론적 대립이 점차 첨예해져갔다. 여기서 중요한 것은 이 시점에서의 아나키즘과 마르크스주의의 대립이 결코 혁명운동에 있어서의 공산당에 의한 지도의 필요성이라고 하는 전략론의 차원에 머무르는 것이 아니라, 오히려 '혁명' 그 자체의 내용에까지 이르고 있었다는 것이다. 야마카와는 자본주의의 문제점을 오로지 분배의 불평등이라는 견지에서 문제 삼았다. 거기서 '혁명'은 소수자인 전위가 '대중'을 움직이게 해서 '국가'권력을 탈취해, 자본주의적 착취 관계를 폐지함으로써 공정한 분배를 실현하는 것으로 귀결되고 있다. 그리고 이때 전위의 정치지도는 자본주의의 성립과 발전이라는 역사법칙을 파악하고 있다는 사실로 정당화되었다. 야마카와의 혁명론은 어디까지나 자본주의에 의해 야기된 생산력의 발전과 함께 일어나야 하는 것이었다.

---

[33] 山川均, 1967, 「無産階級運動の方向転換」, 『山川均全集』第4券, 勁草書房, 339쪽.

여기서 야마카와가 자본주의 생산양식 자체에 대해 긍정적인 평가를 내렸던 것은 중요하다. 야마카와는 광의의 자본주의를 오늘날 진보된 생산의 기술과 편제로 정의한다. 게다가 그는 그것을 "인간 역사에 있어서의 가장 유효한 생산 방법"이며, "최소의 노고로 최대의 생활 자료를 생산하는 방법"이며, "자연에 대한 노예의 자리에서부터 처음으로 인간을 해방시킨 것"이라며 그 역사적 의의를 높게 평가하고 있다.[34] 그러나 현실 자본주의 아래에서는 이러한 "생산의 기술과 편제"는 오로지 "자본의 소유자가 노동계급을 착취하는 수단으로" 이용되고 있다. 그 결과 이러한 착취 관계가 자본주의라는 이름으로 불리게 된 것이다. 이러한 광의와 협의의 분류를 바탕으로 야마카와는 자본주의에 대해 다음과 같이 결론짓는다. "이러한 생산의 기술과 편제 위의 진보와 이를 이용하고 있는 착취 관계라는 두 가지를 종합한 것을 넓은 의미에서 자본주의라 명명하기로 하고, 노동계급이 실제로 반대하거나 반대해야 할 것은 단지 자본주의 착취 관계이지 자본주의 생산력 또는 생산기능이 아니다."[35]

오스기가 야마카와와 같은 당시 마르크스주의자들에게 제기한 문제는 결코 노동운동의 조직론적 차원에 그치지 않았다. 야마카와는 자본주의 문제의 본질을 새로운 노동 편제의 잠재력이 현존 사회의 착취 구조로 인해 저해받고 있는 상황이라 보고 그 해결을 분배의 불평등을 시정함으로써 그 잠재력을 전면적으로 개화시키는 것, 즉 '노동 해방'을 요구하고 있었다. 이에 비해 오스기는 새로운 노동 그 자체가 자본주의 사회의 지배기구 그 자체라고 주장하고 있었기 때문이다. 따라서 오스기의 경우 자

---

34 山川均, 1968, 「合同主義と自由連合主義」, 『山川均全集』 第5卷, 勁草書房, 22쪽.
35 위의 책, 22-23쪽.

본주의에 대한 저항은 노동 자체의 비판과 저항을 수반하지 않을 수 없었다. 야마카와 등 당시 '정통파 마르크스주의'가 노동조합을 혁명 실행의 주체로 강화하는 방법을 주제로 삼은 것에 비해, 오스기는 노동조합을 혁명이 일어나야 할 주요한 현장으로 본 것이다.

현재의 '노동' 계급을 통한 '혁명'을 주장하는 정통파 마르크스주의에 대해 오스기는 현실의 '노동' 관계로부터의 '해방'을 혁명으로 간주하는 노동운동 철학으로 맞섰다. '노동'으로부터의 해방을 주장하는 그의 '노동운동의 철학'은 자아로부터의 해방을 주장하는 '생의 철학'과 표리일체의 관계였다. 그것은 동시에 오스기가 자본주의에 대한 저항에 두었던 관심을 일본 내 노동운동 현장에서 전 세계적으로 전개되던 반식민지 투쟁의 현장으로 확대시키는 역할을 하였다.

야마카와가 '유물적 역사관'에 의거함으로써 일본 노동운동의 진화를 단계론적으로 파악했다면, 오스기는 '정복사관'에 의거함으로써 자본주의 혁명과 사회주의 혁명을 일관하는 폭력적 수탈의 프로세스를 문제 삼았다. 여기서 중요한 것은 오스기가 '정복사관'을 고찰하면서 식민지라는 '공간'에 주목했다는 점이다. 즉 사카이나 야마카와의 '유물적 역사관'과 오스기의 '정복사관'과의 이론적 대립은 일면 자본주의에 대한 저항의 주요한 국면을 글로벌한 지형도의 어디에 위치시켜 고찰할 것인가 하는 방법론상의 대립을 함의하고 있었다. 사카이와 야마가와가 자본의 고도화가 진전되는 일본사회 내부에서 '혁명'의 가능성을 찾으려던 것에 비해 오스기의 시선이 포착한 것은 자본주의에 대한 폭력적인 포섭이 진행되는 식민지의 풍경과 그곳에 사는 인간의 생의 형태였다.

오스기의 식민지에 대한 관심을 나타내는 논설로는 1915년의 「사실과 해석」을 들 수 있다. 이 논설에서 오스기는 동양의 각 식민지에 빈번히 일어나는 폭동적 반역의 사실을 검열을 고려하여 담담하게 소개해간다. 그것은 '인도의 혁명 열기'의 상징으로 라호르사건의 기술에서 시작된다. 이어 싱가포르에서의 인도 병사의 반란 사건, 베트남에서의 반프랑스폭동이 소개되고, 타이완의 항일무장봉기인 타파니사건(噍吧哖事件)의 전말과 조선에서의 반일운동의 역사가 차례로 소개된다. 그리고 오스기는 이러한 아시아에서의 반식민지주의 투쟁의 역사적 의미를 다음과 같이 요약하고 있다.

> 식민지는 정복의 사실을 가장 적나라하게 보여주는 곳이다. 정복자가 일체의 권리와 이익을 농단하고 피정복자가 일체의 의무와 희생을 부담한다. 유사 이전부터 여러 가지 형식으로 오늘날까지 연속되어온 일대 사실의 축도를 보여주는 곳이다. 따라서 식민지에서의 정복의 사실과 그에 대한 반역의 사실을 연구하는 일은, 바로 인류 사회사의 기조를 천명하는 일이 된다.[36]

이러한 오스기의 식민지주의에 대한 관심은 프랑스로의 밀항 체험을 담은 『일본탈출기』에서도 유감없이 발휘되고 있다. 오스기는 상하이에서 프랑스까지 항해 도중 들른 식민지의 인상을 세심하게 적고 있다. 이때 특히 인상적인 것은 식민지를 무대로 전개되는 각종 폭력과 그 중첩에 대한 오스기의 예민한 감수성이다. 동승한 폴란드 젊은 피아니스트가 중국인에게 가한 차별, 그것을 규탄하던 러시아인에 의해서 행해지는 유대인 차별, 식민지만을 18년 동안 떠돌다 푼돈으로 제대하는 프랑스의 나팔

---

36 大杉栄, 2014b, 「事実と解釈」, 앞의 책, 234쪽.

수, 그런 식민지 군인들의 손에 살해당하는 베트남 원주민들, "학생에게는 절대로 한자를 가르치지 않는다"는 것을 자랑하는 사이공의 소학교 교사, 프랑스 유학 후 교원이나 하급 관리가 '되어지는' '가망성 있는' 베트남 아이들, 외국인 밑에서 일하는 사람들이 동포들에게 보이는 경멸, 마레·자바·수마트라에서 중국인·인도인·원주민 노동자의 '앙상한 알몸의 몸' 위에 가해지는 폭력, 그리고 때로는 현지인이 그 '주인들'에게 무차별적으로 던지는 복수의 독화살이나 총탄….[37]

그리고 오스기는 이 식민지적 혼돈을 메트로폴(Métropole) 한가운데서, 즉 파리의 베르빌 거리에서 그리고 일본 아사쿠사에서 찾아낸다. 오스기는 그러한 식민지적 혼돈을 이론에 의해 추상화하는 것이 아니라 감각에 의한 과잉 묘사를 통해 그려내고 있다.

> 파리에 도착했을 때, 저녁밥을 먹으러 숙소 밖으로 나와서는 퍽 놀랐다. 그 근처는 마치 아사쿠사 같았다. 게다가 일본의 아사쿠사보다 좀 더 비열한 아사쿠사 말이다.
> 이곳은 빈민굴이자 매음굴로, 북 치고 장구 치고 야단법석인 구경거리가 있는 곳이다. 더러운 레스토랑과 카페와 호텔이 처마를 이으며 늘어서 있고, 인도에는 가판에 벌려놓은 구경거리들, 공굴리기나 장난감 총 쏘기 따위를 하는 포장마차가 늘어서 있다. … 거기에는 얼굴도 모습도 일본인보다 더러운 인간이, 쉽게 발걸음을 옮기기도 힘들 만큼 벌레처럼 우글우글 모여온다. 실제로 나는 유럽에 왔다기보다는 차라리 어느 야만의 나라에 온 것 같다는 생각이 들었다.[38]

---

[37] 오스기 사카에 지음, 김응교·윤영수 옮김, 2005, 앞의 책, 487-489쪽.

여기서 오스기가 행한 것은 식민지와 본국의 인식론적 배치를 역전시키는 것이었다. 식민지는 결코 식민 본국의 부대 현상으로, 혹은 정상적인 모델로부터의 일탈로 여겨질만한 장소가 아니다. 오히려 식민지가 현대사회의 지배권력 상태를 보여주는 공간이다. 그러므로 그에 대한 혁명의 의미와 가능성 또한 식민지라는 현장에서 시험되어야 하는 것이다.

그리고 오스기의 마흐노운동에 대한 관심도 이 같은 식민지주의적 폭력적 수탈의 전개와 그에 대한 저항에 대한 관심의 연장선상에 자리 잡고 있다. 이 당시 오스기가 정보 부족에 고민하면서도, 마흐노운동에 관해서 다음과 같은 이해에 도달하고 있던 것은 주목할 만하다.

> 마흐노비치란, 요컨대 러시아혁명을 우리가 말하는 진정한 의미의 사회혁명으로 이끌려고 했었다. 우크라이나 농민들의 본능적인 운동이다. 마흐노비치는 반혁명군이나 외국의 침입군과 철저히 싸워 러시아혁명 그 자체를 방호함과 동시에, 민중 위에 어떠한 혁명강령을 강제하려는 이른바 혁명정부와도 싸워 어디까지나 민중 자신의 창조적 운동이 아니면 안 되는 사회혁명 그 자체도 방호하려고 했다. 마흐노비치는 완전히 자주·자치적 자유소이에트의 평화로운 조직자인 동시에 그 자유를 침범하려고 하는 모든 적에 대한 용감한 파르티잔이었다. 그리고 무정부주의자 네스토르 마흐노는 이 마흐노비치의 가장 유력한 대표자였던 것이다.[39]

---

38 위의 책, 503-505쪽.
39 위의 책, 217쪽.

오스기가 러시아혁명의 가장 큰 교훈으로 삼은 것은 볼셰비키혁명이 아니라 그에 대한 저항으로 특징되는 '혁명'의 역학과 전개였다. 오스기에게 마흐노운동이 무엇인지를 묻는 것은 볼셰비키혁명 자체의 본질을 묻는 것과 연결된다. 그리고 오스기가 엠마 골드만이나 알렉산더 버크먼 등 실제로 러시아에 입국한 무정부주의자들의 통신에 근거해 볼셰비키에 의해 당시 추진되고 있던 '신경제정책(NEP)'의 전개에 깊은 관심을 가졌던 것은 주목할 만하다. 특히 오스기가 주목한 것은 이 과정에서 농민들에 대한 식량의 강제 징발이었다. 오스기는 신경제정책의 역사적 의의를 러시아에 대대적인 산업과 그로 인한 노동착취, 상업주의와 세계무역으로 특징되는 강렬한 자본주의를 가져다준 데서 찾았다. 오스기는 그 과정을 "폭행과 극단적 잔인함으로 특징지어진 준열한 방법"[40]을 통해 '국가자본주의'를 실현하는 과정이었다고 설명한다.[41]

오스기의 이 같은 러시아혁명 비판을 단순히 반마르크스주의적이라고 볼 수는 없을 것이다. 왜냐하면 마르크스 스스로 자본주의가 생성되는 도중 폭력적 수탈의 역할을 강조하고 있었기 때문이다. 러시아혁명 와중에 농민의 생활에 가해진 국가폭력의 의미를 생각하면서 마르크스가 '원초적(본원적) 축적'이라고 불렀던 역사 과정의 분석을 상기해보는 것은 유익할 것이다. 마르크스에 의하면 산업자본가가 성립하기 위해서는 화폐자본이 산업자본으로 변모하는 것을 방해하는 전근대적인 제도들(농촌의 봉건제도, 도시의 길드제)이 해체될 필요가 있다. 그리고 그 해체 과정은 대단히 폭력적이었다.[42]

---

[40] 大杉栄, 2015, 「クロポトキンを想う」, 앞의 책, 383쪽.
[41] 大杉栄, 2015, 「労農ロシアの最近労働事情」, 위의 책, 78쪽.

여기에서 중요한 것은 볼셰비키가 당시 마흐노운동을 우크라이나의 '후진적' 농촌 상태의 의한 부농에 의한 반혁명운동으로 의미 부여했다는 점이다.[43] 원래 볼셰비키는 러시아혁명에서 농민의 역할에 관해서는 극히 제한적인 평가를 내렸다. 예를 들어 트로츠키는 1924년 코민테른 제4차 대회에서 다음과 같이 언급하였다. "우리는 농민이 동요하는 대중이며 전체적으로 독립적인 역할을 할 능력이 없으며, 더구나 지도적인 혁명적 역할을 할 수 없음을 분명히 알고 있었다."[44] 여기서 강조된 것은 농민을 사회주의 경제의 전반적 시스템 속에 편입하기 위한 토대로서 농업을 시장화하고 기계화하는 것의 중요성이다.

자유시장이 없으면 농민들은 경제 속에서 제자리를 찾지 못하고 생산 개선과 확대를 위한 자극을 잃는다. 국영기업을 강력하게 발전시켜 농민과 농업에 필요한 모든 것을 공급할 수 있어야만 농민을 사회주의 경제의 일반적인 시스템 속에 편입하기 위한 토대가 마련될 것이다. 기술적으로 이 과제는 전력화의 도움을 받아 해결될 것이다. 그리고 전력화는 농촌 생활의 후진성과 농민들의 야만적 고립상태, 농촌 생활의 우매함에 치명적 타격을 줄 것이다.[45]

---

42 マルクス, 2005, 앞의 책, 556-557쪽.
43 Leon Trotsky, 1920, "What is the Meaning of Makhno's Coming Over to the Side of the Soviet Power?," www.marxists.org/archive/trotsky/1920/military/index.htm.
44 トロツキー, 1992, 「ソヴィエト・ロシアの新経済政策と世界革命の展望(コミンテルン第四回大会報告)」, 『社会主義と市場経済』, 大村書店, 13쪽.
45 위의 책, 28쪽.

오스기 등 당시의 무정부주의자들이 러시아혁명이 전개되는 동안 간파한 것은 마르크스가 자본주의 생성기에 찾아낸 본원적 축적 과정 그 자체였다. 그들은 그런 인식을 바탕으로 러시아혁명을 자본주의에 대한 혁명이 아니라 자본주의를 생성하는 역사적 프로세스로 파악했다. 볼셰비키의 농촌 강제 징발 및 마흐노로 대표되는 그들의 저항운동에 대한 가혹한 탄압은 사회주의 경제시스템(즉, 오스기가 말하는 '국가자본주의' 시스템)의 성립에 있어서도 자본주의의 본원적 축적의 경우와 마찬가지로 폭력이 '산파역'을 하고 있는 사정을 보여주고 있었다.

V. 나가며: 글로벌 자본주의에 대항한 민중의 연대

오스기의 '정통파 마르크스주의'에 대한 비판은 『근대사상』에 게재된 여러 논설에서 명확한 형태를 띠기 시작하고 있었다. 구체적으로는 '유물적 역사관'을 둘러싸고 사카이 도시히코와 논쟁을 이어갔다. 두 사람 사이에 초점이 된 것은 시간을 둘러싼 운동론적 인식의 차이이다. '겨울시대'의 한가운데서 당시 제2인터내셔널의 지도적 위치에 있던 카우츠키의 대변자로 나섰던 사카이 도시히코는 '유물적 역사관'에 바탕을 둔 역사인식을 바탕으로 때를 기다리자는 대기주의적 운동론을 주장하였다. 이에 대해 오스기는 '생의 철학'에 의거해 현재의 '혁명' 가능성에 길을 열어두는 동시에 혁명의 의미를 변용시키는 것으로 대답하고자 했다. 오스기와 사카이의 '유물적 역사관'을 둘러싼 이 시기의 논쟁은 후에 야마카와와 벌이게 되는 '아나·볼 논쟁'의 예고편이라 할 수 있다. 즉, 자본주의의 발전을 일국적이고 단선적인 바탕이 아니라 글로벌하고 중층적인 것으로 파악하기 위한 공간적 인식론과 그에 입각한 새로운 운동론이었다.

'아나·볼 논쟁'으로 표면화된 오스기와 이른바 '마르크스파'와의 대립은 자본주의의 구조적 파악의 이론적 차원에 존재한 인식론상의 차이에서 비롯되었다고 보인다. 당시 '마르크스파'가 의거했던 계급투쟁에 입각한 '유물적 역사관'에 있어서는 생산고도화의 한가운데 있는 노동자와 국가에 의한 생산물의 수탈에 직면한 농민은 각기 다른 역사적 발전 단계에 속하는 것으로서 구별된다. 그러나 오스기는 종족투쟁에 입각한 '정복사관'에 의거함으로써 이 두 국면에 공통된 폭력적 수탈의 상위에 관심을 기울였다. 일본의 공장과 우크라이나 농촌을 횡단하는 오스기의 관심은 이 같은 수탈에 대한 저항의 두 전선이 현재라는 시간 안에 동시에 존재하고 있다는 사실에 주목하고 있다. 야마카와의 '중앙집권주의'가 일국적이고 단선적인 역사 발전론에 의거하고 있다면, 오스기의 관심은 불균등하게 발전하는 글로벌 자본주의의 실상을 겨냥하고 있었다.

오스기가 국제무정부주의자대회에 참석하기 위해 일본을 떠난 것은 1922년 12월이었다. 하지만 대회가 거듭해 연기되면서 대회 참석 자체가 불가능질 무렵 그는 파리 외곽의 한 공원에서 노동절 연설을 하다 체포됐다. 그 후 국외추방 처분을 받은 오스기가 일본으로 귀국한 것은 1923년 7월 관동대지진 발생 2개월 전이었다. 오스기의 생애 마지막 프로젝트가 된 것이 바로 국제무정부주의자대회에의 출석이며 마흐노운동에의 접근이었던 것이다.

'아나·볼 논쟁'의 한 축을 형성했던 오스기 앞에는 두 가지 대조적인 풍경이 펼쳐졌다. 하나는 자본주의적인 '생산의 기술과 편제'의 고도화에 노출되고 있던 일본의 노동운동의 현장이며, 또 다른 하나는 볼셰비키에 의해 자본주의적인 '생산의 기술과 편제' 속에 포섭되고 있던 우크라이나 농민의 저항의 현장이었다. 오스기의 일본탈출은 이 두 전선을 횡단하는 그 자신의 사색의 궤적이라 볼 수 있다.

참고문헌

자료

오스기 사카에 지음, 김응교·윤영수 옮김, 2005, 『오스기 사카에 자서전』, 실천문학사.

J. A. 홉슨 저, 신홍범·김홍철 역, 1995, 『제국주의론』, 창비.

大杉栄全集編集委員会 編, 2014~2016, 『大杉栄全集』, ぱる出版.

マルクス, 2005, 『資本論』第一卷(下), 筑摩書房.

トロツキー, 1992, 『社会主義と市場経済』, 大村書店.

川口利彦 編, 1932, 『堺利彦全集』, 中央公論社.

『山川均全集』, 勁草書房, 1966~2002.

『マルクス=エンゲルス全集』, 大月書店, 1973.

『近代思想』, 不二出版, 1982.

『月刊平民新聞』, 黒色戦線社, 1982.

『文明批評』, 不二出版, 1986.

『労働運動』, 黒色戦線社, 1972.

『新社会』, 不二出版, 1982.

『新社会評論』, 不二出版, 1982.

『社会主義』, 不二出版, 1982.

단행본

秋山清, 1965, 『近代日本を創った百人』上, 毎日新聞社.

飛鳥井雅道, 1970, 『近代文化と社会主義』, 日間文社.

アルシノフ·ピョートル, 2002, 『マフノ運動史1918-1921―ウクライナの反乱·革命の死と希望』, 社会評論社.

石河康国, 2008, 『労農派マルクス主義』上, 社会評論社.

井上清·家永三郎 編, 1968, 『近代日本の争点』下, 毎日新聞社.

犬丸義一, 1982, 『日本共産党の創立』, 青木書店.

大河内一男, 1963, 『現代日本思想大系15 社会主義』, 筑摩書房.

大窪一志, 2005, 『アナ・ボル論争』, 同時代社.

大杉豊, 2009, 『日録・大杉栄伝』, 社会評論社.

黒川伊織, 2014, 『帝国に抗する社会運動』, 有志舎.

中村新太郎他, 1974, 『物語日本労働運動史』上, 新日本選書.

西川正雄, 1985, 『初期社会主義運動と万国社会党 - 点と線に関する覚書』, 未来社.

三谷太一郎, 1995, 『新版大正デモクラシー論』, 東京大学出版会.

山川菊栄・向坂逸郎 編, 1961, 『山川均自伝』, 岩波書店.

山内昭人, 2009, 『在外日本人社会主義者と初期コミンテルン』, ミネルヴァ書房.

和田春樹, 1978, 『農民革命の世界 - エセーニンとマフノ』, 岩波書店.

논문

김병진, 2013, 「大杉栄の「政治的な理想」論 - 戦略としての「自己獲得運動」の意味 - 」, 『일본학보』 97집, 한국일본학회.

_____, 2014, 「오스기 사카에의 '혁명적 생디칼리즘'」, 『일본역사연구』 39집, 일본사학회.

송인선, 2012, 「일본 대중사회와 "중류(中流)"의 초상 - "일억 총중류"와 재건되는 국민국가」, 『사이間SAI』 12권, 국제한국문학문화학회.

村山重忠, 1958, 「全国的労働組合総連合運動について」, 『社会労働研究』 10號, 法政大学社会学部学会.

山泉進, 2002, 「大杉栄, コミンテルンに遭遇す」, 『初期社会主義研究』 15號, 初期社会主義研究会.

Trotsky, L., 1920, "What is the Meaning of Makhno's Coming Over to the Side of the Soviet Power?," www.marxists.org/archive/trotsky/1920/military/index.htm.

6

여운형의 평화론과 제국의 '법과 도덕' 논쟁

공명하는 저항성과 균열하는 국가상

이경미 동북아역사재단 연구위원

I. 들어가며

1919년 가을 여운형은 도쿄로 향하고 있었다. 제1차 세계대전의 종식과 함께 '평화'의 시대가 도래했음을 확신한 그는 상하이에서 정치운동을 벌이게 되는데, 그 연장선상에서 도쿄 방문이 이루어진 것이다. 3·1운동에 대한 회유책을 모색했던 일본정부의 제의를 받아들이는 형태로 이루어진 여운형의 도쿄행은 시작부터 한인사회에 이견을 분출시켰다. 하지만 도쿄에 간 여운형은 일본의 정부요인들과 당당히 협상을 벌였을 뿐만 아니라 제국호텔에서 열린 기자회견을 통해 조선의 독립과 동양평화, 나아가

---

* 이 글은 『한국동양정치사상사연구』(제20권 제2호, 2021.9)에 게재했던 것을 수정·보완한 것이다.

세계평화를 외치고 돌아오기까지 했다. 이러한 일련의 활동과 언설이 이 글에서 다루고자 하는 '여운형의 평화론'이다.

여운형의 도쿄 방문은 상하이 한인사회를 떠들썩하게 했을 뿐만 아니라 일본사회에도 큰 파장을 일으켰다. 제국호텔에서의 평화론 제창을 통해 제국에 거역하는 '반역자'임이 명백해진 여운형이 도쿄에 있는 내내 국빈 대우를 받았을 뿐만 아니라 다이쇼천황의 저택인 아카사카리큐(赤坂離宮)까지 다녀간 사실이 밝혀지자 그 '불경스러움'이 정부 비판까지 불러일으켰기 때문이다. 여운형이 상하이로 돌아간 후 일본정계는 한동안 이 문제를 둘러싸고 조용한 날이 없었다. 그 여파로 전개된 것이 당시 조선총독부 경무국 사무관이었던 마루야마 쓰루키치(丸山鶴吉)와 도쿄제국대학 법과대학 정치학과 교수였던 요시노 사쿠조(吉野作造) 사이에서 벌어진 '법과 도덕' 논쟁이다.

후일 경무국장까지 지내며 식민지 조선의 정치사에 간간히 등장하게 될 마루야마와 다이쇼 데모크라시의 대변자로 명성을 떨친 요시노는 판이한 경력의 소지자로 보이지만, 한편으로 도쿄제대 정치학과 동문이었던 경력이 두 사람의 논쟁에 깔린 지적 배경을 헤아리게 한다. 또한 그 사이에 '여운형의 평화론'이 개재했던 사실은 두 사람의 논쟁이 '제국의 평화'의 스펙트럼을 보여주는 동시에 그 임계점을 드러내는 단서가 됨을 의미한다. 여운형과 요시노의 사상적 '공명'과 '균열'은 바로 이 지점에서 일어났다. 이 글에서는 그 정체를 밝힘으로써 한일 간에서 화학반응을 일으킨 근대 평화사상의 양상을 이해해보고자 한다.

여운형의 생애와 정치활동에 대해서는 지금까지 수많은 평전류 저서와 학술논문이 나왔고,[1] 또 강덕상[2]이나 이정식[3]과 같은 연구자들 손으로 대작이 간행되기도 했다. 하지만 여운형의 '평화론'을 주제로 다룬 글은 의외로 적다. 이정식이 저서의 한 챕터를 「여운형의 동양평화론과 조선 독립필수론」으로 쓴 것이 거의 유일한 경우이다.[4] 그 외 연구들은 대개 독립운동에 초점을 맞춰 운동론이나 정치이념을 다루는 수준으로 그치고 있다.[5] 물론 '독립'은 근대 한국의 평화사상을 구성하는 핵심적인 요소이지만, 그것으로 평화론의 전부가 설명되지는 않으며 운동론이 사상의 전부도 아니다.

여운형의 도쿄 방문에 초점을 맞출 경우도 상황은 마찬가지다. 비교적 최근에 여운형의 제국호텔 연설을 주제로 다룬 학술심포지엄이 있기는 했지만, 다루어진 주제들은 일본의 조선통치정책의 특징, 상하이 임시정부의 동향, 일본 국내 언론보도 상황, 독립운동에 미친 영향 등으로, 여운형의 언설을 사상사적 관점에서 분석한 경우는 없다.[6]

사상사적 접근의 부재는 무엇보다 텍스트의 난점에 기인한 바가 클 것이다. 여운형의 도쿄 방문, 그리고 제국호텔 연설에 관해서는 본인의 이름으로 발표된 글이 없다. 모두 제3자에 의해 기록되었는데, 첫째로 『독

---

1 『여운형전집』 제2~3권에 실린 글들이 대표적인데, 제2권은 회고 중심으로, 제3권은 학술논문 중심으로 구성되어 있다. 몽양여운형선생전집발간위원회 편, 1993~1997, 『여운형전집』 제2~3권, 한울.
2 姜德相, 2002~2019, 『呂運亨評傳』 제1~4권, 新幹社.
3 이정식, 2008, 『여운형: 시대와 사상을 초월한 융화주의자』, 서울대출판부.
4 위의 책, 233-262쪽.
5 박찬승, 1991, 「1910년대 말~1920년대 여운형의 민족해방운동론」, 『역사와현실』 No. 6; 정병준, 2004, 「해방 이후 여운형의 통일·독립운동과 사상적 지향」, 『한국민족운동사연구』 Vol. 39; 전재호, 2013, 「여운형의 정치이념: 민족주의, 공산주의, 민주주의에 대한 인식을 중심으로」, 『현대정치연구』 Vol. 6, No. 1.
6 『3·1운동의 대단원 몽양 여운형 도쿄제국호텔 연설』(몽양 여운형 도쿄제국호텔 연설 100주년 기념 국제학술심포지엄 자료집, 2019.11.27).

립신문』에 게재된 경우,[7] 둘째로 일본 언론에서 기록한 경우[8] 마지막으로 일본의 영자신문 『The Japan Advertiser』에 게재된 경우[9]가 있다. 이 모두가 상충되는 내용은 아니지만, 그렇다고 전문을 기록한 온전한 텍스트도 아닌 것이다.

그러므로 여운형의 평화론을 알려면 말 그대로 산산조각 난 텍스트를 모아 복원할 수밖에 없는데, 지금까지의 연구는 이 '복원'에 일정 정도의 역할을 해왔다고 할 수 있다. 하지만 이 글의 관심은 거기서 한발 더 나아가 여운형 평화론이 갖는 '논리체계'를 밝히는 데 있다. 나아가 그것이 마루야마와 요시노 사이에서 벌어진 '법과 도덕' 논쟁에 어떻게 관계되는지, 요시노의 논리체계와 어느 부분에서 '공명/균열'했는지 밝히는 데 있다.

이상의 문제의식에서 Ⅱ절에서는 여운형의 평화론을 ① 그가 정치운동에 눈을 뜬 제1차 세계대전 직후 파리강화회의에 김규식을 파견하기에 앞서 작성한 신한청년당 청원서(1918.11.28)와, ② 도쿄 방문 시에 이루어진 척식국(拓殖局) 장관 고가 렌조(古賀廉造)와의 회담(1919.11.20, 22), 그

---

[7] 「여운형 일행 언동」, 『독립신문』 1919년 12월 25일.

[8] 일본 언론에서 기록한 경우에는 기사화된 경우와 필기 메모된 경우가 있다. 전자의 경우 다음 두 기사가 비교적 내용이 자세하고 볼만하다. 「朝鮮独立運動の主唱者呂運亨入京す」, 『東京朝日新聞』 1919년 11월 28일; 「上海仮政府の朝鮮独立の密使」, 『大阪毎日新聞』 1919년 11월 29일. 후자의 경우는 외교문책동맹회에서 펴낸 다음 책자에 수록되어 있다. 外交問責同盟會 편, 1919, 「呂運亨演説要旨(當日列席記者某氏筆記の一節)」, 『所謂朝憲紊亂問題: 呂運亨事件の內容』, 17-20쪽. 여운형의 제국호텔 연설사건은 같은 날 의친왕의 상하이 탈출사건이 밝혀지면서 바로 크게 보도되지는 못했다. 화제가 된 것은 여운형에 대한 국빈 대우로 내각을 탄핵하는 움직임이 본격화된 12월부터였다. 상기 외교문책동맹회는 그 맥락에서 만들어진 조직이다.

[9] 「東京に於ける朝鮮獨立領袖(十一月廿八日ゼージャパン・アドヴァータイザー所載)」, 外交問責同盟會 편, 1919, 20-26쪽.

리고 ③ 제국호텔에서 열린 기자회견에서 한 연설(1919.11.27)로 나누어서 분석하고자 한다. 이를 통해 '신-세계-동양-조선'이라는 연쇄구도를 갖춘 평화의 논리체계를 밝히고자 한다.

Ⅲ절에서는 이른바 '여운형사건'— 일본언론에서 도쿄 방문 및 제국호텔 연설을 일컬었던 말—을 배경으로 벌어진 제국의 '법과 도덕' 논쟁을 살피고, 이를 실마리로 여운형과 요시노 사이에 일어난 사상적 '공명'과 '균열'의 정체를 밝혀보고자 한다. 마루야마와 요시노의 논쟁에 대해서는 그동안 언급된 적이 적었던 것은 아니다.[10] 하지만 그 배경에 여운형 사건이 깔려 있었던 점은 충분히 인식되지 않았다. 이 글에서는 이 점에 주목하여 마루야마와의 '법과 도덕' 논쟁을 통해 요시노가 여운형을 옹호했던 점은 무엇이며 또 어떤 점에서 그러지 않았는지 살펴볼 것이다. 특히 요시노의 논의가 헤겔의 법철학에 기초했던 점에 주목함으로써 '공명'과 '균열'의 지점을 각각 공유된 '저항성'의 근저와 이질적인 '국가상'이라는 관점에서 밝혀내고자 한다.

II. 여운형의 평화론: '신-세계-동양-조선'

1. 신한청년당 청원서

제1차 세계대전이 끝난 1918년 11월 11일 여운형은 상하이에 있었다. 4년 전에 조선을 떠나 난징 금릉대학 영문과로 입학한 여운형은, 그로부

---

10 예를 들어 松尾尊兊, 1998, 『民本主義と帝国主義』, みすず書房, 153-156쪽.

터 3년이 지난 1917년 봄 대학을 중퇴하고 조선에서 가족을 데리고 상하이로 거처를 옮겼기 때문이다. 상하이에서는 협화서국(協和書局, Mission Book Company)의 판매원으로 생계를 유지하는 한편, 신한청년당을 함께 결성하게 될 인맥을 쌓으면서 정치활동의 토대를 닦고 있었다.

종전이 알려진 날 상하이는 축제 분위기로 휩싸였다. 새벽에 울러 퍼진 예배당 종소리로 길가에 걸어나온 여운형은, 환호성을 올리는 인파를 목격하고 나서야 '평화'가 도래했음을 알아차렸다. 이날부터 여운형의 인생에서 본격적으로 '정치'가 시작되었다.

1929년 일본 경찰에 체포된 당시 여운형은 독립운동을 시작한 시점에 대해 여러 번 신문을 받았는데, 대부분 파리강화회의가 열린 '1919년 1월'로 기록된 신문조서와 달리 공판조서에는 '1918년 겨울'로 기록되어 있다.[11] "세계 대전쟁이 종국됨을 알리던 각 예배당 종소리에 깨어 일어나 우리도 무엇을 해보자고 의논하던"[12] 중 앞으로의 정치운동의 방향에 큰 계시를 얻게 되는데, 그것이 바로 찰스 크레인(Charles Crane)과의 만남이었다.

크레인은 종전과 함께 윌슨 미 대통령의 특사로 극동시찰에 나선 인물로, 일본과 조선을 거쳐 상하이로 도착한 것은 1918년 11월 26일이

---

11 여운형조서는 한글 번역이 수록되어 있지만, 현재 원문이 고려대학교 도서관 경성지방법원 컬렉션DB에 공개되어 있다. 독립운동에 관한 여운형의 진술은 다음을 참조. 몽양여운형선생전집발간위원회 편, 1991, 『여운형전집』 제1권, 한울, 제3부 재판조서;「被疑者訊問調書」(1929.7.18, No. 300-1-083);「被疑者訊問調書(第二回)」(1929.7.18, No. 300-1-083);「被疑者訊問調書」(1929.8.1, No. 300-1-084);「公判調書」(1930.4.9, No. 300-1-085).

12 여운형, 「호상잡신-상해 통신원 여운형 휴전 기념일 소감」, 『동아일보』 1922년 11월 21일(몽양여운형선생전집발간위원회 편, 1991, 앞의 책, 84쪽).

었다. 다음 날 칼튼카페(Carlton Cafe)에서 열린 환영회에 참석한 여운형은 크레인의 연설을 듣고 크게 감명을 받았다고 한다. 연설의 내용을 자세히 기록한 자료는 없지만,[13] 여운형의 회고에 따르면, ① 파리강화회의가 갖는 세계평화에 대한 영향력과, ② 윌슨의 14개조가 피압박민족의 해방에 갖는 의의를 설명한 후, ③ 중국이 강화회의에 대표단을 파견하는 일의 중요성을 강조했다고 한다.

이에 고무된 여운형은 중국외교관 왕정팅(王正廷)의 중개로 크레인과 면담할 기회를 마련했다. 그 자리에서 여운형은 조선 또한 피압박민족으로서 대표를 파견하여 해방을 도모할 수 있는지 타진했다. 이에 크레인은 강화회의에서 조선 문제가 논의될 가능성은 희박하다고 지적하면서도 대표 파견에 대해서는 긍정적인 반응을 보여줬다.[14] 이로써 계시를 얻은 여운형은 윌슨 대통령에게 전하는 '청원서'를 작성하게 되었던 것이다.[15]

---

[13] *Millard's Review of the Far East*(1918.11.30)에 개요가 소개된 경우는 있다. 이에 따르면, 크레인은 앞으로 '무력'이 아닌 '정의'와 '보편적 상호 이해'에 기초한 세계공화국(world republic)의 건설이 추진될 것이기 때문에 중국 또한 평화회의에 계획적으로 대처할 것을 촉구했다고 한다. 정병준, 2017, 「3·1운동의 기폭제-여운형이 크레인에게 보낸 편지 및 청원서」, 『역사비평』 No. 119, 230쪽.

[14] 크레인에 관한 여운형의 진술은 다음을 참조. 「被疑者訊問調書(第二回)」(1929.7.18, No. 300-1-083); 「被疑者訊問調書」(1929.8.1, No. 300-1-084); 「被疑者訊問調書」(1929.8.5, No. 300-1-084); 「被疑者訊問調書」(1930.2.22, No. 300-01-085); 「公判調書」(1930.4.9, No. 300-1-085).

[15] 현재 청원서의 내용을 알 수 있는 자료는 5건으로 확인된다. 이를 다시 작성된 언어별로 정리하면 세 가지로 나누어지는데, 먼저 ① 국한문으로 작성된 청원서는 1919년 12월에 발행된 『신한청년』 창간호에 게재된 것이다. 날짜는 크레인을 만난 바로 다음날인 '1918년 11월 28일'로, 서명은 '신한청년당 대표 여운형'으로 되어 있다. 회고에 따르면 크레인을 만난 날 장덕수의 집을 찾아간 여운형은 그의 도움을 얻어가면서 먼저 국한문본을 기초했고, 이를 바탕으로 영문본을 2통 작성했다고 한다. ② 영문본은 크레인에게 전달된 판본과, 크레인과 별도로 전달받은 밀러드가 후일 출판물에서 공

청원서[16]는 전문과 "일본을 연구함"이라는 문구로 시작하는 파트, 그리고 "조선의 현금의 형편"을 논하는 파트로 대별된다. 조선의 현황을 논하는 세 번째 파트는 다시 '정신적 방면', '정치적 방면', '경제적 방면'으로 세분화되는데, 이를 통해 일본의 식민통치정책의 가혹함을 호소했다. 예컨대 정신적 방면으로는 "야소교가 조선에서 정신적 발전의 최대기관"이 되어 있음을 "엄혹히 단속"하는 종교정책이나, "조선문으로 발행되는 신문"을 제한하는 언론정책, 고등교육을 제한하고 성경이나 영어도 허용하지 않는 교육정책 등이 지적되었다. 정치적 방면으로는 납세의무에 대한 반대급부가 없는 무권리상태, 입법 절차나 행정 참여(관리임용)의 문제점 등이 지적되었고, 경제적 방면으로는 회사 경영이나 농지 경작 등 모든 국면에서 조선인의 자본 축적이 저해되어 생활난에 시달리는 현실이 강조되었다.

식민지배에 대한 호소는 "일본의 국민성"이 "현대의 자유주의 인도주의 평화주의"와 상반된 속성을 가지고 있다는, 앞서 "일본을 연구함"이라는 파트에서 제기한 문제를 증명하는 사례로서 제시된 것이었다. 앞서의 파트에서 여운형은 일본의 국민성이 "전제주의 군벌주의 관료주의 제국주의"에 물들여져 있음을 강조한다. 대전이 끝나 자유와 인도, 그리고 평화를 구가하기 시작한 세계에서 일본이 이처럼 시대착오적 국민성

개한 내용, 그리고 김규식이 밀항 발각 시에 소지했던 판본이 확인된다. 마지막 ③ 일문본은 평안북도 도지사 → 조선총독부 경무국장 → 일본 외무성으로 전달된 보고서에 달려 있던 판본으로, 『신한청년』에 게재된 국한문본을 번역한 것으로 추정된다. 그러므로 게재된 시기는 뒤로 밀리지만, 국한문본①)가 가장 먼저 기초된 원본이라고 할 수 있다. 청원서 판본에 대한 자세한 분석은 정병준, 2017, 앞의 글.

16 이하 인용은 모두 「新韓青年黨代表致米國大統領威逸遜書」, 『신한청년』 1919년 12월호(정병준 편, 2020, 『신한청년』, 독립기념관 한국독립운동사연구소).

을 유지하는 원인은 관백시대가 메이지유신까지 천 년이나 지속된 과거에 있다. 더군다나 그러한 국민성은 현재 아시아정책의 본질을 이루고 있는데, 일본은 "아세아의 스파르타인"으로 스스로를 "아세아의 패왕이라 자칭하고 중국 본부에 욱일기를 고양"하는 날을 꿈꾸고 있다. "이러한 정책으로 일본은 세계적 제국을 몽상"하고 있기 때문에 "미국과도 혈전"을 마다하지 않을 것이다. "그러므로 일본이 세계평화에 장애됨"이 확실하다고 주장했다.

> 그들의 대륙확장정책은 조선 점령함에서 그 발걸음을 시작하였나니 조선의 병합을 세계가 묵인하였음은 실로 일대 불행이라 그 후로 일본이 동양평화의 장애물이 되었고 조선이 그들의 수중에 있을 때까지 또한 그러하리니 그런즉 조선이 동양평화에 대하여 여하한 관계를 가졌느냐고.[17]

일본의 시대착오적 아시아정책은 조선을 기점으로 시작되었다. '한일병합'이라는 사태와 이를 세계가 묵인했던 그날부터 '동양평화'는 저해되어 왔다는 것이다. 그러므로 조선의 '독립'이 '동양평화', 나아가 '세계평화'에 갖는 중요성이 강조되었다. 이 파트에 앞서 전문에서 여운형은 청원서를 쓴 목적이 "정의와 인도와 자유"의 세계에서 "조선과 일본이 동양평화 곧 세계평화와 여하한 관계"를 갖는지 논증하는 데 있다고 밝히고 있었다. 그 목적에 따라 아시아정책의 본질을 이루는 '일본의 국민성', 그리고 그에 따라 자행되는 '식민통치의 현실'을 논증했던 것이다.

---

17 정병준 편, 2020, 위의 책, 134쪽.

청원서는 마지막으로 조선이 이와 같은 역경에도 불구하고 '평화=독립'에 대한 뜻을 꺾이지 않았음을 강조한다.

그러나 그들은 결코 낙담되지 아니하였나니 천하의 어떤 것이던지 그들을 저좌(沮挫)하지 못하리라. 그들은 독립과 정의와 평화를 위하여 전심전력(專心專力)으로 용왕매진(勇往邁進)하며 그들은 세계양심의 심판을 구하고 대통령 윌슨 씨의 고대(高大)한 이상 곧 '국가는 그 인민의 뜻을 따라 필치(必治)하여야 한다'는 주의를 옹호하는 미국인민의 동정을 청하나이다. 일본이 이와 같은 폭학(暴虐)을 실행하는 시까지는 오인의 절원하는 세계평화는 수포에 귀하리이다.[18]

한일병합으로 식민지배에 놓인 조선인민의 '뜻'을 윌슨의 '자결주의'와 연결 짓는 대목이다. 이들의 독립에 대한 요구가 일본의 폭학에 맞서는 일이라면, 곧 '세계평화'를 좌우하리라는 말로 끝을 맺고 있다.

조선의 독립이 '동양-세계' 평화의 초석이 된다는 주장 자체는 근대 한국의 평화론에 보이는 전형적인 논법이다.[19] 신한청년당 청원서는 그러한 근대 한국의 전형적인 논리체계가 제1차 세계대전 후의 이상주의적 세계사조를 만나 표출된 것이었다고 할 수 있으며, 여운형의 평화론 또한 그와 같은 맥락에서 이해되어야 한다. 다음으로 살펴볼 고가회담, 그리고

---

18 위의 책, 136쪽.
19 근대 한국의 평화론에 관해서는 장인성, 2008, 「근대 한국의 평화관념: 동양평화의 이상과 현실」, 와타나베 히로시·박충석 공편, 『한국·일본·'서양'』, 고려대학교 아세아문제연구소; 장인성, 2017, 『동아시아 국제사회와 동아시아 상상』, 서울대학교출판문화원, 제7장.

제국호텔 연설은 청원서로부터 1년 후의 일이었지만, 청원서에 내재된 제1차 세계대전 후의 이상주의적 세계관과 독립을 동양-세계 평화와 연계시키는 논리체계를 고스란히 계승하고 있었다. 이하에서는 이를 염두에 두고 여운형의 평화론이 갖는 논리체계에 좀 더 접근해보고자 한다.

2. 고가와의 회담

1919년 11월 도쿄에 도착한 이후 여운형의 활동은 크게 세 가지로 구분할 수 있다. 첫째로 일본 요인들과의 회담, 둘째로 기독교 관계자들과의 교류, 셋째로 조선인 유학생들과의 교류이다. 여기서 중요한 것은 첫 번째 활동인데, 여운형이 도쿄에서 만난 정부 요인으로는 척식국 장관 고가 렌조, 육군대신 다나카 기이치(田中義一), 조선총독부 정무총감 미즈노 렌타로(水野錬太郎), 체신대신(遞信大臣) 노다 우타로(野田卯太郎), 총리대신 하라 다카시(原敬) 등이 있었다.[20] 이 중 척식국 장관 고가는 여운형의 초빙을 맡은 정부 측 책임자로, 회담 내용도 『독립신문』에 게재된 「여운형씨 일행도일기」(1920)를 통해 비교적 상세하게 알 수 있다.[21]

11월 20일에 마련된 1차 회담에서 여운형은 먼저 "독립운동의 사대

---

20 이 중 하라와의 회담에 관해서는 내용까지 알 수 있는 확실한 자료가 없다. 한편 다나카, 미즈노, 노다와의 회담에 관해서는 이만규의 『여운형투쟁사』(1946)에 기록되어 있으나, 여운형에게 들은 바를 해방 후에 정리한 내용이며 분량도 일화에 가까운 수준이다. 몽양여운형선생전집발간위원회 편, 1993, 앞의 책, 274-276쪽.

21 기록자는 상하이를 떠날 때부터 수행원으로 동행했던 최근우이며, 상하이 출발 후의 일정과 함께 11월 20일과 22일 이틀에 걸쳐 진행된 고가와의 회담을 기록했다. 뒤에서 살펴볼 제국호텔 연설은 이 고가와의 회담을 집약한 내용이었다고 할 수 있을 정도로 양자는 연동되어 있다.

(四大)주장"부터 이야기를 시작한다. 첫 번째 주장은 '조선민족의 자주성'과 '이민족 통치의 불가능성'이었다. "우리 민족은 건국 이래 반만년에 한 번도 이민족의 내정간섭을 받은 일이 없고 항상 스스로 치리(治理)하고 스스로 발전하여 동양문명에 불소(不少)한 공헌"을 해왔다. 게다가 오늘날 "이족(異族)이 이족을 통치하는 데는 자연히 정치상 또는 경제상 충돌로 인하여 서로 용납하지 못함은 역사적 사회학적 경제학적 증명"이 제시되어 있다. 그러므로 조선의 "독립을 주장하는 것"이라고 자신이 도쿄에 온 뜻을 밝혔다.

두 번째로 국가 간의 '신의(信義)'를 강조하면서 불의의 시작인 한일병합의 파기가 신의 회복의 원점이 될 것이라고 주장했다. 일본은 "문명을 모두 조선으로부터 학득(學得)"했지만, "때때로 병역으로 회사(回謝)"했다. 또한 청일·러일전쟁 때 "조선독립의 보장을 세계에 성명"했지만, 그 "결과는 사기로 조선을 합병"하는 것이었다. 이러한 '불의'의 연속으로 "우리 이천만인"은 물론 "세계 각국"과 "지나 전 민족 사억만" 모두가 "일본의 무(無)신의함을 타매(唾罵)하고 시기(猜忌)"하게 되었다는 것이다. 이러한 실정에서 "조선의 독립을 승인함은 일본의 신의"를 회복하는 일이 아니 될 수가 없다는 주장이다.

세 번째로 조선의 독립은 "동양평화"를 위한 일임을 강조했다. 일본이 "일한합병의 형식을 유지코자 하는" 한 조선은 물론 "지나의 배일은 종식할 날이 무(無)할 것"이다. "일한합병"이라는 "사기"가 "동양평화의 파괴의 근원"이라면, 그 파기(=독립)는 역으로 "동양평화의 보장"이 될 수 있다는 주장이다. 이어서 네 번째로 조선의 독립은 동양을 나아가 "세계평화"를 위한 일임을 강조했다. 독립에 의한 신의 회복이 동양에 평화를 가져온다면, 그것은 곧 세계평화에도 기여할 것이다. 이처럼 '조선-동양-세계'를 연계시키는 논리체계로 그 기점이 되는 조선의 '독립'을 동양과 세계의 '평화'로 연결시켰던 것이다.

이때의 평화는 동서 대립적인 세력균형론도 함축했는데, "동양이 쟁란"에 빠지면 "서력의 동침"이 거세질 것이다. 따라서 조선의 독립은 "동양 자체의 평화"는 물론 "세계대세의 균형"을 잡는 일이 된다고 강조했다.

이상의 주장은 여운형의 평화론이 독립과 결부된 사상이었음을 다시 한번 각인시켜준다. 첫 번째 조목에서 조선의 자주성과 이민족 통치의 불가능성을 확인한 여운형은, 두 번째 조목부터 이를 준거로 평화가 '조선-동양-세계'의 구도를 따라 이룩되는 원리를 제시했다. 특히 신의 회복을 핵심으로 강조하고 있는데, 이러한 논리는 물론 여운형에게 독창적인 것은 아니었다. 오히려 청일전쟁 이래 내려온 평화론의 일맥을 보여주는데, 이 때문에 오히려 도쿄 방문 시 여운형의 평화론은 당시대적 대표성을 띠는 주장이었다고 할 수 있다. 즉 제1차 세계대전 후 국제관계의 변동 속에서 표출된 근대 한국의 평화론의 현주소를 보여주는 것이다.

여운형의 사대주장으로 개시된 회담은 이후 조선의 '부강 = 실력' 문제를 둘러싸고 논쟁의 양상을 띠게 된다. 고가는 여운형에게 "조선의 독립 또는 자치를 득하라면 불가불 그 요소를 선구(先求)하여야" 한다며 "부와 강"을 먼저 성취할 것을 요구했다. 또한 "조선민족을 부강케 하여 세계에 자랑케 하는 것이 조선인의 할 일이라"면, 그 방법은 오로지 "총독부와 일치협력"하는 데 있다고 강조했다.[22]

---

[22] 여기까지 회담에 관한 인용은 모두 최근우, 「呂運亨氏一行渡日記(1)」, 『독립신문』 1920년 1월 1일.

'부강'을 선결요건으로 내세우는 논리는 '실력부족론'과 표리일체의 것이다. 고가는 "방어력이 없는 조선"의 독립이 얼마나 위험한지를 마치 "열대의 초목을 한지에 이식하고 아무런 보호를 불가(不加)함"과 마찬가지라고 비유한다. 여운형이 제기한 동서의 세력균형의 관점에서 보더라도 그 위험성은 확실하다. "구미인의 동양에 대한 정책은 동양을 구미화함"에 있는데, 그런 상황에서 '실력이 부족한' "조선으로 독립을 하면 동양평화를 파괴"하는 것은 불 보듯 빤하기 때문이다.

'신의 회복'으로 평화가 이룩되는 그림을 제시한 여운형에 대해, 고가는 '실력부족'으로 평화가 파괴되는 그림을 제시한다. 이러한 고가의 주장 또한 독창적이라기보다는 제국이 펼쳐왔던 기왕의 평화론, 즉 '무장평화' 논리를 답습한 것에 지나지 않았다.

20일의 회담은 여기서 끝이 난다. 여운형과 고가의 충돌은 '독립'이냐 '병합'이냐를 둘러싼 기왕의 대립구도를 보여주기도 하지만, 제1차 세계대전 후의 세계를 어떻게 바라보는지 국제인식과도 관련된 문제이기도 했다. 고가에게 전후의 세계는 '신의'와 같은 이상론을 펼치는 여운형과 달리 여전히 '힘'의 논리가 지배하는 곳이었다. 그렇기 때문에 회담 마지막에 이렇게 말했던 것이다.

> 평화의 신(神)의 위력만은 믿을 수 없소. 신의 사명과 정치의 사실은 도저히 합치키 어려운 것이오. 요컨대 평화를 보장하는 데는 실력이 제일이라 실력양성을 위하여 힘쓰기를 바랄 뿐이외다.[23]

---

[23] 여기까지 회담에 관한 인용은 모두 최근우, 「呂運亨氏一行渡日記(2)」, 『독립신문』 1920년 1월 13일.

2차 회담은 이틀 후인 22일에 마련되었다. 이날의 대화는 고가의 '힘의 논리'에 대한 여운형의 재반론으로 시작되었다. 먼저 여운형은 조선의 "민의"가 "독립"에 있다는 점과 "시대의 형세가 한국의 독립"을 필연으로 인식한다는 점을 지적하면서, "정치"는 "민의와 시대에 적합"해야 한다는 주장을 펼친다. 이어서 고가가 부정했던 '평화'와 '신', 그리고 '정치'의 관계에 대해 그와 정반대의 견해를 피력했다.

> 일전 말씀에 평화의 신의 위력만 믿고 평화를 보장하는 실력이 없으면 안 되겠다. 신의 의사와 정치의 사실은 상합(相合)치 않는다, 또 너의 독립 주장은 이론에 불과하고 나의 부강을 주장함은 실질이라 하였소. 그러나 나는 도리어 당신의 말씀은 소극적이오, 나의 주장함이 적극적이라 합니다. 인생은 불행히 다 선(善)치 못하여 장래에도 반드시 신의(神意)에 반대되는 현상이 생할 것이 분명한즉 평화보장의 실력이 있어야 할 것은 물론이나, 그러나 힘이란 정신적과 물질적 양종(兩種)이 있는데, 평화보장의 실력 중 병력과 부력은 물질의 힘으로 소극적 실력이라 합니다. 왜 그런가 하면 이는 평화가 파괴된 이후에 방위하는 힘에 불과하고 평화를 파괴하지 않도록 하는 힘은 아니인즉 소위 무력적 평화는 평화를 오게 하고 또 평화를 유지케 하는 것은 아니오. 고로 소극적이오.[24]

'신의 뜻'에 반대되는 현실은 앞으로도 나타나기 때문에 '평화'를 보장하기 위해서는 '실력'이 있어야 한다는 고가의 주장은 마땅하다. 그러

---

24 최근우, 「呂運亨氏一行渡日記(3)」, 『독립신문』, 1920년 1월 17일.

나 고가가 실력으로 강조한 병력과 부력은 평화가 파괴된 이후에 방위하는 힘에 불과하다. 그러한 '물질적 힘'은 평화에 대해 '소극적' 의미밖에 갖지 못한다. 다시 말해 고가의 '무장평화론'은 어디까지나 '소극적 평화론'에 불과하다는 주장이다.

여운형은 이와 같은 논리로 자신의 평화론이 갖는 '적극적'인 의미를 부각시킨다.

> 적극적 힘은 정신적 힘인데 이는 인류의 의식과 감정을 청결케 하며 또 세계의 사회조직을 현재 이상 더 이상적으로 화평케 하고 신의를 이 세상에 실현케 하야 평화를 근본적으로 파괴치 않게 하는 것이라 하오. 조선 문제에 대하여서도 근본적으로 천의와 민의에 따라야 원만한 평화를 구하지 아니하고 고식적(姑息的)으로 무력과 정략으로 현상만 유지함으로써 임시적 평화를 얻으려고 하니 이는 소극적이오, 절대로 성공치 못할 것이오.[25]

'소극적인 힘'이 '물질적인 힘'을 의미했다면, '적극적인 힘'은 '정신적인 힘'을 의미한다. 그것이 적극적인 이유는 평화 자체가 파괴되지 않게 하는 힘이기 때문이다. 이러한 정신적이고 적극적인 힘에 의해 비로소 인류의 마음이 맑아지고 세계는 이상적인 모습을 띠게 된다. 이를 여운형은 '신의 뜻'이 실현된 '평화'라고 부르는데, 그에게 '정치'란 바로 이러한 평화를 이룩하는 '힘'을 의미했던 것이다.

앞서 보았듯이 고가의 무장평화론에서 '신'과 '정치'는 합치될 수 없

---

25 위의 글.

는 관계로 정리되었다. 다시 말해 '신'과 분리된 '정치'와, 그와 결합된 '평화'(신≠정치=평화)만이 실현 가능한 평화였다면 여운형에게 '평화'는 '신'과 '정치'의 결합(신=정치=평화)으로 비로소 이루어지는 것이었다.

이러한 인식을 전제로 여운형은 조선 문제를 '정신적인 힘'에 의거한 '신=정치=평화'의 실현 문제로 생각할 것을 요구한다. "평화란 무엇이오? 평화의 진수는 정신적 융화"라는 자문자답은 여운형의 평화론을 집약한 구절이라고 할 수 있는데, 그러한 '정신적 평화'는 "결코 사해(死海)와 같이 다만 평정(平靜)만 있는 상태를 가리키거나 "위우(危虞)와 절망과 압박과 차별이 있는 곳"에서 실현되지 않는다. 3·1운동의 진압은 결코 진정한 평화가 아니라는 주장이다.

그리하여 다시 한번 '정신적' 의미에서 "동양평화"를 논할 필요성이 강조되었다. 여운형은 1차 회담에서도 동양평화를 거론했었는데, 고가의 무장평화론에 대해 자신의 평화론을 피력한 후 다시 한번 이 문제로 돌아갔다. 그만큼 이 당시 여운형에게 '동양'은 주요한 평화의 한 층위였는데, 다만 내용 자체는 기왕의 논의를 벗어나는 것은 아니었다. 여운형은 먼저 '대내적' 평화와 '대외적' 평화를 구분하면서 전자는 "동양 각국이 호상(互相) 평화"하는 것이며, 후자는 "서세의 동침을 방어"하는 것이라고 한다. 동양평화란 이 양 측면의 조합으로 이룩되는데, 그 중에서도 특히 '대내적' 측면의 중요성을 강조했다. 그것 없이는 대외적 동양평화도 유지가 불가능하기 때문이다.

대내적 평화의 관점에서 볼 때 "동양평화라는 미명하에" 수행된 "종래의 제국주의 침략주의"는 평화를 파괴한 화근이 아닐 수 없다. "일한합병"은 물론 "중국에 대한 정책"은 "동양 내부 평화를 파괴함이 아니고 무엇이오." "내부에 분열쟁투가 있어서 단결이 없는 동양으로 어찌 서세의 동침을 당하겠소."

2차 회담에서 여운형의 어조는 갈수록 격해졌는데, 이에 다시 "자위의 실력"과 "제삼국의 침략"을 거론하는 고가 앞에 그의 격조는 극에 달하게 된다. "일청일아(日淸日俄) 양역(兩役)의 원인이 한국에 있었다 함도 옳은 말씀이오. 또 이 전쟁에 다대한 희생을 하였다 함도 사실"이다. 그렇다고 하더라도 "합병한 결과가 어찌 되었으며 현상(現狀)은 어떠합니까. 또 합병의 형식을 유지하려면 장래에 어떠한 화란이 쌍방에 생하리라 생각하십니까."

이어 여운형은 고가의 실력부족론에 대해서도 반박을 시도한다. "현금 아국이나 독일이 조선을 엿볼 겨를이 없음"은 대전의 결과를 보더라도 명백하다. 그런데도 실력부족과 위협론을 고집하는 것은 "구실에 불과"하다. 대외적 동양평화를 논하면서 '서세동침'을 강조했던 여운형이 러시아나 독일의 '위협'을 부정하는 모습은 이중잣대의 의혹을 면하기 어려우나, 그는 근대의 시세로서의 '동침'과 현실 국가에 의한 '위협'을 달리 생각했던 것으로 보인다. 한일병합이 후자에 의거해서 거행된 것이었다면, 전자를 잃은 후에도 여전히 계속되는 병합은 근거를 잃은 침략에 다름이 아니라는 것이다.

이와 같은 치열한 논쟁에도 불구하고 결국 양자의 골은 좁혀지지 않았다. "강권시대는 이미 지났고 평화의 신은 정의의 나팔"을 불고 있다고 굳게 믿는 여운형에 대해, 고가는 끝까지 강권시대의 무장평화론으로 응답했기 때문이다.[26]

---

26 여기까지 회담에 관한 인용은 모두 최근우, 「呂運亨氏一行渡日記(4)」, 『독립신문』 1920년 2월 3일.

3. 제국호텔 연설

고가회담에서 제기된 여운형의 평화론은 분명히 제국의 임계점을 넘나드는 것이었다. 다른 회담에서도 여운형의 자세는 변하지 않았는데,[27] 그럼에도 불구하고 일본정부는 여운형을 공식적인 자리에 세울 결정을 하게 된다. 제국호텔에서의 기자회견을 허락한 것이다.

여운형의 도쿄 방문에 대해서는 총독부의 요청으로 보도규제가 시행되고 있었다. 중간에 방문의 목적이 임시정부와 일본정부의 "진정한 융합 동화를 도모"하는 데 있다는 오보가 나가긴 했지만, 일행의 존재는 어디까지나 비공식에 부쳐졌다. 물론 여운형의 입장에서는 방문의 뜻이 크게 보도되는 것이 바람직했을 것이다. 하물며 오보가 나간 상황에서 진목적을 알리고 싶은 욕구는 더 높아졌을 것이다.[28] 하지만 그러기 위해서는 회유책을 모색하는 일본정부와 일정한 합의—예컨대 독립에서 자치로의 전환—가 이루어져야 했을 것이다. 그러한 관점에서 보더라도 여운형의 평화론과 일본정부의 결정 사이에는 큰 괴리가 있었다.

그럼에도 불구하고 제국호텔에서의 기자회견이 마련된 사연은 알 수 없으나, 일본 측에서 준비한 대본에는 '궁극적 이상은 독립에 있되 자치부터 시작하겠다'는 내용이 포함되어 있었다고도 전해진다.[29] 이로 볼 때

---

27 몽양여운형선생전집발간위원회 편, 1993, 앞의 책, 274-276쪽.
28 오보가 나간 기사는 다음과 같다. 「問題の呂氏来る」, 『時事新報』 1919년 11월 21일. 여운형 일행은 기사를 보고 진위를 따지러 찾아온 조선인 유학생들을 통해 오보가 나간 사실을 알았는데, 이에 항의하여 다음 날 같은 신문에 사실과 다른 점이 있었다는 취소광고를 내게 했다. 한편 『독립신문』에 실린 최근우의 글에서도 오보에 관한 사정이 자세히 설명되어 있다. 임정의 반대를 무릅쓰면서까지 온 입장에서 오보는 그야말로 사활이 걸린 문제였기 때문일 것이다.

'자치문제'가 갖는 본래의 모호성이 쌍방의 의도와 이해를 혼란시킨 측면이 있지 않았을까 생각된다. 어쨌든 각자의 의도가 도사리는 가운데 제국호텔 연설이라는 역사적 무대가 마련된 것이다.

기자회견에서 여운형은 자신을 "조선의 독립을 희망해 마지않는 자"라고 소개하면서 연설을 시작했다.[30] 그러한 자신이 도쿄에 온 목적은 "독립운동의 진상"을 알리는 데 있다고 하고, "구주전란"과 독립운동의 연관성을 강조했다. 신한청년당 청원서나 고가회담에서도 여운형의 평화론은 제1차 세계대전 이후의 국제인식에서 논의를 시작했다. 그것은 '전제주의, 군벌주의, 관료주의, 제국주의' 대 '자유주의, 인도주의, 평화주의'라는 구도로 표상되기도 했고, '강권시대의 무장평화론과의 대결'로 나타나기도 했다.

이러한 전후의 세계관의 전환을 함축한 말이 여운형이 즐겨 썼던 '평화의 종소리'라는 표현이었다. 여운형은 제국호텔 연설 시에도 이 표현을 쓰는데,[31] 평화의 종소리가 울려 퍼진 날 비로소 독립운동은 절대적인 정당성을 확보했다는 생각에서였다. 그날로 조선의 독립운동은 "첫째 국민적 자각, 둘째 세계적 조류, 셋째 신의 명령"이라는 세 가지 요소를 구비하게 되었기 때문이다.[32]

첫째 '국민적 자각'이란 민족으로서의 생존욕구와 그에 대한 권리, 즉 '민족적 생존권'에 대한 각성을 의미한다. 둘째 '세계적 조류'는 이러한

---

29 姜德相, 2002, 『呂運亨評傳』 제1권, 新幹社, 321쪽.
30 外交問責同盟會 편, 1919, 앞의 책, 17쪽.
31 「여운형 일행 언동」, 『독립신문』 1919년 12월 25일.
32 「朝鮮独立運動の主唱者呂運亨入京す」, 『東京朝日新聞』 1919년 11월 28일.

"민족자각의 운동"을 북돋우며 "해방"을 외쳐주는 대세이다. 조선의 독립운동은 이로써 '민족성'과 '세계성'을 겸비하게 되었는데, 그렇다면 셋째 '신의 명령'은 기독교신자였던 여운형이 덧붙인 종교적 요소에 불과했을까. 그것이 종교적 신앙심과의 관련이 깊었음은 부정할 수 없지만, 고가 회담에서 보았듯이 여운형에게 '신'은 결코 '정치'와 무관한 요소가 아니었다. 오히려 평화의 논리체계에서 무장평화론과 입장을 갈리는 핵심적 층위였다고 할 수 있는데, 제국호텔 연설에서도 '신'이 갖는 이러한 역할은 그대로 재현되었다.

"굶주린 자가 음식을 원하고 물을 요구하는 것은 인간 본연의 욕구"이다. 민족적 생존권에 의거한 민족자각의 운동 또한 "인간 본연의 성에서 출발한" 것으로, "조선민족만"의 욕구도 아니다. "신이 창조한 자유와 평등이 균등해야" 하는 것처럼 생존권 또한 모두에게 인정되어야 한다. 조선이 "일민족으로서 자유를 요구하고 독립을 희망"하는 것도 이러한 관점에서 볼 때 "당연한 권리"라고 주장했다.[33]

조선의 독립운동은 '세계적 조류'에 부합할 뿐만 아니라 '신의 뜻'과도 합치된다는 점에 절대적 정당성을 찾고 있는 것이다. 세 가지 요소는 서로 맞물려 있었지만, 논리적 관계를 따진다면 '신의 뜻'이 '국민적 자각'을 '세계적 조류'와 조화시키는 본체였다고 할 수 있다. 이러한 세계관에서 볼 때 조선의 민족적 생존권을 여전히 인정하지 않고 있는 일본은 세계성은 물론 신의 뜻까지 위반하는 '평화의 파괴자'에 다름이 아니었다.

"일본은 왕년에 조선을 위해 정의군을 일으켜 청국과 싸웠지만" 지금은 "바로 그때의 성명을 배신하고 있지 않은가."[34] 여운형의 연설은 이제

---

33 外交問責同盟會 편, 1919, 앞의 책, 18-19쪽.

한일병합의 부당성을 평화의 논리체계 안에서 다루게 되는데, 그는 일본의 정당화 논리를 두 가지로 지적했다. 하나는 "자기방위상 한국을 병합하여야 된다"는 주장이며, 다른 하나는 "한인은 실력이 없음으로 독립할지라도 유지하지 못하리라"는 주장이다.[35] 여운형이 이와 같은 논점을 지적하는 배경에 고가회담에서의 논쟁이 깔려 있음은 물론이다. 먼저 전자에 대해서는 "러시아가 현재 궤멸한 이상" 일본이 방위해야 할 위협은 사라졌다는 점, 후자에 대해서는 "병력은 미약"할지 모르나 조선민족이 "이미 각성된" 이상 독립의 유지가 가능하다는 점을 들어 반박했다.[36]

이처럼 예상되는 무장평화론적 반대에 미리 반론을 제기한 후 연설은 동양평화론으로 나아간다. 그런데 연설을 기록한 자료는 동양평화에 관한 언급이 그리 많지 않았던 것과 같은 인상을 준다. 여운형이 동양평화를 언급한 사실은 여러 기사에서 확인되며 또 그것이 "세계평화를 유지하는 제일의 초석"이라고 말했던 것도 기록된다.[37] 이로 볼 때 그는 고가회담에서 펼쳤던 사대주장을 연설에서도 그대로 재현했을 가능성이 큰데, 그런데도 적은 비중으로 기록된 이유는 동양평화론이 중국과 연계된 언설이었기 때문일 것이다.

동양평화론에서 중국은 조선 못지않게 중요한 의제였는데, 그것은 대내적 평화, 다시 말해 동아시아의 세력균형(균세)을 이루는 한 축이었기 때문이다. 고가회담에서도 여운형은 이 점을 강조하고 있었다. 즉 조선의

---

34 위의 책, 19쪽.
35 「여운형 일행 언동」, 『독립신문』 1919년 12월 25일.
36 「上海仮政府の朝鮮独立の密使」, 『大阪毎日新聞』 1919년 11월 29일.
37 「朝鮮独立運動の主唱者呂運亨入京す」, 『東京朝日新聞』 1919년 11월 28일.

독립은 중국인의 반일감정까지 완화시킬 수 있다는 주장인데, 이로써 중국의 배일운동(5·4운동)을 잠재우고, 동양 삼국이 대내적으로 평화를 이루는 그림을 그렸던 것이다.

게다가 이는 현실성이 없는 주장도 아니었다. 여운형은 크레인을 만나 김규식의 파견을 추진하는 와중에 쑨원과도 면담을 가진 바 있었는데,[38] 도쿄 방문 시에도 그는 육군대신 다나카 기이치에게 "손문과 악수하라"고 권고하기도 했다.[39] 한편 쑨원도 여운형이 상하이로 돌아간 직후에 일본으로 찾아왔는데, 이때 「중국인의 일본관」[40]이라는 제목으로 발표한 담화는 『독립신문』이나 『동아일보』에도 게재되었는데다가 그 내용도 여운형의 동양평화론과 같은 주장을 담고 있었다.[41]

고가회담에서 보았듯이 조선의 독립과 일본의 신의 회복은 신의 뜻에 부합하기에 정신적인 평화를 의미했다. 이 점은 역시 연설에서 강조되었다. "평화를 위해서는 형식적 단결이 주요한 것이 아니다. 현금 일본이 아무리 일지(日支)친선을 첩첩(喋喋)한들 무엇하리오. 정신적 단결이 필요하니 현금에 동양이 특히 요구하는 바는 이러한 단결"이다. 고가의 소극적이고 물질적인 무장평화론을 논박했던 구도를 그대로 가져오면서 '독

---

38 姜德相, 2002, 앞의 책, 120-121쪽.
39 몽양여운형선생전집발간위원회 편, 1993, 앞의 책, 275쪽.
40 「支那人の日本觀-支那前大統領孫逸仙氏談」, 『大正日日新聞』 1920년 1월 1일.
41 쑨원은 담화를 통해 '한일병합으로 중국인도 일본에 의혹을 갖게 되었다, 러시아제국의 붕괴로 이제 위협은 사라졌다, 조선의 독립은 의혹을 풀고 동양평화의 확립에 기여한다'는 등의 견해를 제시했다. 「孫逸仙氏의 日本觀」, 『독립신문』 1920년 1월 17일. 이 글은 1920년 8월 11일 자 『동아일보』에도 「조선문제와 중국」이라는 제목으로 실렸지만, 총독부의 요청으로 삭제되었다. 森悦子, 1991, 「孫文と朝鮮問題」, 『孫文研究』 No. 13(1991.12).

립=신의 회복=신의 뜻'으로 이룩되는 단결을 훨씬 월등한 정신적 단결로 주장하고 있는 것이다. 그것은 "형식적으로는 서로 분리된 개체"가 되지만, 무력이 아닌 신의로 맺어진 정신적 평화를 이룩하는 것이었다.

이렇게 연설을 마친 여운형은 마지막에 다음과 같은 질문을 던졌다. "우리는 싸우고야 평화를 획득할까. 싸우지 않고는 인류가 향유할 자유와 평화를 획득하기 불능한가."[42] 여운형의 연설은 무력적 평화(무장평화론)의 결말을 예고하면서 정신적 평화를 위한 응답을 요구하는 말로 끝을 맺었다. 그런데 사실 기자회견이 열린 시점에서 일본정부의 응답은 이미 들은 것이나 마찬가지였다. 연설 전날 여운형은 체신대신 노다 우타로를 만났는데, 그 자리에서 도쿄에 온 이래 우울했던 "내 마음이 상쾌"해지는 말을 들었기 때문이다. 노다의 말은 아주 간결했다. "조선이 독립을 하려거든 실력으로 싸워라. 생명을 희생해서 찾아라. 거저는 안 내준다." 이를 "거짓 없는 참말"이라며 반긴 여운형의 반응에는 비아냥 이상의 진심이 담겨 있었을 것이다.[43]

III. 제국의 '법과 도덕' 논쟁: 공명과 균열의 정체

1. '여운형사건'과 논쟁의 전개

노다를 비롯한 일본정부의 냉담한 태도에도 불구하고 여운형은 열정적

---

42 「여운형 일행 언동」, 『독립신문』 1919년 12월 25일.
43 몽양여운형선생전집발간위원회 편, 1993, 앞의 책, 276쪽.

인 연설을 펼쳤다. 이에 대세와는 다른 응답을 보여준 인물이 바로 요시노 사쿠조였다. 두 사람의 첫 만남은 11월 29일에 이루어졌다. 당초 일정에 없었던 면담이 급히 마련된 것으로 보아 연설의 효과가 아니었을까 생각된다. 요시노는 여운형을 만난 바로 다음 날 신인회(新人會)로 초대하여 환영회까지 열어줄 정도로 열성적인 모습으로 반겨줬다. 이 절에서 다루는 '법과 도덕' 논쟁은 이와 같은 요시노의 공감을 배경으로 벌어진 것이었다.

논쟁의 무대가 된 것은 기독교계 잡지 『신인(新人)』이다. 혼고(本郷)교회를 이끌었던 에비나 단조(海老名弾正)에 의해 창간된 이 잡지는 요시노가 도쿄제대 다니던 시절부터 관여해온 단골 매체였다.[44] 여기에 1920년 3월 요시노를 비판하는 마루야마의 글이 실린 것이다. 「조선통치책에 관하여 요시노 박사에게 묻는다」[45]라고 제목이 붙은 글에서 마루야마는 지난달에 게재된 요시노의 「조선청년회 문제-조선통치책의 각성을 재촉한다」[46]에 대한 반론을 제기했다. 이에 요시노 측에서도 다음 호에 「조선통치책에 관하여 마루야마 군에게 답한다」[47]는 재반론을 게재하는 등 공방이 이루어진 것이다.

그런데 논쟁의 발단이 된 조선청년회 관련 글에 앞서 요시노는 『중앙

---

44 三谷太一郎, 1995, 『新版大正デモクラシー論-吉野作造の時代』, 東京大学出版会, 133-134쪽.
45 丸山鶴吉, 1920, 「朝鮮統治策に関し吉野博士に質す」, 『新人』 237號(1920.3).
46 吉野作造, 1920a, 「朝鮮青年会問題-朝鮮統治策の覚醒を促す」, 『新人』 236號(1920.2), 『吉野作造選集』 제9권, 岩波書店, 1995, 123-142쪽.
47 吉野作造, 1920b, 「朝鮮統治策に関して丸山君に答ふ」, 『新人』 238號(1920.4), 『吉野作造選集』 제9권, 143-151쪽.

공론』 1월호에 「이른바 여운형사건에 대하여」[48]라는 논설을 발표한 바 있었다. 이는 여운형의 초빙과 국빈 대우, 그리고 제국호텔에서의 연설이 알려진 상황에서 발표된 글로, 공개적으로 '독립'을 주장한 '반역자'를 대접해준 정부에 대한 비난이 대세를 이루는 가운데 요시노는 여운형의 입장을 옹호했던 것이다. 마루야마의 비판은 이처럼 제국의 임계점에 임박하는 요시노의 입장을 숙지하고 있었기 때문에 나온 것이었다.[49]

조선청년회에 관한 논설은 일본 경찰로부터 음모의 소굴로 지목된 청년회에 대해 총독부의 감독권을 강화하는 계획이 진행되고 있다는 소문에 비판을 제기한 글이었다. "조선인 청년학생이 끊임없이 회합하고 음모를 꾸미는 것은 하나의 청년회만의 작은 문제가 아니라 훨씬 더 중대한 문제를 내포"하고 있다. 따라서 이 문제의 "근본을 깊이 반성하는 것"이 지금 일본사회에 긴요한 일이라며, 요시노는 논의를 '법률'과 '도덕'의 문제로 끌어갔다.

대부분의 사람들은 조선 문제를 "법률적으로만" 바라본다. 그리하여 조선을 "조헌(朝憲)을 문란시키고 국법을 유린하는 불령(不逞)한 반역자"로 간주한다. 이러한 요시노의 문제 제기가 조선청년회 문제뿐만 아니라 여운형사건을 염두에 두고 있음은 분명하다. 이는 '조헌'이라는 표현을 쓰고 있는 데서도 짐작할 수 있는데, 당시 여운형의 도쿄 방문은 '황실'과 '제국헌법'에 거역하는 자를 불러들인 사건으로서 '조헌문란' 문제라고

48　吉野作造, 1920c, 「所謂呂運亨事件について」, 『中央公論』378號(1920.1), 『吉野作造選集』 제9권, 119-122쪽.
49　주지하다시피 요시노의 조선통치 비판은 「만한을 시찰하여」(1916.6)를 필두로 이미 1910년대부터 시작되었고, 3·1운동 이후로는 항상 조선 문제를 둘러싸고 정부 및 총독부의 식민정책을 비판하는 선봉에 섰다고 할 수 있다.

도 불렸기 때문이다. 요시노는 재일 조선인 유학생 문제를 실마리로, 문제의 폭을 여운형사건, 나아가 일본의 '식민통치' 문제에까지 확대시키고 있었다. 따라서 위의 문장을 바로 이어 요시노는 여운형 문제를 거론했던 것이다.

상하이에서 온 "반역자를 제국의 중심에 불러 우대한 것은 괘씸하다"는 등 비난이 쏟아지는 것도 청년회 문제와 마찬가지로 조선 문제를 '법률적으로만' 바라보는 전형적인 사례이다. "과연 조선인은 법률상 일본의 신민"이다. 그렇기 때문에 "일본의 지배를 벗어나려고" 하는 것은 "일종의 반역죄"라고 할 수 있다. 하지만 "사실에 있어 조선인은 야마토민족이 아니다." 따라서 "조선인의 입장에서 일본의 국법에 반항하는 것은 순수하게 도덕적인 입장에서 보면 반드시 불령한 폭행이라고 할 수는 없는 것"이다. 여기서 "법률적으로는 배척해야 할 일이지만, 도덕적으로는 크게 양해해야 하는" 사태가 성립한다. 요시노는 후자의 입장에서 여운형과 같은 주장을 펼치는 조선인에게 무작정 "불령흉폭과 같은 도덕상의 어명을 씌우는 것은 우리로서도 양심이 허락하지 않는다"고 주장했다.[50]

조선인의 '음모'를 '도덕적' 관점에서 이해해야 한다는 주장은 앞서 발표된 여운형사건 관련 글에서도 명시된 논점이었다. "외교문책동맹회에서는 국법을 파괴하고 조헌을 문란시킨 행위로 정부를 규탄하는 결의"를 했다. 하지만 여운형 문제를 "국법파괴, 조헌문란과 같은 형식론으로 밀고 가는 것은 정치가로서의 현명함"을 상실한 행위나 마찬가지다. 여기서도 요시노는 여운형이 "야마토민족"이 아니라 "조선인"이라는 점을 강조하는데, 그러한 "여 씨의 말속에는 확실히 하나의 침범하기 어려운 정

---

50 吉野作造, 1920a, 앞의 글, 132-133쪽.

의의 섬광(閃光)이 보인다"고 주장했다. 이 '정의의 섬광'이라는 구절은 '양심적'인 지식인으로서의 요시노를 가리키는 말로 자주 인용되어왔다. 같은 글에서 요시노는 "아무리 그가 제국에 대해 용납할 수 없는 계획을 세우고 있었다고 하더라도 그를 도덕적으로 불령한 자로 멸시하는 것은 나의 양심이 도저히 허락하지 않는다"고 덧붙였다.[51]

이처럼 요시노는 조선청년회 문제를 여운형 문제와 동일한 관점에서 바라보고, 동일한 논리로 옹호하고 있었다. 마루야마가 조선청년회 문제를 다루는 글에 민감하게 반응했던 것도 이로써 이해가 된다. 요시노의 일련의 주장은 총독부의 감동권 강화 여부를 넘어 제국의 '주권성'을 건드리는 가능성을 내포하고 있었기 때문이다.

요시노에 대한 마루야마의 비판은 명쾌했다. 본래 "도덕과 법률은 서로 모순당착이 없는 것을 이상(理想)으로" 여긴다. 따라서 요시노의 말대로 양자 간의 모순을 "잘 처리해나가는 것이 바로 정치가의 수완"이라고 할 수 있지만, 그렇다고 "흑(黑)을 백(白)으로 하고 우(右)를 좌(左)로 할 정도의 무모함은 용납될 수 없다." "조선이 일본과 병합하고 조선인이 일본인이 된 이상 일본의 국법을 준수하고 국헌을 중히 여기는 것이 법률의 요구이자 동시에 도덕상의 지선(至善)"이라고 한다면, '위법'(흑/우)을 '도덕'(백/좌)으로 인정하는 요시노의 주장은 지나친 전도로 결코 용납될 수 없다는 것이다.

일견 '법률'과 '도덕' 사이의 모순을 받아들이는 듯하지만, 마루야마의 결론은 간결하다. 요시노는 법률과 도덕을 나누어 여운형의 위법적 주장에 도덕적 정당성을 인정했지만, 마루야마는 양자를 어디까지나 "공동

---

51 吉野作造, 1920c, 앞의 글, 119-121쪽.

생존"의 관계로 봐야 한다고 주장했다. 요컨대 법과 도덕을 모순당착 없이 합치된 관계로 보는 입장에서 '위법'은 어디까지나 '부도덕'에 불과하다는 주장이었다.

그럼에도 불구하고 "조국의 회복을 도모하는 자를 지사(志士)로 보고, 음모를 꾀하는 것을 도덕상의 선사(善事)"로 시인하는 요시노의 입장은 "일본이 조선을 포기하는 것"이 "세계적 정의"에 부합하다는 결론에 다다를 수밖에 없는, 말하자면 "출발점부터가 조선포기론"에 다름이 아니라고 비판했다.[52]

법과 도덕의 '분리'로부터 논의를 시작한 요시노에 대해 마루야마의 입장은 어디까지나 '합치'를 전제로 한다. 이처럼 '위법 = 부도덕' 논리로 자신을 '조선포기론자'로 몰아낸 마루야마에 대해, 요시노 또한 재반론을 시도했다.

"마루야마 군은 내가 독립 음모를 도덕적으로 시인하고 있다"고 본다. 하지만 "나의 취지는 조선민족 독립운동의 근본적 동기에는 도덕적인 것이 있다"는 점을 밝히는 데 있지 그 이상도 이하도 아니다. 다시 말해 '독립 곧 불선(不善)'이라는 생각도 없을뿐더러 '독립 곧 지선(至善)'이라는 주장도 아니다. 그러한 사고방식은 마루야마처럼 법과 도덕을 '결부'시켰을 때 성립하는 것으로, 어디까지나 '분리'해서 보는 요시노의 입장에서는 '위법 속에 정의'를 인정하는 시각이 성립된다는 것이다. 이를 전제로 '조선포기론자'라는 의혹에 대해 자신의 입장을 해명했다.

법률적으로 형식적으로 노예적 복종을 강요하는 방식으로 조선과 일

---

52 여기까지 인용은 丸山鶴吉, 1920, 앞의 글.

본을 결합시키려고 하는 입장에 대해서는 절대로 반대하기 때문에, 그러한 형식적 의미에 있어서는 단연 조선을 포기해야 한다고 생각한다. 하지만 우리는 형식적으로 포기하는 일을 실질적으로 결합하는 단서로 본다. 보다 높은 도덕상의 입장에서 그들과 결합하는 것을 근본적인 이상으로 생각하는 것이다.[53]

여운형의 평화론 속에 '정의'를 봤던 요시노에게 '법률=지선' 논리로 여운형에게 '부도덕성'을 규탄하는 마루야마의 입장은 '형식적 결합'으로 노예적 복종을 강요하는 입장에 다름이 아니다. 요시노는 그러한 입장은 '실질적 결합'에 눈을 돌리지 않는, 조선포기론보다 조악한 "조선거절론"이라고 비난했다.

조선과 일본의 결합을 '형식'과 '실질'로 나누는 요시노의 인식은 양자의 단결을 '물질'과 '정신'으로 나누었던 여운형의 평화론과 상통한다. 그런 맥락에서도 두 사람의 사상이 '적극적인 평화'의 차원에서 공명하고 있었음을 확인할 수 있다. 그런데 문제는 위의 인용문 마지막에 '보다 높은 도덕상의 입장'을 강조하는 문맥에서 파생한다.

'보다 높은' 도덕을 운운하는 대목은 요시노의 언설 곳곳에 나오는데, 「이른바 여운형사건에 대하여」에서도 요시노는 "그들이 한편의 도의를 가지고 독립을 외친다면 우리는 그보다 높은 도의적 이상을 제시"해야 한다고 주장했다.[54]

---

53 吉野作造, 1920b, 앞의 글, 148쪽.
54 吉野作造, 1920c, 앞의 글, 121쪽.

동화냐 독립이냐, 형식적 융합이냐 실질적 융합이냐 … 조선통치의 이상은 일선 양 민족이 실질적 최고원리에 의해 제휴하는 것이어야 한다. … 반드시 보편적인 기초에 입각해서 일치 제휴를 도모해야 한다. 특수적인 입장에 의해서는 결코 융합은 될 수 없다.[55]

조선과 일본의 관계는 '형식적 융합=동화'가 아니라 '실질적 융합'에 의거해야 한다. 이는 '실질적 최고원리 = 보편적 기초'에 입각한 것으로, '국법이 곧 지선'이라는 식의 특수적 입장, 그러니까 '형식적 융합=동화'를 강요하는 특수론으로는 불가능한 견지라는 주장이다. 요시노는 그러한 특수론자를 다른 말로 "편협한 국가지상주의"라고 불렀다.

하지만 그렇다고 요시노는 국가주의 자체의 가치를 부정했던 것은 아니었다. "국법의 권위보다는 국가 그것은 훨씬 무거운" 존재라는 말에 나타나듯이 요시노에게 국가란 현행법의 차원에서는 온전히 논의될 수 없는, 말 그대로 '실질적 최고원리 = 보편적인 기초'에 의해 정립되어야 하는 존재였다. 달리 말하면 "최고선을 국가에서 실현하고자 하는 것이 우리의 이상"이었던 것이다.[56]

여운형에 대한 공명도 이와 같은 국가주의적 관점에서 이루어진 것이었다. "조선인의 반항"에 대해 일본인은 "일부터 열까지 국가주의"적인, "그것도 저급한 국가주의"로 대하지만, "그들은 국가 위에 국가를 지도해야 할 더 높은 원리에 입각"하고 있음을 알아야 한다는 것이다.[57]

---

55 吉野作造, 1920b, 앞의 글, 149쪽.
56 吉野作造, 1920c, 앞의 글, 121쪽.
57 吉野作造, 1920a, 앞의 글, 135쪽.

조국의 회복을 도모한다는 것은 일본인, 조선인, 중국인을 불문하고 보편적으로 시인되어야 할 도덕적 입장이다. 여기에 공통된 최고의 원리를 찾는 것이 곧 일선 양 민족이 진정으로 일치해야 할 신경지를 발견하는 일이 될 것이다. 이것이 나의 입장이다.[58]

요시노는 일본, 조선, 중국 각자의 '독립'을 시인하는 것을 '보편적'이고 '도덕적'인 입장으로 본다. 한중일의 '주권국가'로서의 독립을 시인하는 듯 보이는 문장이지만, 중요한 것은 이러한 주장이 요시노에게는 결코 '국가'를 위반하는 입장이 아닌 것으로 이해되고 있었다는 점이다. 요시노의 언설은 이 지점에서 위태로운 줄타기를 반복한다. 이것이 보는 입장마다 요시노에게 '기대'를 걸거나 '실망'을 느끼는 원인을 제공하는데, 중요한 것은 앞서도 보았듯이 '보편적인 가치'에 의거한 '국가'의 실현을 요시노 본인 스스로가 이상으로 인식하고 있었다는 점이다.

바로 이 지점에서 요시노의 주장은 여운형의 평화론과 '균열'을 일으키게 된다. 여운형의 '평화론=독립'을 옹호하면서도 제국일본이라는 '국가'의 해체를 부정하는 입장으로 귀착하기 때문이다. 심지어 요시노에게 '제국'은 '이상국가'로 그 가치가 강화되기까지 한다. 조선의 '독립'(보편적 가치에 의거한) 주장을 받아들이면서 보다 높은 견지로 '실질적'인 결합을 이루어내는, 다시 말해 '제국적인 결합'을 지향했기 때문이다.[59]

---

58 吉野作造, 1920b, 앞의 글, 149쪽.
59 '제국적 결합'에 관한 당시대 담론구조에 대해서는 이경미, 2019, 「비주권적 주체성을 둘러싼 콘텍스트의 탄생-제국일본의 사회담론과 문화정치」, 『한림일본학』 No. 34.

2. 평화론의 철학사적 배경: 저항성과 국가상

이상에서는 여운형의 평화론을 둘러싸고 전개된 법과 도덕 논쟁을 통해 요시노의 사상이 공명과 균열을 일으키는 양상을 살펴봤다. 마지막 이 부분에서는 두 사람 사이에 일어난 공명과 균열의 철학사적 배경에 대해 고찰하고자 한다.

요시노의 도쿄제대 졸업논문이 「헤겔의 법률철학의 기초」(1904)였다는 사실은 이 문제를 생각하는 데 큰 시사점이 된다. 여운형의 평화론에 대한 응답은 독일 국가학에서 출발한 요시노의 사상이 '국가'와 '개인' 사이를 요동치다 '사회'를 발견하기에 이르는 일련의 과정 속에서 이루어졌다.[60] 요시노의 국가관에 집요저음처럼 깔려 있던 헤겔 철학이 세계대전 후의 내셔널리즘을 만나면서 만들어낸 선율이 '법과 도덕' 논쟁이었다면, 그 철학사적 배경에 대한 고찰은 두 사람 사이에 솟구친 공명과 균열의 정체를 더 깊이 파고드는 일이 될 것이다. 뿐만 아니라 한일 간의 평화사상의 실태를 더 깊이 이해하는 일이 될 것이다.

'법률과 도덕은 공존관계에 있다'는 마루야마의 발언은 물론 한일병합에 관한 조서와 조약이 조합된 상황―조헌―을 가리키는 뜻도 있었지만, 근본적으로 법률에 도덕을 종속시키는, 법률 그 자체로 도덕성을 인정하는 입장이었다고 할 수 있다. '법률이 곧 도덕'이라는 입장에 서 있었다는 점에서 그것은 홉스적 평화론의 계통으로 이해될 수 있다. 마루야마가

---

60 요시노의 사상과 '사회의 발견=국가관의 전환'에 이르는 과정에 대해서는 飯田泰三, 1980, 「吉野作造-ナショナル・デモクラットと「社会の発見」」, 『日本の国家思想』, 下, 青木書店; 清水靖久, 1995, 「吉野作造の政治学と国家観」, 『吉野作造選集』 제1권, 岩波書店.

도덕보다 우위에 둔, 그 자체로 올바름의 기준으로 삼은 '법률'이란 조약이나 조서와 같이 현실의 국가에 의해 설정된 법을 의미한다. 국가권력에 의한 법질서를 지선으로 본다는 점에서 그것은 정의보다 '힘'에 의한 질서를 중시하는, 달리 말하면 힘에 의한 질서를 곧 '정의'로 이해하는 입장이다. '힘이 곧 정의'라는 발상에 근거한 '평화'란 사실상 '안전'을 핵심요소로 하는데,[61] '치안유지'를 소명으로 삼는 경찰관료가 이러한 평화관의 소지자였다는 사실은 자연스로운 귀결이었는지도 모르겠다.

이렇게 볼 때 마루야마에 대한 요시노의 반론은 현실주의적 평화론에 대한 이상주의적 응징이었다고 할만하다. 특히 이 지점에서 고가의 무장평화론에 대한 여운형의 반박과 공명하는 관계를 이해해야 한다. 배재학당에서 금릉대학까지 여러 교육기관을 거친 여운형의 사상 형성 과정에서 철학을 접한 흔적은 찾아볼 수 없다. 여운형이 '신의 뜻'에 부합한 평화를 주장했던 것도 기독교인으로서 습득한 신학의 영향이 더 컸을 것이다. 하지만 여운형은 신의 뜻을 영적 세계에서만 아니라 '세속'에서도 실현해야 할 가치로 여겼다. 정교분리 원칙을 뚫고 현실의 정치운동에서 국가(제국일본)를 제약하는 가치로 원용했기 때문이다.

여운형이 이상주의적 평화론의 계통에 서게 된 것도 제1차 세계대전 이후의 조선의 지적 상황을 반영한 것이기도 했다.[62] 요시노 역시 당시 세

---

[61] 홉스 계통의 평화론에 관해서는 빌헬름 얀센 지음, 한상희 옮김, 2010, 『코젤렉의 개념사 사전 5-평화』, 푸른역사.

[62] 제1차 세계대전 후 조선의 이상주의적 지적상황을 보여주는 글로, 전상숙, 2009, 「파리강화회의와 약소민족의 독립문제」, 『한국근현대사연구』 No. 50; 이예안, 2016, 「'영원평화'의 기대지평과 근대 한국-일본 제국주의 기획과 칸트의 세계시민주의 이상」, 『개념과 소통』 No. 17(2016.6).

계를 석권했던 이상주의를 일본에서 대변했던 인물로, 신칸트학파의 영향 아래 '당위'와 '존재'를 준별하여 '보편적 가치'에 의거한 국제질서의 실현을 주장했다.[63] 요컨대 여운형과 요시노는 자유평등과 같은 당위적 가치에 현실의 국가권력을 구속시키는 사상적 입장을 공유하고 있었다고 할 수 있다.

그런 의미에서 양자의 평화론에서 '신의 뜻=보편적 가치'는 현실의 국가권력, 더 정확히는 제국주의에 대한 '저항성'을 담보하는 논리기제였다고 할 수 있다. 여운형은 이를 준거로 일본의 신의 회복과 동양-세계 평화를 주장할 수 있었고, 요시노 또한 실정법의 도덕성을 강조하는 마루야마에게 자연법을 우위에 둔 반론을 제기할 수 있었던 것이다. '신의 뜻=보편적 가치'와 그에 의거한 '저항성'이 바로 두 사람의 평화사상을 잇는 '공명'의 본질이었다고 할 수 있다.

그런데 문제는 그럼에도 불구하고 여운형과 요시노의 평화론은 각기 다른 결론에 귀착했다는 점이다. 여운형의 '정신적 결합'은 '주권국가로서 독립한 국제관계'를 상정했다면, 요시노의 '실질적 결합'은 결코 '제국-식민지 관계'를 벗어나는 것이 아니었다. 신칸트학파의 영향 아래 보편주의를 추구했다면, 결론에서는 자유평등에 입각한 이상주의적 국제관계가 펼쳐지기 마련이다. 실제 중국에 관한 요시노의 언설은 '국제민주주의적' 성향이 강하게 드러나는데, 조선의 경우는 달랐다. 앞서 지적했듯이 요시노는 '국제'와 '제국' 사이에서 위태로운 줄타기를 하다 결국 '제국적 결합'에 귀착했던 것이다. 하지만 여운형의 귀착점은 어디까지나 '국

---

63 사카이 데쓰야 지음, 장인성 옮김, 2010, 『근대일본의 국제질서론』, 연암서가, 40-45쪽.

제적 결합'에 있었다.

그렇다면 요시노에게 '보편적 가치'와 '제국적 결합'을 모순 없이 성립시킨 이론적 자원은 무엇이었을까. 요시노와 여운형 사이의 '균열', 다시 말해 요시노의 철저하지 못한 '민주주의'는 흔히 천황제 국가현실에 의한 사상적 굴절로 이해되지만, 앞서 보았듯이 제국적 결합에 이르는 요시노의 모습에는 굴절 이상의 당당함이 드러난다. 그렇다면 주목해야 할 것은 요시노의 '국가관'일 것이다. 여운형을 만났을 당시 전환의 와중에 있던 그의 사상은 '국가'로부터 사회를 분리시켰을지언정 발견된 '사회'는 국제적 차원에서 '제국'을 성립시킨 아이러니를 이해하는 일이다.

한일 간의 평화를 균열시킨 단서는 헤겔의 법철학에 대한 요시노의 이해에서 찾을 수 있다. 요시노의 박사논문은 1905년에 소책자로 출간되었는데, 거기서 '국가'에 대해 다음과 같이 정리하고 있다.

> 사회생활에 발현된 보편적 정신은 곧 '법'으로, 법이 발현된 객관계는 헤겔의 이른바 국가이다. 그렇다면 법은 자유의지가 객관계에 현현(顯現)한 것으로, 국가는 자유의지가 실현된 객관계(Das Reich der verwirklichten Freiheit)이다. 객관계에 발현되지 않은 자유의지는 아직 법이 아니며, 자유의지가 발현되지 않은 객관계는 아직 국가가 아니다. 법이 있으면 반드시 국가가 있고 국가가 있으면 반드시 법이 있다. 양자는 뗄 수 없는 관계라기보다 동일한 사물을 다른 방면에서 관철하여 다른 이름을 붙인 것에 지나지 않는다. 그러므로 법을 논함은 곧 국가를 논함이다. 법률철학은 동시에 국가철학이 아닐 수 없다.[64]

---

64 吉野作造, 1995a, 「ヘーゲルの法律哲學の基礎」, 『吉野作造選集』 제1권, 岩波書店, 70쪽.

위의 문장은 물론 변증법을 전제로 한다. 칸트가 그 존재를 인정하면서도 인식 불가능한 물 자체를 논한 것과 달리, 헤겔은 실재의 본질을 어떻게 인식할 것인가로부터 출발한다. "헤겔에 의하면 물질 및 정신의 본체는 유일한 이성(또는 도리)이다."[65] 따라서 본체를 인식하는 것이 곧 철학이며, 철학은 로고스를 인식하는 데서 출발한다. 헤겔은 이 로고스의 발전 방식을 변증법으로 설명했는데, 로고스의 변증법은 '국가=법'의 설명에도 적용된다.

인용문에서 '국가'는 변증법적 의미의 '객관계 = 반조정'으로 이해되고 있다. 그것은 '보편적 정신 = 자유의지'가 나타날 때 반드시 거쳐야 하는 존재로, 그런 의미에서 '자유의지가 실현된 객관계'라고 불린다. 이처럼 국가에는 항상 보편이 내재되는데, 이는 국가와 동격인 법에서도 마찬가지였다. 법은 국가인 동시에 그 성립근거에 항상 '자유의지 = 보편'을 갖는다. 이는 로고스의 변증법이 항상 '추상적인 정조정'으로부터 시작하는 것과 동일한 논리다. 요시노가 헤겔의 철학을 칸트나 셸링과 비교하면서 "속세의 먼지 속에서 신과 만나야 하는 것"[66]과 같다고 비유했던 것도 바로 이 맥락에서 이해된다.

그런데 이처럼 '국가 = 법' 속에 보편을 내재시키는 이해방식은 앞서 '법과 도덕'을 '구별'했던 요시노의 논법과 상충하는 듯한 인상을 준다. 오히려 '법과 도덕'을 '공존'시킨 마루야마의 논법과 근접해 보이는데, 이 점은 국가가 갖는 '이중의 이미지'를 통해 이해할 수 있다.

---

65 위의 글, 25쪽.
66 위의 글, 31쪽.

원래 요시노가 헤겔의 법철학에 관심을 가진 이유는 헤겔의 논의가 '국가'와 '개인'이라는, 한편으로 근대 계몽주의 비판의 문제이기도 하고, 다른 한편으로 메이지 일본이 안고 온 문제이기도 하는 이 난제에 해법을 제시했다고 이해했기 때문이었다.[67] 따라서 헤겔의 법철학이 근대철학사에서 갖는 의의 또한 "예로부터 학자 간에서 난제로 있던 국가적 강제권 대 개인적 자유의 문제를 해결"한 데서 평가했다.[68] "국가적 강제권의 합리적 기초"는 루소의 사회계약론에서 확립되었고 칸트, 피히테 등이 이를 계승했지만, 그러나 "개인의 생활이란 원래 사회국가를 떠나서 존재하지 않으며" 사회국가를 "완전히 초월한 개인의 자유독립이란 도저히 상상할 수가 없는 것이다." 바로 이러한 의문을 풀어준 것이 헤겔 철학으로, 요시노는 원자론적 개인의 계약으로 구성된 국가가 아니라 "유기체로서의 국가"관을 정립시킨 역사적 의의를 강조했다.

중요한 것은 이러한 국가관을 통해 요시노의 머릿속에 이중의 국가 이미지가 자리 잡고 있다는 점이다. '원자론적 국가와 유기체적 국가' 혹은 '강제적 국가와 이상적 국가'라는 식의 이중구도는 물론 법에 대해서도 그대로 적용된다.[69] 요시노는 "헤겔이 말하는 '법'은 일반적으로 말하

---

67 국가와 개인에 대한 요시노의 문제의식은 다른 글에서도 발견되는데, 예컨대 吉野作造, 1995b, 「国家中心主義個人中心主義二思潮の対立・衝突・調和」, 『吉野作造選集』 제1권.
68 吉野作造, 1995a, 앞의 글, 71쪽.
69 '강제적 국가'의 이미지는 사회의 발견에서도 중요한 키워드였다. 요시노는 국가를 공동체로서의 사회와 구별되는 존재로 "강제명령의 권력으로 통제되는 측면"을 가리킨다고 했다[吉野作造, 1920, 「国家的精神とは何ぞや」, 『中央公論』(1920.3), 『吉野作造選集』 제1권]. 즉 여기서 국가 이미지는 전자의 의미만을 가리키며, 후자 '유기체로서의 이상국가'는 국가와 구별된 '공동체로서의 사회'로 계승되어 있는 것이다.

는 '법률'과 크게 뜻을 달리한다"는 점에 유의하라고 한다. 국가의 이중성은 '법'과 '법률'의 구분으로 이어지는데, 다음 문단은 앞서 본 '법과 도덕' 논쟁에 깔려있던 요시노의 핵심적 사유를 보여주기 때문에 길게 인용한다.

> 헤겔이 말하는 '법'은 일반적으로 이상법 또는 자연법이라는 명칭으로 이해되는 것이다. 그는 이 타율적인 원칙이 선천적으로 객관적인 존재를 가지며 개인의 개별적인 정신을 통제 지배한다고 주장한다. 일반적으로 말하는 '법률규칙'은 도덕률이나 종교률과 대립하는 관념이지만, 헤겔에 의하면 인류의 사회적 운위에 대한 규범으로서 객관적 표준을 부여하는 것은, 윤리 도덕 등 어떤 명칭을 쓰든지 간에 모두 '법' 개념에 포괄된다. … 이러한 '법'은 인류의 제정을 기다리지 않고 경험계의 영향 바깥에 초연하게 홀로 존재하기 때문에 자연법 또는 이상법이라고 불린다. … 그러므로 헤겔의 '법'은 소위 말하는 '법률규칙'과 구별하지 않으면 안 된다. … 소위 말하는 '법률규칙'은 철학상의 문제가 아니다. 원래 법률규칙이란 그 형식에서 말하면 국권에 의해 강행되는 제정법을 말한다. … 그럼에도 불구하고 … '법'과 '법률' 자연법과 제정법은 매우 밀접한 관계를 갖는다. 왜냐하면 제정법은 자연법이 차별계에서 현현(顯現)한 것에 다름이 아니기 때문이다. 자연법이 보편무차별 상태에 있어서의 '법'이라면, 제정법은 차별상대 상태에 있어서의 '법'이다. 자연법은 '법'으로서는 내용 없는 추상에 불과하기 때문에 '법'으로서 구체적 존재를 갖기 위해서는 자신을 제정법으로서 상대계에 한정(bestimmen)해야 한다. 그런데 제정법은 '법'의 차별상 또는 상대적 상태이기 때문에 결코 원만하게 자연법을

현현한 것이 아니다. … 이것이 일시대의 제정법이 항상 반드시 자연법과 차이가 있는 까닭이다.[70]

요시노는 헤겔이 말하는 '법'을 '법률규칙'과 구분하면서 전자의 본질을 '이상법 혹은 자연법'으로, 후자를 '국권에 의해 강행되는 제정법'으로 규정한다. 즉 국가가 '강제'와 '이상'으로 나누어졌듯이 법 또한 '제정법'과 '자연법'이라는 이중의 의미로 구별되어 있는 것이다.

그런데 '그럼에도 불구하고'로 시작하는 문장부터 요시노의 논조는 바뀌어간다. '법=자연법'과 '법률=제정법'의 밀접한 관계를 설명하는 그 논리는 역시 변증법에 따라 이해된다. 자연법은 그 자체로는 추상에 불과하기 때문에 구체화하려면 반드시 상대계에서 스스로를 나타낼 수밖에 없다. 그것이 보편이 그 모습을 특수로 한정(bestimmen)할 수밖에 없는 메커니즘과 동일선상에 있는데, 따라서 자연법은 항상 제정법의 모습으로 나타난다. 이것이 '제정법 속에 자연법'이 내제된 이유이지만, 동시에 제정법만으로 완전하게 자연법이라고 말할 수 없는 이유이기도 한다.

바로 여기서 '법과 도덕'을 구별하는 논법이 도출된다. 요시노의 입장에서 '법이 곧 정의'라고 말하는 마루야마의 주장은 '제정법이 곧 자연법'이라고 말하는 것이나 마찬가지다. 그것은 현실의 국가권력, 요시노 식으로 말하면 '강제적 국가'를 그대로 인정해버리는 '무(無)저항적'인 입장일 뿐만 아니라 '이상적 국가'를 향한 변증법적 발전마저 무화시켜버리는 사고방식이다.

요시노는 헤겔의 "변증법적 발전[進動]을 진화론적 발전[開展]과 혼동

---

[70] 吉野作造, 1995a, 앞의 글, 53-55쪽.

하지 말아야" 한다고 강조한다. 헤겔의 변증법은 스펜서 식의 '사회진화론'과 원리를 달리한다는 주장인데, 그 부단한 지양(aufheben)이 향하는 곳은 객관계(또는 차별계, 상대계)에서 나타날 수밖에 없는 로고스가 본래의 자신으로 '회귀'하는 과정을 의미하기 때문이다.

> 이 발전의 각 단계는 무궁한 진동의 하나의 관절을 이루는 것으로, 하나도 정지 안착하는 일이 없다. 반드시 스스로 보다 높은 다음 단계로 발전하지 않을 수 없다.[71]

보편적 자신으로의 회귀를 통해 로고스의 변증법적 발전은 '보다 높은 단계'를 향해 나아간다. '이상적 국가'를 향한 동학 역시 이와 같은 원리로 이해되는데, 여기서 우리는 여운형과 요시노의 평화론이 '균열'했던 지점을 찾게 된다. 여운형의 평화론을 조헌을 문란시킨 반역자로 배척했던 대세와는 달리, 또 그러한 입장을 대변했던 마루야마와 논쟁을 벌여가면서까지 여운형에게 공명했던 요시노가 왜 여운형과 다른 결론에 귀착했는지, 다시 말해 '주권국가로서의 독립'이 아니라 '제국적 결합'에 귀착한 사연은 헤겔의 법철학을 배경에 놓고 볼 때 비로소 설명될 수 있다.

조선의 독립을 '신의 뜻＝보편적 가치'와 연결시킨 여운형의 평화론은 마루야마의 비판대로 '법률'(실정법)은 어길지는 모르나 그 속에 담긴 '정의'(자연법)를 부정할 수는 없다. 이 점에 공명한 여운형과 요시노의 평화사상은 현실의 국가권력—제국주의—에 대한 '저항성'을 공유했지만,

---

71　위의 글, 37쪽.

문제는 '신의 뜻 = 보편적 가치'를 실현하는 '국가상', 다시 말해 공동체의 구성원리 쪽에 있었다.

위에서 보았듯이 요시노에게 보편적 가치를 실현하는 공동체의 구성원리는 헤겔의 법철학, 즉 변증법으로 운영되는 '유기체적 국가'를 통해서 이해된다. 유기체적 국가란 '자유의지가 발현된 실재'로, 현실에서는 '특수'의 탈을 쓸 수밖에 없지만, 그 속에 내재된 '보편'을 기점으로 '보다 높은 단계'로 발전하는 존재이다. 이 부단한 발전을 통해 '이상적 국가'로 회귀하는 공동체야말로, 요시노가 여운형의 평화론을 '보다 높은 도덕성'으로 받아들일 수 있기를 기대한 '바람직한 제국일본'의 모습이었다고 할 수 있을 것이다.

이 원리대로 본다면 여운형과 같은 문제 제기, 즉 '자유'와 '자결'을 향한 외침은 배척은커녕 필요불가결한 요소이기까지 한다. 그가 제기한 '자유의지'를 속에 담아내야만 제국은 '보편'을 내재할 수 있고 '보다 높은' 자신을 향해 부단한 발전을 도모할 수 있기 때문이다. 추상적 개체는 국가를 매개해야 실재화될 수 있지만, 반대로 말하면 국가를 실재화시키는 요소도 추상적 개체이다. '식민지 조선'과 '제국일본'이 이렇게 긴밀하게 연계돼버린다면, 제국 바깥에 '또 다른 실재'를 인정해야 할 논리적 근거는 굳이 필요가 없어졌을 것이다.

하지만 앞 절에서 보았듯이 여운형이 '신의 뜻에 의한 평화'를 주장하는 이유는 '실재 속의 개체'가 되기 위해서도 '유기체 속의 개인'으로 존재하기 위해서도 아니었다. 그가 주장한 '자유'는 어디까지나 '주권국가로서의 독립'을 의미했다. 다시 말해 그는 '제국질서'가 아니라 '국제질서'로 운영되는 공간에서의 '실재화 = 주권국가화'를 요구했던 것이다. 그런 의미에서 요시노와는 '다른 세속'에서 '신'을 만나려고 했던 것이라고 할 수 있을지 모르겠다.

IV. 나가며: 해방 후 실종된 동양과 신

이상에서는 제1차 세계대전 종식부터 제국호텔 연설에 이르는 동안에 전개된 여운형의 평화사상의 논리체계를 살펴본 후, 이를 둘러싸고 벌어진 마루야마와 요시노의 '법과 도덕' 논쟁의 전개를 살피고, 요시노와 여운형 사이에 일어난 사상적 '공명'과 '균열'의 정체를 헤겔의 법철학 이해를 실마리로 밝혀냈다.

여운형과 요시노 두 사람의 논의는 '신의 뜻=보편적 가치'에 의거하여 현실의 국가권력—제국주의—에 '저항'하는 측면에서는 사유를 공유했지만, 공동체의 구성원리를 변증법적으로 이해한 요시노의 국가관은 여운형의 평화론을 '이상적 제국'으로 발전하는 계기로 포섭하는 결과를 초래했다. 하지만 여운형에게 공동체란 '주권국가'로서의 실재화를 통해 실현되는 존재로, 조선이 그러한 주체로 독립한 국제사회를 열망했다.

도쿄 방문을 절정으로 여운형이 '평화'를 입에 담는 일은 없어졌다. 겉으로는 잠잠해진 평화론이 다시 수면 위로 올라온 것은 '해방 이후'였다. 해방 후 정치활동을 재개하면서 그의 텍스트에는 간간히 '평화'의 낱말이 나타나게 되는데, 예컨대 1945년 9월 건준 위원장으로서 조선인민공화국의 성립을 알린 글에서 "세계민주주의 제국(諸國)의 일원으로서 상호 제휴하여 세계평화의 확보"에 매진한다는 정강(政綱)이 제시되었다.[72] 비

---

72 몽양여운형선생전집발간위원회 편, 1991, 「朝鮮人民共和國 發足」, 앞의 책, 243-

숱한 용례는 11월 인민당의 결성에 맞춰 발표된 글에서도 확인되는데, 여운형은 결당의 의의를 설명하면서 앞으로 "타국과 어깨를 가지런히 하여 전세계의 평화를 위해 나가야" 한다고 강조했다.[73]

여운형은 12월 삼상회의에서 결정된 신탁통치안을 지지하는 입장을 취했는데, 반탁운동으로 미소공동위원회가 난항을 겪자 이를 성공시키는 것이 "우리민족의 장래를 위해서도 세계평화의 촉진을 위해서도" 필요한 일이라고 역설했다.[74] 다른 글에서도 신탁통치안을 "국제평화안정을 보장할 수 있는 상호 협정"[75]으로 평가했는데, 요컨대 미소에 대한 협조를 곧 '평화'를 위한 일로 인식했던 것이다.

해방 후 여운형의 세계인식은 '파시즘 대 민주주의'라는 구도로 드러난다. 독일이나 일본과 같은 패전국을 '파시즘'으로 규정하면서, 이와 대비되는 미소의 '민주주의' 국가로서의 정체성을 찬양하게 된 것이다. 이러한 국제정치관은 해방 직후 일반화된 것이었는데,[76] 문제는 그 전과 확연히 달라진 논리체계이다.

본론에서 보았듯이 제1차 세계대전 후 여운형의 평화론은 '신-세계-동양-조선'이라는 연계구도로 논리를 전개했다. 그런데 해방 이후의 논의에서는 '동양'은 물론 '신'의 층위도 사라진 채 그저 '조선-세계'라는

244쪽.

73 몽양여운형선생전집발간위원회 편, 1991, 「나의 政見」, 위의 책, 262-267쪽.
74 몽양여운형선생전집발간위원회 편, 1991, 「偏向과 依存은 禁物」, 위의 책, 284-285쪽.
75 몽양여운형선생전집발간위원회 편, 1991, 「政局과 우리의 任務」, 위의 책, 285-288쪽.
76 이호재, 1994, 『한국인의 국제정치관-개항 후 100년의 외교논쟁과 반성』, 법문사.

구도에서만 논리가 전개된다. 다시 말해 독립을 이룩한(또는 하고 있는) 조선과 민주주의를 체현하는 세계(미소)와의 관계에서만 평화가 사유되고 있는 것이다. 일본이 패망하고 미소의 영향하에 놓이게 된 상황에서 '동양'이라는 층위가 정치적인 의의를 상실한 것은 이해가 된다. 더 중요한 것은 '신'의 층위의 상실과 그것이 담당했던 역할의 중요성이다.

본론에서 보았듯이 여운형의 평화론에서 신의 층위는 '보편적 가치'를 나타내는 동시에 요시노의 공명을 일으켜 현실권력에 대한 '저항성'을 담보했다. 제국주의 저항담론으로서의 근원이었다고 할 수 있는데, 해방 후 이것이 실종된 상황에서 그의 평화 언설 또한 대항적인 성격을 급격하게 냉각시켰다. 물론 '민주주의'라는 가치가 그 역할을 계승했다고 볼 수 있지만, 그 가치는 이제 현실국가(미소)와의 긴장관계를 담보하지 않았다.

이러한 변화가 무엇을 함의하는지는 쉽게 풀이되지 않는다. 여운형은 사회노동당 결성 직후에 쓰인 글에서도 "불편부당한 태도로 민주주의 제국에 대한 친선관계"를 확립하는 것이 곧 "항구적인 세계평화"를 위한 노력이라고 주장했다. 미소 대립이 심화되는 상황에서도 '민주주의' 국가와의 협조를 중시했던 것이다. 이것이 질서 변경이 아니라 질서 형성기에 접어든 언어의 모습이라고도 할 수 있을 것이다. 그렇다고 하더라도 '신'과 함께 사라진 '저항성'의 행방을 묻지 않을 수 없는데, 여운형은 다른 글에서 "연합 제국의 원조"를 요청하면서도 그것이 "우리의 민족의 자주성을 침해하거나 우리나라를 전략시장화 혹은 상품시장화"한다면 "철저히 항쟁"해야 한다고 강조했다.[77]

---

77 몽양여운형선생전집발간위원회 편, 1991, 「建國課業에 대한 私見」, 앞의 책, 326-331쪽.

하지만 이 이상을 알기에는 해방 후 여운형의 수명은 너무나도 짧았고 그가 남긴 텍스트도 그만큼 적다. 다만 이는 냉전과 국민국가 형성기에 접어든 현대 한국의 정치사상사적 맥락에서 조명해야 할 과제가 아닐까 생각한다.

참고문헌

자료

『독립신문』

『大阪每日新聞』

『大正日日新聞』

『新人』

『時事新報』

『東京朝日新聞』

『中央公論』

몽양여운형선생전집발행위원 편, 1991~1997, 『여운형전집』 제1~3권, 한울.

外交問責同盟會 編, 1919, 『所謂朝憲紊亂問題: 呂運亨事件の內容』.

정병준 편, 2020, 『신한청년』, 독립기념관 한국독립운동사연구소.

吉野作造, 1995, 『吉野作造選集』 제1・9권, 岩波書店.

단행본

빌헬름 얀센 지음, 한상희 옮김, 2010, 『코젤렉의 개념사 사전5 - 평화』, 푸른역사.

사카이 데쓰야 지음, 장인성 옮김, 2010, 『근대일본의 국제질서론』, 연암서가.

이정식, 2008, 『여운형: 시대와 사상을 초월한 융화주의자』, 서울대출판부.

이호재, 1994, 『한국인의 국제정치관 - 개항 후 100년의 외교논쟁과 반성』, 법문사.

장인성, 2017, 『동아시아 국제사회와 동아시아 상상: 한국국제정치사상 연구』, 서울대학교출판문화원.

姜德相, 2002~2019, 『呂運亨評傳』, 제1~4권, 新幹社.

飯田泰三, 1980, 『日本の国家思想』 下, 青木書店.

三谷太一郞, 1995, 『新版大正デモクラシー論 - 吉野作造の時代』, 東京大学出版会.

松尾尊兌, 1998, 『民本主義と帝国主義』, みすず書房.

논문

몽양여운형선생기념사업회 주최, 몽양 여운형 도쿄제국호텔 연설 100주년 기념 국제학술
　　심포지엄 자료집, 『3·1운동의 대단원 몽양 여운형 도쿄제국호텔 연설』(2019.11.27).
박찬승, 1991, 「1910년대 말~1920년대 여운형의 민족해방운동론」, 『역사와현실』 No. 6.
이경미, 2019, 「비주권적 주체성을 둘러싼 콘텍스트의 탄생 - 제국일본의 사회담론과 문화
　　정치」, 『한림일본학』 No. 34.
이예안, 2016, 「'영원평화'의 기대지평과 근대 한국 - 일본 제국주의 기획과 칸트의 세계시
　　민주의 이상」, 『개념과 소통』 No. 17.
장인성, 2008, 「근대 한국의 평화관념: 동양평화의 이상과 현실」, 『(한일공동연구총서 11)
　　한국·일본·'서양'』, 고려대학교 아세아문제연구소.
전상숙, 2009, 「파리강화회의와 약소민족의 독립문제」, 『한국근현대사연구』 No. 50.
전재호, 2013, 「여운형의 정치이념: 민족주의, 공산주의, 민주주의에 대한 인식을 중심으
　　로」, 『현대정치연구』 Vol. 6, No. 1.
정병준, 2004, 「해방 이후 여운형의 통일·독립운동과 사상적 지향」, 『한국민족운동사연
　　구』 Vol. 39.
_____, 2017, 「3·1운동의 기폭제 - 여운형이 크레인에게 보낸 편지 및 청원서」, 『역사비
　　평』 No. 119.
森悦子, 1991, 「孫文と朝鮮問題」, 『孫文研究』 13號.

제3부

공동체와 평화

7

『국가와 종교』를 통해 본 난바라 시게루의 전체주의 비판

박은영 성균관대학교 동아시아학술원 HK연구교수

I. 들어가며

세계대공황으로 촉발된 1930년 전후의 일본 경제의 위기 속에서, 만주사변은 일본 파시즘 형성의 획기적인 계기가 되었다. 이후 급속하게 확대된 전쟁은 태평양전쟁으로 패전에 이르는 1945년까지 계속되었다. 이른바 '15년전쟁'기로 불리는 이 시기는 천황에 대한 극도의 신격화를 바탕으로 군부가 압도적 지배력을 강화해나갔던 시기로, 천황에 대한 무조건적인 충성만이 일본을 수호할 수 있다는 비합리적 국체관을 내세워 국가의 침략행위를 뒷받침하는 논리가 사회를 지배했다.[1]

---

1 저명한 교회사가인 도히 아키오는 이 시기를 "천황제의 광분기(狂奔期)"라고 지적한 바 있다(土肥昭夫·田中真人 編著, 1996, 『近代天皇制とキリスト教』, 人文書院, 24쪽).

당시 천황제 파시즘체제를 확립해나가는 데 있어 중핵이 되었던 것은 '일본정신=국체' 관념을 적극적으로 국민들에게 침투시키는 것이었다. 다키가와(瀧川)사건(1933)과 천황기관설사건(1935)을 통해 사상 통제를 강화해나간 정부는 사상교육의 기본 지침서로서 『국체의 본의(國體の本義)』(1937)와 『신민의 길(臣民の道)』(1941)을 간행하고, 일상생활의 전 영역에서 천황에 귀일하며, 그 본분에 따라 국가에 봉사하는 철저한 국가신도(國家神道)의 실천을 요구하였다. 그 결과 황국사관은 대외 침략의 정당성의 근거가 되어 천황의 이름 아래 행해지는 전쟁이 일본의 세계사적 사명을 드러내는 '성전(聖戰)'으로 구가되었고, 다른 나라와 구별되는 신국(神國) 일본이라는 담론이 국민의 정신을 지배하게 된다.[2] 따라서 이 시기는 완전한 사상적 암흑기로서 황국사관에 어긋나는 행위는 물론 국가의 통제에서 일탈하는 부류는 존재 자체가 허락될 수 없었다.[3]

난바라 시게루(南原繁, 1889~1974)는 1930년대 이래 독일 나치즘의 영향을 받은 일본 파시즘이 맹위를 떨친 시대 속에서 개인과 공동체, 곧 국가와의 관계를 학문적으로 고민했다. 그리고 그의 문제의식은 태평양전쟁이 한창이던 1942년 『국가와 종교-유럽정신사의 연구』[4]라는 저작을 통해 결실을 맺었다. 이 책은 당시 전 세계적인 위기 상황을 응시하고, 철저한 학문적 방법으로서 이상적인 국가관과 정치사상을 표명하려고

---

2 宮田光雄, 2010, 『国家と宗教』, 岩波書店, 374-375쪽.

3 原誠, 2005, 『国家を超えられなかった教会-15年戦争下の日本プロテスタント教会』, 日本基督教団出版局, 26쪽.

4 초판은 1942년에 간행되었고, 보론 「가톨리시즘과 프로테스탄티즘」을 추가한 제3판이 1945년 간행되었다. 이 글에서는 2014년 이와나미문고에서 나온 판본을 이용하였다.

했다는 점에서, 이후 난바라 정치철학 전개에 있어 기초가 되었다고 말해도 과언이 아니다. 흥미로운 것은 시국에 대한 비판을 목표로 한 이 저서가 당시 극심한 사상 통제의 한복판에서 무사히 세상에 나올 수 있었던 사정이다. 당시 난바라는 대학이라는 동굴에서 시대의 의미를 물었을 뿐 시국에 대해 발언하는 것을 피하고 있었다는 의미에서 '동굴의 철인'이라는 호칭으로 불리고 있었다. 그런데 난바라가 '동굴의 철인'으로서 오히려 논단에서 유명하지 않은 존재였다는 점, 또 이 책이 너무나 난해한 학술서였다는 점은 내무성의 검열을 피할 수 있게 했고, 결국 그의 저작이 무사히 세상에 나올 수 있었던 것이다.[5]

한편 난라바에 대해서는 전후 일본사회에 미친 그의 영향력을 짐작하듯 전기적인 것을 포함해 이미 많은 연구가 수행되었다. 특히 초국가주의를 비판한 정치철학자로서 그의 국가론은 지금까지도 많은 일본 연구자들이 관심을 갖는 주제이다. 이들은 전시 국가권력에 비판적 자세를 견지했던 지식인, 이른바 평화론자로서 난바라의 위치를 평가하고 그의 사상적 저항의 모습에 초점을 맞춘다. 또한 난바라의 평화적 공동체론에 주목하여 전후 일본사회 재건의 중심적 역할을 담당한 난바라의 의의를 보여주는 연구도 왕성하게 이루어졌다. 반면 국내에서 난바라에 대한 학술적인 관심은 그다지 크지 않은 듯하다.[6]

---

5 물론 당시 태평양전쟁 와중에 정부 당국이 엄격한 사상 검증의 여유를 잃고 있었다는 점도 지적할 수 있을 것이다. 이와 관련한 자세한 경위는 加藤節, 1997, 『南原繁』, 岩波書店, 132-134쪽을 참고할 것.
6 한국에서 난바라에 대한 학술적 관심이 크지 않은 이유를 논하는 것도 흥미로운 주제일 것이다. 현재까지 난바라를 직접적으로 다룬 연구는 다음의 수편에 불과한데, 어느 쪽도 난바라 사상에 대한 부분적인 소개라고 볼 수 있을 것이다. 오성철, 2017, 「오천석과 난바라 시게루의 민주교육론 비교」, 『한국초등교육』 28-1, 서울교육대학교 초등

이 글은 난바라의 사상적 원형이라고 볼 수 있는 『국가와 종교』 텍스트를 면밀히 독해하여 전전, 전후를 아우르는 지식인으로서 난바라의 사상을 이해하고, 그의 전체상을 파악하기 위한 단초로 삼고자 한다. 이를 통해 난바라에 대한 주목이 부족한 국내의 사상지형에 난바라에 대한 관심을 환기하고, 난바라의 표현에 의하면 '세계적 위기 상황' 속에서 그가 제시한 문제의 초점은 무엇이었는지, 나아가 난바라가 구상한 해결책의 현재적 의미를 확인해보고자 한다.

II. 난바라 시게루의 사상적 배경

난바라 시게루는 1889년 가가와현(香川県)의 시골마을에서 태어났다. 가세가 기운 난바라가(家)에 데릴사위로 들어왔던 아버지가 행방을 감추자, 어머니 기쿠는 당시 두 살이었던 난바라를 호주로 등록하였다. 실질적 가장이 된 난바라에게 가문을 재건하고 이를 통해 국가에 보응한다는 사명감은 어려서부터 마음속 깊이 새겨졌는데, 이는 어머니의 영향과 어려서부터 한학자의 사숙에서 교육을 받으면서 길러진 '경국제민'이라는 문제의식에서 기인한 것이었다.[7] 고향을 떠나기를 원하지 않았던 어머니의 반

교육연구소; 노병호, 2015, 「현대 일본의 국가 중심적 역사인식의 원형·비판·재현: 미노다 무네키·난바라 시게루·시미즈 이쿠타로의 〈국가〉와 〈역사〉」, 『한국사학사학보』 31, 한국사학사학회; 최선호, 2004, 「근대일본에 있어서의 초국가주의와 지식인: 난바라 시게루를 중심으로」, 『한국동양정치사상사연구』 3-2, 한국동양정치사상사학회. 이 외에 2011년 제10회 한일 정치사상학회 국제학술회의에 참가한 일본의 난바라 연구자인 가토 다카시의 발표문을 번역하여 소개한 가토 다카시, 2012, 「남바라 시게루의 '애국적 내셔널리즘'」, 『정치사상연구』 18-1, 한국정치사상학회의 글이 있다.

대에도 불구하고 그의 정치에 대한 관심은 법과 대학에 입학하기 위한 예비 단계로서 제일고등학교(이하 일고)를 선택하게 하였고,[8] 도쿄제국대학 법학부 진학 이후로도 지속된 실제 정치에 대한 관심은 난바라를 관료의 길로 이끌었다.[9]

졸업 후 고등문관시험에 합격한 난바라는 1914년 내무성 경보국(警保局) 소속 관료로서 근무를 시작하였고, 1917년 3월부터 1919년 1월까지는 도야마현(富山県) 이미즈군(射水郡)의 군장을 역임하였다. 이후 본청으로 재차 복귀한 뒤로는 내무대신 도코나미 다케지로(床次竹次郎)의 총애를 받아 노동조합법의 초안 작성에 관여하게 된다. 그러나 난바라가 작성의 중심이 된 노동조합법 내무성안은 법안으로서 정리되었음에도 불구하고, 노동조합법에 의해 노동운동이 활발하게 될 것을 염려한 하라 내각의 부정적 태도에 의해 결국 법률로서는 성립하지 않았다.[10] 그 직후인 1921년 난바라는 내무성을 사직하고 오노즈카 기헤이지(小野塚喜平次)의 소개로 도쿄제국대학 조교수가 되어 본격적으로 학자로서의 길을 걷게 된다.[11]

또한 난바라를 이해하는 데 있어 그를 '제2의 탄생'[12]으로 인도한 두

---

7   加藤節, 1997, 앞의 책, 19-20쪽.
8   위의 책, 30쪽.
9   위의 책, 48-49쪽.
10 위의 책, 64-65쪽; 西田彰一, 2014,「キリスト教ナショナリズムと内務官僚としての南原繁-赤江達也著『「紙上の教会」と日本近代-無教会キリスト教の歴史社会学』(岩波書店, 2013年)を読んで-」,『社会システム研究』28, 立命館大学社会システム研究所, 204쪽.
11 난바라는 대학에 돌아간 직후 독일을 중심으로 영국, 프랑스, 미국 등지로 약 3년(1921.8~1924.7)에 걸친 유학을 떠나게 된다(加藤節, 1997, 앞의 책, 68-75쪽; 丸山真男·福田歓一, 1989,『聞き書 南原繁回顧録』,岩波書店, 102-128쪽).

명의 스승과의 만남도 언급하지 않을 수 없다. 우선 니토베 이나조(新渡戶稻造)는 난바라가 일고에 재학했을 당시 교장이었다. 니토베는 두 가지 교육이념을 내세웠는데, 첫째로 내성(內省)을 통한 인간 형성을 요청하는 '휴머니즘의 정신'과, 둘째로 진정한 세계평화를 이루기 위해 국제적으로 상호 협조할 것을 호소하는 '인터내셔널리즘'이 그것이었다.[13] 난바라가 일고에 입학했던 1907년은 러일전쟁으로 일본이 구미열강과 어깨를 나란히 하는 강국이 되었다는 승리감이 들끓었던 시기이다. 난바라 역시 러일전쟁의 승리에 감격하여 히노마루를 머리맡에 걸어둘 정도였는데, 이런 상황 속에서 한 사람의 인간으로서 내면세계의 중요성을 호소하며 '자성'을 촉구하고 진정한 자기 확립을 추구하는 한편, 국제 평화와 협조를 요청하는 니토베의 가르침은 많은 감화를 주었다.

또한 난바라는 도쿄제국대학 재학 시절 우치무라 간조(內村鑑三)의 집회에 들어가 본격적으로 그리스도교를 접하게 되었고, 우치무라로부터 받은 종교적인 영향은 무교회주의 지식인으로서 일평생 계속되었다. 특히 난바라는 '백우회(白雨會)'[14]의 주요 멤버로 활동하였는데, 난바라에게 백우회는 그의 신앙을 키우고 성장시킨 중요한 모임이자 정신생활의 중심이었고, 회원들 간의 우정은 만년에 이를 때까지 계속되었다.[15] 난바라는 같은 스승에게 배움을 얻고, 또한 신앙을 함께하는 백우회 활동과 회

---

12 加藤節, 1997, 앞의 책, 32쪽.
13 山口周三, 2012, 『南原繁の生涯―信仰・思想・業績』, 教文館, 57쪽.
14 '백우회'(1911.12.23 결성)는 우치무라로부터 명명된 것으로, 성서의 시편 제65편에서 유래하는 말이다. 중심 멤버는 난바라 이외에, 坂田祐, 鈴木鋌之助, 石田三治, 松本実三, 星野鉄男, 高谷道男 등 7인이었다.
15 山口周三, 2012, 앞의 책, 80쪽.

원 간의 친밀한 교류를 통해 '사랑의 공동체'를 이상으로 하는 공동체적 가치관을 심화시킬 수 있었다.[16]

난바라에게 개인과 종교, 그리고 평화 공동체 형성의 문제는 평생의 관심이었다. 더욱이 그 스스로도 국가의 문제는 근본적으로 종교적 신성과 불가분의 관계에 있다고 명시했던 것에서 알 수 있듯이,[17] 그리스도교 신앙은 난바라 사상의 근저에 자리 잡고 있었다. 특히 우치무라가 주장한 '일본적 그리스도교'는 그리스도교가 보편적이고 세계적인 종교이면서 동시에 특수하며 지역적인 측면을 중시한다는 점에 특징이 있다고 볼 수 있는데, 난바라는 바로 이 점을 매우 중요하게 인식하고 있었다.[18] 난바라가 패전 후 일본인의 철저한 '자기반성'을 요구하면서도, 일본민족의 재생을 강조했던 것은 '일본적 그리스도교'의 문맥에서 잘 이해되는 부분이다.[19]

---

16 1917년 난바라가 이미즈군의 군장으로 부임한 무렵의 글을 보면, 관료로서의 정치 실행과 자신의 종교적 입장을 일체화시켜 관료의 입장에서 사람들을 '사랑의 공동체'의 이상으로 인도한다는 '이상주의적 통치' 사상을 형성하고 있음을 알 수 있다(坂田祐, 1966, 『恩寵の生涯』, 待晨堂, 43쪽).

17 南原繁, 2014, 『国家と宗教-ヨーロッパ精神史の研究-』, 岩波文庫, 15쪽.

18 난바라는 '가톨리시즘과 프로테스탄티즘'에서 그리스도교가 세계·인류의 보편적 구제의 종교라는 점과 동시에 역사＝국민적 성격을 갖는다는 점 사이에 모순은 없다고 말하였다. 또한 그리스도교는 세계종교로서 모든 시대와 세계를 통해 동일하고 확고한 본질을 보유하면서도 동시에 많은 민족의 특수한 역사생활이 수반되는 것을 방해하지 않는다고 쓰고 있다(南原繁, 2014, 『国家と宗教-ヨーロッパ精神史の研究-』, 岩波文庫, 399쪽).

19 난바라가 패전 후 처음으로 거행된 기원절 식전에서, "좁은 의미의 민족주의가 아니라 세계적 보편성의 기반에 선 새로운 일본의 건설, 국민은 국민이면서 동시에 세계시민으로서 자신을 형성하는 원년으로서 출발해야 하는 것은 아닌가"라고 언급한 것도 동일한 맥락에서 이해할 수 있다(丸山真男·福田歓一, 1989, 앞의 책, 310쪽).

III. 신정정치 비판과 가치병행론

『국가와 종교』는 고대 그리스의 플라톤으로부터 나치즘에 이르는 유럽정신사를 통사적 형태로 분석한 저작이다. 곧 그리스도교 성립 이전의 고대 그리스의 종교와 국가의 문제를 논하는 것으로 시작하여, 신정정치사상의 비판을 통해 궁극적으로 현대 유럽문화의 위기에 대한 바람직한 정치의 모습에 관한 제언을 시도하고자 했다. 난바라는 유럽정신사의 전체를 관통하는 가운데, 당시 시대적 문제에 대한 대응으로서 플라톤 이해의 의의에 주목하는 것으로 이 책을 시작한다.

난바라에 따르면 제1차 세계대전 이후 세계는 근세 계몽의 발전이라고 할 수 있는 근대 문화가 분열과 파멸적 상황으로 치달았고, 혼탁해진 정치는 심각한 위기에 직면해 있었다. 난바라는 이러한 시대적 배경 속에서 플라톤의 의의를 밝히려는 경향이 독일에서 특히 현저하다고 말하고, 1920년대 새롭게 등장한 슈테판 게오르게(Stefan George)를 중심으로 한 플라톤 해석의 근본 특징과 관련하여 다음과 같은 세 가지 점을 지적한다.

첫째로 정치적 국가의 문제를 플라톤 철학 사상의 중핵으로서 파악한다는 점이다. 이러한 관점에서 플라톤의 '에로스'는 국가 창조의 정신, 정치적 사회 건설의 계기로서 중요한 의의를 지니며, 세계와 우주를 낳는 근본이 된다.[20] 둘째로 플라톤의 국가철학에서 더욱 중심을 이루는 것은 최고의 예지를 갖춘 '철인왕(哲人王)'이다. 이러한 철학자는 인간과 세계를 구제하는 행위를 하는 존재로서, 다만 추상적 지식의 소유자가 아닌

---

20 南原繁, 2014, 앞의 책, 30-31쪽.

정치적 지도자로서 건국의 상징이 된다. 플라톤에게 우주와 국가와 인간은 일대 조화의 실현이며, 국가는 중간에서 다른 두 가지를 결합하는 매개자가 되며, 그 국가 안에 있는 매개자가 철인이다. 따라서 철인은 하늘과 땅, 신과 사람 사이를 매개하는 반신인적 성격을 갖춘 자이며, 국가의 규범은 철인인 주권자에게서 구체화된다.[21] 그리고 세 번째로 이러한 국가철학은 필연적으로 '신정정치'의 사상으로 인도된다. 플라톤의 선하고 아름다운 국가의 이념은 다만 '윤리적 공동체'일 뿐만 아니라 종교적인 '신의 나라'의 이념에 다름없다. 최고의 공동체로서 이데아 세계의 실현인 국가는 인간 최고의 덕의 세계의 영상(映像)이며, 국가는 그 자체로 바로 '신의 나라'이다. 따라서 국가의 지배는 본질적으로 신에 의해 이루어진다.[22]

 난바라는 게오르게파의 플라톤 해석을 위와 같이 설명한 다음 이들에 의한 플라톤 부흥의 의미를 인정한다. 난바라는 이들이 플라톤 철학을 국가철학으로 이해하였으며, 이른바 신칸트학파의 플라톤관에 대해 완전히 새로운 플라톤상을 그린 것으로 평가했다. 곧 난바라는 근대 국가의 위기 상황 속에서 고전의 의의를 재현하여 새로운 문화와 국가의 이념을 제시한 것에 대해 일정한 공감을 표했던 것이다. 그러나 난바라는 이들의 해석이 플라톤의 신화적 요소를 고조하고, 본원적인 생의 통일, 세계의 원시상으로서 문화의 전체적 통일, 신화적 세계관으로 복귀하는 것에 대해 크게 우려했다. 왜냐하면 난바라는 이러한 고대적 신화상과 원시적 세계관의 부흥을 꾀하는 것이 흡사 현대의 역사주의와 복고주의의 대두와 비슷하고, 그

---

21 위의 책, 33-34쪽.
22 위의 책, 35-36쪽.

보수적·반동적 지향이 현대 독일 나치가 내건 정강과 현실 행동과 상통할 수 있다는 점에서 그 자체로 큰 위험을 내포한다고 여겼기 때문이다.[23] 당시 파시즘 국가들이 지향하고 있던 플라톤의 신화적인 생의 통일적 세계관을 바탕으로, 국가권력자의 카리스마적 권위에 대한 국민의 신앙을 강조하는 독재정치에 대한 난바라의 비판적 시선을 짐작할 수 있다.[24]

이러한 목적을 달성하기 위해 난바라가 확립한 정치철학적 방법론은 칸트의 정치철학을 바탕으로 제시한 '가치병행론'이다. 이것은 난바라에게 있어 칸트 이해를 전제로 플라톤을 비판적으로 재구성하려는 시도이기도 했다.[25] 그렇다면 난바라의 가치병행론은 무엇인가. 우선 그의 칸트론을 살펴보자.

난바라의 칸트 해석은 칸트 철학을 규정하는 자유와 자연, 형식원리와 실질원리, 내외(內外)라는 일련의 틀과 그것에 근거한 이율배반과 극복이라는 논의의 흐름을 명확하게 제시하고 있으며, 표준적으로 간명한 칸트론이라고 말할 수 있다.[26] 난바라는 칸트 철학의 중심이 도덕법칙에 근거하는 의지가 자유로운 주체로서의 인간이라고 정리하면서도, 칸트 철학의 필연적 귀결은 '국가'이며 거기서 칸트 전(全) 철학 사상이 완결된다고 말한다.[27] 주지하듯이 칸트는 자유로운 개인은 수단이 아니며 목적으로서

---

23 위의 책, 38-46쪽.
24 『국가와 종교』의 마지막 장인 제4장이 '나치 세계관과 종교'로 끝나고 있는 것도 난바라가 이 책을 저술한 목적을 잘 보여준다.
25 南原繁, 2014, 앞의 책, 171쪽.
26 芦名定道, 2016, 「南原繁の政治哲学とその射程」, 『日本哲学史研究』 13, 京都大学大学院文学研究科日本哲学史研究室, 37쪽.
27 南原繁, 2014, 앞의 책, 157-161쪽.

다루어지는 존재이고, 나아가 정치적 공동체에서 자유로운 인격을 각각 '목적 자체'로 인정하고, 공통의 법률을 자율적으로 세우는 곳에 국가 형성의 의의가 있다고 여겼다.[28] 이 때문에 난바라는 칸트의 국가가 '초개인적 인격'을 가지는 '목적 그 자체'라고 생각하였고, 여기서 문제는 국가와 법률의 윤리적 기초는 무엇인가라는 점이었다.

> 칸트 전 철학 체계의 중심인 도덕설은 종교로 인도한다. 그리고 도덕은 한 사람 개인 도덕에 머무는 것이 아니라 필연적으로 인격자 상호 관계인 공동체의 윤리로 확대되듯이, 종교는 개인의 문제에 머무르지 않고 필연적으로 신과 인간 전체의 보편적 공동체의 관계로 인도한다. 여기서 윤리적 공동체인 '도덕의 나라'는 필연적으로 '신의 나라'로 이어지게 된다. … 도덕은 인간 행위의 동기·심정·의지의 내적 자유의 문제로서 마침내 종교로 인도하고, 신의 나라를 요청하기에 이르렀는데, 다른 한편으로 심정은 행위에서 실현되고, 내적 자유는 외적 자유를 요구한다. 여기에 '도덕의 나라'의 원리는 외적인 '법률의 나라'로서 국가의 관념으로 인도한다는 것이다.[29]

이처럼 칸트에게 '종교의 나라'와 '법률의 나라'는 '도덕의 나라'를 경계로서 서로 접합한다.[30] 이는 각각의 목적, 인격자 상호 관계에서 성립하는 체계적 결합으로서 무질서한 나라가 아니며 법칙의 세계, 목적의 나라

---

28 柳父圀近, 2016, 앞의 책, 160쪽.
29 南原繁, 2014, 앞의 책, 167-168쪽.
30 위의 책, 170쪽.

가 된다. 또한 필연의 법칙에 따른 '자연의 나라'의 체계와 비교하면 자유세계의 결합체계라고 할 수 있다. 난바라는 앞서 지적했듯이 플라톤의 국가가 윤리적 공동체일 뿐만 아니라 신정정치사상을 보여준다는 점에서 도덕과 종교, 정치의 혼효(混淆)를 피할 수 없다고 보았다. 따라서 플라톤의 국가론을 칸트와 비교하면, 플라톤 철학이 진선미 각 문화 가치가 비판적 분석을 거치지 않은 형이상학적 구상인 데 비해, 칸트 철학은 각 영역에서 고유한 가치 원리를 정립한 비판적 방법의 결과이며 종교·도덕·정치 등의 문화 영역에서 각각의 가치의 자율과 상관관계의 사상이 확립될 수 있다.[31] 그리고 난바라는 이를 통해 비로소 근대적 주체성이 사람들 사이에서 성립할 수 있었다고 평가한다. 특히 난바라는 칸트 철학의 내외적 관련성에 근거하여 내적 자유의 문제에서 도덕이 종교에 이르고, 그 종교가 내외적으로 이중성을 가진다고 해석했는데, 이러한 내외의 상관관계는 난바라가 칸트의 논리에서 도덕으로부터 정치로 가는 논리를 이끌어 가는데 있어 핵심이 되었다고 할 수 있다.

한편 난바라의 유럽정신사 이해가 철학적·사상사적 고찰을 바탕으로 하지만, 그의 신앙적 입장과도 밀접하게 관련되어 전개되었던 것에도 주목할 필요가 있다. 우선 난바라는 그리스도교의 중심을 '신의 나라'에 두고, 절대적 개인주의(자유)와 절대적 보편주의(평등)라는 두 가지 종교이념의 종합으로 파악한다. 그리고 이러한 그리스도교 윤리의 '양면성'이 매우 중요한 의의를 시사한다고 말한다.[32] '신의 나라'의 '나라'라는 표현에서도 알 수 있듯이, 그리스도교의 개인주의는 타자로부터 분리되어 고

---

31 위의 책, 171쪽.
32 위의 책, 130쪽.

립한 개체인 것이 아니라 오히려 신의 사랑에 의해 맺어지는 절대적이고 새로운 사회공동체의 이상을 가능하게 하는 인격적 개체를 주장하는 것이고, 이렇게 성립하는 사랑의 공동체는 신을 중심으로서 마침내 모든 민족, 전 인류에까지 미칠 수 있는 절대 '보편주의'의 이상이다.[33] 이러한 '신의 나라'와의 관련에서 '지상의 나라'는 어떻게 형성되어야 하는가를 검토하는 것이야말로 난바라의 평생의 과제였다.

그런데 예수의 종교는 도덕적 인격가치로부터의 초월이었듯이, 또한 정치적 사회가치로부터의 초월이기도 했다. 신의 나라는 '하늘의 나라'이고, 정치적 공동체인 '지상의 나라'와 확실히 구별된다. 따라서 국가공동체는 이제 그 자체로 최고의 가치를 갖는 것이 아니라 최고의 규범은 정치적 국가 생활을 넘어 존재한다.[34] 그러나 이러한 종교의 초월성은 이 세상에서 현실의 영위와 결합을 부정하는 것은 아니다. 왜냐하면 종교는 스스로 고유한 문화 영역을 형성하는 것이 아니라, 스스로 문화의 가치를 훨씬 뛰어넘는 것이기 때문에 도리어 다양한 문화 영역 속에 들어가 새로운 내용과 생명을 제공할 수 있다.[35] 단 난바라는 본래 예수가 말한 '신의 나라'는 정치적 조직화 내지 법률화로부터 초월해 있었으나, 그리스도교가 조직화·체계화된 곳에서는 플라톤이 이용되었다는 점을 지적했다.

> 예수가 말한 신의 나라의 특질은 종교를 정치적 국가적 의식에서 해방하여 순수하게 인간의 정신적 내면성에까지 심화한 것에 있었다.

---

33   위의 책, 88쪽.
34   위의 책, 100-101쪽.
35   위의 책, 131쪽.

또한 신정정치사상하에서는 … 인간은 어떠한 '권위'—그것이 교회 또는 국가 어느 쪽이든 상관없이—를 매개로서 신과 결합하고, 그 신앙은 '권위신앙'인 데 비해, 원시 그리스도교의 의의는 종교를 이러한 권위의 신앙에서 해방하여 무엇보다도 인간 개인의 양심의 문제로 한 것에 있다.[36]

이처럼 종교와 정치의 결합 위에 선 신정정치사상과는 반대로 종교와 국가의 분리라는 오히려 소극적인 관계야말로 그리스도교가 가져온 문화적 의의였다고 볼 수 있다. 여기서 난바라의 정치철학의 기초로서 가치병행론이 칸트 철학에 대한 해석과 종교개혁 이후의 자유의 정신 위에 구축된 프로테스탄트 그리스도교 이해가 교차하는 지점에 위치하고 있었음을 이해할 수 있다. 따라서 난바라는 중세 가톨릭에 대해서도 명확한 비판의 입장을 가질 수 있었다. 난바라는 다음과 같이 말한다.

플라톤 국가의 중핵인 철인정치라는 이상정치가 얼마나 로마교황의 교회정치와 공통된 점이 있는가는 매우 흥미로운 문제이다. 범속(凡俗)을 초월하여, 특히 신의 비밀에 관여하는 철인 또는 사제의 특별한 계급이 있고, 그중 최고 유일한 자가 권위를 잡으며, 일반적인 인간은 이 카리스마적 권위에 복종을 요구받고, 또한 그것으로 만족할 것, 따라서 어떠한 경우에도 일종의 정신적 귀족주의 원리에 의해 지지되고 있다는 것을 알 수 있다. 동시에 그렇다면 종교와 도덕만이 아니라 학문과 예술에 이르기까지 일체의 문화가 이러한 절대적 권위의 얼마나

---

36 위의 책, 128쪽.

엄격한 통제 아래 세워졌던 것인가. 그것은 '교리(도그마)의 지배'를 의미하며 양심의 강제 없이는 가능하지 않다. 중세 신정정치사상은 이러한 의미에서 플라톤 신정국가의 재현이라고 말할 수 있다.[37]

결국 난바라의 가치병행론은 종교에 의한 문화의 통제를 정당화하기 위한 것이 아니라, 종교에 대한 문화적 여러 가치의 고유성과 자립성을 옹호하는 것을 목표로 한다. 그리고 이것이 난바라가 칸트적 자율의 입장을 견지하는 의미이자 그의 그리스도교 신앙이 상호 밀접하게 관계되어 나올 수 있었던 논의라고 할 수 있다. 또 난바라의 가치병행론은 진선미라는 가치 원리를 정립한 칸트 철학에 근거하면서도, 종교의 초월성을 전제로서 다양한 문화 가치들이 서로 대등한 관계로서 각각의 고유한 역할을 수행할 수 있다는 가치의 '병렬관계'를 중시했다는 점에서 의미를 갖는다. 이 논의는 전후 독자적이고 개성적 역사를 가진 국가공동체 형성을 추구한 난바라의 문화공동체론의 전제가 된다.

IV. 나치즘과 천황제 파시즘

『국가와 종교』 초판의 서문을 보면 이 책이 비단 유럽의 문제만을 위한 것이 아니라 당시 일본의 문제를 명확하게 의식하고 쓰였다는 것을 알 수 있다.

---

37 위의 책, 111-112쪽.

이번에 유럽의 대전에서 제 민족에 의해 싸우고 있는 정치적 투쟁의 근저에, 종교와의 관계를 둘러싸고 얼마나 심각한 세계관적 투쟁의 문제가 존재하는가. 사정은 다만 유럽만의 문제가 아니다. 대동아전쟁의 개시로 인해 우리나라에 있어서도 다르면서 같은 이 세계의 대전에서, 이와 같은 문제는 또한 우리들의 깊은 관심사가 되지 않으면 안 된다. 특히 일본이 진정으로 세계사적 민족으로서 동아(東亞)에서 살고자 하면, 이 문제에 대한 이해가 장래 우리나라 문화의 발전상에 중요한 교섭을 가져오지 않을 수 없을 것이다.[38]

난바라는 나치즘을 비판하기 위해 나치를 유럽정신사 위에 위치시키고 이에 대한 문제 제기를 할 필요가 있었다. 일단 난바라는 나치 발흥의 정신적 이유는 유럽 '근대정신'과 그 귀결에 대한 반항에 있다고 본다. 그리고 이는 단순히 정치적 권세(權勢)운동을 넘어 문화의 본질에 관한 문제, 곧 철학, 일반적으로 전 정신 역사에서 새로운 기원이 되려는 세계관의 전적 갱신으로 이어지는 문제를 포함한다.[39] 따라서 유럽정신사는 유럽문화를 구성하는 두 요소, '그리스주의'(난바라는 그리스정신, 그리스문화를 드러내는 용어로 '그리스주의'를 사용)와 '그리스도교'의 종합 또는 결합을 어떻게 달성할 것인지가 유럽정신세계의 근본 문제가 된다. 그리고 이러한 두 가지 요소는 지상의 나라와 신의 나라라는 상호 간의 긴장관계를 문화적 종합으로 이끌어, 중세 가톨릭적 유형과 종교개혁 이후 칸트를 거쳐 헤겔에 이르러 정점에 도달한 관념론 철학의 지반 위에서 구축된 근세

---

38 위의 책, 15-16쪽.
39 위의 책, 252쪽.

프로테스탄트적 유형이라는 두 가지 유형이 도출되었다. 그런데 헤겔에게 있어서 국가는 단지 정신의 외곽에 머무는 것이 아니라 스스로 '절대정신'의 원리에 따라 행동하고, 직접 그 시민의 종교생활에 관해 신의 정신에 어울리도록 훈육해야 할 사명을 갖는다. 난바라는 이러한 헤겔적 종합의 프로테스탄트적 유형이 중세 가톨릭보다 더한 형태로 '신의 나라'를 합리적인 정치적 조직으로 만들었고, 그 결과 신의 나라는 본래의 '사랑의 공동체'로서의 특질을 상실하여 한층 국민국가적인 일개 정치적 왕국으로 전락하고 말았다고 지적한다.[40]

특히 난바라는 헤겔적 국가의 '절대성'이라는 특징 때문에 독일을 중심으로 결성된 국가만능주장과 반동사상에 대해 그 책임이 있다고 말한다. 헤겔의 구체적 보편 국가는 상호 간에 이를 조정하거나 규율하는 대법관도 근본 규범도 없고, 다만 모든 국민은 세계 역사의 심판 아래 서며, 오로지 세계정신이 이를 결정하게 된다. 이는 세계정신이 개개의 민족정신을 초월하여 제3자로서 외부에 독립적으로 존재한다는 의미라기보다는, 그 시대의 정신을 담당하는 특정한 민족정신을 말하며, 헤겔에게 있어서는 '지상의 신의 나라'인 게르만민족국가가 그 역할을 담당하게 된다. 이것은 근세 그리스도교의 입장에서 독일 이상주의 철학의 발전에 있어서 헤겔의 절대적 관념론 철학의 귀결이었던 것이다.[41] 난바라는 다음과 같이 적고 있다.

본래 헤겔에 있어 신적인 절대적 세계정신으로서 생각되었던 것이 단

---

40 위의 책, 113-117쪽.
41 위의 책, 118쪽.

순한 인간의 발전이 되고, 일체가 인간적 존재의 제약 아래에서, 마침내는 인간 존재, 그중에서도 물질적 경제적 존재로서의 방면만이 강조되었으며, 더욱이 이러한 인간의 물질적 존재의 관계, 즉 경제적 생산관계가 본래 정신의 운동인 변증법을, 이번에는 자기 쪽에 끌어당겨 자기 자신의 발전에 이용하기에 이르렀다.[42]

난바라는 헤겔을 종교와 국가, 신학과 철학, 신앙과 이성 각각을 결합한 근세 최후의 사상가라고 부를 수 있지만, 헤겔의 종합이 어디까지나 인간 이성의 자율을 원리로 하여 종교적 신앙의 내실을 철학의 내실로 삼으려는 것인 이상, 거기서 체계화되는 것은 철학적 신학에 다름없을 뿐이라고 평가한다. 따라서 그러한 종합안에 내재하는 비판적 요소가 대두하고 인간의 자연적 이성이 스스로 독립의 권능을 주장하기에 이를 때, '융화'는 깨지고 체계가 붕괴의 과정을 걷게 되는 것은 필연의 운명이다. 이러한 헤겔적 종합의 붕괴는 신앙과 지식, 신학과 철학을 분리하고, 이로부터 지식과 철학을 가지고 신앙과 신학을 정복하는 사업이 개시된다.[43]

또한 난바라는 19세기 후반 이래 세계적으로 유행하던 마르크스주의에 대해 헤겔 철학의 방법과 형식에 상관없이, 그 내실과 핵심에 있어서는 결코 독일 이상주의 정신이 아니라고 말한다. 이른바 유물변증법이 설령 같은 변증법적 기초 위에 선다고 해도 헤겔의 그것과는 대척의 위치에 있으며, 일찍이 절대 '정신'이었던 것이 경제적 '물질'이 되어, 헤겔의 절대 관념론 철학과 그 역사철학이 흡사 반대의 유물론과 유물사관으로 바

---

42 위의 책, 119쪽.
43 위의 책, 239-240쪽.

꿘 것에 불과하기 때문이다.[44] 난바라는 이것을 헤겔 철학 자체에 내재하고 있는 모순을 노정한 것이라고 말한다. 이것은 인간의 자연적 이성이 독립하여 신학적 요소를 배제하게 되면서, 절대적 로고스가 아닌 상대적인 경험적 현실에 대한 입장으로 전환한 것을 의미한다.

난바라는 마르크스 사회철학이 유물론적 구조에도 불구하고 그 근본적 이념으로 하는 것은 여전히 근대적 '인간성'이고, 일개의 '인간주의'가 전체를 관통하고 있다는 것을 간과하지 말아야 한다고 말한다. 따라서 마르크스 사회주의가 적대시하는 부르주아 자유주의, 민주주의 사이에는 근본적인 차이가 없다. 난바라는 근대 유럽정신에 공통하는 특징은 무엇보다도 현실적 인간성의 이념과 인간 개인 중심의 원리이며, 인간이 경험적 개별 존재로서 직접적으로 자연법칙 아래에서 인간 개인이 자기 목적이 되었다고 말한다. 그리고 '사회'란 결국 자연적 욕망 또는 감정을 유대로서 상호 결합하는 개인의 양적 총체가 되는데, 이는 본질상 칸트의 내면적 고유한 가치로서 '개인' 인격의 개념이나 헤겔의 개성 상호 간의 연관을 실체적 보편으로 한 '국가'의 전체 개념과 다르지 않다. 그러나 인간 개인의 자유와 행복을 목표로 오로지 인간 사회 생활의 개혁과 진보를 추진하는 과정에서 오히려 인간은 양적 개체로서 경제적 사업과 사회조직 중에 매몰될 위험성이 있다. 이러한 점에서 난바라에게 마르크스주의는 가장 철저하게 근대정신을 극단화한 것이었다. 더욱이 여기서 종교는 기껏해야 '인도교(人道敎)'로서 경제적 생산관계 위에 선 '이데올로기'의 하나 정도에 지나지 않으며, 종교에 대한 무관심 나아가 종교의 부정으로 이어진다.[45]

---

44 위의 책, 243쪽.
45 위의 책, 244-249쪽.

이와 같이 헤겔의 절대 관념론에 대한 반동은 정신적 개성으로서의 인격을 양적 개체로, 또한 인간과 인간을 내적으로 결합하는 유대를 해체하고, 그것을 통해 사회를 이익 사회적 결합으로 변질시켰다. 이것은 실증주의 발달의 성과인 '과학'과 합리 정신의 승리라고 할 수 있을지 모르나, 난바라에 의하면 근세 정치 생활에 관한 사유의 빈곤을 노정하고, 정신적 무(無)내용을 폭로한 것이기도 했다.[46] 이처럼 절대 관념론에 대한 반동은 다시 그것에 대한 재반동을 야기하게 되며, 난바라는 바로 여기에서 나치 발흥의 정신적 이유로서 지금까지 살펴온 유럽근대정신과 그 귀결에 대한 반항을 간파했던 것이다.

난바라는 반동에 대한 재반동으로서의 나치즘이 자유주의의 정치적 빈곤에 대해 유기체적 전체로서, 민족의 통일적 조직체로서 새로운 국가를 창조하는 것을 목표로 한다고 지적하였다. 그리고 여기서 종족의 보존과 순화를 최고 사명으로 하는 민족 공동의 원천으로서 '북방적' 게르만주의가 고조되었다고 보았다. 구체적으로 나치가 의거하는 근본 원리는 근대 '개인'주의에 대한 민족공동체를 중심으로 하는 민족 '전체'주의의 주장이며, 근대정신의 공리주의적인 이익 행복의 원리가 아닌 전체에 대한 개인의 복종과 희생의 정신의 고양이라는 새로운 윤리라는 점에서 일종의 실천적 이상주의 정신의 고양이라고 볼 수 있다고 지적한다.[47] 그러나 이것은 칸트에서 헤겔로 이어지는 엄밀한 의미에서의 독일 이상주의 철학의 정신과는 완전히 성격을 달리하며, 19세기 초 독일을 중심으로 융성한 낭만주의 정신에 대한 또 하나의 '신낭만주의'로서 이해될 수 있다.

---

46   위의 책, 252쪽.
47   위의 책, 252-256쪽.

난바라는 나치가 강조하는 '피'로 형성된 성격으로서 인종적인 게르만민족만을 고양하는, 곧 자연적·짐승적 특징을 가치화하는 나치 세계관 속에서 인간은 이성적·정신적 존재가 아니라 자연과 운명의 어두운 세계를 더듬는 형이상학적 존재가 될 수밖에 없다고 말한다.[48] 이 결과 인종이라는 최고 가치 아래 다른 가치들은 모두 종속되고, 인간은 자율적인 인격 또는 정신적 개성으로서의 자유의지를 상실하게 된다. 따라서 난바라는 이러한 재반동의 위기 상황을 극복하는 길을 그리스도교적인 '신의 나라' 이념과 칸트의 비판철학 속에서 찾고자 했던 것이다.

그렇다면 이러한 나치즘의 발호를 일본과 관련하여 어떻게 이해할 수 있는가. 난바라는 『국가와 종교』에서 유럽정신사의 흐름 속에서 나치즘 전체주의의 정신적 성립 기반을 드러낼 뿐만 아니라 나치 독일과 동맹의 길을 선택한 천황제 파시즘하의 일본의 정신적 상황을 연결하고 있다. 난바라는 서양문화에 대해 '일본정신' 또는 '일본문화'의 학적 수립이 고창되고 있다고 지적하며, 니시다(西田) 철학에서 출발한 다나베 하지메(田辺元)를 중심으로 한 '무(無)'의 철학 내지 '절대변증법'을 일본정신의 고유성 확립의 시도로 해석한다. 그러면서 동시에 일본의 역사적 전통과 문화를 어디까지라도 순수하게 유지해야 한다는 '일본주의' 철학 속에서 나치즘과 동일한 형태의 논리 구조를 발견하고 있다.

난바라는 다나베의 철학이 헤겔의 변증법에서 나아가 한층 철저하게 '절대변증법'을 기초로 하며 동시에 민족적 자각 위에서 새롭게 동양문화의 역사적 내실을 살리려고 한 특징을 가진다고 말한다. 그런데 이것이 역사적 현실을 철학의 최대 관심사로 하여 정치적 국가의 문제에 맞서려

---

48 위의 책, 258-266쪽.

는 시도, 곧 유럽문화의 역사철학적 구조의 계기로서 언급한 종교·철학 및 국가라는 삼자를 서양과는 다른 방법으로 결합하고, 여기에 독자의 학적 세계관을 수립하려고 하는 시도로서 이해할 수 있다고 그 문제성을 지적한다.[49] 난바라는 다음과 같이 말한다.

> 거기에서(다나베 철학 – 인용자) 중심적 위치를 점하는 것은 나치에서와 같은 '종(種)'으로서의 민족이지만 종은 다만 자연적 생의 직접태(直接態)인 것에 머무르지 않고, 근본적으로는 절대자의 '자기 소외'로서 세워져 있다. 그리고 '종'의 즉자적(即自的)인 직접적 통일과 여기에 부정적으로 대립하는 대자태(対自態)로서 '개(個)'를 부정의 부정, 즉 절대부정 속에서 통일·종합하는 즉자(即自)이면서 동시에 대자(対自)적인 '류(類)'적 존재가 국가이다.[50]

여기서 국가는 '무'의 절대적 보편성의 대자화된 '절대 응현적(応現的) 존재'로서 생각할 수 있으므로, 국가와 종교의 종합이 철학적 사유의 근본 특징이라고 말할 수 있다. 마치 그리스도에 대한 신앙이 인간을 구제하여 안에서부터 자유를 회복시키는 것과 같은 것을 이제 국가에 기대하는 것이라고 할 수 있다. 이렇게 해서 국가야말로 진정한 종교를 성립시키는 근거, 그 자체가 '지상의 신의 나라'가 되는 것이다.[51]

이와 같이 난바라는 다나베 철학을 통해 국가에 대한 변증법적 신앙,

---

49 위의 책, 314-315쪽.
50 위의 책, 316쪽.
51 위의 책, 317쪽.

곧 국가를 절대화한 '국가신앙'의 성립을 확인한다. 난바라에게 국가와 종교를 일체화하여 국가를 절대시하는 다나베 철학은 국가를 넘어 세계질서의 원리를 창출하는 것이 불가능하다는 점에서 경계가 필요했다. 따라서 난바라는 "동양적 범신론에서 나치의 경우보다도 한층 더 고양되어 심화된 형태로 '민족'과 '국가'의 신성(神性)을 합리화하는 것을 아니 보는가"[52]라고 문제를 던진다. 난바라는 국민을 전쟁으로 동원하는 일본정신, 국가신앙을 신봉하지 않는 자를 이단자 혹은 반역자로 배제하는 상황을 응시했다.[53] 즉 난바라의 다나베에 대한 비판 속에는 천황제 국가의 신격화 논리에 대한 비판이 내포되어 있었다고 볼 수 있다. 난바라의 『국가와 종교』는 다음과 같이 끝난다.

> 유럽정신의 핵심이 실로 그리스도교에 있고, 그 철학적 형성과의 관계에서 근본의 문제가 존재하는 것을 우리들은 알았다. 그리고 그리스도교는 다만 유럽의 종교가 아니라, 오히려 그 연원에서 동양적이고, 더욱이 세계적인 종교이다. 이러한 것으로서 우리나라 장래의 근본 문제는, 좋건 싫건 상관없이, 이 그리스도교 정신과의 대결에 있지 않으면 안 된다고 생각한다. 그것은 메이지 이후 서양문화의 급속한 이입으로써 이미 완결된 사정이 아니라, 본질적으로는 금후 아마도 몇 세기에 걸친 문제에 속하고, 국민의 정신적 고투와 혁신 없이는 해

---

52 위의 책, 319쪽.
53 난바라는 일찍이 스승 우치무라가 '국적, 비국민, 매국노'의 오명을 썼다고 적고 있다 (南原繁, 1972-1973, 「内村鑑三先生生誕百年に思う」, 丸山真男・福田歓一 編, 『南原繁著作集』 9, 岩波書店, 350쪽. 이하 『南原繁著作集』에서 인용할 경우는 '南原繁[著作集] 9'의 형식으로 표기함).

결할 수 없을 것이다. 흡사 과거의 일본이 천 년의 역사를 통해 불교를 중심으로서 동양문화와 융합하고, 일본불교와 일본문화를 만들어낸 것처럼, 우리나라 장래의 중요 문제의 하나는 진정한 의미에서의 '일본적 그리스도교'—그것은 최근 교회의 합동통일운동에서 불리는 것과 다르다—의 육성과 신일본문화의 전개에 있다고 생각된다. 그것에 의해 일본이 새로운 의미에서 세계성을 획득하고, 보편적이며 동시에 특수한, 그 때문에 구체적인 근거를 한층 공고하게 하고, 일본국가의 세계 정신적 의의의 천명도 더욱 심화될 것이다. 이렇게 해서 나치세계관과 종교의 문제는 다만 현대 유럽의, 혹은 단순히 독일만의 문제가 아니라, 또한 실로 우리나라와 세계의 긴요한 문제임을 잊어서는 안 될 것이다.[54]

이처럼 전쟁의 한복판에서 난바라는 『국가와 종교』를 통해 나치의 전체주의와 종교의 문제가 단순히 독일만의 문제가 아니라 일본과 세계의 긴요한 문제라는 것을 환기하고 있었다. 또한 '일본적 그리스도교'를 적시하고 있는 것에서도 알 수 있듯이 초국가주의적 형태를 취하고 있던 국가에 저항하면서 궁극적으로는 '일본적 그리스도교' 신앙에 의한 내면적 국민 형성이라는 문제의식을 가지고 있었다고 볼 수 있다. 난바라는 일찍이 우치무라의 '일본적 그리스도교'에 관한 다음과 같이 말했다.

종교적 진리가 단순히 형식적 추상적 개념에 머무르지 않고 구체적으로 많은 개인들 사이에서 새로운 생명으로 파악되기 위해서는 그 속

---

54 南原繁, 2014, 앞의 책, 326-327쪽.

한 국민 각각의 정신적 본질과, 또한 그 국가의 문화와 떨어져서는 존재할 수 없다. 독일적 그리스도교가 있을 수 있는 것처럼 일본에 관해 일본적 그리스도교를 논할 수 있는 것은 이치가 당연하다고 말하지 않으면 안 된다. … 선생의 '조국' 일본은 이러한 '자유'의 이념과 깊게 내면적으로 결합되어 있고, 거기에는 국민적 국가사상과 세계적 인류사상이 긴밀하게 종합되어 있다.[55]

국민의 정신적 개성과 문화와 밀착한 종교적 생명을 중시했던 난바라에게 서구적 그리스도교를 모방하는 것은 무의미하고 불필요한 것이었다. 난바라는 우치무라의 '일본적 그리스도교'를 무사도 정신에 충만한 대표적 일본인의 이상으로서 실천한 도덕적 심정에 신을 사랑하고 신의 나라를 구하는 영혼을 접목하는 것으로 이해했다. 따라서 '일본적 그리스도교'는 난바라의 민족론과도 밀접하게 연관된다. 난바라는 인간 한 사람 한 사람의 개성이 민족공동체를 통해 구체화되며, 인간은 민족을 통해 인류 개념으로 이어진다는 점에서 일본민족 역시 스스로 정치질서를 조직하고 국가공동체를 구성하는 것이 당연하다고 여겼다.[56] 물론 난바라가 말하는 민족은 전술한 나치의 인종으로서의 민족이 아니라 공통의 역사적 경험 속에서 형성되는 문화적 집단을 의미하고, 이러한 '민족'의 존재는 영원한 신적 질서에 속하는 것이었다. 그리고 난바라의 신적 질서관의 형성에는 우치무라의 애국심이 큰 영향을 미쳤다는 것은 충분히 짐작할 수 있다. 그러나 이와 관련하여 난바라가 전후 일본을 외지 이종족(異

55　南原繁[著作集] 6, 89-92쪽.
56　南原繁[著作集] 5, 328-329쪽.

種族)이 떠난 순수한 일본으로 인식한 점, 또 이러한 일본민족의 이상이자 일본의 역사적 개성과 정신의 정점으로 천황을 중심에 놓고, 일본국민통합의 상징으로서 천황제를 영구히 유지할 것을 주장한 것에 대해서는[57] 일본을 재차 일원화시킬 우려가 있다는 점에서 추가적인 논의를 필요로 하는 부분이다.

V. 나가며

근대 일본의 내셔널리즘이 천황제 내셔널리즘, 천황제적 국가주의라는 형태로 천황에게 수렴되어나갈 수 있었던 것은 천황이 신앙의 대상이었다는 점에서 가능했다. 전후 일본은 과연 이와 같이 체질화된 내셔널리즘을 극복하는 것이 가능했는가.

이 글에서는 『국가와 종교』가 작성된 상황을 염두에 두고 전시기 난바라 사상의 일단을 확인하고자 했다. 『국가와 종교』는 '유럽정신사의 연구'라는 부제를 통해서도 알 수 있듯이, 유럽정치사상의 역사를 국가와 종교라는 축을 통해 분석하여 유럽정신사를 이해하려는 것이었다. 따라서 직접적으로 일본을 분석하는 형태를 취하지는 않았지만, 유럽정신사의 검토를 통해 '바람직한 국가상'을 추구하려는 난바라에게 나치 독일의 상황과 국가적 신앙이라고 할 수 있을 천황제 파시즘이 구가되던 일본은 별개의 문제가 아니었다. 난바라는 독일 나치즘의 사상적 구조를 밝히고 전체주의적 성격을 드러냈고, 나아가 다나베의 '일본주의' 철학 속에서

---

57 南原繁[著作集] 7, 52-60쪽.

나치즘과의 유사성을 발견함으로써 당시 일본의 전체주의를 비판하려는 의도를 드러냈다. 여기서 흥미로운 것은 유럽정신사를 날카롭게 관통하며 당시 유럽문화의 '위기'를 국가와 종교 간 결합의 문제성으로 파악해 낸 난바라의 과제가 '일본적 그리스도교'의 육성으로 이어지고 있었다는 점이다. 이것이야말로 인간 이성에 대한 변함없는 신뢰와 동시에 종교적 구제에 대한 확신을 가졌던 난바라의 정치철학적 영위였다고 할 수 있다.

난바라는 전후 초대 도쿄제국대학 총장에 취임하였고, 귀족원 의원으로도 뽑혀 신헌법 제정 과정 심의에 참가한 것은 물론 교육개혁에도 깊이 관여하는 등 전후 일본 사회개혁의 중심인물로 활동했다. 그런데 이 과정에서 그의 이른바 '보편적 국가'의 지향이 평화헌법에 대한 군비 보유를 주장하거나, 천황제의 옹호라는 방식으로 나타난 것은 근대 일본 내셔널리즘의 문제성을 환기한다는 의미에서 많은 시사를 주며, 난바라 사상을 중층적인 것으로 규정하게 한다.[58] 난바라는 쇼와천황의 인간선언을 높게 평가하고, 이를 통해 일본인이 국가와 종교 문제의 속박에서 벗어나 국민의 자격과 동시에 세계시민으로서의 자격을 획득했다고 여겼다. 그리고 이로부터 인간으로서 상호 간의 신뢰와 애경을 바탕으로 한 천황과 국민의 결합과 연대가 이루어질 수 있다고 생각했다. 여기서 난바라가 일관되게 목표로 삼았던 건전한 민족공동체로서 '문화적 국민공동체'가 천황을 일본의 본질로 간주하는 상징천황제를 통해 그 근거를 확보했음을 알 수 있다. 물론 천황제를 옹호한 난바라가 '인간 천황'에게 역사적 책임을 묻고자 하였지만, 정치와 종교가 유착하는 것을 통해 형성된 근대 일본의

---

[58] 대표적으로 난바라의 논의를 배타적 단일민족적 내셔널 아이덴티티의 확립으로서 비판한 姜尚中, 2001, 『ナショナリズム』, 岩波書店의 논의를 참고할 수 있다.

천황제는 지금도 변함없이 일본사회에 큰 영향을 끼치고 있다.

2019년 5월 1일 레이와천황이 헤이세이천황에 이어 즉위했다. 새로운 천황의 즉위 때 진행되는 다이조사이(大嘗祭)는 여전히 신도식 '국가행사'로서 행해지고 있다. 더욱이 최근 경색된 한일관계 속에서 일본의 극우주의자들의 사상 배경에 '현인신'으로서의 천황의 '신격화' 지향이 전제되어 있다는 점에서, 국가신도는 이미 해체되었지만 천황제 문제는 현재도 쉽게 간과할 수 있는 문제가 아니다. 이런 점에서 전후 천황을 포함한 모든 인간이 자유롭고 평등하게 공생하는 공동체를 목표로 하였던 난바라의 국가와 종교에 관련한 문제 제기는 여전히 현재진행형이라고 할 수 있을 것이다.

참고문헌

자료

南原繁, 2014, 『国家と宗教 - ヨーロッパ精神史の研究 - 』, 岩波文庫.
丸山真男·福田歓一 編, 1972 - 1973, 『南原繁著作集』5, 岩波書店.
＿＿＿＿＿＿＿＿＿＿, 1972 - 1973, 『南原繁著作集』6, 岩波書店.
＿＿＿＿＿＿＿＿＿＿, 1972 - 1973, 『南原繁著作集』7, 岩波書店.
＿＿＿＿＿＿＿＿＿＿, 1972 - 1973, 『南原繁著作集』9, 岩波書店.

단행본

加藤節, 1997, 『南原繁』, 岩波書店.
姜尚中, 2001, 『ナショナリズム』, 岩波書店.
宮田光雄, 2010, 『国家と宗教』, 岩波書店.
柳父圀近, 2016, 『日本的プロテスタンティズムの政治思想』, 新教出版社.
山口周三, 2012, 『南原繁の生涯―信仰·思想·業績』, 教文館.
原誠, 2005, 『国家を超えられなかった教会 - 15年戦争下の日本プロテスタント教会』, 日本基督教団出版局.
土肥昭夫·田中真人 編著, 1996, 『近代天皇制とキリスト教』, 人文書院.
坂田祐, 1966, 『恩寵の生涯』, 待晨堂.
丸山真男·福田歓一, 1989, 『聞き書 南原繁回顧録』, 岩波書店.

논문

가토 다카시, 2012, 「남바라 시게루의 '애국적 내셔널리즘'」, 『정치사상연구』 18 - 1, 한국정치사상학회.
노병호, 2015, 「현대 일본의 국가 중심적 역사인식의 원형·비판·재현: 미노다 무네키·난바라 시게루·시미즈 이쿠타로의 〈국가〉와 〈역사〉」, 『한국사학사학보』 31, 한국사학사학회.
오성철, 2017, 「오천석과 난바라 시게루의 민주교육론 비교」, 『한국초등교육』 28 - 1, 서울

교육대학교 초등교육연구소.

최선호, 2004,「근대일본에 있어서의 초국가주의와 지식인: 난바라 시게루를 중심으로」, 『한국동양정치사상사연구』3-2, 한국동양정치사상사학회.

西田彰一, 2014,「キリスト教ナショナリズムと内務官僚としての南原繁-赤江達也著『「紙上の教会」と日本近代-無教会キリスト教の歴史社会学』(岩波書店, 2013年)を読んで-」, 『社会システム研究』28, 立命館大学社会システム研究所.

芦名定道, 2016,「南原繁の政治哲学とその射程」,『日本哲学史研究』13, 京都大学大学院文学研究科日本哲学史研究室.

8

이돈화의 민족사회형성론과 이상사회의 행방

『신인철학』의 루소 사회계약론 이해를 바탕으로

이예안 한림대학교 한림과학원 HK교수

I. 들어가며: 식민지 조선에서 '새로운 인간 = 사회'를 요청하다

위기의 시대를 맞은 식민지 조선에서는 새로운 인간상에 대한 요청이 증대했다. 1920년대에 접어들자 천도교와 기독교 등 종교단체, 노동공제회와 신인회(新人會) 등 사회·종교운동단체, 기타 각종 언론 매체에서 '신인(新人)' 개념에 주목하고 게시하기 시작했다. 이돈화는 이러한 시대적 요구에 적극적으로 응답한 인물이었다. 그는 1920년 『개벽』 창간호에 게재한 논설 「인내천의 연구」 첫 문장을 "새 사람이 되라"라는 외침으로 시작하며, 한 시대에서 새로운 사상, 지식, 사업, 예술 등 "새 것을 창조"한 자

---

* 이 글은 『東洋哲學研究』(제108집, 2021.11)에 게재했던 것을 수정·보완한 것이다.

를 "신인"으로 칭송했다.[1] 또한 1925년 천도교청년당의 신인간대학(新人間大學) 개최 및 이듬해에 잡지『신인간(新人間)』의 발행을 주도하면서 새로운 인간상에 관한 모색을 계속했다. 1931년 이돈화의『신인철학(新人哲學)』[2]은 위기의 식민지 조선에서 새로운 인간상에 관한 일련의 모색 끝에 집필된 것이라 할 수 있다.

다만,『신인철학』은 제목에서 짐작할 수 있듯이 '새로운 인간'에 관한 '철학'을 시도한 책이라는 점에서 이전의 작업과 차이를 보인다. 동학 교단 입문 이래 이돈화는 천도교 교리의 근대적·사회적 해석을 통해 종교적 사회개조를 지향했으며, 1920년대 중반 무렵에는 동학·천도교와 사회주의 사상의 접맥을 시도했다.[3] 그 과정에서『인내천요의』(1924) 및『수운심법강의』(1926) 등이 출간되었다. 즉 이전 시기의 이돈화는 '종교'로서의 동학·천도교에 의거해 '사회'에 대응했다고 할 수 있다. 그리고 이런 대응 방식은 이후 마르크스주의에 대한 천도교의 대응 논리를 구축함에 있어 '철학'의 이름으로 재편되어갔다.

'신인'에 대한 그의 관심과 문제 설정 또한 이러한 변화 과정 속에서 이해할 필요가 있다. 앞서 언급한 1920년『개벽』논설에서는 "새 사람"에 관한 논의가 근래 가장 위대한 "숭교적 사상", 즉 "인내천주의 창도자-최수운 선생의 사상"을 따르는 것이라고 하여,[4] 신인을 최수운의 종교적

---

[1] "새 사람이 되라. 새 思想을 너흐라. 새 知識을 배호라. 새 事業을 하라. 새 藝術을 創造하라. … 새 것이 잇슴으로 사람은 사람다운 價値를 나타내는 것이오. 새 것이 잇슴으로 世界다운 光彩가 나는 것이다"[夜雷, 1920,「人乃天의 研究」,『개벽』제1호(1920.6.25)].

[2] 李敦化, 1931,『新人哲學』, 天道敎中央宗理院信道觀.

[3] 허수, 2011,『이돈화 연구』, 역사비평사, 226-228쪽.

[4] "가장 近하고 가장 偉大하고 그리하야 崇敎的 思想으로 朝鮮의 獨拟인 — 안이 東洋의

인내천주의에 근거해 설명했다. 반면, 『신인철학』에 이르러서는 동학·천도교사상을 '종교'가 아니라 '철학'으로 위치시켰다. 이 책에서 이돈화는 동학·천도교사상을 다양한 서양근대사상을 통해 재해석하여 설명하면서, 이를 하나의 철학 체계로서 '수운주의(Suunism)'라 명명했다.[5] 그리고 그런 수운주의에 입각하여 '우주관'(제1편), '인생관'(제2편), '사회관'(제3편), '개벽사상'(제4편), '도덕관'(제5편)을 전개했다. 이 책의 '신인' 논의는 종교의 관점이 아니라 철학의 관점에서 파악할 필요가 있다.

문제는 『신인철학』에서 신인에 관해 명확하게 정의하고 있지 않기에, 그 구체적인 모습을 파악하기 쉽지 않다는 점이다. 거기에서 이돈화는 동학·천도교사상을 기조로 삼되 다양한 서양근대사상을 원용하면서 우주, 인간, 사회를 설명하고 있다. 그런 까닭에 선행연구에서는 이돈화가 동학·천도교의 인내천사상, 개벽사상 등을 재해석할 때 어떤 서양근대사상에 의거했는지, 그럼으로써 어떤 사회적·정치적 또는 종교적 사상과 실천을 지향했는지를 집중적으로 논의해왔다. 기존 논의는 대략 다음 세 가지로 정리할 수 있다. 첫째, 이돈화는 마르크스 유물론에 대한 대항 이론의 구축을 목표로 하고 있으며, 그런 가운데 마르크스 유물론을 비판적으로 수용하면서 이를 칸트 등에 의거해 유심론 즉 정신적인 측면을 보완하

獨刱인—廣義로 말하면 世界的 獨刱인 人乃天主義 唱導者-崔水雲 先生의 思想을 한 말로 널리 世界에 紹介코저 함에 잇다"(夜雷, 1920, 앞의 글).

[5] 허수는 『신인철학』을 이돈화 사상이 잘 집약된 책이라고 평가하면서 그 배경과 구성에 관해 다음과 같이 평가했다. "이돈화가 동학의 사상적 전통과 서구근대사상의 영향, 현실과 이상, 사회개조와 종교적 이상 등을 서로 긴밀하게 연결시키고자 했음을 알 수 있다. 그리고 그러한 내용을 가진 새로운 이상과 가치체계를 '철학'의 형태로 제시함으로써 종교 방면과 사회 방면의 균열, 더 직접적으로는 천도교 사회운동이 직면한 위기에 대처해나가고자 했음을 알 수 있다"(허수, 2011, 앞의 책, 237쪽).

고자 했다. 또한 그럼으로써 제도와 정신을 겸비한 성신쌍전(性身雙全)을 추구했다.⁶ 둘째, 베르그송 생명철학의 특징을 이루는 창조적 진화론을 적극적으로 받아들여 인내천사상을 재해석함으로써 독특한 우주관, 인간관, 사회관을 제시했다.⁷ 셋째, 신칸트학파의 문화주의, 인격주의 및 러셀의 개조론에 의거해 사회개조론을 제시하면서 개벽사상을 전개했다.⁸ 선행연구에서는 우주, 인간, 생명, 진화, 사회개조, 도덕 등 『신인철학』에 관한 주된 문제들을 다루어왔지만, 거기에서 궁극적으로 추구되는 '신인'이 어떤 존재인지에 관한 논의는 충분하지 않아 보인다.⁹

---

6 이병태, 2016, 「이돈화 『신인철학(新人哲學)』에 나타난 마르크스주의의 수용과 비판」, 『시대와 철학』 27(3).

7 이철호, 2015, 「우주종교로서의 개벽사상」, 『한국학연구』 38.

8 허수, 2011, 앞의 책; 이유진, 2015, 「이돈화 반항도덕과 러셀 저항관념의 비교」, 『동학학보』 36 등.

9 관련 연구는 『신인철학』에 대해 종교철학, 사회개조, 정치이념의 입장에서 분석한 것으로 나눠볼 수 있다. 허수, 2008a, 「이돈화의 『신인철학(新人哲學)』 연구-일제하 천도교 사회운동과 관련하여」, 『史林』 30; 허수, 2009a, 「러셀 사상의 수용과 개벽의 사회개조론 형성」, 『역사문제연구』 21; 허수, 2009b, 「제1차 세계대전 종전 후 개조론의 확산과 한국 지식인」, 『한국근현대사연구』 50; 정용서, 2012, 「1920년대 천도교 신파의 '민족 자치' 구상」, 『동방학지』 157; 최두호, 2014, 「천도교적 진화론 연구-이돈화의 『신인철학』을 중심으로」, 동국대 국어국문학과 석사학위논문; 정용서, 2014, 「1930년대 초 천도교신파의 정세인식과 조직강화」, 『인문과학연구논총』 35(2); 김용휘, 2015, 「천도교의 문화운동론과 서양철학 수용-이돈화의 신인철학을 중심으로」, 『범한철학』 77; 정용서, 2016, 「천도교의 '교정일치'론과 현실 참여」, 『인문과학연구논총』 37(3); 황종원, 2016, 「이돈화의 우주관과 인간관이 지니는 동서철학의 융합적 특징 및 생명철학적 의의-『신인철학』을 중심으로」, 『유학연구소』 36.
'신인'에 집중한 연구는 황문수, 2000, 「이돈화의 新人 思想」, 『동학학보』 1; 김태연, 2020, 「20세기 초 천도교의 '신인간(新人間)' 비전-야뢰 이돈화의 『신인철학(新人哲學)』을 중심으로」, 『동학학보』 54 등이 있다. 황문수는 이돈화의 신인사상을 일제하 민중을 계도한 사회사상과 천도교라는 종교사상의 두 측면에서 검토할 필요를 지적하면서, 사회사상 측면은 추후의 과제로 남겨두고 종교사상 측면에 집중했다. 김태연은 이

이 문제에 대해 필자는 『신인철학』에서 추구하는 '신인'의 모습은 '사회'의 의미를 함께 검토함으로써 구체적으로 파악할 수 있다고 생각한다. 이 책에서 '사회'는 눈앞의 식민지 조선을 가리키는 동시에, 그 현실을 타파함으로써 획득할 이상사회 그리고 세계, 우주라는 확장된 의미로 사용되고 있다. 즉 이돈화는 사회 개념에 다양한 의미 층위를 포괄함으로써 조선의 위기상태와 제국주의를 비판하고, 나아가 천도교사상에 부합하는 세계관으로서 이상사회, 지상천국을 기대했다. 한편, 『신인철학』에서 인간은 주로 우주 및 사회와의 관계 속에서 논의되고 있다. 이돈화는 조선, 세계, 우주로 확장하는 사회와 인간이 합일의 관계를 이루고 있음을, 인내천사상과 근대서양사상을 접목시키면서 거듭 설명하고 있다. 그리고 이에 대해 선행연구는 주로 종교철학적 또는 사회철학적 해석을 내놓고 있다.[10] 그런데 이돈화의 신인철학[11] 기획의 목적이 성신쌍전에 있음을 고려하면, 거기에서 추구되는 인간은 정신적 측면과 제도적 측면을 아우르는 문제로 정치철학의 관점에서 검토할 필요도 있다.

『신인철학』에서 인간은 개체로서의 존재보다 사회라는 전체의 일원으로서 강조되는바, 정치철학의 관점에서 보면 이돈화의 신인에 관한 고민은 궁극적으로 이상적인 사회를 형성하는 방법론에 관련된 것이라고 파악할 수 있다. 이런 문제의식으로부터 다음에서 검토할 구체적인 주제는 기존 연구에서 간과되어온 루소의 사회계약론에 대한 이돈화의 이해

돈화가 진화론 및 과학담론 수용에 기초해 동학을 재해석함으로써 인간관, 인생관, 사생관을 어떻게 제시했는지 분석했다.

10 위의 각주 참조.
11 허수는 『신인철학』이라는 서명과, 사상으로서의 '신인철학'을 구별해서 사용하고 있다. 이 용례에 따라 이 글에서도 서명과 사상을 구별해 언급한다.

이다. 『신인철학』에서 이돈화는 특히 사회에 관한 논의에서 루소의 사회계약론을 직간접적으로 원용하면서 높이 평가하고 있기 때문이다. 한편, 이렇게 『신인철학』의 주제를 사회형성론으로 파악할 때 이 책에서 원용한 마르크스, 칸트, 베르그송, 크로포트킨 등의 논의 또한 사회형성론과 관련하여 재해석될 수 있을 것이다. 이 글에서는 루소의 사회계약론을 중심으로 검토하면서 이외의 사상적 요소는 필요에 따라 언급하겠다.

위기상태의 사회를 이상사회로 전환 가능케 하는 새로운 공동체 형성의 논리는 무엇인가, 그리고 그때 새로운 인간, 새로운 사회의 모습은 어떤 것인가. 다음에서는 『신인철학』에서 이돈화가 식민지 조선의 현실과 마주하여 천도교사상 속에 루소의 사회계약론을 어떻게 수용하고 변용했는지, 그럼으로써 새로운 사람, 새로운 사회를 어떠한 양태로 구상했는지 살펴보자.

II. 위기의 민족, 그 부활을 위하여

『신인철학』에는 식민지 조선이 처한 위기상태에 대한 절망감이 도처에 드러나 있다. 이돈화는 이러한 현실의 위기인식으로부터 조선의 부활을 위한 새로운 공동체 형성론을 이 책에서 전개하고 있다. 다만 그는 현실 문제에 관한 직접적인 논의를 삼가고 있다. 즉, 정신개벽, 민족개벽, 사회개벽의 삼대개벽을 개벽사상의 핵심으로 자리매김하면서도, 이들 논의가 "현실문제"에 관련되기에 기탄없이 말하지 못하고 소략하게 마무리한 것을 유감이라고 적었다.[12] 식민지 조선의 상황에서 현실개혁론을 마음껏 펼칠 수 없음을 토로한 것인데, 개벽론뿐 아니라 공동체 형성론 또한 이

점을 고려하면서 살펴볼 필요가 있다.

그런 점에서 이돈화는 더욱 적극적으로 수운의 입을 빌려 시대를 비판한다. 수운은 "보국안민", "포덕천하"와 아울러 "개인의 정신개벽"을 우선적으로 중요시 생각했다고 그는 말을 시작한다. 하지만 이어서 그는 유물론을 원용하며, 인간의 의식 및 정신은 환경에 지배되기 때문에 환경개조 또한 중요하다고 지적한다. 이에 따르면 현대인의 정신은 부유한 환경에서는 방탕에 빠지기 쉽고 궁핍한 환경에서는 노예적 굴종으로 타락하기 쉽다.[13] 그렇다면 정신개조를 위해서는 환경개조가 우선인가? 이렇게 물음을 던진 이돈화는, 환경개조는 인간이 "환경의 결함", "환경의 부조화"를 자각, 비판하는 정신을 가지고 이를 자기 자신의 문제로 고민하며 더 나아가 "사회화"할 때 가능해지는 것이라고 자답한다. 즉, 정신개벽과 환경개조는 상호 자극하는 관계에 있다는 것이다.

이 가운데 정신개벽은 민중들이 사회환경의 결함과 부조리를 자각하고 개선을 요구하게끔 한다는 점에서 "모든 개벽의 준비행위"로 중요하게 자리매김된다.[14] 그리고 정신개벽에 요청되는 중요한 법칙 중 하나로 '반항도덕'이 강조된다.

> 반항도덕이란 것은 기성의 윤리 혹은 정제(政制) 안에서 그 결함을 알고 감정과 의지로써 그 부자연에 대하여 반항함을 말한다.[15]

---

12 이돈화, 1931, 앞의 책, 207쪽.
13 위의 책, 207-210쪽.
14 위의 책, 210쪽. '반항도덕'에 관해서는 러셀의 개조론과 비교 검토한 연구가 있다. 허수, 2009a, 앞의 글; 이유진, 2015, 앞의 글.
15 이돈화, 1931, 앞의 책, 211쪽.

이돈화에 따르면, 아담이 신의 계명을 어기고 지식의 열매를 훔쳐 먹었듯이, 인류가 원시시대부터 자연을 다스려 이용해왔듯이, 인류의 반항성은 사람의 본성이며 이로써 지식과 과학을 발달시켰다. 더 나아가 인간 대 인간 사이에서 반항성은 계급 대 계급, 노예 대 자유민, 농노 대 영주, 평민 대 봉건계급의 투쟁의 원동력이 된바, 서구의 문예부흥운동은 교권에 대한 사상적 반항운동이며 종교개혁운동은 종교에 대한 교리적 반항운동이며 프랑스혁명은 정치적 반항운동이었다. 그렇게 인류의 해방과 과학지식 및 신문화의 전개가 가능해졌다고 설파한다.[16] 이돈화는 반항도덕을 통해 낡은 체제와 낡은 정신을 전복시킬 새로운 시대정신을 요청하고 있다. 이러한 반항도덕을 기치로 삼은 정신개벽은 부조리한 사회에 대한 직시와 저항 그리고 새로운 체제와 시대로 나아가기 위한 출발점으로 제시되어 있다.

이돈화는 정신개벽을 다른 세계에서 일어난 역사적 사건으로 서술하는 데 그치지 않는다. 그는 다시 수운을 언급하며, 수운이 "후천천황씨", "후천 시조"로서, 사람을 이전의 "썩어진 관습"에 사는 "송장사람"과 "새 이상과 새 주의 아래에 새 혼"을 가진 "종자사람"으로 구별했다고 강조한다. 그리고 그 의미는 예수의 "무덤에서 일어나리라"라는 말과 흡사하다고 설명한다. 즉, 수운의 말은 예수의 말과 같이, '송장사람'에게 이르기를 "살아 있는 북망산에서 혼을 찾아 새 사람이 되라"는 의미라는 것이다.[17] 죽어가는 자에게 새 혼을 찾아 산 사람이 되라는 말은 단순한 비유가 아니다. 신인철학의 정신개벽은 '살아있는 북망산' 즉 저승과 같은 이

---

16 위의 책, 211-213쪽.
17 위의 책, 214-215쪽.

승의 식민지 조선의 현실을 비판하는 정신으로서 저항을 통해 죽어가는 자신의 혼을 되살릴 것, 그리하여 '새 혼'을 가진 '새로운 인간'이 되어야 한다는 절체절명의 현실 문제에 관한 것이다.

민족개벽론에서는 보다 직접적인 조선 현실의 인식 및 비판이 전개된다. 우선 그는 인류주의와 사회주의를 이론적인 이상주의에 불과하다고 비판한다. 이들은 각각 인류와 계급으로써 민족 단위를 넘어서고자 하지만, 현실 세계는 자국중심주의로 인해 군국주의 폐해가 그치지 않고 또 세계평화는 요원하다는 것이다. 이 문제를 해결하기 위한 주의로 이돈화가 주장하는 것이 수운주의 민족개벽이다. 그에 따르면 수운주의 민족개벽은, 세계의 단위를 '국가'가 아닌 '민족'으로 삼고, 약소민족의 문화와 생활을 향상시켜 상대적으로 높은 수준의 민족과의 차이를 줄여 민족 간 평등을 지향하는 것이다. 그럼으로써 세계시민주의와 세계평화가 가능하리라 기대했다.[18] 이돈화는 이런 수운주의 민족개벽을 정신개벽과 함께 현실 문제로 위치시키고, 민족 지위 향상 및 민족적 평등을 이루어 비로소 이상사회로 나아갈 수 있다고 그 중요성을 강조한다.

그런데 스러져가는 조선에서 민족개벽은 세계상의 민족 평등과 세계평화를 문제 삼기 이전에 민족의 부활을 선결 과제로 하지 않으면 안 되었다. 그때 요청되는 것이 수운의 인내천주의다. 이돈화는 수운의 사상이 절망적인 조선 현실에서 민족적으로 지대한 가치와 영향이 있었음을 다음과 같이 설파한다.

원래 수운의 우리민족에 대한 소망은 수운 당시의 조선 현상으로는

---

18 위의 책, 215-218쪽.

너무도 절망적이었다. 수운 자신이 선언한 바와 같이 군, 신, 부, 자, 부(夫), 부(婦), 종교, 도덕, 정치, 경제 모든 것이 절망적이었다. 일언으로 폐하면 수운의 눈에 비친 당시 조선이라는 것은 한 거인의 시체에 지나지 않았다. 백두산에 머리를 대고 한라산에 다리를 걸친 한 거인의 시체였다. 수운은 이 시체를 대할 때마다 몸서리가 나고 한탄이 나고 구역질이 솟았다.[19]

수운이 바라본 조선은 백두산에서 한라산에 걸쳐 누워 있는 "한 거인의 시체"로 표현되어 있다. 수운은 그 시체를 볼 때마다 몸서리치며 구역질했다고 이돈화는 묘사한다. 조선의 현실이 모든 방면에서 손쓸 수 없을 정도로 절망적이며 죽은 것과 다름없는 빈사의 상태라고 수운은 진단했다는 것이다.

그럼 당시 조선에 필요한 것은 무엇이었는가? 수운의 진단은 다음과 같은 것이었다.

수운은 스스로 생각건대 이 죽은 시체에게는 권력도 소용이 없고 금전, 명예, 지식 모든 것이 필요가 없다, 우선 급한 것은 혼이다, 혼이 있은 뒤의 일이라 생각했다. 만사가 다 필요가 없고 오직 혼이 생긴 뒤의 일이다. 그리하여 수운은 인내천주의로 조선이라는 큰 시체에 혼을 환기하기로 작정한 것이 수운주의의 시초이다.[20]

---

19 위의 책, 219-220쪽.
20 위의 책, 220쪽.

수운은 "조선이라는 큰 시체"에 무엇보다 절실하게 필요한 것은 "혼"이라고 진단했다. 그리고 그에 따라 "인내천주의"로 빈사의 조선에 "혼을 환기"하기로 작정한바, 여기에 "수운주의의 시초"가 있다고 이돈화는 말한다. 그의 설명에 따르면, 고대 이래 조선에서는 불교와 유교의 교화로 인해 숭고사상, 의타사상, 숭문배무사상, 숭례계급사상, 퇴보사상, 출세간사상 등이 침식했으며 그 결과 조선의 민족성은 원기가 위축되고 심성이 타약해졌다. 이에 대해 수운주의로써, 조선민족에게 약동하는 "생혼"인 "동방혼 즉 한국혼"[21]을 불어넣어야 한다는 것이다. 스러져가는 조선에 급박하게 필요한 것은 약동하는 생혼 그러한 민족혼의 부활이라고 말하는 것이다.

이제 마지막 단계인 사회개벽을 살펴보자. 사회개벽을 통해 이상사회에 보다 가까이 다가갈 수 있다. 이돈화에 따르면, 현금의 이상사회 논의가 주로 유물론적 사회주의 그룹에서 경제 문제를 중심으로 이루어지며 의식주에 관한 '소유투쟁'에 집중되어 있다는 점이 문제이다. 이런 문제에 대해 수운주의 사회개벽사상으로 논박할 필요가 있다. 하지만 현실을 고려할 때 수운주의 사회개벽을 자유롭게 논의할 수 없는 상황을 거듭 지적하면서 다음과 같이 설명한다.

그러나 우리가 이론의 구극을 요한다면 인간격으로 보아서 경제 문제 이외에 다시 인간격 발휘의 고상한 문제가 얼마든지 있으리라 믿는 것이다. 수운주의는 이 점을 중심으로 한 까닭에 성신쌍전이라야 완전한 이상이 될 줄로 안다.[22]

---

21 위의 책, 221쪽.

수운주의 사회개벽론은 유물적 사회주의가 집중하는 경제 문제 및 그들이 주장하는 '소유투쟁'을 부정하지 않는다. 하지만 이를 넘어 인간격 발휘라는 고차원의 문제를 중요시한다. 그리고 그런 과정을 '소유투쟁'에서 '창조투쟁', '진리투쟁'으로의 진화라고 이해하고, 이전의 "동물적 투쟁"에서 "인간격의 투쟁"으로 나아간 "인간적 행위"라고 본다. 이돈화는 '인간격'이라는 개념을 매우 중요한 의미로 사용하고 있는데 구체적인 내용은 Ⅴ절에서 다루겠다. 여기에서는 '인간격'이 유물론적 사회주의와 다른 입장에서 인간정신을 중심에 둔 사회를 말하기 위한 핵심 개념이라는 점을 확인해둔다. 이로부터 사회개벽은 다음과 같이 요약된다.

> 수운주의의 사회개벽은 인간격 중심주의 아래서 경제적 해방을 시인하며 나아가 최고 인간격의 발휘로 인간을 모든 비열한 동기로부터 해방하는 곳에 진정한 이상적 사회가 출현될 것을 믿는 것이다.[23]

수운주의 사회개벽을 통해 지향하는 이상사회는 인간이 비열한 동기에서 해방되어 정신적 고양을 추구하고 인간적 행위가 가능한 상태를 말한다. 사회개벽론에 관해 이돈화가 못 다한 말은 지금 여기 예속상태의 조선사회에 관한 것이며, 이 위기의 민족을 어떻게 해방시켜 인간적인 행위, 이상적인 사회상태로 전환시킬 것인가에 관한 문제였을 터이다. 구체제에 대항하는 새로운 시대정신, 스러져가는 조선 민족혼의 환기와 약소민족의 지위 확립, 그리고 이 모든 비열한 동기에서 해방되어 인간적인

---

22 위의 책, 226쪽.
23 위의 책, 228-229쪽.

행위가 가능한 사회, 이러한 사회 형성을 위한 구체적인 방법론을 이돈화는 루소의 사회계약론에 기대어 탐색하고 있는 것이다.

III. 사회계약·자연상태·사회상태 개념의 재전유

『신인철학』에서 이돈화는 다양한 서양근대사상을 접목시키면서 천도교 사상의 재해석을 시도하고 있으며 그 체계를 수운주의라 명명하고 있다. 선행연구에서 언급한 사상들을 간략하게 정리하면,[24] 사회주의사상에 관해서는 마르크스 유물론을 비판적으로 수용했으며 이에 대해 유심론을 칸트에 의거해 보충했다. 또한 우주관과 인생관을 논할 때에는 인내천사상을 특히 베르그송의 우주론 및 창조적 진화론에 조응시키면서 재해석했다. 그에 따라 '한울'의 본체성을 설파하는 가운데 한울에 생명의 충동으로서 '지기(至氣)'가 드러난 것이 만유라고 설명하고 동시에 그 진화성을 강조했다. 이돈화가 언급한 "생혼의 약동"이[25] 베르그송의 '생의 약동(élan vital)' 개념과 상통한다는 점은 선행연구에서 종종 지적되어온 바이다.[26] 한편, 사회에서 인간의 협조협동을 자연적이며 당위적인 것으로 제시하기 위해 크로포트킨의 상호부조론이 원용되었다.

이 절에서는 『신인철학』에서 이돈화가 루소의 사회계약론을 어떻게

---

[24] 각주 6)~9) 참조.
[25] 이돈화, 1931, 앞의 책, 220쪽.
[26] 이철호, 2015, 「우주종교로서의 개벽사상」, 『한국학연구』 38; 황종원, 2016, 「이돈화의 우주관과 인간관이 지니는 동서철학 융합적 특징 및 생명철학적 의의-『신인철학』을 중심으로-」, 『유학연구』 36 등 참조.

재전유했는가에 주목함으로써 신인철학의 논의를 보다 구체적인 공동체 형성론으로 평가하고자 한다. 우선 확인해두고 싶은 점은, 『신인철학』 논의 전체에서 주된 사상적 요소 중 하나로 사회진화론이 자리하고 있으며, 수운주의 사회관 역시 특유의 진화 관념을 바탕으로 설명되어 있다는 점이다. 그리고 이런 관점에서 「사회진화사상」의 제목 아래 루소의 사회계약론, 홉스의 사회계약론, 다윈 및 헉슬리의 사회진화론, 크로포트킨의 상호부조론, 마르크스의 유물사관이 소개되어 있다는 점이다.[27]

이와 같이 이돈화는 사회계약론을 사회진화론의 일부로 자리매김하는 가운데, 루소와 홉스에 관해 각각 성선설과 성악설에 기초한 점에서 다르다고 지적하면서 다음과 같이 설명한다.

> 홉스와 루소는 다 같이 사회계약설이면서 다만 다른 바는 홉스는 사람성의 자연상태를 배척하고 계약을 시인한 데 반하여 루소는 계약 후에 부자연적으로 생긴 사회제도를 파괴하고 계약 당초의 자연상태를 회복하려고 힘쓴 점이다. 루소의 말에 의하면 사람은 그 자연상태에서는 다만 자유와 평등과 행복뿐이었다.[28]

이 설명에 따르면, 홉스의 사회계약론이 성악설에 기초해 인간 본성의 자연상태를 배척하고 사회계약을 인정한 것이라면, 루소의 사회계약론은 성선설에 기초해 인간 본성의 자연상태를 이상적인 상태로 인정하는 것에서 출발했다. 따라서 루소는 계약 이후 형성된 부자연적인 사회제도를

---

27 이돈화, 1931, 앞의 책, 131-140쪽.
28 위의 책, 133쪽.

파괴하고 계약 당초의 자연상태의 회복을 촉구했다.

이와 같은 루소에 관한 설명으로부터 이돈화가 도출하고자 한 것은 크게 다음 세 가지라 할 수 있다. 첫째, 이상적인 사회상태로서 자연상태의 회복을 제시하는 것이다. 루소의 사회계약론에서 자연상태는 각자가 원하는 바를 무제약적으로 추구하는 자유인 동시에 강자의 권리에 지배되는 상태를 의미하며, 따라서 사회계약에 의해 자연상태에서 시민상태로의 이행을 요청했다. 이에 대해 이돈화는 루소의 취지를 변용해, 사회계약에 의해 기성의 불합리한 사회제도를 파기하고 인간에게 본원적인 것으로서 자유와 평등이 유지되는, 그러한 자연상태의 회복을 목적으로 한다고 설명했다. 이러한 루소에 대한 이해는 근대 일본과 근대 한국에서 루소의 표어로서 "자연으로 돌아가라!"가 널리 유통된 상황에 영향받은 측면도 있는 것으로 보인다.[29] 앞서 인용한 『개벽』 창간호 논설에서 이돈화는 "자연주의의 루소"라고 소개하고 있는데, 이러한 루소 인식은 이후 『개벽』의 필진 사이에 공유되었다.[30] 『신인철학』에서는 루소의 사회계약론을 소개하면서 "루소가 보는 사회는 물론 자연 그대로"라고 설명하고

---

29 근대 일본과 근대 한국에서 루소사상은 『사회계약론』, 『인간불평등기원론』, 『에밀』 등이 강하게 연동되는 것으로 복합적으로 이해되었으며, 이돈화의 『사회계약론』 이해 또한 그 연장선상에 있었다고 할 수 있다. 다만 『신인철학』의 사회형성론 전개에서 이돈화가 분명하게 원용한 것은 『사회계약론』인 점을 고려하여, 이하 이 글에서 루소사상을 언급할 때는 이에 한정하겠다.

30 妙香山人, 1920, 「近代主義의 第一人 루소先生」, 『개벽』 제5호(1920.11.1); 李敦化, 1921, 「사람 性의 解放과 사람 性의 自然主義」, 『개벽』 제10호(1921.4.1); 白頭山人, 1921, 「社會現象槪觀, 나의 생각은 이러합니다」, 『개벽』 제10호(1921.4.1) 등에서 확인할 수 있다. 첨언하자면, 김기전(묘향산인)의 글에서 '근대주의의 일인자 루소 선생'이 의미하는 바는 본문 중에 있는 "浪漫的 卽 近代的이며 自然的"이라는 설명에서 알 수 있듯이 '자연주의'와 같다.

있으며, 루소의 말로서 "자연으로 돌아가라"를 인용하면서 "자연은 조화이며 평화"라는 이해를 거듭 강조하고 있다.[31]

여기서 '계약'은 사회를 형성하는 방법으로 인정되지만, 계약에 의해 형성된 사회가 반드시 인간 본성을 유지하는 이상적인 상태라는 것은 담보되어 있지 않다. 오히려 계약 이후의 사회제도는 인간 본성과 맞지 않는 부조리를 드러내는 방향으로 진행되므로, 다시 계약을 통해 그런 사회제도를 파괴하고 자연상태, 즉 자유, 평등, 행복을 향유했던 계약 당초의 상태로서의 사회로 돌아가야 한다는 것이다. 이와 같은 이돈화에 의한 루소의 자연상태, 사회계약, 사회상태에 대한 이해는 『신인철학』 전체에 걸쳐 전개되고 있는 수운주의 자연관, 진화관, 사회관과 공명하며 재해석된 것이다. 관련 문제는 아래에서 다시 다루겠다.

둘째, 이러한 루소에 대한 이해를 수운주의에 따른 '사람성 자연의 사회'와 결부시키고 있다는 점이다. 이돈화는 '사람성 자연의 사회'를 설명하면서 '자연' 개념을 다음과 같이 정의하고 있다. 첫째, 사람성 자연의 외적, 즉 객관적 요소로서 천연계의 자연, 둘째, 사람성 자연의 내적, 즉 주관적 요소로서 심리상태의 자연, 셋째, 사람성 자연의 범주로서 합리적 의미의 자연, 넷째, 역사적 과정으로서 필연적 의미의 자연이 그것이다. 이들 네 가지 '자연'이 곧 '사람성 자연'의 요소라는 것이다. 이로부터 수운주의에서 '자연'이 '사람성'을 중심에 놓고 그와의 다양한 관계를 포괄하면서 개념화되어 있다는 것을 알 수 있다. 그런 다양한 의미의 '사람성 자연'을 전체적으로 포섭하는 것이 '사회'라는 것이다. 사회계약론에서 루소가 법치에 의한 시민상태와 구분해 자연상태를 힘에 의해 지배되는 상

31　이돈화, 1931, 앞의 책, 137쪽.

태라고 정의한 것과 달리, 이돈화는 자연상태를 인간 본성이 환경과 조화를 이루는 상태이며 그런 자연상태가 보다 잘 구현되는 사회를 이상적인 사회라고 제시하고 있다.

셋째, 이돈화는 위와 같은 이해를 전제로 루소의 사회계약론으로부터 새로운 사회 형성에 관한 근거와 원리를 도출하고 있다.

> 그런데 사람은 그들의 사회적 생활로 말미암아 그 사회적 생활이 어느 지점까지 발달되고 보면 사람은 어느덧 그 개개의 힘으로는 도저히 그 본래의 자연상태를 유지하지 못하게 되는 정도에 이르는 것이다. 즉 사람의 개개의 힘의 발달에는 일정한 한도가 있으므로 사회생활이 어느 정도까지 발달되어 자연상태를 방해하게 될 때에는 사람은 그 본래의 자연상태를 유지하기 위하여 필요상 개개의 힘을 총합해가지고 외부의 장해에 대응하지 않으면 안 된다. 여기서 사람은 서로서로의 계약으로써 사회를 성립시키고 사회의 힘에 의하여 그 자연상태를 유지하려고 힘썼던 것이다.[32]

이 대목은 루소가 『사회계약론』에서, 자연상태에서 사람들이 개개인의 힘으로는 더 이상 생존할 수 없을 정도의 장애물에 대항해 인류의 존재 방식을 바꿔야 하는 지점에 이르렀다고 가정하고, 그 방법으로서 사회계약에 의한 힘의 총화를 요청하는 내용에 해당한다.[33] 이돈화는 이러한

---

32 위의 책, 133-134쪽.
33 루소 저, 김영욱 옮김, 2019, 『사회계약론』, 후마니타스, 23쪽. 이하 이 글에서 『사회계약론』 인용은 김영욱의 번역 등을 참고하면서 필자가 수정한 것이다.

루소의 취지를 큰 틀에서 원용하면서도, 사회적 생활이 자연상태를 침해하는 외부의 장애가 될 수 있음을 거듭 지적하고 있다. 이에 대해 개개인의 힘을 총합해 계약을 맺음으로써 새롭게 사회를 성립하고 인간 본성을 유지하는 자연상태를 회복해야 한다고 설파하는 것이다. 그리고 이렇게 타락한 사회에 대한 저항의 측면에 주목하여 루소의 사회계약론을 권력층의 전복과 프랑스혁명, 나아가 민주사회 건설을 가능하게 한 사상으로 높이 평가한다.[34] 『신인철학』에서 루소의 사회계약론은, 식민지 조선에서 인간 본성이 자연과 조화를 이루었던 자연상태 유지를 불가능하게 하는 외부의 힘에 저항하고, 새로운 사회 형성을 정당한 것으로 근거 짓는 원리로 작동하고 있다.

이제 남은 문제는, 개개인의 힘의 총화로써 형성된 사회상태에서 개인의 힘과 권리를 어떻게 보전할 수 있는가라는 점이다. 이는 루소의 사회계약론의 핵심이기도 하다. 이 문제에 대해 이돈화는 루소의 논리에 따라 다음과 같이 제시한다.

> 모든 사람은 자연상태를 사회의 힘에 의하여 유지하는 대신 그들은 그 자연상태에서 가졌던 권리의 전부를 사회에 양도하지 않으면 안 된다. 각인의 권리를 사회에 양도하는 것이 자유를 해하는 것이 아니다. 왜 그러냐 하면 각인은 그 권리의 전부를 사회에 제공함으로 말미암아 사회로부터 제공된 권리의 전부를 자기의 것으로 향수할 수 있다.[35]

34　이돈화, 1931, 앞의 책, 135쪽. 사회계약론 해당 부분은 루소 저, 김영욱 옮김, 2019, 앞의 책, 23-26쪽.
35　위의 책, 134쪽.

각자는 자신이 가진 권리를 전체에 양도함으로써 사회를 형성하고, 그 대가로 사회에 의해 제공되는 권리 전부를 자기의 것으로 누리며 자연상태를 유지할 수 있다. 그렇기 때문에 이 행위는 자기 자신의 자유를 해치는 것이 아니라고 설명하고 있다. 여기에서 이돈화는, 루소의 사회상태로의 전환 요청을 자연상태의 회복 요청으로 바꿔 제시한 것을 제외하면, 사회계약의 원리를 상당히 정확하게 전달하고 있다. 각자가 자신의 권리와 자유를 전체에 양도하여 전체 사회로서 존재하면서도 각자 자기 자신의 권리와 자유를 보존할 수 있다는 이러한 존재양태야말로 이돈화가 루소의 사회계약론에서 주목한 원리다.

IV. '사회': 개체와 전체의 새로운 존재양태

새롭게 형성된 공동체와 그 구성원의 모습은 어떤 것인가? 이에 관해 루소는 다음과 같은 말로 요약했다.

> 우리 각자는 자신의 신체와 모든 힘을 공동의 것으로 하여 일반의지의 최고 지도 아래 둔다. 그리고 우리는 각 구성원을 전체와 분리 불가능한 부분으로서 한 몸으로 받아들인다.
> 그 즉시 이 결합행위는 각 계약자의 개별적인 인격을 대신하여, 집회의 투표수와 동수인 구성원으로 이루어진 정신적인 집합적 단체를 생산하며, 이 단체는 이와 같은 결합행위로부터 통일성, 공동의 자아, 그리고 생명과 의지를 부여받는다. 이렇게 모든 인격의 결합을 통해 형성되는 이 공적 인격은….[36]

루소에 따르면 사회계약에 의해 각 계약자의 '개별적인 인격(personne particuliere)'을 대신해 '정신적인 집합적 단체(corps moral et collectif)'[37]를 형성한다. 그리고 그 단체는 통일성, 공동의 자아, 생명, 의지를 부여받음으로써 '공적 인격(personne publique)'을 가지게 된다.

이돈화가 『신인철학』에서 제시하고자 하는 새로운 사회의 모습은 루소가 말하는 '정신적인 집합적 단체'와 비교함으로써 비교적 분명하게 도출할 수 있다. 우선, 위와 같은 사회계약론의 취지를 『신인철학』의 '한울' 개념과 비교해보자. 이돈화는 이 책 모두에서 "무궁한 그 이치를 무궁히 살펴내면 무궁한 이 울 속에 무궁한 내 아닌가"라는 수운의 말을 게시하고 있다. 여기에서 수운은 "무궁한 이 울"이 '한울님'이며 그 안에 있으면서 또 그를 모신 '나'의 무궁함을 말했다.[38] 이에 대해 이돈화는 "무궁한 이 울" 즉 '한울'을 다음과 같이 설명한다.

그리하여 '울'이라는 뜻은 양적 의미에서는 범위를 표상한 것으로 해

---

36   루소 저, 김영욱 옮김, 2019, 앞의 책, 25쪽.
37   루소의 'corps moral et collectif'에 대해 김영욱은 "집단적 가상단체"라고 번역하고 주석을 달아 번역어 선정의 어려움을 자세하게 설명하고 있다. 요약하자면, 이 개념이 법이론에서 '법인(personne morale)'으로 발전할 개념이며 물리적으로 존재하지 않는 가상의 법적 주체를 가리킨다는 점, 특히 'morale'이 좁은 의미의 '도덕적인'을 넘어 '신체적인', '실재하는'의 반대 의미를 나타내고 있다는 점에서 '가상의'라는 번역어를 사용하기로 했다고 설명한다(루소 저, 김영욱 옮김, 2019, 앞의 책, 198-199쪽). 이러한 해석에 필자는 동의하면서도, 루소의 'corps moral et collectif'에 대해 '정신적인 집합적 단체'로 번역한다. 그 이유는 이 개념이 전제로 하는 '각 계약자의 개별적인 인격'이 결합행위에 의해 생산된 모습을 '정신적인 집합적 단체'의 용어를 통해 보다 쉽게 접근할 수 있다고 생각하기 때문이다.
38   임형진, 2011, 「이돈화의 동학사상과 정치이념」, 『동학학보』 22 등 참고.

석할 수 있는데 공간상으로 본 무궁의 범위와 시간상으로 본 통삼계의 범위를 총합한 우주 전체를 가리켜 '울'이라 말한 것이니 이 의미에서 '울'이라는 것은 우주의 전적 전량을 가리켜 하는 말이며 질적 의미에서의 '울'이라 함은 '우리'라는 뜻이니 우리 집, 우리 민족, 우리 인류라는 것과 같은 '우리'이니 우리는 곧 나와 동류를 포함하여 말하는 것이므로 '한울'은 곧 '큰 나'라는 뜻으로 해석할 수 있다. 이를 한자로 말하면 '한울'은 '대아(大我)'라는 뜻으로 개체인 소아(小我)에 대하여 소아와 관계되는 '우리'를 대아라 명칭한 것이다.[39]

이돈화는 '한울'을 양적 의미에서는 공간적 무궁함과 시간적 통삼계를 총합한 "우주 전체"이며, 질적 의미에서는 "우리 집, 우리 민족, 우리 인류"와 같은 "우리" 즉 "나와 동류"의 뜻으로 "큰 나"라고 정의한다. 또한 '한울' 즉 "대아(大我)"는 "개체인 소아(小我)에 대하여 소아와 관계되는 '우리'"라고 설명한다. '한울'을 시공간적으로 무궁무진하게 확장하는 '우주'인 동시에 '우리' 즉 '나와 동류'라는 인간 연대체로 재해석해낸 것이다.

여기서 주목하고 싶은 점은, 이돈화가 한울 개념을 '우리'로 해석하는 가운데 대아와 소아, 전체와 개체에 관해 그 관계를 설명하고 있다는 점이다. 그는 '한울'이 기독교와 같은 일신교적 종교에서 말하는 "인격적 신"을 가리키는 것이 아니지만, 종교적 관점에서 본다면 "범신관적이며 만유신관으로 해석할 수 있"다고 설명한다. 또한 철학적·과학적 관점에서 본다면 '소아'에 대한 '대아'가 경우에 따라 개인이 자기 단체에 대해,

---

39 이돈화, 1931, 앞의 책, 1-2쪽.

백성이 자기 국가에 대해, 한 사람이 사회에 대해 생각할 때 말할 수 있다고 하면서 신인철학의 한울 개념을 재확인한다.[40]

그에 따르면, 한울은 우주, 우리, 대아, 전체를 의미하며 이에 대해 소아 즉 우리의 개체가 존재한다. 전체와 개체는 하나인 동시에 구별된다. 하지만 이런 관계 설명과 더불어 이돈화는 "무궁한 이 울 속에 무궁한 내 아니냐"를 다시 가져와서, 소아와 대아는 근본에서 동일하므로 "소아는 대아에 융합 일치될 수 있다"고 풀어낸다. 소아와 대아의 근본적 동일성을 "'한울'은 본체와 현상의 관계에서 일즉다, 다즉일로 형용할 수 있다. 본체 즉 현상, 현상 즉 본체로 표시할 수 있다"고 설명하고 있다.[41] 이돈화는 '한울'을 본체로 제시함으로써 현상인 소아와 대아가 근본적으로 동일함을 강조하는 동시에, 소아는 대아에 융합 일치될 수 있다고 설명한 것이다.

또한 신인철학에서 제시하는 '한울'의 특징은 본체이면서 진화한다는 점이다. 이와 관련하여 이돈화는 우주의 진화를 과학의 입장에서 요약한 뒤에 이와 달리 수운주의 진화설은 "본체적 진화설"이라고 정의하고 있다. 그런 수운주의 진화관의 출발점을 이루는 것이 '생명'이다.[42] 그에 따르면, "전 우주에 방전한 일원적 세력(지기)"이 존재하며 이로부터 "금일의 어마어마한 조직이 있는 우주"를 볼 수 있다.

조직이 있은 뒤에 생명이 생겼느냐 생명이 있음으로써 조직이 생겼느

---

40 위의 책, 2-3쪽.
41 위의 책, 2-3쪽.
42 허수, 2008a, 앞의 글; 이철호, 2015, 「우주종교로서의 개벽사상-이돈화와 김지하의 진화론 수용 및 그 정신사적 계보」, 『한국학연구』 38 등 참고.

냐 하면 여기에도 먼저 생명을 인정하지 않고는 조직의 발전을 말할 수 없으리라 한다.[43]

먼저 '생명'이 존재하고 다음으로 '조직'의 생성과 발전이 있다는 것이다. 이런 이해로부터 공동체에게 생명은 근원적인 힘으로 강조된 것이다. 한편, 수운주의 사회관에 따르면 '사회'에 있어 '생명'은 다음과 같은 것이다.

수운주의 사회관은 첫째, 인간사회를 자연히 이루어진 일종의 유기체로 본다. 즉 사회의 양적 증가나 구조의 발달, 부분의 협동, 전체가 부분적 생명으로부터 독립한 것 등으로 보아 일종의 유기적 생활체로 인정할 수 있다는 것이다.[44]

이돈화는 수운주의 사회관에 따라 '사회'를 "자연히 형성된 일종의 유기체"라고 정의한다. 그 근거로는 다음 세 가지를 꼽는다. 첫째, 사회는 단순한 형태에서 복잡다단한 형태로 발달한다. 둘째, 사회는 부분의 협동에 의해 형성된다. 셋째, 사회 전체는 부분적 생명으로부터 독립된 생명을 가진 유기적 생활체다. 이런 설명은 한편으로는 수운주의 진화관과 연동하는 것이며, 다른 한편으로 개체의 생명으로부터 독립된 사회의 생명을 말하는 점에서 루소의 사회계약론에서 제시하는바 '정신적인 집합적 단체'에게 '(공동의) 생명'을 부여한다는 논의와 상통하는 면이 있다.

---

43 이돈화, 1931, 앞의 책, 14쪽.
44 위의 책, 141쪽[해당 페이지 누락]. 인용문은 1963년, 일신사 판, 134쪽에서 인용.

그렇다면 공동체의 통일성은 어떻게 확보되는가. 우선, 수운주의 '진화'의 의미를 확인해보자. 수운주의 진화관은 "순수한 무위이화(無爲而化)론"으로 그에 따라 우주가 유기적 발전을 한다고 이돈화는 설명한다. 또한 종교적·철학적 목적론과 기계적 인과법칙을 부정하고 베르그송을 원용하면서, '무위이화'에 관해 "일대기적 생명체"로서의 우주가 "자존자율의 법칙"에 따라 "계통 있는 유기적 발전을 하는 법칙"이며 곧 "한울진화의 법칙"이라 설명한다. 무위이화는 "유일한 절대 본체인 한울"에만 인정되는 법칙이므로 이는 "이지로서 측정" 불가하며 "직각으로서 감응할" 법칙이라 말한다.

그리고 본체로서의 한울과 차별상의 관계는 '통합작용'과 '분화작용'으로 구분되어 다음과 같이 설명된다.

> 유한물 전체 즉 무한한 인과의 연쇄에 의하여 본체 즉 한울에 귀의케 되는 것이니 한울은 만물 전체의 원인 또는 인과로써 무사불섭 무사불명이 되는 것이므로 이를 일러 한울의 통화작용이라 하고 만물의 운명은 각자가 품수한 무위이화의 힘에 의하여 자업자득하는 것이므로 이를 일러 분화작용이라 한다. 그러나 통화작용과 분화작용은 결코 분리하는 것이 아니오 통화작용은 무위이화의 법칙에 의하여 만물에 분화되었고 분화작용은 그의 전적 관계에서 통화작용에 합일케 되는 것이다.[45]

위의 내용에서 한울과 만물의 관계를 전체로서의 사회와 개인의 관계

---

45 위의 책, 49쪽.

로 바꿔 읽는 것도 가능할 것이다. 즉, 사회의 무위이화의 법칙은 유한한 개인을 통화(統化)해 사회에 합일하게 하며, 그로부터 개인의 운명은 각자가 부여받은 무위이화의 힘에 의해 정해지므로 이를 분화작용이라 한다. 그러나 통합작용과 분화작용은 분리된 것이 아니라 사회 전체와 개인 각각의 관점에서 파악한 것일 뿐이다. 이런 사회 진화의 법칙은 "사회의 전적 법칙"이며 "지기의 무상명령"이라 불린다.[46] 『신인철학』에서 설파된 한울과 만물 사이의 통화 및 분화작용은, 루소의 정치철학에 비춰볼 때 사회가 개인에 대해 가지는, 전체가 개체에 대해 가지는 통일성을 설명하는 내용으로 이해할 수 있다.

여기서 확인하고 싶은 점은, 루소와 비교했을 때 이돈화가 사회 전체에 관해 보다 본질적인 것으로 위치시키고 있다는 점이다. 그는 사회 전체와 부분의 관계를 다음과 같이 설명한다.

> 수운주의에서 본 진화설은 본체적 진화설로서 … 부분과 전체를 명료히 분석하는 데 그 요령이 있다. 가령 여기에 어떠한 개체가 있다고 하고 이 개체가 어디서 생겼느냐 물으면 우리는 서슴치 않고 개체는 전체 즉 한울의 필연성으로부터 생긴 것이라고 대답할 수 있다. 그러므로 수운주의 입장에서 보면 개성으로부터 사회(전체)가 생긴 것이 아니라 사회(전적)로부터 개성이 생겼다. 인종사회라든지 동물사회라든지 어쨌든 사회(전체)라는 것은 선존적이 되어 있고 개성은 그 선존적 사회(전적)로부터 화생한 것이라 보는 것이다.[47]

---

46 위의 책, 50쪽.
47 위의 책, 11쪽.

이돈화는 '사회'를 전체이자 선존적인 것으로 정의하고, '진화'를 '한울'의 필연으로서 전체로부터 개체의 발생이라고 설명하고 있다. 사회는 태초에 전체적 통일성을 확보하고 있다. 그리하여 균열된 사회는 수운주의에 따라 진화 이전의 선존적인 사회(전체)의 모습으로 되돌아가는 것, 즉 사회상태가 더 이상 존속할 수 없을 정도로 타락했을 때 사회계약에 의해 자연상태의 회복을 이상적인 것으로 상정할 수 있었던 것이다. 사회계약을 통해 루소가 '정신적인 집합적 단체'의 형성을 제시하고 거기에 '통일성', '공동의 자아', '생명', '의지'를 부여했듯이, 이돈화는 '한울', '우주', '전체'로 표상되는 '사회'에 대해 '대아', '생명', '통화작용'을 부여하고 있다. 이로써 『신인철학』에서 '사회'는, 루소의 '정신적인 집합적 단체'에 비견할 수 있는, 새로운 공동체로서의 존재양태를 갖췄다. 다만, 루소가 '정신적인 집합적 단체'에 부여한 '(공동의) 의지'에 대응하는 부분은 이돈화의 논의에서 누락되어 있는데, 이 문제에 관해서는 마지막 절에서 다시 언급하겠다.

V. '인간격': 새로운 공동체의 지위

이제 이 새로운 공동체에게 어떤 '공적 인격'을 부여할 것인가라는 문제가 남았다. 이와 관련해 이돈화가 신인철학의 핵심 개념으로 제시한 '인간격(人間格)' 개념에 주목할 필요가 있다. 이 독특한 개념은 선행연구에서도 주목받아왔다. 황문수는 인간격 개념에 대해, 인간이 현재 도달한 진화의 단계라는 좁은 의미와 천도를 실현한 완전한 인간이라는 넓은 의미로 나누어 정의하면서, 그렇기에 "인간격중심주의가 인내천주의의 핵심"

이라고 지적했다.[48] 문명숙은 인간격 개념에 대해, 이돈화가 "서구의 인격 개념을 사회 및 우주론적인 관점에서 이해한 것"이라고 지적하고, 베르그송의 사상과 비교하면서 자유, 의지, 생명에 관한 주체됨을 말한 것이라고 봤다.[49] 허수는 인간격 개념에 대해, 『신인철학』 전체를 관통하는 키워드라고 평가하면서, 동학의 인내천사상에 바탕을 두고 문화주의, 사회주의를 수용하는 이돈화의 입장이 잘 드러나 있다고 지적했다. 또 인간격은 신인철학에서 제시하는 이상과 가치체계의 핵심을 담고 있으며 "한울·우주와 사실상 동일시되었으나, 양자의 일치는 비로소 미래의 무한한 진화 과정으로 담보되는 것"이기에, 인간격의 향상 정도에 따라 지상천국의 내용이 무한히 진전된다고 봤다.[50] 이들 선행연구는 공통적으로 인간격 개념을 우주론, 인간론의 입장에서 파악하면서 도덕적 주체의 핵심으로 보고 있다. 이에 대해 이 절에서는 인간격 개념을 루소가 '정신적인 집합적 단체'에 부여한 '공적 인격'과 비교하여 살펴봄으로써 신인철학의 사회형성론에서 가지는 의미를 생각해보고자 한다.

　이돈화는 '인간격' 개념을 정의하기 위해 우선 '인격' 개념과 구별하면서 설명한다. 그에 따르면 '인격' 개념은 크게 둘로 구분되는데 하나는 생물학상 개념으로 인류 이외의 동물이 갖는 동물격에 짝하는 개념이며, 또 하나는 윤리학상 개념으로 인류 가운데 보다 높은 품격을 나타내는 개념이다. 이와 비교하면 인간격 개념은 인격 개념이 가지는 두 가지 의미

48　황문수, 2000, 「이돈화의 新人 思想」, 『동학학보』 1, 116-122쪽.
49　문명숙, 2005, 「동학, 생명, 인간-동학사상과 현대사상과의 관계-」, 예문동양사상연구원·오문환 편저, 『수운 최제우』, 예문서원, 414-421쪽.
50　허수, 2011, 앞의 책, 237-241쪽.

에서 기준이 되면서도 인격 개념 자체와 구별된다.

> 인간격이라는 말은 보통 사용하는 인격을 이르는 말이 아니다. 인격은 개인에 대한 격을 이르는 말이며, 인간격은 전 우주격의 표현을 이르는 말인데 전 우주격이 인간에 의하여 표현되었으므로 이를 인간격이라 하는 것이다. 우주격, 즉 한울격은 인간에 의하여 비교적 완전한 상태로 나타났으므로 한울격은 인간격에서 볼 수 있다는 말이다. … 인간격은 우주격 중 최종격을 일컫는 것이므로 인간격이라 하는 말 가운데는 우주 전체를 일원으로 보아서 우주의 전 중심이 자연계를 통하여 인간계에 솟아오른 우주중추신경의 과실을 일러 인간격이라 한 것이다.[51]

우선 주목할 점은, 인간격 개념이 "개인에 대한 격"이 아니라 "전 우주격의 표현" 즉 전체를 표현하는 격이라는 점이다. 인격 개념을 통해 개인으로서 사람이 동물과 구분되며 또한 사람 사이에서 보다 높은 품위를 가져야 함을 말했다면, 그러한 사람으로서의 '격'을 공동체에 요청한 것이 인간격인 것이다. 이런 인간격에 관해 이돈화는, 우주격이 인간에 의해 대표된 가장 핵심적이고 완전하며 최종적인 격이라고 게시한다. 그리고 이런 개념 규정으로부터 인내천이 '인간격 중심주의'이며, '인내천생활'이라는 것은 '인간격 본위의 생활'이라 표방한다.

인간격 개념에는 최고의 가치가 담겨 있다. 여기에서 인간격 개념은 우주와 인간의 관계를 둘러싸고 다소 추상적으로 설명되어 있는 듯

---

51 이돈화, 1931, 앞의 책, 63-65쪽.

보인다. 하지만 다음 설명에 주목해보면 그 구체적인 의미를 파악할 수 있다. 첫째, '인간격 본위의 생활'을 "우주와 인간, 세계와 인간을 내적으로 결합하는 생활"이라고 설명한 부분이다.[52] 즉 '인간격'이란 인간이 전체와 관계 맺음을 전제로 그런 가운데 존재함을 표현한 개념으로 이해할 수 있다. 이런 의미는 다음 문장에서 더욱 분명하게 설명되어 있다.

> 나는 나 때문에 사는 것이다. 결코 자연을 위하여 사는 것도 아니며 사고를 위하여 사는 것도 아니다. 그러나 나는 나 때문에 산다는 것이 다만 나 한 개성의 존재를 이름으로써 인간격이 되지 못하는 것이니 나는 나 개성 속에서 우주생활 즉 인내천의 생활을 표현하게 됨에 이르러 처음으로 인간격 생활이 이루어지는 것이다.[53]

즉 인간격은 개체로서의 내가 사회 전체와의 관계로 존재하며 이를 체현함으로써 비로소 획득할 수 있는 것이다. 그때 인간은 환경에 따라 시시각각 변하는 현상적 '개아(個我)' 외에, "우주대생명의 혼"이자, 전체 인간의 본원으로서 인간격의 중심을 이뤄 변치 않는 '한울아(我)'를 갖추게 된다. 그때 인간격은 다음과 같은 점에서 결정적으로 중요하다.

> [개아(個我)인] 사람은 당연히 이 '한울아(我)'의 체(體)에 합일되어 인간격의 대생명을 체득함으로써 인간이 인간되는 지위에 올라갈 것을 말함이다. 그런데 현대의 인간은 그 형체상에서는 인간의 형체를 가

---

52 위의 책, 65-75쪽.
53 위의 책, 75쪽.

졌으나 인간격으로 당연히 발견할 만한 다만 인간격이라야 소유할 만한 '전적아(全的我)'(한울아)를 전연 망각한 상태로 사는 것이니 이것이 인간으로 생명을 잃은 자이며 영혼, 의식을 잃은 자라 볼 수 있다.[54]

이에 따르면, 인간격은 개아를 "'한울아(我)'의 체(體)"에 합일하게 함으로써 획득하는 "인간이 인간되는 지위"이다. 즉 인간격은 개체적 자아를 전체적 자아로 존재 가능하게 하며 그렇게 인간이 전체로서 대생명을 얻어 진정한 인간의 생활을 획득 가능하게 하는 것이다. 이로써 개체적 자아는 전체 자아로서의 신체와 생명을 갖추며 완전한 인간의 지위에 오른다는 것이다.

이러한 내용은 앞 절에서 인용한 루소의 공동체 형성에 관한 서술에 비추어 해석할 때 보다 구체적인 의미로 다가온다. 다시 확인하건대 루소에 따르면, 사회계약에 의해 각자는 '개별적인 인격' 대신 '정신적인 집합적 단체'를 형성하며, 이 단체는 통일성, 공동의 자아, 생명과 의지를 부여받는다. 그리고 이렇게 "모든 인격의 결합"을 통해 형성되는 것을 '공적 인격'이라 명명했다.[55] 루소가 말한 '정신적인 집합적 단체'의 '통일성, 공동의 자아, 생명과 의지'에 대해, 이돈화가 '한울아의 체'의 '생명, 영혼, 의식'의 제시를 통해 대응하고 있음을 알 수 있다. 이와 관련하여 확인해두고 싶은 것은, 앞에서 살펴봤듯이 이돈화가 빈사의 조선을 '송장사람'이라 비유하며 우선적으로 생명과 혼의 환기가 필요하다고 요청한 것에 대한 해법을 이렇게 사회계약론과 비교해볼 때 사회형성론으로 제시하고

---

54 위의 책, 176-177쪽.
55 루소 저, 김영욱 옮김, 2019, 앞의 책, 25쪽.

있음을 알 수 있다는 점이다.

그리고 이로부터 루소가 말한 '공적 인격'에 대해, '인간격' 개념으로 대응하고 있음을 알 수 있다. 루소의 '공적 인격'은 사회계약에 의해 형성된 단체가 가지는 법적 주체로서의 지위를 의미하는데, 이돈화의 인간격 개념은 루소의 '공적 인격' 개념과 조응하면서도 차별화된 의미로 사용되고 있다. 즉 루소의 공적 인격에서 필수불가결한 일반의지 및 법 제정의 의미를 담지 않은 채, 이돈화는 인간격 개념을 설명하고 있는 것이다. 인간격 개념은 인간이 전체로서 삶으로써 획득하는 '인간되는 지위'를 의미한다. 인간이 인간 되는 지위를 가지는 사회는 어떤 사회일까? 동물과 다른 인간적인 삶을 영위하는 사회, 보다 고상한 품위를 추구하는 사회를 이돈화는 말했다. 하지만 거기에는 사회의 일반의지와 그 표명으로서 법질서가 결여되어 있으며, 이와 연동하여 공동체 질서의 근원은 도덕에서 탐색되게 된다. 이돈화의 공동체론이 파탄을 노정하는 근원이라고 생각되는데, 이 문제에 관해서는 다음 절에서 부연하겠다.

이렇게 보면 이돈화가 '개벽방식'에 관해 게시한 '수운주의' 체계 또한 다시 생각해볼 필요가 있다. 거기에서 수운주의는 크게 '사상', '신념', '역량'으로 구분되는데, '사상'은 다시 '종지-인내천', '강령-성신쌍전', '목적-지상천국'으로 나뉜다. 이 가운데 '강령-성신쌍전'에서 '인간격 중심의 정신 해방 및 건설'과 '인간격 중심의 제도 해방 및 건설'이 놓여 있다. 단체의 기본 방침으로 '인간격 중심주의'로써 제도와 정신의 통합을 설정하고 있음을 알 수 있다. 또한 '신념'으로 '인간격 중심의 신념'과 '후천개벽의 신념'을 제시하고 있다. 그리고 마지막으로 '역량'으로 '종자(種子)사람으로서의 역량', '성미(誠米)로서의 역량', '조직체(組織體)로서의 역량', '운용(運用)으로서의 역량'이 요구되고 있다. 이돈화의 설명에 따르면 '역량'은 "이상의 사상과 신념을 가진 우리들이 동귀일체의 목적 하에 단체적 실력을 기르는 것"을 일컫는다. '역량'은 '우리', '단체', '조 직체'가 가지는 실력이다. 신인철학에서 인간격은 단체로서 인간이 제도 적·정신적으로 인간적인 생활을 영위하기 위해 필요한 지위를 의미하는 필수적인 개념이다.

하지만 루소의 '공적 인격'이 의제적인 개념인 것과 달리, 이돈화는 인 간격에 도덕적·사회적인 의미 이상을 부여하지 않았다. 그리고 이 점에 서 인간격은 수운주의 자연관과 공명하게 된다. 이돈화는 수운주의로서 "인간격 지상(人間格 至上 = 人乃天)"을 게시하면서 인간격과 '사람성 자연' 의 관계를 다음과 같이 설명한다.

> 그러므로 수운의 이른바 자연은 세상에서 이르는 자연이 아니오 인간 격 지상으로부터 순화되고 영화된 자연을 이름한다. 인간격이 자격(自 格)으로 갖추고 있는 진선미를 융화하여 그가 인간사회에 조화될 때 의 극치를 인간성 자연이라 하는 것이다. 그런데 사람성 자연은 다만 인간격의 극치를 이른 말뿐이 아니오 역사적으로 보면 사람성 자연은 원시시대로부터 금일에까지 흘러온 것이다. 사람성 자연은 그 시대 시대마다 조화와 균형을 얻으면서 무궁히 발전 향상하여 인간격 극치 점을 얻고자 하는 것이다.[56]

여기에서 이돈화는 인간격과 '사람성 자연'을 구별하면서도 연속적인 것으로 제시하고 있다. '인간격'은 최고의 가치를 가지는 것으로 '사람성

---

56 이돈화, 1931, 앞의 책, 149-150쪽.

자연'과 구별되지만, 이 둘은 상호적으로 극치를 추구해 조화를 이루는바 이를 '자연'이라 부른다는 것이다. 이상적인 사회의 핵심으로서 '인간격'은 수운주의 '자연' 개념을 통해 '사람성 자연'에 투영되며, 그때 '사람성 자연'은 다시 '인간격'을 향해 무궁히 전진한다. 이 점과 관련해 이돈화는 "사람성 자연은 인간격의 사회화로서 인간격이 그 주체가 되어 자연과 사회를 지배한다는 주의"라고 밝힌다.[57] '인간격'은 공동체가 이상사회의 주체되는 지위를 말하는 것이다.

하지만 인간격 개념은 인간 정신의 고양과 최고의 이상을 지시하는 한편, 법적 의미를 결여한 채 사회적 그리고 도덕적 의미에 머무르고 있다. 그 결과 신인철학에서 기대하는 "진정한 이상적 사회"는 거의 전적으로 공동체의 도덕에 의존하게 된다. 개벽 끝에 도래할 이상사회의 모습으로서 '지상천국'이 제시되었으나, 그 구체적인 모습은 더 먼 미래에서 파악될 뿐이라고 설명되며, 『신인철학』의 마지막 편으로 도덕론이 설파된 연유이다.

VI. 나가며: 도덕공동체와 이상사회의 행방

위기의 시대를 맞이한 식민지 조선에서 이돈화는 동학의 인내천사상 및 수운주의를 바탕으로 루소의 사회계약론을 재전유함으로써 신인철학의 사회형성론을 전개했다. 이를 통해 식민지 조선의 위기상태를 타개하고 인간이 개체인 동시에 전체로서 살아가는 새로운 인간=사회 형성론을

---

57 위의 책, 164쪽.

하나의 근대철학적 원리로서 보다 분명하게 제시하고자 했다. 그러한 새로운 공동체의 존재양태에 의해 비로소 조선민족은 민족혼과 생명을 되찾아 보전할 수 있으며 인간적인 생활을 영위할 수 있다고 하는 것이다.

하지만 이돈화는 사회질서의 준거로 도덕을 요청했다. 루소는 일반의지에서 나오는 법률로 공화국의 유일한 통치질서로 삼는다고 언명함으로써 시민을 공동체의 법적 주체 즉 주권자로 정의했다.[58] 또한 루소는 사회계약론의 주제를 정치로 설정하고 도덕에 관해서는 논의하지 않겠다고 밝혔다.[59] 이와 비교해 이돈화는 루소의 사회계약론을 원용하면서도 일반의지 및 법치의 논의를 결락시킨 결과, 신인철학에서 새로운 공동체의 법적 주체를 제시하지 못하는 한편 도덕론을 전개하는 데 머무를 수밖에 없었다.

그때 수운주의 도덕관과 함께 소환되는 것이 크로포트킨의 상호부조론이다. "도(道)의 존재가치는 즉 만유의 존재가치"라고 시작하는 『신인철학』 「제5편 도덕관」은, 『상호부조론』에서 거론한 개미의 사례에 의거하면서,[60] 개미 한 마리의 존재가치는 개미가 종속되어 있는 개미의 전 종속을 생각해볼 때, 개체는 오직 전체를 위해서만 존재가치가 있으며, 전체를 떠난 개체라는 것은 언어도단이라고 강조한다.[61] 이는 동물세계도 인간세계도 마찬가지이며, 개체는 우연의 죽음이 있으나 종속은 우연의 죽음 없이 영생하는바, 우주 전체의 일원적 진화에 따르면 만유의 존재가치

---

58 루소 저, 김영욱 옮김, 2019, 앞의 책, 51쪽.

59 위의 책, 30쪽.

60 크로포트킨 저, 구자옥·김휘천 옮김, 2008, 『상호부조론』, 한국학술정보, 66-68쪽.

61 이돈화, 1931, 앞의 책, 244-245쪽.

는 한울과 대아의 전체성에서 찾을 수 있다고 말한다. 이런 것이 우주자연의 대도대덕이므로, 도의 소재는 개체보다 종속에 있고 종속보다 그 종속을 발생시킨 하나의 전체성에서 찾아야 한다는 것이다. 즉 도덕은 "전적 생활(全的生活)"을 잘 하는가 여부에 달려 있다고 언명된다. 개체는 전체에 속해야 비로소 존재가치가 있으며, 개체의 일시적 생존보다 전체의 영속적 생존을 우선하는 것이 도덕이라고 말하는 것이다.

이러한 도덕관에 따라 이돈화는, 개인이 생명의 위험에 처했을 때 그 책임을 다른 개인이 아닌 사회 전체에 맡기는 것이 인간사회의 "완전한 도덕"이라 말한다. 그리고 도덕에 관한 사회와 개인의 관계를 다음과 같이 설명한다.

> 사회는 개인에 대한 자모(慈母)의 자격을 가져야 한다. … 사회가 그 한 개의 생명을 맡을 만한 기능이 되어 있어야 한다. 그런데 지금의 경우는 개인의 자모는 있으나 사회의 자모는 없다. 지금의 사회에 있어서도 개인과 사회의 관계는 동물의 사회와 다르다. 국가, 공공단체, 자선단체라는 것이 있어 사회가 개인에 대해 책임을 맡고자 하는 태도를 가지고 있다. 그러나 이것은 심히 미약한 관계이며 권력의 관계이며 한편이 다른 한편을 이용하는 관계이다. 결코 모자의 관계가 아니다.
> 만약 이상의 말과 같이 사회가 개인의 생존적 책임을 맡는다 하면 개인과 사회의 상호관계에서 개인이 사회에 대한 책임은 무엇일까? 그는 사회봉사적 노동이다. 정신과 육체에서 자기의 능한 노작으로써 사회에 봉사하는 것이다. 사회라는 어머니를 기르는 도덕률이다.[62]

---

62 위의 책, 257-258쪽.

이돈화는 사회가 개인에 대해 "자모(慈母)의 자격"을 가지고, 개인의 생명을 책임져야 한다고 주장한다. 그 이유에 관해서는 지금 국가, 공공단체, 자선단체 등이 개인을 책임지려 하지만, 그런 관계는 "미약한 관계", "권력의 관계"이며 필요에 의한 관계인바 결코 "모자(母子)의 관계"가 아니기 때문이라고 지적한다. 이와 달리 사회와 개인의 관계는 전체와 부분의 관계로서 견고하며 필연적인 "모자의 관계"라는 것이다. 그리고 그렇게 사회가 자비로운 어머니로서 개인의 생존에 대해 책임을 지는 것에 대해, 그 대가로 개인은 사회에 대해 사회봉사의 노동으로 책임을 다하라고 한다. 그것이 "사회라는 어머니를 기르는 도덕률"이라는 것이다. 이상과 같은 내용으로부터는 우선, 신인철학에서는 개인과의 관계에서 국가가 말해지지 않으며, 그 대신 일관되게 사회가 요청되고 있음을 알 수 있다. 그리고 논의 바탕으로서 끊임없이 개인의 생존과 사회 전체의 생존이 문제시되고 있음을 확인할 수 있다. 개인의 생존을 국가가 책임지려 하지 않는 또는 책임질 국가가 부재하는 현실에서, 국가 대신 사회가 요청되고 있는 것이다.

이돈화는 여기에서 개인의 생존과 사회의 생존 그리고 상호 역할을 문제 삼으면서 양자 사이에 사회봉사의 노동에 대한 책임과 개인의 생존에 대한 책임이라는, 마치 '등가적인 교환'을 전제로 한 '계약'이 성립되는 것처럼 서술했다. 하지만 개인이 사회에 노동 봉사하는 책임은 '도덕률'에 비추어 마땅히 해야 할 일이며, 사회가 개인의 생존을 책임지는 것은 '자비로운 어머니'가 그러하듯 그렇다고 말한다. 그리고 이로부터 '수운주의의 윤리적 도덕률'은 첫째, 개체에 대해서는, 정신적·도덕적·문화적 향상에 노력해 "인간격 중심의 수련"을 통해 "인간격 최고생활"에 참여할 것, 둘째, 사회에 대해서는, "전체로서의 사회가 그의 각 부분의 총계

보다도 큰 것"을 알 것을 지적하고, 개체 중에 작동하는 "사회적 정서" 즉 "군성(群性), 동정성, 애정 내지 애국심, 희생심"이라는 미덕을 '경천, 경인, 경물'의 삼대 도덕률로 제시한다.[63] 개인에게는 전체의 일원으로서 정신적·도덕적인 생활을 할 것을 당부하고, 사회에 대해서는 전체가 각 부분보다 중요함을 알아야 한다고 지적한 것이다. 그 끝에 "동귀일체의 대도대덕"과 "사해일가"가 실현된다고 이돈화는 말한다. 즉 수운주의 도덕률에 따름으로써 개인의 희생 및 수양에 의해 전체 사회의 존속과 정신적·문화적 진보가 가능하며, 더 나아가 그러한 도덕적 결합을 통해 모두 일체를 이루어 세계시민이 될 수 있다고 전망한 것이다.

『신인철학』의 도덕관에 대해, 허수는 "문화주의 철학에서 이상과 현실을 매개하면서도 이상에 한 걸음 더 가까이 다가서 있는 '도덕' 개념의 위상과 동일하다. 이 도덕관 편은 『신인철학』 전체의 결론에 해당하는 내용으로, 신인간적 실천이 가져야 할 윤리의 문제를 담고 있다"고 평가했다.[64] 이와 같은 평가에 한편으로는 동의하지만, 이상에서 살펴본 사회형성론의 관점에서 보면 신인철학의 도덕관은, 사회의 존속을 위해 개인에게 부여된 책임과 희생이 핵심을 이루고 있다. 그 도덕률은 공동체의 존속을 위해서라면 개인의 죽음도 마땅한 것이라 말한다. 무엇보다 그 도덕률은 일반의지와 법이 결여된 공동체의 유일한 규율로 삼아진 것이다. 그때 신인철학에서 탐색된 민족사회의 모습은 견고한 도덕공동체라고 할 수 있으며 이로써 외부의 힘에 대항할 수 있다. 하지만 그 도덕공동체는 존속을 위해 구성원의 희생을 전제로 한다는 문제를 가질 뿐만 아니라,

---

63 위의 책, 274쪽 이하.
64 허수, 2011, 앞의 책, 235쪽.

기존 사회의 부조리를 비판하고 식민지 조선의 현실을 타파할 비판정신인 '반항도덕'과 양립 불가능한 듯 보인다. 모든 개벽의 준비에 해당하는 정신개벽의 동력을 상실케 하는 동시에, 사회개벽, 즉 조선민족이 인간되는 지위를 획득하고 인간적인 생활을 누릴 이상사회의 비전을 퇴색시키는 것이다. 신인철학의 도덕적 주체가 수반하는 이런 모순을 어떻게 이해해야 하는가? 식민지 조선의 민족사회형성론이 맞닥뜨린 개체와 전체, 또는 내부와 외부를 둘러싼 이율배반으로 이해해야 하는가? 신인철학에서 평화는 무엇보다 민족적 위기상태의 탈피를 의미하며, 조화로운 자연상태의 회복을 의미한다. 그리고 도덕률에 따라 선존적인 전체 사회를 유지하고 본원적인 생명으로의 회귀를 의미하고 있다.

　이러한 민족공동체는 세계평화를 향해 나아가고자 할 때 또 하나의 문제를 드러낸다. 이돈화는 약소민족을 단위로 삼아 민족적 평등을 추구함으로써 조선도 민족개벽을 이루고 세계평화에 도달할 수 있다고 말했다. 그런데 거기에서 제시되는 민족공동체 질서는 법이 아닌 도덕을 기준으로 삼고 있다. 또한 문제는 복수의 민족 사이에 민족적 평등과 세계평화가 모색될 때, 조선민족은 오직 도덕으로써만 대응해야 한다는 것이다. 조선민족과 다른 민족 사이를 규율하는 것은 조선민족 외부의 법 또는 보다 상위의 어떤 특정한 도덕 이외에 없다. 민족을 초월한 법 또는 도덕이란 어떤 것일까?

　1931년의 이돈화가 사회에 관해 조선을 넘어 세계 그리고 우주로 확장해 바라보면서, 조선민족의 생존을 위한 도덕공동체를 말했을 때 그로부터 궁극적으로 지향하는 이상사회는 어떤 모습이었을까? 일반의지와 법질서를 결여한 도덕공동체가 민족, 국가를 넘어 확장성을 가진다는 것은 무엇을 의미할까? 이런 문제군을 잠복시킨 민족사회형성론을 전개했다는 점에서 이돈화는, 루소가 사회계약론에서 공동체의 일반의지와 법치를 요청하는 한편 도덕과 세계평화에 관해 침묵했던 것과 다른 길을 선택했다. 그리고 그 선택은 제국주의 시대 위기의 식민지 조선에서, 공동체 질서의 원천을 전체주의적 도덕에서 찾음으로 말미암아 공동체의 경계에 대한 인식 자체를 잠식시키는 귀결을 맞이한 듯 보인다. 그가 전망하는 이상사회의 비전에서 조선민족이 인간으로서의 지위를 누리는 인간적인 생활은 무엇을 의미했을까?

참고문헌

자료
『개벽』
이돈화, 1931, 『신인철학』, 천도교 중앙종리원 신도관.
_____, 1963, 『신인철학』, 일신사.
루소 저, 김영욱 옮김, 2019, 『사회계약론』, 후마니타스.
크로포트킨 저, 구자옥·김휘천 옮김, 2008, 『상호부조론』, 한국학술정보.

단행본
허수, 2011, 『이돈화 연구: 종교와 사회의 경계』, 역사비평사.

논문
고건호, 2005, 「종교-되기와 종교-넘어서기: 이돈화의 신종교론」, 『종교문화비평』 7.
김남희, 2017, 「이돈화의『신인철학(新人哲學)』에 나타난 천도교의 구원관 연구」, 『동학학보』 42.
김용휘, 2015, 「천도교의 문화운동론과 서양철학 수용-이돈화의『신인철학』을 중심으로」, 『범한철학』 77(2).
김태연, 2020, 「20세기 초 천도교의 '신인간(新人間)' 비전-야뢰 이돈화의『신인철학(新人哲學)』을 중심으로」, 『동학학보』 54.
문명숙, 2005, 「동학, 생명, 인간-동학사상과 현대사상과의 관계-」, 예문동양사상연구원·오문환 편저, 『수운 최제우』, 예문서원.
오문환, 2008, 「천도교의 이상정치론: '교정쌍전(教政雙全)'을 중심으로」, 『동학학보』 16.
李光淳, 1978, 「이돈화-민족개벽과 신인철학」, 『한국인물오천년 9: 현대의 인물』 2, 일신각.
이병태, 2016, 「이돈화『신인철학新人哲學』에 나타난 마르크스주의의 수용과 비판」, 『시대와 철학』 27(3).
이유진, 2015, 「이돈화 반항도덕과 러셀 저항관념의 비교」, 『동학학보』 36.
이철호, 2015, 「우주종교로서의 개벽사상」, 『한국학연구』 38.

이혁배, 1988,「천도교의 신관에 관한 연구 - 그 역사적 변천을 중심으로」,『종교학연구』 7.
임형진, 2011,「이돈화의 동학사상과 정치이념」,『동학학보』 22.
장원석, 2005,「야뢰 이돈화의 유신론과 진화론의 융합체로서 천도교 해석」,『종교연구』 38.
정용서, 2010,「일제하 해방후 천도교세력의 정치운동」, 연세대 사학과 박사학위논문.
_____, 2011a,「1930년대 천도교세력의 정치운동론과 시중회 참여」,『한국민족운동사연구』 6.
_____, 2011b,「일제 말 천도교세력의 친일 활동과 논리」,『한국근현대사연구』 58.
_____, 2012,「1920년대 천도교 신파의 '민족 자치' 구상」,『동방학지』 157.
_____, 2014,「1930년대 초 천도교신파의 정세인식과 조직강화」,『인문과학연구논총』 35(2).
_____, 2016,「천도교의 '교정일치'론과 현실 참여」,『인문과학연구논총』 37(3).
정혜정, 2002,「일제하 천도교 '수운이즘'과 사회주의의 사상 논쟁」,『동학연구』 11.
_____, 2004,「동학과 주체사상의 비교를 통한 탈분단시대의 교육이념 연구」,『정신문화연구』 94.
지수걸, 1985,「조선농민사의 단체성격에 관한 연구」,『역사학보』 106.
차웅렬, 2001,「천도교를 빛낸 별, 야뢰 이돈화」,『신인간』 616.
최두호, 2014,「천도교적 진화론 연구 - 이돈화의『신인철학』을 중심으로」, 동국대 국어국문학과 석사학위논문.
허수, 2002,「1920년 전후 이돈화(李敦化)의 현실인식과 근대철학 수용」,『역사문제연구』 9.
____, 2004a,「1920년대 전반 이돈화의 개조사상 수용과 사람성주의」,『동방학지』 125.
____, 2004b,「1905~1924년 천도교 종교사상의 형성과정 - 이돈화의 '인내천 논증'을 중심으로」,『역사문제연구』 12.
____, 2008a,「이돈화의『新人哲學』연구」,『사림』 30.
____, 2008b,「1920년대 개벽의 정치사상 - '범인간적 민족주의'를 중심으로」,『정신문화연구』 112.
____, 2009a,「러셀 사상의 수용과 개벽의 사회개조론 형성」,『역사문제연구』 21.
____, 2009b,「제1차 세계대전 종전 후 개조론의 확산과 한국 지식인」,『한국근현대사연구』 50.
____, 2009c,「일제하 '사상 논쟁'에 나타난 '종교' 개념의 충돌 - 천도교와 좌익 언론 간의

논쟁을 중심으로」, 『개념과 소통』 4.

황문수, 1974, 「야뢰에 있어서의 인내천사상의 전개」, 『한국사상』 12, 삼귀문화사 편, 『韓國近現代史論文選集』 9, 『農民』(1).

_____, 1984, 「이돈화의 신인철학사상」, 숭산 박길진박사 고희기념사업회, 『韓國近代宗教思想史』, 圓光大學校 출판국.

_____, 2000, 「이돈화의 新人 思想」, 『동학학보』 1.

황종원, 2016, 「이돈화의 우주관과 인간관이 지니는 동서철학 융합적 특징 및 생명철학적 의의-『신인철학』을 중심으로-」, 『유학연구』 36.

_____, 2016, 「이돈화의 노동 개념과 사회관의 특징 및 의의-『신인철학』을 중심으로-」, 『동양철학연구』 88.

찾아보기

ㄱ

가네코 겐타로(金子堅太郎) 61~63, 67
갈퉁(Johan Galtung) 116, 118, 146
강권주의 37~39, 42, 47, 48
개명전제론(開明專制論) 173, 174
개벽 341, 365, 367, 372
『개벽』 335, 336, 349
개벽사상 337, 338, 340
개별적인 인격 354
개인 40
개인의 탄생 39
개인의 평화 21
고가 렌조(古賀廉造) 258
고가회담 264, 265, 267~277, 288
고노에 아쓰마로(近衛篤麿) 96~98, 101
고노에 후미마로(近衛文麿) 29
고도쿠 슈스이(幸德秋水) 143, 217, 218
고무라 주타로(小村壽太郎) 59, 63, 66, 103

고종 64, 66~69, 87, 92, 102, 103
공동의 자아 353, 354, 360, 364
공동체 21, 353, 357, 358, 360, 362, 364, 365, 367, 368, 371, 373
공동체 형성론 340, 348
공로(恐露)의식(Russophobia) 92
공명 256, 258, 259, 278, 285, 287, 289, 297
공영 34, 36, 41, 49
공적 인격 353, 354, 361, 364~366
공존상재(共存相在) 47
관계적 평화 25, 26
관념론 320~322, 324
구리노 신이치로(栗野愼一郎) 60, 98, 99
구웨이쥔(顧維鈞) 196
국가 21
국가권력 43, 288, 289, 294, 295, 297, 307
『국가와 종교』 305~332

찾아보기 377

국가주의 107, 195, 198, 236, 285, 330
국가지상주의 285
국민성 134, 154, 175, 182, 189, 262, 263
국제민주주의 42
국제법 23, 37, 114, 118~122, 124, 129~131, 141, 147
국제연맹 42, 48, 190, 195, 196, 201, 202, 204~206
국제체제 24
국제협조주의 42
군국민주의(軍國民主義) 170, 176, 186, 192, 193, 203
군국주의 45, 47, 185, 186, 192, 197, 201, 217, 343
궈쑹타오(郭嵩燾) 125
권력, 이념, 제도 24, 27
권력정치(power politics) 42, 43, 49, 170
균세 32, 34, 35, 39, 47, 49, 50, 116, 118, 120~128, 130~132, 158, 276
균열 256, 258, 259, 278, 286, 287, 290, 295, 297
그로티우스적 국제질서관 26
기독교 19
김규식(金奎植) 258, 277
김기룡(金起龍) 59
김두성(金斗星) 59
김성백(金聖伯) 59

김윤식(金允植) 43

ㄴ

나치즘 306, 312, 319, 320, 324, 325, 330, 331
나카무라 마사나오(中村正直) 35
난바라 시게루(南原繁) 305~332
네스토르 마흐노(Nestor Ivanovych Makhno) 225, 226
노기 마레스케(乃木希典) 59, 88
노다 우타로(野田卯太郎) 265, 278
니체(F. W. Nietzsche) 136, 233
니토베 이나조(新渡戶稻造) 310

ㄷ

다나베 하지메(田辺元) 325~327, 330
다나카 기이치(田中義一) 265, 277
다원적 천하 22, 23
대기주의(待機主義) 227, 231, 233, 249
대내적 평화 271, 276
대동 34~36, 49, 115~117, 143, 148~150, 157, 168, 190, 191, 198
대동아공영 41
대동아 신질서 36
대동평화 44
대아 355, 360, 369
대역사건 218, 227
대외적 평화 271

대일통 36
도덕 38, 39, 42, 94, 136, 178, 200~202, 229, 280, 282~284, 287, 288, 291, 293, 294, 315, 316, 318, 338, 344, 365~369, 371~373
도덕공동체 367, 371
도미즈 히론토(戶水寬人) 57, 105
동맹회 132, 133, 135
동아협동체 36
동양연대 31
동양정립 47
동양평화 20, 27, 30~33, 40, 46~50, 84, 104, 106, 255, 263, 266, 268, 271, 272, 276
동양평화론 30, 33
동화 41
동화론(同化論) 146
돤치루이(段祺瑞) 188
뚜야취엔(杜亞泉) 170, 186, 187

ㄹ

량치차오(梁啓超) 38, 134, 168~175, 177, 178, 181~183, 186, 195, 196, 202
레솝스키(С. С. Лесовский) 89~91
루소(Jean Jacques Rousseau) 292, 335, 339, 340, 347~354, 357, 359~361, 364~368, 373

루쉰(魯迅) 199
루즈벨트(Theodore Roosevelt) 61, 62, 64, 66~68, 78
류스페이(劉師培) 143, 144
리다자오(李大釗) 192
리얼리즘 48
리하체프(И. Лихачев) 79
리홍장(李鴻章) 31

ㅁ

마루야마 쓰루키치(丸山鶴吉) 256, 258, 259, 279, 280, 282~284, 287~289, 291, 294, 295, 297
마르크스(Karl Marx) 337, 340, 347, 348
마르크스주의 222, 226, 230, 241, 243, 249, 322, 323, 336
마젠중(馬建忠) 128
마틴(William Martin) 35, 121~124, 129~131
마흐노운동 225, 226, 246~248, 250
만국공법 35, 114, 120~131, 146, 157, 158, 167
만국평화회의 37, 114, 150
명성황후(明成皇后) 59
무교회주의 310
무장적 전쟁 38
무장주의 37, 38
무장평화(armed peace) 37~39, 170, 171,

268
무장평화론 37~39
미즈노 렌타로(水野錬太郎) 265
민영찬(閔泳瓚) 102, 103
민영환(閔泳煥) 65
민족 40
민족개벽 340, 343, 372
민족공동체 45, 47, 372
민족의 평화 37, 44, 45, 47, 49, 50
민족자결 45

ㅂ
바오스(Surendramohan Bose) 143
바쿠닌(М. А. Бакýнин) 143
박용화(朴鏞和) 66
반개화 130, 151, 156
법 290~294
법률 42, 147, 149, 150, 173, 280~282, 284, 287, 288, 293, 294, 315, 368
법철학 259, 287, 290, 292, 295~297
법치 368, 373
베르그송(Henri Bergson) 233, 338, 340, 347, 358, 361
베베르(К. И. Вебер) 102
변증법 291, 295~297, 322, 325, 326
보편적 가치 119, 286, 289, 290, 295~297, 299
볼셰비키파 220

봉건적 천하 22
비전론(非戰論) 179, 195, 203, 206
비테(С. Ю. Витте) 85, 86
비폭력 20, 115, 194

ㅅ
사대교린 24
사람성 자연 350, 366
사카이 도시히코(堺利彦) 220, 227, 231, 232
사회개벽 340, 345, 346, 372
사회계약 347~351, 354, 365
사회계약론 335, 339, 340, 347, 348, 351~354, 357, 367, 368
사회관 337, 338, 357
사회상태 346, 347, 349, 350, 353, 360
사회적 평화 21
사회주의 336, 343, 345, 346, 361
사회진화론 37, 137, 154, 167, 170, 171, 175, 179, 295, 348
살람(Salãm) 18
삼대개벽 340
삼민주의(三民主義) 200, 201
3·1운동 40, 46, 193, 194, 255, 280
상징천황제 331
상호부조론 347, 348, 368
생명 233, 234, 347, 353, 354, 356, 360, 363, 364, 368~370, 372

생명철학 338
생의 철학 233, 236, 243
생혼 345, 347
세계 40, 46
세계개조 42
세계국가 117, 146, 155, 161
세계상상 22, 23
세계정부 143, 147~153, 157
세계평화 17, 20, 32, 40, 42, 46, 47, 115, 133, 135, 256, 263, 264, 266, 276, 289, 297~299, 310, 343, 372, 373
세력균형 23, 25, 33, 34, 39, 48, 50, 104, 116~120, 122~124, 127~135, 149~154, 157, 167, 268, 276
세력균형주의 42, 48
셸링(F. W. Schelling) 291
소극적 평화(negative peace) 18, 26, 48, 116, 117, 120
소아 355
송석준(宋錫俊) 68
쇼펜하우어(Arthur Schopenhauer) 135
수운주의 337, 343~347, 350, 356~360, 365,~368, 370, 371
슈테판 게오르게(Stefan George) 312
스티븐스(D. W. Stevens) 73
스펜서(Herbert Spencer) 171, 172, 295
시치죠 기요미(七條淸美) 56

식민지배 262, 264
식민지주의 244, 246
식민통치 262, 263, 281
신의(信義) 266~268, 277, 278, 289
신의 뜻 269, 270, 275, 277, 278, 288, 289, 295~297
신인철학 335~373
신인회(新人會) 279, 335
신정정치 312, 313, 316, 318, 319
신한청년당 청원서 259, 260, 264, 274
신해혁명 30, 34, 179, 195, 218
실력부족 268, 272
실재 291, 296, 297
쑨원(孫文) 137, 175, 177~180, 182, 188, 200, 201, 203, 277

ㅇ

아나·볼 논쟁 220~222, 226, 227
아나키스트파 220
아라하타 간손(荒畑寒村) 220, 231
아시아화친회(亞洲和親會) 143
아오키 슈조(靑木周藏) 83, 84
안중근(安重根) 55, 56, 58, 61, 68, 70, 71, 73, 88, 98, 105, 107
안창호(安昌浩) 67
알렌(H. N. Allen) 64
야마가타 아리토모(山縣有朋) 59, 81, 82, 83, 86, 88, 99

야마카와 히토시(山川均) 220, 227, 239, 240, 241
엄인섭(嚴仁燮) 59
에비나 단조(海老名弾正) 279
여운형(呂運亨) 46, 255~300
여운형사건 259, 278, 280, 281
연미책(聯美策) 91, 92
연방국가 148
영미 본위의 평화 41
영원평화 42~44
5·4운동 189, 277
오스기 사카에(大杉栄) 221~224, 231
오자키 유키오(尾崎行雄) 176
와타나베 히로모토(渡辺洪基) 89, 92~95
왕도적 평화주의 23
왕정팅(王正廷) 261
왕충후이(王寵惠) 196
왕타오(王韜) 126, 128
요시노 사쿠조(吉野作造) 219, 256, 258, 259, 279~297, 299
우덕순(禹德淳) 59
우드로 윌슨(Woodraw Wilson) 219, 260, 261, 264
우치무라 간조(内村鑑三) 310, 311, 327~329
워싱턴체제 39, 48
워싱턴회의 49
유길준(俞吉濬) 60

유동하(柳東夏) 59
유물론 337, 341, 345~347
유물사관 348
유물적 역사관 221, 227, 228, 232~235, 239, 243, 249, 250
유인석(柳麟錫) 36, 43
유학적 도의 관념 44
윤병구(尹炳球) 68
의지 341, 353, 360, 364
이념적 평화 25, 26
이도재(李道宰) 103
이돈화 335~373
이범윤(李範允) 59
이상사회 115, 339, 340, 343, 345, 367, 372, 373
이상설(李相卨) 69, 70
이상적 국가 292, 294~296
이상적 제국 297
이상주의 117, 264, 265, 288, 289, 321, 322, 324, 343
이승만(李承晩) 61~69
21조의 요구 181
이용익(李容翊) 66
이토 히로부미(伊藤博文) 59, 61, 62, 88, 95, 97, 107
인간격 345, 346, 360~362, 364~366, 370
인내천사상 337~339, 347, 361, 367

인내천주의 336, 343~345, 360
인도 46, 47, 262
인도적 평화주의 23
인도정의 43
인도주의 42
인종 18, 75, 76, 96, 107, 117, 139, 141~143, 150, 153~157, 159, 160, 175~177, 325, 329
일반의지 353, 365, 368, 371~373
일본적 그리스도교 311, 328, 329, 331
일본주의 325, 330
일본 파시즘 305, 306
일통 22, 36

ㅈ

자강 121, 129, 131, 132, 153, 158, 168
자연관 366
자연상태 173, 347~353, 360, 372
자유 20, 40, 46, 172, 174, 180, 184, 192, 225~228, 246, 262, 263, 275, 278, 290~292, 296, 314, 315, 318, 323, 325, 326, 329, 348, 350, 352, 353, 361
자유독립 40, 45~47
자유독립-동양평화-세계평화 45~47, 50
자유평등 43~45, 47, 48
자치협력 45
장멍린(蔣夢麟) 193

장소 16, 28
장인환(張仁煥) 73
장제스(蔣介石) 204, 206, 207
장타이옌(章太炎) 117, 135, 136~146, 158~160
장팡전(蔣方震) 170
저우쭤런(周作人) 199
저항 15, 17, 29, 30, 36, 40, 41, 44, 45, 49, 95, 141, 145, 159, 186, 206, 219, 221, 237~240, 243, 246, 247, 250, 251, 297, 307, 342, 343, 352
저항의 에토스 44
적극적 평화(positive peace) 18, 26, 116, 117, 120, 284
전명운(田明雲) 73
전쟁의 집 18
전체주의 305, 325, 328, 330, 331, 373
절대변증법 325
절대평화주의 20
정관잉(鄭觀應) 128
정대호(鄭大鎬) 59
정립(鼎立) 33
정립평화 33
정복사관 233
정신개벽 340, 341, 342, 372
정신적인 집합적 단체 353, 354, 357, 360, 361, 364
정의(justice) 28, 46, 47, 141, 193, 194,

195, 208, 263, 264, 272, 282~284, 288, 294
정의로서의 평화 28
정의인도 42, 44, 45, 47, 48
정재관(鄭在寬) 68~70, 73
정족(鼎足) 33
제3인터내셔널 225
제국 44
제국 번영-동양평화-세계평화 47
제국의 평화 23, 37, 39~41, 43,~45, 47~50
제국적 결합 286, 289, 290, 295
제국주의 15, 17, 19, 20, 23, 24, 30, 32, 35~37, 43, 45, 49, 96, 118, 127, 131, 132, 135, 139, 141~143, 149, 156, 158, 161, 197, 200, 201, 217~219, 262, 271, 274, 289, 295, 297, 299, 339, 373
제국호텔 연설 255~257, 259, 265, 273, 274, 275, 280, 297
제도적 평화 25, 26
제도주의 26
제물(齊物) 133, 134, 138, 140, 143, 144, 159
조도선(曹道先) 59
조소앙(趙素昻) 44, 143
주권 23, 31, 32, 34, 35, 46, 122, 127, 130, 131, 134, 135, 142~144, 147, 161, 173
주권국가 15, 19, 23~25, 27, 29, 30, 34, 36, 78, 127, 286, 289, 295~297
중화체제 24
지덕향상 44
진화관 356~359
질서(order) 28
질서로서의 평화 28

ㅊ

차이어(蔡鍔) 170, 176, 182
차티스트운동 178
찰스 크레인(Charles Crane) 260, 261, 277
천두슈(陳獨秀) 184, 187~189, 224
천하 22, 23
천황제 290, 306, 319, 325, 327, 330~332
추이궈인(崔國因) 126
치안유지 218, 288
치평 19, 22

ㅋ

칸트(Immanuel Kant) 43, 48, 119, 135, 157, 291, 292, 314~316, 318~320, 323~325, 337, 340, 347
칸트적 국제질서관 26
캉유웨이(康有爲) 35, 43, 97, 117,

131, 137, 139, 143, 144, 146~152, 154~157, 160, 161, 168, 169, 191, 202
코민테른 224, 225, 241, 248
크로포트킨(P. A. Kropotkin) 143, 340, 347, 348, 368

ㅌ

탕지야오(唐繼堯) 182, 183
태평 19, 22
토로론(討露論) 79
통일성 353, 354, 360, 364

ㅍ

파리강화회의 29, 42, 195, 219, 258, 260, 261
판보이 쩌우(潘佩珠) 143
필한(Mohammad Barkatullah) 143
평등주의 42
평민주의 193
평화론 16, 17, 27, 29, 85, 117, 119, 144, 146, 161, 168, 175, 179, 188, 190, 193, 195, 196, 202, 255~300
평화상상 15, 16, 21~24, 26, 27, 34, 40, 41, 43, 45, 47
평화의 집 18
평화적 전쟁 37
평화주의(pacifism) 20, 26, 28, 37~40,

42~45, 48, 49
평화질서 19
평화헌법 331
플라톤(Plato) 312~314, 316~319
피압박 42, 142, 261
피히테(J. G. Fichte) 292

ㅎ

하라 다카시(原敬) 265
한규설(韓圭卨) 65
한울 347, 354~356, 358, 360, 361, 369
한울격 362
한울아 363, 364
한일병합 263, 264, 266, 272, 276, 277, 287
해방 55, 96, 261, 265, 275, 297~299
허루장(何如璋) 126
헤겔(G. W. F. Hegel) 259, 287, 290~297, 320~325
현상건(玄尙健) 102
현상 변경 32
현실주의 26, 117, 168, 170, 175, 196, 202, 206, 288
현실주의 평화관 48
협동 36
협화 36, 41
홉스(Thomas Hobbes) 118, 172~174, 348

홉스적 국제질서관 26
홉스적 권력정치 34
화법으로서의 '평화' 27
화평(和平) 19, 115, 168~170, 172, 175, 176, 185~189, 191, 193, 196~202, 204~208
황쭌셴(黃遵憲) 31
황화론(黃禍論) 86, 96, 97, 99, 153, 177
후한민(胡漢民) 132~134
휘튼(Henry Wheaton) 121~123, 129~132

동북아역사재단 연구총서 134

근대 동아시아 평화사상

질서·저항·공동체와 평화

초판 1쇄 인쇄	2021년 12월 20일
초판 1쇄 발행	2021년 12월 31일

지은이 이경미, 장인성, 최덕규, 차태근, 오노데라 시로, 김병진, 박은영, 이예안
펴낸이 이영호
펴낸곳 동북아역사재단

등록 제312-2004-050호(2004년 10월 18일)
주소 서울시 서대문구 통일로 81 NH농협생명빌딩
전화 02-2012-6065
팩스 02-2012-6189
홈페이지 www.nahf.or.kr
제작·인쇄 역사공간

ISBN 978-89-6187-684-1 93910

- 이 책은 저작권법에 의해 보호를 받는 저작물이므로 어떤 형태나 어떤 방법으로도 무단전재와 무단복제를 금합니다.
- 책값은 뒤표지에 있습니다. 잘못된 책은 바꾸어 드립니다.